[明]顧憲成　撰
王學偉　編校

顧憲成全集

下

第一名，直隸常州府無錫縣儒學廩膳生員顧憲成，習書經。

直隸常州府無錫縣儒學廩膳生員顧憲成，應萬曆四年應天府鄉試，本身並無刑喪過犯，亦不係冒籍頂名之人。今將本身年貌籍貫三代脚色并所習經書開具於後。

計開：

一、本身年貳拾柒歲，[一]身中，面白，微鬚，係無錫縣五十三都四圖民籍。

一、三代：曾祖緯故，不仕，祖夔故，不仕，父學不仕。

一、習書經。①

第壹場

四書

誠者自成也，而道自道也。誠者，物之終始，不誠無物，是故君子誠之爲貴。

[一]「柒」，元卷作「叁」，據顧端文公年譜改。

① 此節文字第貳場卷端亦有，不復録。又，據顧端文公年譜，顧憲成一共參加過三次會試。

誠者，非自成己而已也，所以成物也。成己，仁也；成物，知也。性之德也，合外内之道也，故時措之宜也。①

中庸原誠切於人，而君子能體其全也。夫誠，成天下之性，而時措之則道也。君子存誠，而成己成物之道統是矣。且人之一心，萬物咸備者焉。自物理具於心，而真實無妄者謂之誠，誠即道之體，而物所自成也；自物理見於行，而時措咸宜者謂之道，道即誠之用，而人當自道也。何言乎？蓋一始一終者，物之成；而始之終之者，誠之爲。苟無是誠，則無是物矣。是故君子知物非誠不立，必存誠以求物與之原；以誠非道不行，當體道以爲誠身之實，斯固以自成耳。然誠而自成非虛也，即成其與物爲體者也；誠之而自道非已也，即道其所以成物者也。蓋成己爲仁，成物爲知，德同出於所性，而仁非有内知，非有外道，實合於一原，故一誠立而性盡矣，性盡而仁智之道備矣。以之成己者，即以之成物，而神應不窮；由此裕内者，亦由此利外，而時出不匱。是措之爲道，信乎自道也！而孰非以自成哉？此君子必以誠爲貴也。

嗟夫！誠無人己，道無内外，君子盡人盡物而參贊化育，皆以自成，非爲物也！

① 各場考試題目原文底本在卷首，現分別移至相應文前。後同。

聖賢每對舉以言，豈誠有先後次第哉？蓋即己即物而成物者，正所以成己耳，無對待，亦無先後，故總謂曰「誠者自成」，此子思善於立言歟！

同考試官教諭蔣（一清）批：詞意圓融，格調莊整，而脈絡過接處，渾無痕跡，中庸義之最佳者，可録以式。

同考試官教授黄（一桂）批：見理精密，措詞簡當，以「誠自成」句總括一章大旨，自道所以自成，意躍然言表，非淺學可到。

考試官右贊善陳（思育）批：説理之文，自是精切。

考試官左中允戴（洵）批：圓融周足。①

書

非知之艱，行之惟艱，王忱不艱，允協于先王成德，惟説不言，有厥咎。

大臣期賢王力行之實，而以言自信焉。夫君德協於先王，此惟力行能之也。大

① 考試官批語底本在文前，編校時移至文後。括號中考試官之名，底本無，據底本卷首「考試官」「同考試官」所載姓名補。後同。

臣猶以不言爲己咎，斯責難之深意歟？想其復於高宗，蓋謂憲天爲治，臣言之而王以爲可行，此可謂知矣。然知之者或不足於行，知非所以爲難也；行之者必欲踐其知，行始所以爲難也。王誠以知爲不可恃，無徒激於所聞，則定力與定志兼該，將足以上符乎先德之盛；以言爲必可行，不欲安於所易，則實意與實功並懋，自可以遠追乎世德之隆。先王固有配天之至敬，王能有法天之大公，先後其一揆也。在先王能顧天之明命，王亦憲天之聰明，創守爲一道也。如是，則王信能行其所知矣。惟說也不命其承，固夙所自許者，敢不盡攄所聞，以罄生平之願？知之或不言也，是有君亦負之矣。只承於命，正時之恐後者，敢不悉敷所得，以答明主之知？言之或不盡也，是遭時莫之效矣，說何所辭其咎耶？夫說之進言，實賴王行，言以啓之，則力行以協德，誠不容已矣，可但責言於臣哉？抑納誨輔德，說豈後言者？必德成，始引爲己咎，不亦晚乎？是不然。人主嘗感激於聽言，而忽意於實行，古今大氐然也。高宗稱明哲矣，當不至是，說惓惓猶望之，蓋益成其德業，爲己進言之地耳。噫！此有商令主賢臣，世世頌之不衰歟？

同考試官教諭蔣（一清）批：思致精深，詞調醇雅，奇士也。敬服敬服。

同考試官教授黄（一桂）批：詞温意旨深，得人臣告君之體，觀此作，足覘所蘊矣。

考試官右贊善陳（思育）批：發揮明切。

考試官左中允戴（洵）批：詞意婉曲明潤，録之。

第貳場

論

世之所以治安。

人君通天下爲一身也，是故爲天下急於爲身，而天下之治成焉。天下之於君身，其相去亦甚懸者，而何至以急於身也？君愛其身，而天下之人亦各自愛其身，君養己而不先養人，則彼將競起而各求所爲養焉，而天下之事始紛然矣。夫惟不以民視民而視民猶吾身，於是愛身必先於愛民。而養民尤急於養身，則天下之民始無有不得其所者，夫然後舉天下之民，皆委命於其君，而天下可以晏然而無事，然則愛民者固所以自愛，而養民者正所以養吾身者歟？

胡氏曰：「養民惟恐不足，此世之所以治安也。」請申其旨。天下大矣，天下之民衆矣，士農工賈不同業而皆營，貴富賤貧不同勢而皆騁，智愚巧拙不同心而皆慮，勇怯利鈍不同力而皆用，彼其所以林然立，總然聚，役役然奔逐於日夜無休時者，何也？有是身而欲養之也，養是身而恐其不足也。而君人者履無上之位，據無外之勢，儻亦欲私其身而猶夫天下之民之心，則錦衣玉食以爲奉，密房廣厦以爲居，管絃金石以爲娱，佳冶窈窕以爲御，何不給者？顧君之養將於民乎？取之也。取之民也多，則民之養也必闕，闕民之養以自奉，而天下始有不均之患矣。甚不均則貧，甚貧則無以聊生，而欺紿爲奸，争奪爲梗之釁作矣。君人者孰不以治世安民爲志也，而卒使之至於此，何也？以爲君至尊也，民至卑也，君至貴也，民至賤也。尊貴其身，卑賤其民，而不思其有相爲一體者在也，何也？蓋有天下而後可以附吾國，有一國而後可以附吾家，有一家而後可以附吾身。是家國天下者，君身之所寄也；無之，是無所寄吾身也。

然則君與民，其庸其二乎？譬之身焉，君其元首也，家人其肺腑也，國人其胸腹也，天下之人其四肢也，以其勢則相須而不可離，以其用則相待而不可缺，是故君與民猶一體也，養之不可不急也。且民又何賴於君之養也？凡養之具，不能無待於物；而凡物之用，不能無待於所以制之者。顧民之愚而智不知所以制也，民之卑而力不能爲之制也。惟爲之君者，其聰明神聖，既足以調劑物性之所宜而盡其制；而崇高隆重之勢，又足以役使群動而使之莫敢不聽其制。君制其所以養之之方，而後民得守其制以安於其養。譬之身焉，其臟腑胸腹四肢具在，而所恃以得其養者，正以元首在上，目視而耳聽，鼻調其噓吸，而口善其吐納也。而況乎天下之財，生之甚難，而靡之甚易。三時疾耕，僅免於饑；終歲勤織，僅免於寒。而水旱癘札、寇賊之虞，又嘗出於不意，儲稍不豫即索然匱矣。譬之身焉，一日不哺，則腹爲之枵，而或寒暑燥濕之變一有不調，即疾痛生焉。然則養民又如之何？其有足時也，君人者知民之不可一日失養，而養之之本在農也。是以重其事不奪其時，寬其役不竭其力，薄其斂不匱其有。田里之既授，而郵表坊庸之具亦無不修；播種之既戒，而耘耔刈獲之時亦無不省；倉廩之既登，而祈穀祈年之祀亦無不豫。九年之既積而不足，非國之戒亦不敢忘；生齒之既繁，而冗食冗費之端亦不敢啓。而又老疾有餼，貧乏有賑，逐末有罰，淫巧有刑，大侵則蠲其賦租，大災則弛其厲禁。蓋其君臣日夜之所講求，政事大小之所施措，無一非爲養民之計，恐恐然常懼有一人之不得保其性命，而一日之不得安其生理者。夫然後爲之民者，得以不遷於異物，而不起夫奸萌，安其心於本業，而畢其力於南畝。由是穀乃豐登，年乃順成，而積貯日富矣；由是老者以養，幼者以長，而婦子日寧矣；由是財勝其賦，力勝其役，而國用日充矣；由是廉恥日長，禮義日生，而教化可行矣；由是協氣充塞，瑞應駢臻，而禮樂可興矣。由是端拱穆清，揖讓群后，而爲君者可以恭己無爲矣。譬之身焉，氣充於臟腑，而神爽發於面目；脈暢於四肢，而華澤溢於顏表。故曰民富而國富，民安而君安也。

蓋自古治安之道，必考信於詩、書，而詩、書所稱繼世之盛莫如周成王。然無逸一篇，惟諄切於稼穡之艱難；七月之咏，其於耕夫工女之事至纖悉矣，而制度文章之事不與焉。蓋誠以爲養民者致治之本，而制度文章皆所以維持其爲養之具也。故成王之世，刑措不用者數十年。逮漢文、景勸農之詔數下，而三老力田之勞賜相望於歲時，至於賜民田租之半，或遂除焉。於是國以殷富，獄以空虛，幾與成王比隆。蓋務養民之明效有如此者，自時厥後不思所以養之，而惟務所以取之，取之而不能繼，於是一切苟且之術畢用而民生日蹙，世事日非矣。譬猶剔決體膚以滋口吻，其存能幾何也？

嗚呼！天下之物，必有所生而後可用，必有所積而後可資。其積之也厚，則資之也愈久，不先其所生積，而資與用焉之？是急以此求治，毋亦倒行而逆計也哉！然則人君欲養其民，當何如主之？以成王之無逸，而持之以文、景之節儉，其可也。此養民之本也。

同考試官教諭蔣(一清)批：場中作者類牽引浮詞，殊失本旨，讀之可厭。是篇論君民一體，發養民惟恐不足意，極爲透徹，且格高調古，思玄氣勁，是能力黜虚浮而敦崇大雅者，可式。

同考試官教授黄(一桂)批：以古雅之調，發剴切之思，蓋有裨於理道者，不徒文之工已也。佳士佳士。

考試官右贊善陳(思育)批：有議論，有操縱，發人君養民治安之意，婉曲詳盡，宜録以式。

考試官左中允戴(洵)批：得旨而格自昌大，氣更悠揚。

第叁場

策五道第二問

問：古者設左右史以紀言動，蓋以裨君德而垂治鑑也，所從來尚矣。成周時，金縢史祝雖畢召，不得與聞，蓋其密也。後世迺有每月奏御者，有欲當朝顯言其狀，後付史館者，是遵何道哉？漢有禁中起居注，有太史令，唐有起居郎舍人，制宜善矣，迺建武、貞觀、開元間其故可考而鏡也，果於君治能裨益否歟？宋則有時政記，有起居注，有日曆，有實録，又有邇英、延義記注，法綦詳矣。然當時諸臣有言史官欲書而不得書與不敢書者安在？有言記注之失有四，又有欲設四類以求之者，可得聞歟？皇上申明祖制，復修史職，蓋曠典也。今御朝有書，講筵有書，禁中起居得與聞乎？諸司供報其情狀始末，可得覈其實歟？夫宫禁嚴邃，聽覩靡真，紀載瀚繁，蒐訪難悉，或者尚議及焉，抑果然歟？兹欲據事直書，信今傳後，必何術而可？諸生樂觀盛典久矣，儻有裨史職萬一者，幸悉意陳之執事者，甚願與聞也。

甚哉！史之難言也！非史之難，能稱其職之難也。非吾稱之難，所以使之能稱其職之難也。夫史者，權衡是非，贊揚治理，一日不可廢矣。顧微文刺譏，挺言紀過，則見以爲訕，華語崇褒，厞辭飾闕，則見以爲僞，此何以稱焉？逖稽往古，史職之興也，則在明良交會之朝而廢也，嘗於上下猜疑之日，何者？時當至治，顯謨鴻業，史不勝書，若此者非溢美也，藉以爲鑒也，而君德以之益修，治道以之益振矣；世際陵夷，疵德龐政，史不勝書，不然者則諛詞也，懼其賈禍也，而君德以之日昏，治道以之日替矣。職有廢興，而善敗昭，治亂判焉，迺可不慎歟？邇者詔復起居史職，誠千載一時也，愚生墨守章句，未窺承明著作之庭，而執事舉以策士，敢無詞以復？

蓋聞之有一時之榮辱，有萬世之榮辱。爵賞刑威，一時之榮辱也，其權總於人主；簡册紀載，萬世之榮辱也，其事責之史官。然刑賞失實，不過爽一時之勸懲；紀録失實，則將改萬世之觀聽。史職所繫，顧不重邪？是故先王之世朝，有二史以司言動，言則左史書之，動則右史書之。在周官者可覩也，惟職司言動。凡上自王朝，下逮士庶，臧否成敗，咸謹書備録，昭示無極。夫美惡之號不隱，咨故實者可稽；得失之載具明，徵往事者可鏡。君無過舉，臣無回守，恒必繇之矣。嘗考之古焉，孔甲盤盂藏在册府，而金縢史祝，非風雷啓變，雖畢召不得與聞，古史之密如此，以故法戒炯然，而垂世不磨耳。後之論史者，吾惑之柳蚪，欲當朝顯言其狀，後付史館，不知史者關後來之遠鑒，非止張一時之公論，況不能顯言者，其何以昭直筆乎？李昉欲先奏御，後付有司，不知史者非徒表善以彰美，實欲紀過以垂戒。倘有不敢不諱者，幾何而不爲諛書乎？夫任天下萬世之事宜，以天下萬世之心處之，故據事直書，猶懼不足以示鑑，況迂其辭以諱其實，天下後世其誰信之？蚪與昉之論，非史之訓矣。漢武帝設禁中起居，而太史公位在丞相上，制亦重矣。然當時算商告緡猶故也，征伐禱祀猶故也，史果足爲鑑乎？未幾，龍門腐刑，蓋欲滅史籍而非專爲李陵也，漢之史可知矣。

唐初以給諫兼知起居，每仗下議事，起居郎執簡紀録，立法善矣。然當時禁門喋血不諱也，帷簿貽羞不諱也，史果可爲鑑乎？至永、徽間，宰相奏請，多畏人知，而文宗欲自觀史，唐之史可知矣。宋以宰相監修，學士修撰，又兩府記政，三館之士注起居。總而論之，書榻前議論有時政記，録柱下見聞有起居注，書經筵言動有邇英、延義記注，類而次之謂日曆，修而成之謂實録，制亦詳矣。然員具而象闕，未箴職廢，而著作無當。其所撰述，特據供報，故事關大體，史官欲書而不得；撰述既成，録本進御，故事多避諱，史官能書而不敢。如歐陽修所議者，安在其爲史哉？隆興中，胡銓奏記注之失有四：一進史不當，二立非其地，三前殿不立，四奏不直前。夫奏御侍立，歐陽修言之矣。宋初，史官直前奏事，朝政與議，有史諫之意。嗣後不預牒不奏，不列班不奏，而直前之議遂寢。此銓所爲嘆惜也。汪藻修日曆，欲設四類以求之：一年表，二官閥，三政跡，四凡例。蓋歲爲旁通以定時日，人爲累歷以傳始終，事爲源流以稽始末。至謂有一月之例，一季之例，一年、三年之例，亦修史者所不廢也。總而論之，三代以上，是非之權直寄於史官，故世有良史；三代以下，是非之權陰陽於人主，故史鮮直筆。創業之主，憂勤惕厲，欲子孫知締造之艱難，故其政多美，而史也恒詳；守成之主，侈汰易生，恐貽譏於汗簡，故其政多疵，而史也嘗諱。則其大較也已。

我明稽古爲治，慎重是任，嘗考高皇帝定鼎之初，即設起居注，而以宋濂輩充之，日侍帷幄，即周置左右史遺意也，漢、唐、宋莫能及矣。後易爲修撰等官，列屬翰院，以紀載事重，故設官加詳，非所罷廢。自職名更定之後，遂謂累朝史文闕略，而言者屢爲請矣。今上聰明馭極，百度聿新，頃俞輔臣之請，令史官知起居注，仰稽成憲，參酌時宜，寖詳且善，此大聖之速舉，熙朝之極事矣。愚將何以爲獻乎？

伏覩今上朝講不輟，盛德也；躬親大祀，至仁也；信任元輔，至明也；臨雍重道，大典也；奉事兩宮，純孝也；苞舉藝文，上睿也。四年之間，嘉言懿政，煌煌哉難縷述焉！至其御平臺，獎計吏，親銓選，此數端者，皆最高前古之事。而上沖齡始政，毅然舉之，繇此日臨群臣，日明習國家事。聖智愈光，有史不絶書者矣。議者猶謂法宮嚴邃，非外庭疏逖與聞；朝政萬幾，非一時闚訪能悉，此豈過計而迂説邪？今之詔旨批答，殿庭宣御，顯然載册籍矣。若燕閒蠖濩之間，能無睿想德音，爲臣民莊誦者乎？不得而覩矣。府部議覆，疏牘陳請，燦然收館局矣。但時政沿革之故，豈無秘謨隱狀，非議疏概見者乎？不得而核矣。況事以時移，則尋繹鮮據；見隨人異，則軒輊莫憑；跡涉風聞，則疑似互執；情託微渺，則鈎質無端。嗟乎！勢必至此矣！

曩時史職未飭，尚可諉也，今職掌所裁定甚明矣。異日者儻一言詿誤，一事漏佚，何所逃責邪？愚竊有説焉。講官記注起居，即宋邇英、延義意也。然大臣宣對不常，盛典未備，況事機有難外泄者，則造膝密語，誰其效之？請自文華講讀外，不時召見政務人才，咸與商確，使從容獻替，垂聽而施行之，書之史氏，琬琰增輝矣，況又先朝已試之效乎？是故宣對宜勤也。分曹紀録有專職矣，惟按諸司供報耳，如書吏部陞黜某官，不聞功罪何若，其他錢穀、甲兵、禮刑、營務諸類委曲，寧盡知邪？請擇文學司官專知其事，即以日記堂稿一一據實以報。史官仍悉心博訪，不獨紀事，并情狀得之，使後來讀者如親覩其事，乃不大舛訛耳，是故考核宜詳也。古史如諸志、表、傳，皆遷、固諸人檃括時事以成。自實録專行，紀志殆廢，亦史家缺典也，遂使創置典禮諸重大之事，非片言能具者，亦散入紀年，能無複語贅書乎？若於一事終始，預令聯絡其辭，首尾貫串，仿古傳記，爲之寧詳毋略，佗日纂修，採掇尤便矣。古列國有史掌記時事，采風而獻之王朝，今諸省遐州僻邑，其間孝子弟弟、順孫貞婦及災祥風俗諸所沿廢之類，湮滅不傳者亡限也。請責成督學官所在徧訪，歲終類報，以備考訂，庶隱行微跡，不格於上聞矣。雖然，凡兹所陳亦頃緣史職更定，謬效其愚若此耳。大都迂疏之見，無能裨史事萬一者，然帝王所以恢鴻業而垂芳規者，豈惟其一掌書、一列史之爲兢兢哉？夫亦蓄德論道，而令終之是圖也。往古之君，其朝未嘗無載筆執簡之臣也，其側未嘗無記注垂戒之書也，然而不隆於治焉，此亡佗，以虚員徒備，而實鑑不存耳。假令備員而無取於鑑，則史無異乎路説，而官無異乎木主也，即董狐、南史，安所稱良哉？是故纂猷述烈，以勒今昔之訓者，古史之大義也；端本澄源，以鑒聖哲之規者，明后之偉節也。異時蘭臺麟閣之彦，且頌盛美而難爲詞矣。草莽愚生拭目望焉。

同考試官教諭蔣（一清）批：考據精詳，議論宏博，末後條陳我國家所當修復事宜，尤中肯綮。他日秉筆直史館，可以稱良矣。健羨健羨。

同考試官教授黄（一桂）批：史者，萬世是非攸係，固以垂觀鑒而昭勸戒，且朝寧舉措，亦藉此爲自省之助，顧職之者誠難。此策條悉歷代廢興，與我今日所當修復者，議尤詳妥，非陳言無補者比也。異日敷對大廷，商確時事，子奚讓焉？宜録之以式。

考試官右贊善陳（思育）批：條答史職廢興，明切可誦，有考據，有規畫，末復寓忠讜於言表，宜録。

考試官左中允戴（洵）批：歷代史職廢興，條對詳核，而結意深寓規諷，足覘靖獻之志矣。

顧憲成全集卷六十九

制義①

①制義一至三以中國國家圖書館藏明末陳氏石雲居刻本國朝大家制義所收顧涇陽稿爲底本，其封面題「萬曆顧涇陽先生文諱憲成，庚辰科」，内封面題「萬曆庚辰涇陽先生文第二十五部」，序則題「顧涇陽先生制義」；以北京大學圖書館藏清康熙三十八年令德堂刻本可儀堂一百二十名家制義卷二顧涇陽稿（以下簡稱「俞本」）、中國國家圖書館藏清抄本名家制義六十一家（以下簡稱「清抄本」）爲校本。俞本扉頁題「桐川俞長城論次」，共收顧氏制義二十四篇，其中十七篇底本亦收，可資參校；又「盡其心者　一節」有目無文，則俞本實收制義二十三篇。又俞本諸制義未標明所自，據底本目録，則前九篇本自論語，中六篇本自學庸，末九篇本自孟子。底本、俞本行間均多側批。制義四以俞本爲底本，收卷首題顧涇陽稿一篇及餘下七篇制義，按俞本篇次排序；以清抄本爲校本。又，所録側批未標署者皆本自底本，否則標署「俞本側批」。底本及諸校本均不分卷，制義一至三分卷據底本目録，制義四别爲一卷。底本及諸校本每篇制義題下均有「顧憲成」署名，整理時將其删去。

制義一

顧涇陽先生制義序

制義自鹿門、震川之後罕有爲古體者，若涇陽先生真雄偉不群者矣。夫聖賢之言，求肖似甚難。戰國之書軼於理，六朝之文浮於辭，此皆背聖道而去者也。求其肖似者，程、朱之論議乎？然程、朱之言與聖賢肖似矣，而或有所欲言而不能言，惟歐、曾之法足以演明而光大之。故先輩有取於此，法取於歐、曾，而理取於程、朱，其於聖賢，庶幾肖似矣。故予最服涇陽之能爲古人也。

固城陳名夏題。

顧涇陽先生文目

學庸

仲尼祖述堯　全章

論語

行有餘力則　二句

有子曰禮之　一節

我愛其禮　一句

子路有聞未　一節

不圖爲樂之　一句

士不可以不　道遠

子罕言利與　一節

子欲居九夷　一句

一曰克己復　乎哉

非禮勿言非　二句

文猶質也質　一節

居處恭執事　三句

子曰爲命稗　一節

微子去之箕　一節

孟子

是心足以王　四海

爲肥甘不足　前與

惟仁者爲能　一節

志壹則動氣　志也

天時不如地　全章

許子必種粟　一節

春秋天子之　一節

是尚爲能充　一句

人有恒言皆　一節

敢問交際何　全章

乃若其情則　三節

豈愛身不若　一句
於答是也何　一句
我將見楚王　二段
盡其心者知　一節
遊於聖人之　爲言
楊子取爲我　三節
堂高數仞榱　三段

顧涇陽稿

固城陳名夏百史手定

「定而後能静」

論人心之静，得之於定者也。夫静，心體也，能定則能静矣，孰非自知止始哉？且至善者，明德新民之止也。① 明德而以新民爲用，則未嘗一日不有所感；新民而以明德爲體，則未嘗一日不有所應。而何以能静也？蓋静也者，非謂其悉天下之感而去之也，謂其於感而離感耳；非謂其悉天下之應而去之也，謂其於應而離應耳。故當其未定，物常爲主，我常爲役，雖欲攝之而使静，不可得也；當其既定，我常爲主，物常爲役，雖欲撓之而使動，不可得也。人之心不獨蔽於欲之爲患，即知欲之爲非，而强焉以禁制之，猶不免以禁制動也，定則衆欲退聽，惟見其澄然静而已矣；人之心不獨悖於理之爲患，即知理之爲是，而勉焉以矜持之，猶不免以矜持動也，定則一理周流，惟見其凝然静而已矣。時而無事，其收斂爲至密，而虚明湛一之天不汩，是以

① 側批：是知止以後語。

静涵動者也，非以静厭動者也；時而有事，其變化爲至煩，而意必固我之端不萌，是以動爲静者也，非以動妨静者也。蓋静者，心之所以爲體，本不待假借於其外；而定者，心之所以爲静，亦不待枯槁乎其中。自是而安，自是而慮，而明德新民之至善，可幾而得矣。學者其務求端於知止哉！

簡朗無纏縛，起講甚佳。可惜通篇不再見此意。艾千子。

理題得此，可謂澄細之至。以湯臨川爲之，尚多佻巧語，況其他手？陳百史。[二]

定而後能，顧。

「康誥曰克明」全

帝王之學，無非明明德而已。夫學以明明德爲急也，古之帝王皆不易此，而知大學之道所從來遠矣。且明明德之説，夫子發之，而非夫子始之也。吾嘗上考唐、虞，下考商、周，而斯道也自古而記之矣。蓋由夫子而前，吾聞有文王也，而康誥以「克明

[二]「陳百史」，底本、俞本均無，據俞本「子曰爲命……色之」篇末補。按底本由陳名夏手定，名夏字百史，這些未署名之評語當出其手。此後如無特殊説明之「陳百史」均由編者補。

德」稱焉，若曰文之所以爲文然也；由文而前，吾聞有成湯也，而太甲以「顧諟天之明命」稱焉，若曰湯之所以爲湯然也；由湯而前，吾聞有堯也，而帝典以「克明峻德」稱焉，若曰堯之所以爲堯然也。合而觀之，書之言聖德也，皆言乎其心之所自有者也，先後殊而理同也；書之言聖學也，皆言乎其心之所自明者也，性反殊而道同也。遡而上之，文之承乎湯也，[二]湯之承乎堯也，其源遠矣，人見其源之遠也，以爲相受之間，必有古今所未發之秘在焉，而曾不能出於夫子一言之內；遡而下之，堯之傳乎湯也，湯之傳乎文也，其流遠矣，人見其流之遠也，以爲相授之間，必有古今所未泄之奧在焉，而曾不能越於夫子一言之中。然則明明德之學，帝學也，雖謂經文之訓，即陶唐以來之遺訓可也；明明德之學，至學也，雖謂經文之訓，即商、周以來之遺訓可也。入大學者察乎此，而知所自明焉，一帝二王之傳在我矣。

善會題旨，與今人作法，遂無一筆相似，讀者稍得其意，不患識不高，局不靈也。○合此與陸平泉先生文，癸卯南闈佳墨，盡在范圍矣。馬君常先生。

註云皆言自明己德之意，而作者必以「自」字攙入「不借資」「不旁貸」二意，何

[二]「承」，底本作「成」，據下文改。

啻說謎？文亦渾樸。陳百史。

康誥曰堯，顧。

「湯之盤銘曰」全

歷觀古之新民者，而知君子當用其極矣。夫大學之道在新民也，觀於自新之湯，作親之武，新命之文，而君子何可不用其極哉！嘗謂民不可以不新，而亦不可以易新也。蓋有所以感之者，有所以應之者，①感應合，而新民之極立矣。斯道也，吾得之湯焉，吾得之武焉，得之文焉。盤銘曰：「苟日新，日日新，又日新。」②湯之所爲明明德於天下者如此也，謂盤銘之說，即吾夫子新民之說可也。康誥曰：「作新民。」武之所明明德於天下者如此也，謂康誥之說，即吾夫子新民之說可也。詩曰：「周雖舊邦，其命維新。」文之所謂明明德於天下者如此也，謂詩之說，即吾夫子新民之說可也。由是觀之，古人之新民也，無所不用其極矣。是故君子思及

① 側批：惟涇陽能用比寬調。
② 側批：一字不可移易。

於民，則思及於新民之本也，而爲之用其極於始；思及於民，則思及於新民之驗也，而爲之用其極於終。湯也自新，吾亦自新而已矣；武也作新，吾亦作新而已矣；文也新命，吾亦新命而已矣。蓋民一也，有在我之民，有在天之民。在我之民，伏於身心性情之間，而嘗與天相流通也，君子何敢不退而求之於我？在天之民，伏於無形無聲之表，而嘗與我相流通也，君子何敢不進而求之於天？此之謂新民也。

單提雙唤，筆意撩空。文在原評。

初已採録結比，細玩全篇，真是白地明光，終難裁作襜褕。學人能於無味處尋味，方有入處耳。韓求仲先生。

取其樸直不纏繞耳，不必深求也。艾千子。

今人只能作先王前三段文耳。「在我之民」「在天之民」二比，以尋常語推原天人合一之理，無一筆牽割「用」字、「極」字，定屬老手。

有以「極」字作「會極」「歸極」者，有謂無所不用方是極者，此句猶言必至於是耳，乃單訓「極」字，與皆明語意不類矣。此句一直説下，若斷講無所不用，豈有聖賢立言自爲註解之理？作者紛紛謬甚，存此以正之。予亦有作，實講處似更勝先生也。願高明者教之。陳百史。　湯之盤銘，顧。

「唯仁人放」節

即仁人嚴於去邪，而好惡之極立矣。夫仁者愛人，①故惡人之妨之也。然則其嚴於去邪也，乃其所謂能愛能惡者與？想昔傳者意曰：天下之未平，以君子之未進也；君子之未進，②以小人之未退也。小人不退，君子不進，於愛惡奚當焉？其唯仁人乎？仁人有見於殆我子孫之人，必不可與吾之子孫共於朝也；有見於殆我黎民之人，必不可與吾之黎民共於野也。於朝不可，③於野不可，則有放流之而已；④迸諸四夷，不與同中國而已。⑤蓋小人之爲心也甚險，⑥設復置在近地，則窺伺之隙難

① 俞本側批：成語了當。
② 俞本側批：側入得法。
③ 俞本側批：安頓老氣。
④ 側批：一句直出得法。
⑤ 側批：得法。
⑥ 側批：二比亦有次第可觀。

消；小人之爲計也甚工，設不棄之遠方，則奸詭之謀易入。仁人所爲深惡而痛絶也。故天下之稱能愛人者皆曰仁人，①而不知惟此放流之遠，②始謂之能愛，愛有技，則不使人娼嫉之也；愛彦聖，則不使人之不通之也。自有仁人之愛，而君子永不復退，子孫黎民實受愛之之利矣。天下之稱能惡人者皆曰仁人，而不知惟此放流之遠，始謂之能惡，惡人之娼嫉，則不使貽害於有技也；惡人之不通，則不使貽害於彦聖也。自有仁人之惡，而小人永不復進，子孫黎民實受惡之之利矣。是知天下不可一日無君子，則不可無能愛之仁人；天下不可一日有小人，則不可無能惡之仁人。詩云：「樂只君子，③民之父母。」④謂仁人也。

按：宣宗嘗以太宗所撰金鏡録授令狐綯讀之，至「亂未嘗不任不肖，治未嘗不任忠賢」，止之曰：「致太平當以此言爲首。」此文深得此意。張爾公。

他人到愛人惡人，不能雙頂放流，獨此斬然，題易繁繪，如此清樸，正見苞舉全

① 俞本側批：直語不用□□。按俞本刻印漫漶不清，側批又在行間，難以識讀者甚夥，此類則以「□」代之。下同。
② 側批：更不須旁借一字。
③ 俞本側批：古雋。
④ 側批：結句如漢文，忽引經傳。

唯仁人放，顧。

前直側則側，後宜平則平。峭動似永叔，疏快似子瞻。俞長城。[二]

力。陳百史。

「是故君子戒」合下二節

君子以心求道，以道之不外於心也。夫戒懼慎獨，心也；中和，亦心也。君子豈能外心而求道哉？且道與心本一而不二者也，一則合，二則離，君子求不離之而已矣。是故其所不覩，以爲有真覩也，而戒慎焉；其所不聞，以爲有真聞也，而恐懼焉；其所至隱以爲至見，其所至微以爲至顯也，而慎獨焉。蓋道也者，隨在各足者也，初未嘗示人以間也，無間則欲有以聯之，而所操存爲至密；道也者，乘感而萌者也，又未嘗不示人以間也。有間，則欲無以雜之，而所簡省爲至嚴，吾嘗反而觀諸心矣。夫道即心也，而喜怒哀樂即道也。當其未發時，則謂之曰中，從其一念之渾然者

[二] 此評語底本無，據俞本補。又，「俞長城」，俞本無，由編者補。按俞本由俞長城編次，這些未署名之評語當出其手。此後「俞長城」均由編者補。

名之也；當其發而中節時，則謂之曰和，從其一念之藹然者名之也。惟中也，則天下之大本於斯在焉，不着於我，不着於物，而我與物咸管攝乎其間也已；惟和也，則天下之達道於斯在焉，不戾於我，不戾於物，而物與我咸率由乎其間也已。道貫寂感，而實根諸一心，則其理甚精，既非耳目覩聞之可泥；心統性情，而實通諸天下，則其機甚妙，自非隱微顯見之可岐。以是知戒懼慎獨者，言乎其功夫也，①心之所以不離於道也；中和者，言乎其本體也，道之所以不離於心也。與功夫合之謂本體，與本體合之謂功夫，本體、功夫合之謂道。君子務此，而天之命、人之性、聖人之教一以貫之矣。

清機妙理，出自性靈，祇見精新，轉覺時詮易腐。韓求仲先生。

前後操縱如意，揮灑天然，但戒懼慎獨不分疏兩境，凌駕過了，是偷手討便宜法。中庸挽入隱微見顯，亦行文套逕，細細看來，性情之德當截作，再進重大一番，何如？其餘於錦泉諸作已詳之。艾千子。

胡氏曰：「是故君子」兩節說君子主敬之功，見人心之於道不可離。「喜怒」節

---

① 側批：此等語當作大結。

此説在性情之德，又見道之在人心本不可離，涇陽先生體認極確，但三節須結歸戒懼慎獨，未發已發，非君子不能合一。此文似稍未着力耳，若前二節正不必分疏作兩境也。[二] 陳百史。

是故君子，顧。

「中也者天下……道也」①

中庸論中和，而指其爲道焉。甚矣，天下無心外之道也，中爲大本，和爲達道，道其可離乎哉？且善觀道者，觀諸心而已。② 喜怒哀樂，心也；未發而謂之中，發而中節而謂之和，亦心也，即是不可以見道乎？何也？天命之性，物物而備於其内，③而所謂中也者，非他也，就不覩不聞之時，④直指夫天命之性而名之也。是故天下之大本

[二]「正」，底本作「政」，據文意改。

① 制義標題多用四書原文，然有全引者，有節引者。對於用節引原文作標題者，以省略號代替其未引部分。非有删節，特此説明。下同。

② 俞本側批：提「心」字原本朱子。

③ 俞本側批：方是大本。

④ 側批：方是大本。俞本側批：跟上二節，即伏下節。

在焉。不偏，則是非可否皆得以相通，①未感而感之理已渾然具矣；不倚，則操縱張弛皆得以相攝，未應而應之理已森然足矣。彼其所以喜，所以怒，所以哀，所以樂，其端雖自天下而入，②而其原則未嘗不統於吾心也，此道之體也。率性之道，人人而由於其內，③而所謂和者，非他也，就莫見莫顯之時，④直指夫率性之道而名之也。是故天下之達道在焉。⑤於一人之中無所乖，即於天下人之中無所乖，⑥而放之其皆準矣；⑦於一人之中無所戾，即於天下人之中無所戾，而推之其皆順矣。彼其時而喜，時而怒，時而哀，時而樂，其端雖自吾心而出，而其理則未嘗不通於天下也。此道之用也，知中爲道之體，而戒慎恐懼其不可已矣；⑧知和爲道之用，而謹獨其不可已矣。

① 俞本側批：是皆由此出。
② 側批：以淡而微。俞本側批：「天下」二字，二比各見，着實各見轉變。
③ 俞本側批：方是達道。
④ 側批：方是達道。
⑤ 側批：中頂戒懼，和頂慎獨，俱有分別，蓋中在不覩不聞，和在隱微見顯之界也。
⑥ 俞本側批：是共由之路。
⑦ 俞本側批：偏倚乖矣，四字俱切非。
⑧ 俞本側批：接下節，自直截。

理學文字，如此酣適，如此明切，當推涇陽先生爲國朝第一。從註發「大本」「達道」，又結「戒懼」兩節，先輩於理題體認不苟，今作者只求藻采耳。陳百史。

來龍結穴，一一分明，不支不漏，不晦不浮。俞長城。[一]

「致中和天」節

君子之體道，自其心而通諸天地萬物也。夫中和，道也；天地萬物，亦道也。致之育之位之，君子之體道如此。嘗謂道之在人心也，以中爲體，以和爲用，以天地萬物爲量，①而其理一以貫之也，君子致中和而已矣。始也操戒謹恐懼之心，以克其偏倚，而偏倚化，繼也克之又克，而至於無一不可克也，則戒謹恐懼之心亦化，夫是之謂致中；始也操慎獨之心，以閑其乖戾，而乖戾融，繼也閑之又閑，而至於無一之可閑也，則慎獨之心亦融，夫是之謂致和。致中則天地位焉，蓋心之爲體，不出乎喜怒哀

[一] 此評語底本無，據俞本補。

① 側批：一齊見出而自藴含真理學文字。

樂間，而天地之舒且卷也，亦不出乎喜怒哀樂間，彼其職覆職載，凝然各安其所者，固吾未發之氣象如此也；致和則萬物育焉，蓋心之爲用，不出乎喜怒哀樂間，而萬物之榮且悴也，亦不出乎喜怒哀樂間，彼其成大成小，熙然各遂其生者，固吾已發之氣象如此也。潛於不覩不聞之境，而精溢兩儀；萌於至隱至微之時，而神彌三極，斯可謂不離道於須臾者哉！

神清理清，讀之如讀秋水篇。◯「致」字獨有實際。文在原評。

「致」字確，餘亦清空不粘滯。艾千子。

戒懼亦化，慎獨亦融，總是無所不敬，乃克臻此。與空虛寂滅者不同，天地位是中，萬物育是和，有天地即有萬物。未發之中即是已發之和。註云體立而後用有以行，方結得天命之性，先輩分註處，正是合講。[二] 陳百史。

致中和，顧。

[二]「正」，底本作「政」，據文意改。

「人皆曰予智」節

中庸例言人之於道，不以徒擇爲智也。夫所貴乎智者，惟擇乎道而守之也。如徒以其擇而已矣，則何異見禍而不知避者哉？且道中焉止矣，爲道者必擇之而後可與明也，必守之而後可與行也，必擇守合而後可以稱智也。竊有惑於世之人焉，今夫天下之事幾，隱於不測者多，足以罔我也。人皆曰予智，宜能察其隱矣，類爲利之所驅，而自納於罟獲中焉，夫誰知而避之也？天下之危機，伏於無形者多，足以覆我也。人皆曰予智，宜能防其危矣，類爲欲之所驅，而自納於陷穽中焉，夫誰知而避之也？如是而猶自謂之知也，吾以爲今之所謂知道者似之。蓋人之智與否不可見也，而見之於明道之間；道之明與否不可見也，而見之於擇守之内。今斯人也，以爲非智人也，則何爲而有中庸之擇？以爲誠智人也，則何爲而無期月之守？天命之理，本粲然於人心，而兹能擇之也，夫亦天之不容泯也，未幾而物得以蔽吾心之天矣，所守於是乎變矣，此而曰智也，世之納於罟獲而莫之避者，亦智也耶？率性之理，本昭然於人心，而兹能擇之也，夫亦性之不容昧也，此而曰智也，世之納於陷穽而莫之避者，亦智也耶？吁！天下之智者，而皆若人也，中庸之道其孰從而明之？

下半節以輕淡寫意，與上半節相等，是唤醒語氣。陳百史。

「君子素其位」節

君子之所行，安於道而已焉。夫道與位相隨也，君子之所行惟此耳，何願外之有？嘗謂道也者，天之命也，人之性也。以其本體之流行而言，則無定在而未始無以寓之也；①以其流行之本體而言，則有定在而未始有以寓之也。是故君子素其位而行，不願乎其外焉。視吾身無所不可爲，而必準之於時，無敢役吾身以徇天下；②視天下無所不可爲，而必約之於分，無敢引天下以益吾身。位而見在於是，則自是以前之事並屬諸前，非屬諸我也，君子行其屬諸我者，而此願畢矣，固不於今日之未去者生一厭心而欲棄之，③亦不於今日之既去者生一戀心而欲留之也；位而見在於是，則自是以後之事並繫諸後，非繫諸我也，君子行其繫諸我者，而此願畢矣，固不於今日之既來者起一憎心而欲遣之，亦不於今日之未來者起一愛心而欲邀之也。蓋天之所賦，初無二命，④而吾之位即天命中可履之實地也，可履斯履之耳已，何得於所履之外

① 側批：此解人未説破。
② 側批：他人於此題終是伎倆，獨先生言之親切。
③ 側批：連説不碩。
④ 側批：「命」在第四□且隨題可用。

別有羨焉，以二不二之命？人之所率，初無二性，而吾之位即人性中可踐之實境也，可踐斯踐之耳已，何得於所踐之外別有觀焉，以二不二之性？君子之安於道也固如此。

「本體」「流行」及性命等語，奇奧之極。○卸脱「願」字，亦極有法。韓求仲先生。

中二比不避常語，乃其所以異於人也。若將已去、將來、見在等意爲嫌，而過求新異則不新矣。艾千子。

湯臨川好單説「素」字，便以「素」字爲未發之體，求深渺，乃墮伎倆，此又自起至中，從「行」字即帶出不願，變化兩語不見兩層，若性命二比，不免御題無力矣。陳百史。　君子素其，顧。

「郊社之禮」節

中庸原聖人制禮之義，而極著其義之深焉。夫饗帝饗親，至大禮也。明乎此而治國且易易矣，聖人制禮之義深哉！中庸明武、周之善繼述也，曰聖人之孝，達孝也。是故上下不能爲之間，後先不能爲之隔，幽明不能爲之限，皆一心以通之而已矣。試即其祀典觀之，昔者武、周之治國也，①有郊社之禮矣，有禘嘗之禮矣。郊社之禮何爲而設也？天覆地載，萬物賴之，而王者以身位其中，則思報焉，是故萃群億兆之精誠，酧兩間之化育，所以祀上帝者然也。禘嘗之禮何爲而設也？祖功宗德，萬世憑之，而王者以身承其後，則思報焉，是故竭一人之誠敬，通百載之精神，所以事乎其先者然也。斯禮也，斯義也，②武王得之而爲天下君，周公得之而爲天下相，其所係誠大，而其知之誠不易也。有能明於郊社之禮乎？有能明於禘嘗之義乎？聖人以享帝之心寄之乎禮，而茲見其禮，則見其享帝之心；聖人以享親之心寄之乎禮，而茲見其禮，則見其享親之心。若是而於治國也，如視諸掌矣。蓋匹夫匹婦，上帝之化工存焉，③於是乎撫之育之，長養而安全之，亦莫非所以事上帝也，未有明於所以事上帝而推焉弗準者；一民一物，先德之培植存焉，於是乎阜之安之，左右而成就之，亦莫非所以事乎其先也，④未有明於所以事乎其先而達焉弗順者。則不出於一對越之間，而足以

①側批：領治國。
②側批：俗乎便以爲當直下不用過文矣。
③側批：此尋常道理，卓不可易。
④側批：未有能縮此句者。

繫四海九州之命；不越乎一駿奔之際，而足以悉宗子家相之猷，思深哉！武、周之所爲禮也，此可以觀達孝矣。

無大超脱處，然循題演義，詞理恰適。艾千子。

從治國見聖孝，與言「可以格天即可以格人，可以通幽即可以通明」者大别，孰謂先生此文無大超脱處也？

治國正是事上帝，正是事先，[二]語不煩而意已至。陳百史。

郊社之禮，顧

「今夫山一」二段

天地生物之不測，於山水而益見之矣。夫天地生山水者也，山水之生物且不測矣，況天地乎哉？且天地之爲道也，①探其本，則必有所以宰之者矣；究其功，則必有

[二] 上二句二「正」字，底本均作「政」，據文意改。

① 俞本側批：報天地。

所以寄之者矣。① 寄莫大於山，②山者，誠之聚而爲象者也，第以其卷石耳，即有物之生，何幾哉？而及其廣大，則草木生於兹也，禽獸居於兹也，寶藏興於兹也，山之生物，胡然而若是之盛乎！天地有静機，③惟山爲能得之，是故静極則通，通則生焉，蓋亦莫非高明博厚之藴，所爲燦然分布乎其間，而不容秘者也。以斯知山之生物也，山不能有其功，歸之天地而已矣。④ 寄莫大於水，水者，誠之流而爲象者也，第以其一勺已耳，即有物之生，何幾哉？而及其不測，則黿鼉生於兹也，蛟龍魚鱉生於兹也，貨財殖於兹也，水之生物，胡然而若是之盛乎！天地有動機，惟水爲能得之，是故動極則變，變則生焉，蓋亦莫非高明博厚之藴，所爲森然分見乎其間，而不容息者也。以斯知水之生物也，水不能有其功，歸之天地而已矣。吁！山誠高，不過覆載間之所謂華嶽而止也，而其生物且如彼；水誠深，不過覆載間之所謂河海而止也，而其生物且如

① 俞本側批：字法好。
② 俞本側批：接老。
③ 俞本側批：中段忽插天地，又發出精理，遂使全篇文有生色。
④ 俞本側批：繳還天地。

彼。吾又奚惑於天地哉？①[一]君子由山水以觀天地，又由天地以觀聖人，而三才之蘊，斷可識矣。

段段歸至天地，最得章旨。文更虚和穩秀。韓求仲先生。

山水情理俱見，不獨以篇法清穩稱也。陳百史。

動静二意，的確細膩，前後法老機清。俞長城。[二]

「故君子尊德」節

君子有修道之全功，而道凝矣，夫天下無一偏之學也。有所以尊德性，有所以道問學，而道其凝矣哉？且天下莫大於道，而尤莫大於人。人者，德與道凝而爲一之謂也；凝者，内與外合而爲一之謂也。②自世之人，不知道之無外也，而專索之

① 俞本側批：重□一筆氣緊。

[一] 「惑」，俞本、清抄本均作「撼」。

[二] 此評語底本無，據俞本補。

② 俞本側批：簡透。

於外，則遺内矣，洋洋者，①與其優優者，泮然而不相屬矣；不知道之無内也，而專索於内，則遺外矣，優優者，與其洋洋者，涣然而不相麗矣，奚以凝道？是故君子尊德性而道問學焉。謂夫廣大者心體也，從而致廣大可也，而精微之理，即廣大中之實理，②其盡之而已矣；謂夫高明者心體也，從而極高明可也，而中庸之用，即高明之實用，其道之而已矣。温故矣，而必繼之知新，[二]良知之惺然於心者，吾不敢有所以昏之，③而又不敢無所以充之也；敦厚矣，而必繼之崇禮，良能之渾然於心者，吾不敢有所以漓之，而又不敢無所以閑之也。蓋修其内以爲外之主，而卒未嘗因之以廢乎外也，故内之所得，合諸察識而益真，雖日遊神於天地萬物之表而不流於蕩；④修其外以爲内之輔，而卒未嘗因之以廢乎内也，故外之所得，體諸涵養而益粹，雖日殫力於三千三百之間而不滯於粗。吾謂聖人之道，待人而後行者，待此尊德性而道問學之

① 俞本側批：頂上反□。
② 俞本側批：下半截□上半截看出。
[二]「知新」，底本作「如新」，據文意及俞本改。
③ 俞本側批：知行分得明。
④ 俞本側批：交□理藴圓足。

人也。

此文於此題，如周公之禮樂，盡倫盡制；如考亭之註義，詳審確當，無一字虚設，真至寶也。尊德性頂洋洋節，道問學頂優優節，確不可移。惟「内」「外」二字，讀者不可以詞害意，非偏以存心爲内，而致知爲外也。蓋道問學以致知，皆於事理上細微曲折，求其精詳。盡精微，是理之散於事者；道中庸，是事之合乎理者。涵泳乎其所已知，是以理言也，故義理則日知其所未知，亦以理言；敦篤乎其所已能，以事言也，故節文則日謹其所未謹，亦以事言，故以外屬之。然此「外」字，亦如「合内外之道」「外」字，皆德性中事，非他書所云外也。艾千子。

分頂洋洋優優，本大全陳氏，逐字逐句，依註闡發，而又不礙通篇游行澹宕之氣，當與陽明先生古文詞並傳。陳百史。

清真樸老之文。○東鄉評賞此文，似覺太過，當年講説横行，莫肯遵註，故推崇此等文以爲準式。自今觀之，不過布帛菽粟而已。夫先輩之恪守傳註，及東鄉廓清邪説之功，自不可及，但譽過其量。後之學先輩者，以平正爲神奇，守定四書講義一部，謂足盡文章能事，斯又不可。本舊解而出新裁，是在學者之神明矣。俞長城。[一]　故君子尊，顧。

「仲尼祖述」全

中庸敘聖道之大，而以天地明之也。夫祖述而憲章，上律而下襲，聖道之大也至矣，欲知其所以大者，舍天地將奚之哉？且道者天之所以爲天，地之所以爲地，①聖人之所以爲聖人，皆不出乎此也。夫仲尼集斯道之成者也，是故遠而求之，則於堯、舜而祖述焉，謂道在堯、舜也；近而求之，則於文、武而憲章焉，謂道在文、武也；仰而求之，則於天時而上律焉，謂道在天時也；俯而求之，則於水土而下襲焉，謂道在水土也。大哉仲尼也！其譬如天地之無不持載，無不覆幬乎，語包涵也；其譬如四時之錯行，[二]日月之代明乎，語流行也。試觀天地而其所以大可見矣，蓋物之在天地間也，並育矣，而並育者，又不至於相害焉；道之在天地間也，並行矣，而並行者，又不

[一] 此評語底本無，據俞本補。
① 側批：起處全會通章。
[二] 「譬」，底本作「辟」，據上文改。

至於相悖焉。所以然者何也？有小德以川其流，析同爲異，而同非混雜之同也，是錯綜於物與道之間者也；有大德以敦其化，統異爲同，而異非決裂之異也，是紀綱於物與道之間者也。蓋並育不害者，天地發見之跡；而川流敦化者，天地發見之理。並行不悖者，天地運旋之跡；而川流敦化者，天地運旋之理。天地之所以大，不以此哉？知天地，則知仲尼矣。

輕簡不費力，全以不説題勝人，乃知力重則舉題自輕也。艾千子。

一起一過一束，不添揑名目，而機法全備。今人執筆效之，徒見枯簡而不得其精理也。陳百史。

顧憲成全集卷七十

制義二

「行有餘力」二句

聖人論弟子，當隨其行之暇而學文焉。夫文所以資其行者也，爲弟子誠隨其暇而學之，其進豈可量哉？昔夫子之意若曰：夫弟子語其所存，[1]固在未雕未琢之天；語其所趨，又在可善可惡之介。故其心不可使之一息而無所用也。[2]今夫孝也弟也，謹也信也，愛衆而親仁也，其理無窮，終身行之而不盡者也，[3]顧自其退而閒居，而數

① 俞本側批：起寬而實和題。
② 俞本側批：一句醒，則以之神。
③ 俞本側批：跌法。

者之不與我值也，時雖謂之有餘力可矣；①其功無盡，終日爲之而不足者也，②顧自其退而燕處，而我之不與數者值也，時雖謂之有餘力可矣。斯時也，將何以哉？其以學文乎？文非有外於孝弟也，而孝弟之理所由寄也；文非有外於謹信親愛也，而謹信親愛之理所由寄也。故當其從事於行也，良心之感發，不無怡然而得者矣，學於文，③可以證吾之所得，而考覽紬繹，勤而勿怠焉，雖須臾之少息，未嘗不有以用其汲汲也；當其從事於行也，日用之紛紜，不無茫然而疑者矣，學於文，可以開我之所疑，而研窮玩索，恒而勿替焉，雖頃刻之少間，未嘗不有以用其汲汲也。本之詩書，④以求其端，而暇豫之精神，聚而歸諸道德性命之内；游之六藝，以悉其變，而幽閒之旨趣，徐而得諸意言象數之中。蓋惟其有餘力也，則其心常定，而聰明易啓，⑤是固日益之一機也，不可不以學而養之也；然而惟其有餘力也，則其心常逸，而放僻易生，是又

---

① 俞本側批：安頓「有餘力」。
② 俞本側批：對變不合掌。
③ 俞本側批：學文之益二意精。
④ 俞本側批：做「學文」綰住「有餘力」，道理正當，文辭腴煉，是精金美玉之文。
⑤ 俞本側批：夾剔「則以」二字。

日損之一機也，不可不以學而閑之也。爲弟子者，誠知盡心於斯，而聖功完矣。

逐比相生，無一比特起，此等作法，固涇陽先生長技也。艾千子。

弟子功夫，頃刻不放處，見餘力，如暇豫幽閒等語，精神極而符采生。○文無躁氣，靜玩得其涵泳義理之旨。陳百史。

行與學文相循處、行與學文相濟處俱洗發透徹，切實純粹學記之精。俞長城。[二]

行有餘力，顧。

「禮之用」節

賢者論禮之用貴於和，雖聖人不能違也。蓋禮生於心之自然也，和則美，美則傳，先王之道，如此而已矣。有子之論若曰：天下之不可去禮也，非一日矣，而世之爲禮者，泥其體而因以病其用，失其用而因以病其體，則不如無禮之爲愈也。夫禮非强我而設之也，其行也，非强我而就之也。列爲節文，森然不可踰矣，顧宇宙間未有

[二] 此評語底本無，據俞本補。

不可踰之節文，已先有不可踰之天理，理在而森然者從而生焉，則亦循其所自生而與之相安可也；敘爲儀則，秩然不可越矣，顧事物間未有不可越之儀則，已先有不可越之人情，情在而秩然者從而出焉，則亦循其所自出而與之相安可也。禮之用，其和爲貴乎？稽古先王，亦莫之能易矣。蓋禮者，先王之道也；和者，先王之道之所以爲美也。先王爲事之小者計，則嘗制禮以防其民矣，而天下萬世之小事罔不由焉，由之者誠便之也；先王爲事之大者計，則嘗制禮以閑其民矣，而天下萬世之大事罔不由焉，由之者誠宜之也。世有賢智之人，豈不欲有加於是，而天理人情之極，稍加即爲有餘，有餘非其心之所安也，則不得不俯而求合於先王；世有愚不肖之人，豈不欲有損於是，而天理人情之極，稍損即爲不足，不足非其心之所安也，則不得不仰而求合於先王。吾謂「禮之用，和爲貴」，其弗信矣哉？

爲貴爲美，有詳略，不必以濃郁見長。陳百史。

「**我愛其禮**」

聖人之心，惟知有禮而已。夫告朔之禮，至大禮也，聖人之心於是乎在，而何暇爲餼羊惜哉！想夫子之意若曰：禮之重於天下也尚矣，①故其不幸而至於廢也，智者無所用其謀，强者無所用其力，而一物之微，有足以志之者，誠不幸中之幸也。子欲去告朔之餼羊，似也，而惜乎其害於禮也。夫餼羊者，其在於昔，斯禮之所藉而行也；②其在於今，斯禮之所藉而留也。告朔明有尊也，③告朔廢，則當世之天下不知有尊，所以告朔者廢，則自兹以往，即有忠臣義士能慨然起而修之者，④且遺於觀感之無因，而萬世之天下不復知有尊矣，吾誠不忍尊尊之誼，一旦泯然至此也，安得而不惜之？告朔明有親也，告朔廢，則當世之天下不知有親，所以告朔者廢，則自今以往，即有仁人孝子能毅然起而復之者，⑤且阻於考據之無由，而萬世之天下不復知有親矣，吾誠不忍親親之誼，一旦漠然至此也，安得而不惜之？其供之有司也，若曰爲告

① 俞本側批：提「禮」字起，不粘上句。
② 俞本側批：「禮」字分得明。
③ 俞本側批：二義正大。
④ 側批：尊親二比説「受」字切當。俞本側批：曲折紆迴，文情妙絶。
⑤ 俞本側批：每比立柱以下，一字一句不可移易，因問大土法門矣。

朔也，仍而不革，則之禮也，雖不在於君，①猶在於臣，昔先王所爲殫心瘁慮，晝此不朽之令規者，典籍之官，庶得習其遺以詔將來，而將來者，亦可謀諸國而不失也。②不然任其禮之壞，而不能爲之援，斯亦已矣，顧又從而佐之，③以速其壞也耶？其征之自民也，若曰：爲告朔也，沿而不廢，則之禮也，雖不在於上，猶在於下，昔先王所爲勞精竭神，創此不易之懿典者，草莽之夫，庶得抱其遺以俟方來，而方來者，亦可謀諸野而獲之也。不然任其禮之亡，而不能爲之救，斯亦已矣，顧又從而助之，以果其亡也耶？是則存一餼羊，其所損於有國者之費無幾，④而禮受其無窮之益；去一餼羊，其所益於有國者之費無幾，而禮受其無窮之損，夫賜也，亦於斯二者之間權之而已矣。

讀此文博厚雍容之氣，真漢官威儀也。近日雖極工巧，極幽渺，視此政如婢見夫人耳。[二]　艾千子。

① 俞本側批：二義深切。
② 俞本側批：謀國謀野，股中有眼。
③ 俞本側批：「愛」字意一宕自見。
④ 俞本側批：又與「愛羊」對勘，議復透煉。
[二] 「正」，底本作「政」，據文意改。

爲大家之文，布局貴寬衍，運筆貴曲折，如蹭蹬襞積，緊絃促節，可以取悦一時，而識者之厭而笑也久矣。近日有自號名士，行實浮薄，倡爲摹古之文，貌似淹通，乃割漢人之皮面，以補其薄弱耳，於古今文皆無當也，予深惡此等。而一二以聲名交遊，爲生平善狀者，又取而張大之，且曰吾友某某始爲此等文，何天下之無古道與？學者細心讀涇陽文，當自有悟入處耳。陳百史。

我愛其禮，顧。

尊親朝野，四義確然。其中瀠洄波折，情致亹亹，起處見割截，結處見環繞，小品中極有法律、有氣格文字。俞長城。[一]

「子路有聞」節

賢者之心，惟知敏於行而已。甚矣，行之不可緩也，未行而即以後聞爲恐焉。子路之敏於行也何如哉？嘗謂君子之於善，其得之也以聞，而其失之也以徒聞。於是

[一] 此評語底本無，據俞本補。

乎行爲貴矣，行則所聞者不虚，是能以吾之力試之於動，而赴天下之善也；①行則所聞者不壅，是能以吾之力蓄之於静，而待天下之善也。斯道也，子路以之，子路勇者也，其有聞也，固其心之所深以爲幸者也；其未行也，尤其心之所深以爲疚者也。朝而聞焉，豈必能朝而行乎？自是而復有聞，將何以圖之也？②可慮也，而兢兢然不能以一朝安矣。夕而聞焉，豈必能夕而行乎？自是而復有聞，將何以承之也？可虞也，而業業然不能以一夕寧矣。蓋欲爲其前則有遺於後，欲爲其後則有遺於前，是前與後相悖也；欲兼而爲之則有歉於力，欲擇而爲之則有歉於心，是心與力相違也。子路之所爲，恐以此哉？信乎！觀子路於行之之時，未足以見子路也，惟觀其未行而即有所恐焉，然後聞無遺行可知，何也？彼其所以急於體諸行者，固此一念之恐，心惕之也。觀子路於聞之之時，未足以見子路也，惟觀其未聞而預有所恐焉，然後行無留聞可知，何也？彼其所以急於踐其聞者，固此一念之恐，心激之也。吁！記者可謂善言子路矣。

① 側批：雅詞即深理。
② 側批：一氣運題，惟玄宰、霍林善用此法。

惟「恐有聞」句，不呆説。

「不圖爲樂」一句

聖人極嘆韶樂之妙，其所契深矣。蓋韶樂之妙，夫人知之，及其至也，雖聖人亦有不得而知焉，則其感而嘆也有以哉！且樂莫盛於韶，夫子自齊聞之，又從而學之，其心之所獨得，有不容已於言，而又有不能盡於言者，不覺喟然嘆曰：不圖爲樂之至於斯也，豈不以舜之爲樂？吾嘗意其盡美矣，意其盡美，即可以盡美名之，①是吾所得而擬議者也，由今而觀，尚可得而擬議乎？亦嘗意其盡善矣，意其盡善，即可以盡善名之，是吾之所得而形容者也，由今而觀，尚可得而形容乎？驟而接之於耳，其爲聲也，既有溢於笙鏞簫管之外，徐而玩之於心，其爲聲也，又有溢於耳之所聞之外；驟而接之於目，其爲容也，既有溢於干旄戚羽之外，徐而繹之於心，其爲容也，又有溢於目之所見之外。其述之后夔也，以爲至於格祖考、舞百獸而要之。② 祖考之格，可以

① 側批：此先輩舊境，安知盡善盡美不在聞韶之後？
② 側批：后夔、季札尚未盡，不免太幻，只宜云「向也徒聞后夔、季札之所述，而今乃親見之」方可。

幽明感應之常理測也；百獸之舞，可以人物感應之常理測也。至於斯，則感而無其感，應而無其應，雖后夔不能爲之述者矣。其贊之季札也，以爲至於如天覆、如地載而要之，如天之覆，其氣象之清明可想也；如地之載，其規模之廣大可想也。至於斯，則氣象入於無朕，規模入於無形，雖季札不能爲之贊者矣。蓋樂以昭德，而舜之德，聖人之德也，聖人之德，思慮勉强不與焉，故其播之樂者，亦非思慮勉强之所逆覩；樂以彰治，而舜之治，無爲之治也，無爲之治，聰明知識不與焉，故其宣之樂者，亦非聰明知識之所懸料。吁！吾何幸而躬逢其盛也！

不免有溢情之語，開後生空誕習矣。聖言未必如此，想見夫子定禮樂時，何等工夫，不宜專就光景論也，姑取其文勢疏宕。陳百史。　　不圖爲樂，顧。

「士不可以……道遠」

大賢論士貴於弘毅，以有所用其弘毅者也。夫惟弘可用以任重，惟毅可用以道遠也，士其可不弘毅乎哉？曾子之意若曰：道之在天下，盡人而具之，不盡人而寄之也，寄之士而已矣，是故士貴養也。吾竊有責於士焉，觀士必於其量，而弘也者，言乎此心之量，足以有容者也。不弘則其中隘而示天下以可測，天下見其可測也，以爲一器小而易盈者耳，惡得謂之士也？不可也。觀士必於其守，而毅也者，言乎此心之守，足以有執者也。不毅同其中餒而示天下以可撓，天下見其可撓也，以爲一器輕而易靡者耳，惡得謂之士也？不可也。所以然者何也？道以人舉，而非人之所易勝也。苟士亦曰未易勝也而諉焉，則天下更復有誰人起而荷之者？道於是乎涣而無所統矣。故吾所謂士，必其視己之身，爲天下倚藉之身，而引天下之責，爲己性分内之責，要不忍姑以一技一藝之末而自足也。甚矣！其任之重也。道以人行，而非人之所易致也。苟士亦曰未易致也而畫焉，則天下更復有誰人起而蹈之者？道於是乎虚而無所屬矣。故吾所謂士，必其視己之身，爲萬世憑籍之身，而引萬世之責，爲己職分内之責，要不忍姑以一朝一夕之計而自安也。甚矣！其道之遠也。惟其任之重也，則士不可以不弘，以士者任重之人，而弘者任重之具也；惟其道之遠也，則士不可以不毅，以士者道遠之人，而毅者道遠之具也。不然，士亦凡民而已，天下其何賴於士哉！

士不可，顧。

用意不求刻深，翻合「不可以不」四字。連用長句呼吸，此蘇家法度。陳百史。

「子罕言利與命與仁」

觀聖人之所罕言者三，而其慮深矣。蓋利不可言，而命與仁又不容言也，聖人之所罕言者以此，其慮豈不深哉？且吾夫子以道設教，苟言之而有益乎天下，弗敢秘也；苟言之而無益乎天下，弗敢贅也，惟其當而已矣。是故其啓迪開導之心非不甚篤，而於情有所易趨，則不欲輕徇其易，而使人之徒溺於卑近；其提撕警覺之意非不甚殷，而於理有所難悟，則不欲輕泄其難，而使人之徒騖於高遠，此其罕言者也。罕言惟何？其一曰利。利，物欲也，其流之弊不可勝窮，而顧諄諄焉日舉而言之。吾恐上者將假公以成其私，於義必悖；下者將貪得而忘其失，於害必滋。聖人之教，本以納天下於正，而何至於導之邪也？夫是以罕言利也。其一曰命。命，天載也，其理之微不可懸億，而顧屑屑焉日舉而言之。吾恐賢且智者益馳心於渺茫之中，而蕩然不知其所止；愚不肖者遂妄意於日用之外，冥然自失其所居。聖人之教，本以引天下於明，而何至乎增其惑也？夫是以罕言命也。其一曰仁。仁，人心也，其道之大，不可形容，而顧瑣瑣焉日舉而言之。吾恐未有得者，狃於耳之所嘗聞，既玩之而不加修；稍有得者，駭於見之所未及，又憚之而欲中沮。聖人之教，本以誘天下於進，而何至乎率之退也？夫是以罕言仁也。是則吾夫子之門無曲説，亦無虛談；無卑詞，亦無闊論，其指微而其意深矣！學者可不察乎？

利命仁，説得平穩，不必推深一步，最得夫子立言之意。陳百史。

「子欲居九夷」

聖人有居夷之思，而不得已之情見矣。夫聖人者，將以道易天下者也，不得已而欲居九夷焉，其憫世之心何如哉？且春秋之時，天下不幸而無明王，猶幸而有孔子。孔子之生，幸而有道焉可以濟天下，又不幸而天下無用之之人，故欲出其道以起東周之衰，而非無位者之所能也。欲卷其道以老於洙、泗之濱，而非憂世者之所忍也，乃欲居九夷焉。蓋聖人之去就，視斯道行藏之關，而斯道之行藏，操天下治亂之柄。故世喪而道亦喪，即中國而夷狄之可也，夫奚戀於中國？身在而道亦在，即夷狄而中國之可也，夫奚嫌於九夷？履父母之邦，而目擊乎聲名文物之盛，固孔子之意也，而今且何如也？天子弱矣，諸侯强矣，大夫恣矣，滔滔之亂，其誰與易乎？則覩斯變者，誠不得不懼而逃也。際可爲之會，而躬振乎禮樂文明之休，亦孔子之願也。而今且何如也？有譏其佞矣，有憂其殆矣，有削其跡矣，栖栖之轍，又安所之乎？則遭斯窮者，誠不得不轉而夷也，侏儺而言夷也，豈不爲可鄙哉？而孔子則慨然嘆曰：彼其侏儺也，夫亦誤於習之相沿，而吾諸夏之邪説暴行者，是明見夫君臣父子之倫，而敢爲稱亂者也。非若夷之猶可以化誨也，吾就其可以化誨者而已矣。左衽而衣，夷也，豈不爲可耻哉？而孔子則喟然嘆曰：彼其左衽也，夫亦止於服之不衷，而吾諸夏之冠裳倒置者，是大亂乎尊卑上下之紀，而无复忌憚者也。非若夷之猶可以理諭也，吾就其得以理諭者而已矣。舉一十二國所不容之身，而欲求容於被髮之國，憫时之念何其深！舉七十一君所未試之道，而欲求試於荒服之民，人窮之悲何其切！吁！聖人而得其時也，則有立乎天下之上，而四夷輸款；聖人而不得其時也，則有窮乎草莽之間，而九夷是思。豈天之無意於太平耶？

有歸太僕之灝氣，而浄潔過之。陳百史。

子欲居九，顧。

「一日克己復禮……乎哉」

聖人合人己以言仁，而仁道備矣。夫仁者，合人己而一之者也。觀於歸之之效與爲之之機，而仁其復有餘藴哉？孔子語顏子曰：君子之求仁也，無有他也，以人爲證，以己爲主，如是焉耳矣。何也？仁至公而無私也。所謂己，生於其私也，非惟吾之心因之而與天下隔，即天下之人之心亦因之而與我隔者也；所謂禮，生於其公者也，非惟吾之心因之而與天下通，即天下之人之心亦因之而與吾通者也。果能一日克己復禮，則仁矣，仁則理不以欲間，而心常純，所以完其本然之真體者，在此日也；仁則物不以我間，而心常流，所以觸其同然之真機者，在此日也。天下以己爲當克，而吾能克之，於是乎莫不歸克己之仁；天下以禮爲當復，而吾能復之，於是乎莫不歸復禮之仁。爲仁之效，可謂速而大矣，顧天下能以其仁與我於爲之之後，而不能以其力助我於爲之之時；我能使天下人相與以心，而不能使天下人相援以力。己，吾之己也；禮，吾之禮也。循是而克復焉，其功收於一日，而要之，一日，亦吾之一日也，克己，克吾之己也，復禮，復吾之禮也；循而爲仁焉，其驗及於天下，而要之，天下，亦吾之天下也，爲仁由己，而由人乎哉？蓋以仁而言，則在己者有以孚於人，故君子貴自考也；以爲仁而言，則在己者無以假於人，故君子貴自勵也，回也當審所用心矣。

歸仁轉下由己，直是神合，塵俗語一筆不犯，變化之妙，從古文中來。陳百史。

「非禮勿言」二句

爲仁者，在禁其言動之害於仁者焉。夫言動不可以不慎也，非禮之言有禁，非禮之動有禁，而仁其庶幾矣乎？夫子告顔淵曰：仁，心德也。心無聲也，而未始離乎聲也；①心無形也，而未始離乎形也。故聽也者，②聲之所自入；而言也者，聲之所自出也。③非禮勿聽，豈不善乎？而或者猶不免乎非禮之言，④則雖舉天下之妄聲，悉從而却之，而吾心之妄聲固在也，一旦吾心之妄聲與天下之妄聲交，⑤自不覺爲其所引矣，何以能終弗聽哉？必也其勿言焉。言有禮也，防其悖於禮也；言有己也，防其溺於己也。蓋言生於心也，其初念未嘗不是也。未幾而於是之中，⑥覬夫言之利，則初者違；又未幾而於是之外，慮夫言之害，則離者遠。愈遠愈離，而非遂成於言

---

① 俞本側批：「形」「聲」二字，一篇之骨。
② 俞本側批：緣二一句，又得一步。
③ 側批：仍可移在上兩句否？
④ 側批：見用力次第。
⑤ 俞本側批：所謂檢其外，正以□其中。
⑥ 俞本側批：看「非」字入細，方是顔子之學。

矣。此以知君子之爲仁也，言不可不慎也。視也者，形之所自入；而動也者，形之所自出也。非禮勿視，豈不善乎？而或者猶不免乎非禮之動，則雖舉天下之妄形，悉從而屏之，而吾心之妄形固在也，一旦吾心之妄形與天下之妄形交，自不覺爲其所眩矣，何以能終勿視哉？必也其勿動焉。動有禮也，戒其妨於禮也；動有己也，戒其逐於己也。蓋動之生於心也，其初念未嘗不是也。未幾而以喜動之意，[二]希利於是之前，①則初者違；又未幾而以惡動之意，虞害於是之後，則違者遠。愈遠愈離，而非遂成於動矣。此以知君子之爲仁也，動不可以不慎也。要之，非禮勿言，則所言者，必其皆可與天下共聽之者也，②而言莫非仁也；非禮勿動，則所動者，必其皆可與天下共視之者也，而動莫非仁也。回也其毋以仁爲精，以形色爲粗，而別求克己復禮之方哉！

不如此深進一層，移易數字，仍是上二句文字矣。言動緣視聽來，見先輩苦心，與天下共聽，與天下共視，是儒者大道理，非若湯臨川諸人之佻巧也。陳百史。

[二]「未幾」，底本作「夫幾」，據文意改。

① 俞本側批：正誼明道與動静交養之理，□看乃該。

② 俞本側批：□天下歸仁明切。

非禮勿言，顧。

天下之感，盡於形聲。自外入爲視聽，自内出爲言動，如此説，方見四句盡得克復之日。從上轉下，乃疏題精細詳切，不是討好法也。俞長城。[二]

「文猶質也」節

賢者等文質於一，而極言文之不可去也。夫文與質，可相有而不可相無也，無文則無君子小人之辨矣，故知棘子成之説非所以爲訓也。子貢於是乎言曰：「昔者先王設爲文章，以辨上下而定民志，是故風俗可以淳而漓，人心可以樸而僞，①而君子小人之辨，率不可得而混者，則文之功居多也。子告我曰『質而已矣』，將謂質之可獨存也；又曰『何以文爲』，將謂文之可獨去也。不知文非他也，所以殊等威、别章采，而質之賴以飾焉者也；質非他也，所以敦淳龐、崇樸素，而文之賴以附焉者也。可以曰

[二] 此評語底本無，據俞本補。

① 側批：言之全者必婉。

『質而已矣』，①則亦可以曰『文而已矣』，而不見其有緩急之分；可以曰『何以文爲』，則亦可以曰『何以質爲』，而不見其有輕重之別。故夫文猶質也，質猶文也，兩者並存於天下，而後君子吾知其爲君子，小人吾知其爲小人也。如子之意，其弊可勝概哉？將以反天下之樸，而適以亂天下之防；將以抑天下之靡，而適以淆天下之分。君子之所以異於小人者，異之於文也，文而去焉，是虎豹而犬羊也，何也？其鞟同也。小人之所以異於君子者，異之於文也，文而去也，是犬羊而虎豹也，何也？其鞟同也。當子説之未行也，天下知其文，不知其質，其究也爲奢爲靡，而人鮮誠慤忠信之風；當子説之既行也，天下知有質，不知有文，其究也爲鄙爲陋，而人滅尊卑貴賤之等。執此較彼，其愈幾何？然則子之所謂『質而已矣』『何以文爲』者，蓋必天下可以無君子小人之辨而後可也。」

文猶質也，顧。

每讀涇陽先生文，當看其文氣渾雄，又當看其題情不失處，如此篇「質猶文」「文猶質」二句，諸作皆不及也。艾千子。

只從棘子成之説，再四申論，不填塞文質合一舊語，文情茂美。陳百史。

① 側批：從惜其説發論。

「居處恭執」三句

聖人語賢者以仁，當隨在而存其心也。夫仁隨在而各足者也，居處此心，執事此心，與人此心，仁其庶幾矣乎！夫子語樊遲，若曰：仁人心也，有以存其心，何往而非仁之資也？①無以存其心，何往而非仁之累也？子務存之而已。今夫仁之所以遠於人者，非其累之於燕閒幽獨之間，則其累之於日用酬酢之際也；人之所以與仁遠者，非其中之有慢心，則其内之有僞心也。故時而居處，則有居處之仁矣，而仁果何物也？恭是也。子必立之以有嚴，閑之以無懈，自衣冠瞻視而上，一一歸之於恭焉。蓋心以恭爲所，非恭即吾之心且放焉而無所體矣，將以何者而居處乎？此以知恭之不可已也，凡以存其仁於居處也。時而執事，則有執事之仁矣，而仁果何物也？敬是也。子必秉之以有恪，守之以勿渝，自幾微毫髮而上，一一歸之於敬焉。蓋心以敬爲樞，非敬即吾之心且蕩然而無所持矣，將以何者而執事乎？此以知敬之不可已也，凡以存其仁於執事也。時而與人，則有與人之仁矣，而仁果何物也？忠是也。子必聯之以有孚，結之以無妄，自匹夫匹婦而上，一一歸之於忠焉。蓋心以忠爲體，非忠即

① 側批：惟先生能言之。

吾之心且漠焉而無所屬矣，將以何者而與人乎？此以知忠之不可已也，凡以存其仁於與人也。無顯無隱，悉操存涵養之時；無己無人，盡防簡持循之地。遲也遵此以往，於爲仁乎何有？

仁便是恭、敬、忠，看得精融，文更雅質。文在原評。

只爲「仁」字寫得圓滿法身，透體光映，解人解人。馬君常先生。

每遇此等文，不可苟簡，看其細心切題，一字不放過。艾千子。

深艱險澀，先生盡汰除之，然又非軟熟名理語，所以可傳。陳百史。

居處恭，顧。

「子曰爲命……色之」

鄭之爲命，兼群大夫之長而爲之者也。夫命者所以輯邦交也，一爲命而兼以群大夫之長焉。鄭之應於諸侯者，其有辭矣，此夫子善之也，且鄭以蕞爾之國，①介於晉、楚之間，其危道多矣。而卒得以晏然無故者，非智能禦之，力能遏之也。君子

① 俞本側批：有起高古。

曰：爲命之善也，蓋人君之交鄰也。有一言足以成好，有一言足以起争，是故遇應對，則思爲命之臣也；①國家之爲命也，謀欲其當而核，言欲其理而文，是故遇説辭，則思共事之臣也。乃鄭也，其臣有曰裨諶者，世所謂善謀人也，善謀則可與經是非、定規畫，②而草創之事屬焉，時蓋舉立言之旨，③而爲之條陳其概矣；臣有曰世叔者，世所謂多識人也，多識則可與，按古今較名實，而討論之事屬焉，時蓋舉草創之辭，而爲之商確其宜矣。討論矣，④而參之以跡者，未必能裁之以意，則就斟酌之所及，而修飾於其間也，行人子羽以之，何也？彼其斷國之才，⑤誠足以辦此也。修飾矣，而決之以理者，未必能加之以文，則就筆削之所及，而潤色於其間也，東里子産以之，何也？彼其華國之才，誠足以辦此也。夫惟隨所長而各任其事也，故得一裨諶而其謀定，⑥

①俞本側批：做首二字虚，籠全節意。
②俞本側批：逐字疏解。
③俞本側批：帶束本句，帶起下句，先輩之法。
④俞本側批：變换又連絡。
⑤俞本側批：每人下一定評。
⑥俞本側批：三合一分一合，灼見諸臣公忠之志，而文、桓□勁。

得一世叔而其義明，得一子羽而其辭達，得一子産而其文昭，群大夫之爲國計也周而審；夫惟合所長而共濟其事也，故裨諶不得而專其見，世叔不得而矜其識，子羽不得而私其美，子産不得而擅其文，群大夫之爲國計也和而同。宜乎命出而鄰之人莫不相顧曰：「鄭國有人也。」吁！是可以當晉、楚矣。①

隊伍森嚴，甲仗精整。艾千子。

最難屬辭處，偏能發越雅音，不側重子産，[一]省去相臣「集衆思」「廣衆益」諸論，尤爲獨見。世稱先生文爲縱横之雄者，失之矣。陳百史。[二]

略讀數行左、國，遇此等題，便將鄭國情形及晉、楚交攻事實盡行搬演，横插議論，以爲奇麗。不知此乃市肆中酒肉，雅人不食也。[三] 草創諸事，要註得的確，乃見爲命之難；裨諶諸人才器，要斷制得定，乃見當日用人合宜處。觀先生此文及

---

① 俞本側批：應起處塗逸。

[一]「側重」，底本作「測重」，據文意改。

[二]「陳百史」，底本無，據俞本補。

[三]「雅人」，俞本作「雖人」，據清抄本改。

王文恪邦君之妻篇，方知先輩之正大典則矣。俞長城。[二]

子曰爲命，顧。

「微子去之」節

三臣之爲商也，皆有不得已之計焉。蓋君子之爲國計，無所不至也。微子去，箕子奴，比干死，此豈得已也哉？昔者商紂不道，四海離心，於其時有貴戚之臣，曰微子、曰箕子、曰比干者，之三人也，將起而易其位，則權所不在，①將坐觀其變而不爲之所，則情所不忍也。故微子去焉，箕子爲之奴焉，比干諫而死焉。夫微子何以去也？蓋以紂之惡，不復可救矣，吾一旦而以身遠遁，②或者紂聞而思曰：③「彼以元子之親，忍於宗國之棄，其必更有大不忍者而然乎？」由是而悔心萌也，由是我可抱器

[二] 此評語底本無，據俞本補。

① 俞本側批：補意妙。

② 側批：必以去爲悟主，甚無謂。惟其主不可悟，故去耳。得不然一語題，方有活路。

③ 俞本側批：設想處。

而歸也，則今之所以去者，①乃其所以留也，不然亦爲祖宗延其祀而已矣。② 故夫微子之去，微子不得已之計也。 夫箕子何以奴也？蓋以紂之惡，不復可救矣，吾一旦而以身自污，或者紂見而思曰：③「彼以父師之尊，甘於徒隸之辱，其必果有大不甘者而然乎？」由是而悔心萌也，由是吾可徐起而爲之圖也，則今之所以辱者，乃其所以榮也，不然亦存其身以俟後人而已矣。 故夫箕子之奴，箕子不得已之計也。 夫比干何以死也？蓋以紂之惡，不復可救矣，吾一旦而以諍捐生，或者紂因而思曰：「彼以忠良之軀，安於斧鉞之戮，其必果有大不安者而然乎？」由是而悔心萌也，由是而吾得以寧於地下也，則今之所以死者，④猶其所以生也，不然亦以其心告諸先王而已矣。 故夫比干之死，比干不得已之計也。 吁！臣也誰不知君之不可要，⑤而微子至以去動其君，則有似乎其要之也，微子所以爲商之心，於此焉竭矣；臣也誰不知君之不可

---

① 俞本側批：斡全處。
② 俞本側批：又進一層。
③ 俞本側批：「聞而思」「見而思」「因而思」俱用意。
④ 俞本側批：去留、榮辱、死生三義可懸日月。
⑤ 俞本側批：前三□比用領此三段妙用逆。

懟，而箕子至以奴媿其君，則有似乎其懟之也，箕子所以爲商之心，於此焉竭矣；臣也誰不知君之不可抗，而比干至以死犯其君，則有似乎其抗之也，比干所以爲商之心，於此焉竭矣。奈之何去之而紂不悟，奴之而紂不悟，死之而紂不悟，而商之天下竟屬一戎衣之周哉！微子去之，顧。

取其文氣曲折不板。陳百史。

若決江河。繆太質。[一]

一氣奔湧而成，逐字刻劃而出，兩間正氣，千古奇文。俞長城。[二]

[一] 此評語底本無，據俞本補。

[二] 此評語底本無，據俞本補。

顧憲成全集卷七十一

制義三

「是心足以王……四海」

大賢許齊王有王天下之心，而詳啓之以推心焉。夫不忍之心，王天下之心也，識其心而充之，於王乎何有哉？且人主所恃以聯四海爲一體者，①恃此心而已。齊王以羊易牛，何心也？不忍之心也。無此心，②則雖强如桓公，强如文公，僅以天下霸；有此心，則雖好貨如宣，好色如宣，足以天下王。爲齊王者，宜反求而自得之，③可也，而何其不察也？孟子曰「不忍」，則王亦從而然之曰

① 俞本側批：縮定起止。
② 俞本側批：領首句，虚含全文意論。
③ 俞本側批：喝起下四節。

「吾不忍也」；①百姓曰「愛」，則王亦從而疑之曰「愛也」，是因真起妄也。而王之心於是乎茫焉，②若淪於無而不可窺矣，及孟子以見牛之説明不忍，而王始信其果不忍也；孟子以未見羊之説明非愛，而王始信其果非愛也，是因妄得真也。而王之心於是乎惻焉，復萌於有而不可遏矣。即此而充之，③以保四海，豈不猶勝百鈞者之舉一羽也？豈不猶察秋毫者之見輿薪也？豈不足以合於王也？今也問其保禽獸則易，問其保百姓則難，等折枝於挾山超海之役，甚無當也，盍亦推恩矣乎？④何言乎推恩？老老幼幼是也。其用達於天下，而其體具於一心。詩人之言，可謂知治本者也。察於詩而知其所以求諸心焉，⑤恩可推矣；求諸心而知所以推其恩焉，民可保矣。蓋王之始而不忍於堂下之見也，則保四海之本也；⑥繼而戚戚於仁術之言也，則保四海之端也；終而能推及於老老幼幼之

---

① 側批：看他操縱如意，真節制之師。俞本側批：鎔四節爲兩比，一句不遺。又簡捷，又整齊，化工手也。
② 俞本側批：插「心」字。
③ 俞本側批：忽插入此句，順勢逆帶下二節，文敖飛動。
④ 俞本側批：落句水到渠成。
⑤ 俞本側批：出末四句，層次好。
⑥ 俞本側批：明是□發末句，却帶收全題，令人不覺。

間也，則保四海之功也，所謂是心足王者固如此。① 王誠察識而擴充之也哉，桓、文之事可以無煩於問答矣。

長題不難於順文收拾，難於借勢縱横，如此文真是芥子納須彌神力。[一] 韓求仲先生評。

乘風破浪，帆檣蔽天，何必誇一葉横江之勝？馬君常先生評。

裁節處使氣不漫漶，直敘處使氣不迂塞。總收保四海，運長題如一句。法備而力足，方能構此。俗手必以逐句逐節敷衍爲先輩，如此章題，將累牘不盡矣，又何以爲制義八比之體乎？陳百史。[二]

起訖劃清，一筆不溢；中幅順敘，一筆不漏。置之成、弘先輩中，肯讓王、錢否？置之唐、宋大家中，肯讓韓、歐否？俞長城。[三]

是心足以，顧。

---

① 俞本側批：一句束定「老」。

[一] 「芥子」，底本作「介子」，據俞本改。按祖堂集卷十五李萬卷問歸宗和尚云：「教中有言：『須彌納芥子，芥子納須彌。』須彌納芥子，時人不疑；芥子納須彌，莫成妄語不？」

[二] 「陳百史」，底本無，據俞本補。

[三] 此評語底本無，據俞本補。

「爲肥甘不足……前與」

大賢將發齊王之大欲，必歷舉其欲之易足者探之也。夫大欲非可以易足也，如以一身之欲而已，則足之亦何難哉？孟子蓋反言以探齊王也，若曰：「人君之立於民上也，發一仁心，則惟知有人；發一欲心，則惟知有己。王之不忍於觳觫之牛也，似也，而豈圖有興甲兵之事乎？内則危士臣矣，外則構怨於諸侯矣，人必求即乎一己之安，①而有所不可得也，斯無暇乎恤人之危也；人必求徇乎一己之樂，而有所不可致也，斯無暇乎恤人之怨也。今王胡爲者也？臣試言之，人君尊以處其身，則縱欲易，節欲難，而不能一日無崇高富貴之奉；人君卑以處其臣，則從己易，從人難，而不能一日無承顔順旨之徒。口之欲莫大於肥甘，體之欲莫大於輕煖，王其爲是之不足與？②而天下之可以投吾好者，不盡於口體間，抑又在聲色之娛未可知也。目之欲莫大於采色，耳之欲莫大於聲音，王其爲是之不足與？而天下之可以中吾好者，不盡於耳目間，抑又在便嬖之臣未可知也。吾聞『不邇不殖』，古之明戒也，果若王之欲也，

① 側批：此處虚起二比得勢。
② 側批：俗手便是五比，裁作二比，而俱不失「與」字，所以爲難。

爲身謀則重矣，爲民謀則輕矣，以逸樂豢養之故，弄赤子於干戈，而堂下之心變而爲自私之心也已矣，王其然乎否耶？吾聞『親賢遠佞』，古之懿訓也，果若王之欲也，爲身計則長矣，爲民計則短矣，以奔走逢迎之故，戕群生於鋒鏑，而不忍之心轉而爲自利之心也已矣，王其然乎否耶？要之，所欲而誠在於五者之内，則求之固甚易也，何必以興兵構怨爲也？所欲而或出於五者之外，則求之必有道也，亦何可以興兵構怨爲也？王其明以語我，行且爲王策之矣。」

與鹿門作各有佳處。陳百史。

爲肥甘不，顧。

「惟仁者爲能」節

大賢論交鄰之道，而徵諸古焉。蓋以大事小爲仁，以小事大爲智，古之道也。明乎此，而於交鄰何有？孟子示齊宣曰：「所貴乎交鄰者無他，勢在我，①則忘之而已

① 俞本側批：極明白道理，他人出口便不爽，何也？

矣；①勢在人，則順之而已矣。王欲聞其道乎？臣試言其概而王擇焉。夫天下之人國多矣，有以大國而鄰我者矣，②有以小國而鄰我者矣，大奚以交於小也？其道則仁者得之，③仁者曰：『吾與小國鄰，而忿焉與小國較，將以樹威結怨則可矣，若欲昭德而懷貳，則計之左者也。是故其事之也，以爲寧使天下議我以怯，而有不恭之加，毋寧使天下議我以暴，而有不靖之患也。』古之行此道者，④吾得二人焉：湯也事葛矣，文王也事昆夷矣。彼誠仁者也，所以忘其勢而不忍較也。不然，以四海徯蘇之后，而下於一蕞爾之邦，⑤則近乎恥也；以三分有二之主，而下於一蠻夷之長，則近乎辱也。恥不可即，辱不可居，湯、文曷爲而爲之哉？小奚以交於大也？其道則智者得之，智者曰：『吾與大國鄰，而狡焉與大國競，將以挑釁速禍則可矣，若欲保社而息民，則計之左者也。是故其事之也，以爲與其犯彼之怒，而爲簞食壺漿之迎，不若徇彼之欲，

① 側批：淡語今人百思不能及。
② 俞本側批：虛提二句立局。
③ 俞本側批：「道」字好，伏下「天」字。
④ 俞本側批：落「是故」二字，得古火中提筆之法。
⑤ 俞本側批：反收一段議，雄偉辭腴，煉氣虛□，通篇文氣皆振。

而爲犧牲玉帛之獻也。』古之行此道者，吾得二人焉：太王也事獯鬻矣，勾踐也事吴矣。彼誠智者也，所以順其勢而不敢競也，不然，賂以皮幣，賂以犬馬，天下之厚利也；身請爲臣，妻請爲妾，天下之惡名也。利不可棄，惡不可取，太王、勾踐曷爲而爲之哉？今王之鄰，誰爲葛伯耶？昆夷耶？則有仁者事小之道在。誰爲獯鬻耶？吴耶？則有智者事大之道在，尚其鑒於四王可也。」

惟仁者爲，顧。

每比一段正，一段反，莊雅有度，文中左國。艾千子。

兩扇格亦勝思泉，思泉雄而直，涇陽渾而古，看他轉出仁者數語，有典有則，亦莊亦雅，今未見其人也。陳百史。[一]

天下之山多奇而高，武林之山獨峻而秀。每月下泛西子湖，見南北兩峰屹然並峙，陡峭中蒼翠淡遠，[二]令人徘徊不能去。先生此文，殆似之矣。俞長城。[三]

[一]「陳百史」，底本無，據俞本補。

[二]陡峭，俞本作「陡削」，據清抄本改。

[三]此評語底本無，據俞本補。

「志壹則動氣」二句

大賢論志與氣，有交動之機焉。夫志與氣常相須也，觀於氣之所由動，又觀於志之所由動，而兼養之功何可廢哉？孟子曉公孫丑之意若曰：「志之所以稱至者，非謂其獨重於氣也；氣之所以稱次者，非謂其獨輕於志也。正有見於交動之機，而爲是相等之説耳，何也？當夫志之涣焉，而莫之壹也，則其内之惺然而明覺者，忽而可以之於此，忽而可以之於彼，所見未決而吾之氣方伏於外，①而待内之命也。乃若心思之凝結，念慮之流注，確乎其有專向，而志壹矣，斯氣隨而動焉。蓋志非他也，氣之主宰處也。主宰既然，而其作用亦然，不言而喻，不約而從，由五官以及百體，孰不視志爲轉移也，是内之所以通於外也。當夫氣之涣焉，而莫之壹也，則其外之沛然而充滿者，倏而可以運於此，倏而可以運於彼，所爲未決而吾之志方伏於内，而待外之感也。乃若耳目之視聽，手足之持行，確乎其有定在，而氣壹矣，斯志隨而動焉。蓋氣非他也，志之作用處也。作用既然，而其主宰亦然，不戒而孚，不謀而合，由一念以至百慮，孰不視氣爲轉移也，是外之所以通於内也。惟神足以御乎形，而御乎形者，又有

① 側批：「所見」「所爲」分柱。

時而爲形之所御；①惟心足以役乎身，而役乎身者，又有時而爲身之所役。故君子跡其氣之動，而求動之之機，志之所係誠大也，是以曰志至，謂自氣而一，無復有擬之者也；跡其志之動，而求動之之機，氣之所係亦誠大也，是以曰氣次，謂自志而下，無復有踰之者也。孰謂氣可暴哉？」

兩扇隨題，不作牽合語，俗筆於此，便重志抑氣矣。艾千子。

惟萬曆初年有此清渾古樸之業，前蒙於氣，後蕪於辭。不蒙不蕪者，先生一人而已。

有上句即有下句，隨筆所至，不須刻畫，而志與氣之分量俱見，是真古文手，周萊峰亦同此筆法。陳百史。

志壹則動，顧。

「天時不如」全

大賢較用兵之要，而推本於道焉。蓋道者，人和之本也，得之而天下無敵矣，奚以天時地利爲哉？且世之談兵者，爲占候之說，則求助於天時；爲形勢之說，則

① 側批：合誤，稍見次第。

求助於地利。意以此二策者，有不戰，戰必勝矣，未聞有議及於人和者也。以吾而觀，天時孰如地利乎？地利又孰如人和乎？奚以明其然也。世有七里之城焉，三里之郭焉，爲之環其外而攻其内焉，勝之易矣，卒之曠日而莫能勝也，其將曰「無得於天時」歟？非也。世有高城焉，深池焉，加以兵革之堅利而米粟之多焉，守之易矣，卒之民去而莫爲守也，其將曰「無得於地利」歟？非也。則天時不如地利也，則地利不如人和也。故夫封疆之界，非域民之道也；山谿之險，非固國之道也；兵革之利，非威天下之道也。有道焉，得之者，其助多，而天下咸作使；失之者，其助寡，而親戚咸作敵。此二人者，不待接刃，而勝負已隱然判於其間矣。故以天下之所順攻親戚之所畔，是無敵之師也，吾知其不必戰也；即戰也，是除暴之師也，吾知其無不勝也。天下其不於此乎定也哉？蓋天者因乎人者也，人和則天且爲之效其順焉，而時自我得矣；地者守於人者也，人和則地若爲之增其險焉，而利自我集矣。談兵者苟不以吾之説爲迂也，庶幾今之民有息肩之期乎？

蘇老泉論孫、吴則曰簡切，論遷、固則曰雄剛，論孟、韓則曰温醇。韓子之論孟子也，曰醇乎醇。故作孟子題，而雜用戰國縱横之習，皆不知文者也，涇陽先生此文可以正之。陳百史。

天時不如，顧。

「許子必種粟」節

時人之所爲，一耕之外不能兼也。夫天下之事，本不可以相兼也，必欲兼之，在許行且弗能矣，何以並耕責滕君也哉？且古之賢君，未聞有以治而兼乎耕者，而許行獨倡言之，果若行之見也。吾意責於人者必以責於己，而用於己者不必易於人矣。孰知一人之身，其所質也無窮，而有能有不能者，勢也，雖許行不得而獨兼也；一人之力，其所爲也有限，而以能易不能者，亦勢也，雖陳相不得而爲許行諱也。故孟子於此，以爲據吾之所見而闢之，不若就彼之所爲而形之也，務隨事以詰其情；又以爲據彼之所不能而直折之，不若因彼之所能而推極之也，務歷問以窮其説。食焉而必取粟於耕，許子與人同矣，自食而外，果能一一而兼爲之矣乎？未也。耕焉而必自爲於己，許子非不能矣，舍耕而論，亦皆事事而躬親之矣乎？未也。但見其衣也以褐，其冠也以素，其所從來也以粟易，是何一衣冠之末，一織紝之微，許子且不得以種粟之身而兼也，慮其害於耕也？而難兼之情見矣。其爨也以釜甑，其耕也以鐵，其所從來也以粟易，是何一耕爨之用，一陶冶之事，許子且不得以種粟之身而兼也，慮其害於耕也，而難兼之情益見矣。夫論爲君也，方曰並耕而治，論許子之所以自治其生也，則又曰恐以工而妨乎並耕之圖；論爲治也，方曰饔飧而食，論許子之所以自食其力也，則又曰恐以工而妨乎謀食之計。故自陳相言之，雖能逃孟子之耕於種粟之間，而終不能掩其情於種粟之外也；自孟子言之，雖不能闢許行之説於種粟之對，而終能得其情於種粟之外也。然則行之謬，不既昭昭也哉？許子必種，顧。

題錯綜，文却整練，先輩不尚凌駕如此。韓求仲先生。

裁題之法，不遺一語，而韻致流動，隱寓論議，真先生得意筆。陳百史。

「春秋天子」節

聖人作經，知有公而不知有私也。夫王法，天下之公也；毁譽，一人之私也。聖人不以私易公明矣。孟子深知孔子之心者也，故其告公都子有曰：「天下之治與亂，無常形而有常勢。故其治也，自天子始也，勢之所歸也；其亂也，亦自天子始也，勢之所去也。當孔子之時，天子晏然於上，而亂臣賊子方接跡於下，孔子何得而無懼哉？於是乎起而作春秋焉，王必稱天，以天臨其上也；①歲必稱王，以王臨其下也。感於善，則有褒，以一字之是，代天子爵人禄人之權，而無所於嫌；感於不善，則有貶，以一字之非，代天子兵人刑人之權，而無所於遜；孔子之所爲春秋如此。故嘗有言曰：『知我者其惟春秋乎？罪我者其惟春秋乎？』何也？春秋，天子之事也。天子之事，惟有其位者，斯得而主之；惟有其道者，斯得而行之。夫孔子者，有其道者也。道之所在，以正君臣，雖亂臣，亦將悚然而動焉；以正父子，雖賊子，亦將惻然而動焉。於是惇庸命討，始而自陪臣還之大夫，繼而自大夫還之諸侯，卒也總而還之天子矣。則春秋之書，謂之維世立極之書可也，茲其所以知之也。然而孔子者，有其道無其位者也。位之所不在，我以彼爲亂臣，彼亦將以我爲亂臣焉；我以彼爲賊子，彼亦將以我爲賊子焉。若曰惇庸命討，始而自天子出，繼而自諸侯、自大夫、自陪臣出，卒也降而自匹夫出矣。則春秋之書，謂之干名犯義之書可也，茲其所以罪之也。蓋以春秋知孔子者，君子也，彼其一念之公，有所感而合也，君子有所感而合，則天下之治可冀，是固孔子之幸也；以春秋罪孔子者，小人也，彼其一念之私，有所禁而戚也，小

① 側批：春秋道理如何説得盡。

人有所禁而戚，則天下之亂可消，是亦孔子之幸也。吁！信乎天下之不可一日無春秋也。」

知罪看出世道人心，解深進而光華外見，千子評前路不宜解「春秋」二字，甚當予心。陳百史。

春秋天子，顧。

「是尚爲能充其類也乎」

齊士之廉，廉而不能繼者也。夫廉者必不能充類之盡也，仲子不能而何所稱廉哉？孟子曉匡章曰：「子以仲子爲廉乎？吾且不以吾之説律仲子也，試就不食於母之仲子，以律食於妻之仲子；就不居於兄之仲子，以律居於於陵之仲子，則仲子固已窮矣。夫自古未聞有不食之廉，而仲子獨以不食廉。苟其以不食廉也，凡食之類，宜皆委而去之矣。今也以母則不食，以妻則食之，是其始也求食之心不足以勝其求名之心，雖盜跖其母而不顧也，其欲自附於伯夷何鋭也？終也求名之心不足以勝其求食之心，雖盜跖其身而不顧也，其欲自附於伯夷者竟何在也？一仲子而心與口輒相貳，其爲心也始與終又輒相貳，無論其難解於天下萬世之譏，即令仲子反而觀焉。吾意内之可以無愧於母，而不可以無愧於妻；外之可以有辭於出哇之時，而不可以有辭於辟纑之日也已矣。尚得謂能充其食之類也乎？夫自古未聞有不居之廉，而仲子獨以不居廉。苟其以不居廉也，凡居之類，宜皆委而去之矣。今也以兄之室則不居，以於陵則居之，是其始也求居之心不足以勝其求名之心，雖盜跖其兄而不嫌也，其欲自比於伯夷何壯也！其終也求名之心不足以勝其求居之心，雖盜跖其身而不嫌也，其欲自比於伯夷者竟何在也？一仲子而心與跡輒相背，其爲心也前與後又輒相背，無論其難解於天下萬世之議，即令仲子反而觀焉。吾意内之可以無媿於兄，而不可以無媿於於陵；外之可以有辭於萬鍾之蓋，而不可以有辭於半李之井也已矣。尚得謂能充其居之類也乎？吁！仲子於是不得爲廉士矣。」

先輩於不宜分處却分，今人於不當紐合處却紐合。蓋前輩惟求明白題旨，故其詞直，今人牽扯閑話，故其詞枝也。艾千子。

食居兩比，只須作一比文字，先輩所易，今人所難。陳百史。

是尚爲能，顧。

「人有恒言」節

大賢述恒言，而發天下國家之本焉。夫天下國家，非無本者之所能爲也，得其本而後人之恒言不爲徒矣，孟子特發之以示人也。若曰：「善爲治者，未有不及其本者也；①善言治者，②未有不探其本者也。人有恒言曰『天下國家』，斯言也，夫人泛然而傳之，亦泛然而視之。謂之天下，則天下焉而已，其隱於天下之中者不可見也，言之而何足爲有無於天下？③謂之國，則國焉而已，其隱於國之中者不可見也，言之而何足爲有無於國？謂之家，則家焉而已，其隱於家之中者不可見也，言之而何足爲有無於家？吾就其言而繹其理，有本在焉，天下之本何在？在國也，謂由近而後能及遠也，④是故得其本則天下平，言其本則知天下所以平。⑤國者，平天下之所不容緩，亦

① 俞本側批：先擒「本」字。
② 俞本側批：次擒「言」字。
③ 俞本側批：頓「言」字。
④ 俞本側批：此三句自有骨。
⑤ 俞本側批：醒「言」字。

言天下者之所不容緩也，①而人其知之也乎？國之本何在？在家也，謂由親而後能及疏也，是故得其本則國治，言其本則知國所以治。家者，治國之所不容緩，亦言國者之所不容緩也，而人其知之也乎？家之本何在？②在身也，③謂由己而後能及人也，是故得其本則家齊，言其本則知家所以齊。身者，齊家之所不容緩，亦言家者之所不容緩也，而人其知之也乎？蓋自本之説未明，則天下爲無本之天下，國爲無本之國，家爲無本之家，其亂也忽然，是始於一言之失，④而終不勝其失也；自本之説既明，則天下爲有本之天下，國爲有本之國，家爲有本之家，而其治也忽焉，是始於一言之得，而終不勝其得也。故夫人之恒言，⑤不可泛然而視之也。

虚處着許多實精神。○終始不脱恒，愈虚愈妙。文在原評。[二]

段段以爲治言治，翻桃暵發，伏脈藏機，但可意會，不可言傳，真神筆也。馬君

① 俞本側批：轉折呼唤，全以神行，悠然有餘韻。
② 側批：不另講「身」字。
③ 俞本側批：一「身」字不另起爐竈，直出自老。
④ 俞本側批：二比開闔明快，此一言與邦章參看。
⑤ 俞本側批：冷然而止，高絶。
[二] 「文在原評」，清抄本作「韓求仲」。

常先生。

通篇以「言」字綰結，言其本，然後知其本，此爲聽言者而發也。行文清古遒勁，以歐、曾之氣，爲排體之文。艾千子。

不補出恒言所未及，只言恒言之理；不言如何本在身，只言聽言之得失，皆先輩大方處。陳百史。

瘦削靈辨，筆無纖塵。○「言」字層折轉换，得孟子指點神情。然其中道理未嘗不實，虚滑者自不得藉口。俞長城。[二]

人有恒言，顧。

「敢問交際」全

大賢論交際，始終以爲不可却也。① 夫君子未嘗一日忘情於天下也，如是而欲絶諸侯之交際者過矣，是故聖人不爲也。且聖賢處世，甚無樂爲已甚之行也。已甚，則

[二] 此評語底本無，據俞本補。

① 俞本側批：渾括冷妙。

天下欲有所以交於我，①而疑於我之不能容；②我欲有所以用於天下，而阻於天下之不敢近。③道之不行，夫豈獨人之過哉？孟子當戰國而受諸侯之賜，④凡委曲以爲行道計耳，胡萬章之未諒乎？夫所謂交際者，何從而起也？起於心之恭也，以辭却之，⑤君子病其峻；以心却之，君子病其僞，無一可者也。吾以爲其交也，協諸道焉，雖以生民未有之聖，亦不得不爲道而受其接也；協諸禮焉，雖以大成時中之聖，亦不得不爲禮而受。其不受者，⑥必禦人於國門之外者也。移此心以待諸侯，⑦是禦人之盜，⑧王者不教而誅之；取民之盜，王者亦不教而誅之矣。孰知充之以義，⑨則天下無可交之人；通之以權，則天下皆可仍之俗。故魯人獵較，孔子亦隨而獵較也，非徇也。始

① 俞本側批：虛籠大意，□宕絶似子瞻。
② 俞本側批：前四節。
③ 側批：古文如是。俞本側批：後二節。
④ 俞本側批：此句提得□肯綮。
⑤ 俞本側批：該括兩節，簡潔絶倫。
⑥ 俞本側批：一句帶過，第四節奇絶。
⑦ 俞本側批：即轉入第五節。
⑧ 側批：法與力兼到。
⑨ 俞本側批：轉□又圓又快。

也以道革人，而有簿書之正，終也以道潔己，而無三年之淹，①聖人之行權以濟天下，類如此也。吾因是知聖人有三仕焉，②其上則見可之仕矣，其次則際可之仕矣，又其次則公養之仕矣。可以仕桓子，而亦可以仕靈公，非區區之儀文，果足以縻聖人，而聖人自不忍示天下以亢也，謂夫人之所以禮貌我者，其猶近於恭也；③可以仕靈公，而亦可以仕孝公，非區區之餽養，果足以羈聖人，而聖人自不忍待天下以刻也，謂夫人之所以禮遇我者，其猶近於恭也。使必夷諸侯於禦人之盜，④而却天下之交際焉。天下雖有好賢好士之君，將何因而得通於君子之側？君子雖有獲君行道之念，將何因而得進於人君之前？吾見魯、衛之庭必無孔子之跡也，可乎哉？

文勢如夏雲隨風，又脱去凌駕一格，是長題法門。韓求仲先生。

挈題之領，紛亂中渾成一片，節節俱見而絶不礙手，長題當以此爲式。陳

① 俞本側批：束住第六節，文氣略頓，是蓄勢法。
② 側批：末節疏疏散散，正以此作收局。俞本側批：末節得斷續之妙。
③ 俞本側批：「恭」字挽合如環。
④ 俞本側批：反棹以拾全篇，氣勢與起講應文極疏快。

百史。[一]

變化出没，妙從乎心，人所共見。扼要在起講下二語，看徹題旨，以後勢如破竹，漢祖入韓信壁中，盡易其軍，只爲虎符在手耳。俞長城。[二]

敢問交際，顧。

「乃若其情」三節

大賢詳明性善之説，皆自性之可見者明之也。夫情與才，皆性之可見者也，察於善不善之間，而性善之説定矣。孟子曉公都子也，若曰：「性之難言久矣，爲三説者，固亦知其難，而欲兩存夫善惡以迎合乎性也，吾獨斷之曰善，豈無謂哉？夫性不可見也，①以人情言，情發於倉卒而難矯也，吾從而觀之，僅可爲吾之所謂善者而已。②吾之所謂善，由性中生也，執是而謂性善可也。性善而才不善乎？③以人爲言，爲成於

[一]「陳百史」，底本無，據俞本補。
[二]此評語底本無，據俞本補。
①俞本側批：單句領起兩「若」字。
②側批：句有骨。
③俞本側批：分比老。

造作而易壞也，吾從而觀之，容有如三說之所謂不善者矣。三說之所謂不善，①由性外生也，執是而罪其才不可也。不可以罪其才而可以罪其性乎？奚以明其然也？②惻隱、羞惡、恭敬、是非，情也，③而人皆有之也；惻隱之仁、羞惡之義、恭敬之禮、是非之智，性也，④而人固有之也。特患人之弗思耳，思則求而得之矣，弗思則舍而失之矣。其得之也，則去失之者日以遠，而非其才之獨豐也，由有以盡其才也；⑤其失之也，則去得之者日以遠，而非其才之獨嗇也，由無以盡其才也。彼其相倍蓰而無算，職此之故而已。借曰是才之罪也，⑥則必情之有不善而後可也，⑦而人之所皆有者，果何物也？又必性之有不善而後可也，而人之所固有者，又何物也？吾豈信之哉？是知論性之本體，則其中止有一善，吾固可以三說爲多，論性之末流，則其等至於無

① 俞本側批：一反一正，裁刈自然。
② 俞本側批：第三節申明首節直落老。
③ 側批：點「情」字、「性」字俱老。俞本側批：點「情」字。
④ 俞本側批：點「性」字。
⑤ 俞本側批：點「才」字。
⑥ 俞本側批：有此一足前兩節意，更□。
⑦ 側批：古致作結，且於理合。

算，吾且以三説爲少也，①於性孰當焉？而子稱之乎？」

一片空明，微生起伏，便有捲雲浴日之致。文在原評。

以題之綫索爲文之綫索，使人一見而了然者，先輩文也；以文之段落爲題之段落，使人一見而竦然者，今人文也。吾寧去彼取此。韓求仲先生。

性善之論，得起二比而意愈明，理本程、朱，氣本歐、曾，先生有焉。陳百史。

證是證，辨是辨，可謂法老機清。俞長城。[二]

乃若其情，顧。

「豈愛身不若桐梓哉」

愛身輕於愛物，其非人情明矣。夫天下莫重於身也，以愛身而不愛桐梓若焉，豈人情哉？且天下有情然而跡不然者，有跡然而情不然者，必非無故也，②在人察之而已。今夫身者，天之所以與乎人，而人之所以靈乎物者也。其爲人也，而誠賢人君

① 俞本側批：滑稽。

[二] 此評語底本無，據俞本補。

② 側批：今人善用此通套。

子，固將舉其身卓然升而置之萬物之上；其爲人也，而誠至愚不肖，亦必不屑舉其身藐然降而處於桐梓之下也。有如養桐梓而不養其身者，何爲哉？以爲能養身也，考之於跡則悖矣；以爲不愛身也，計之於情則急矣。己私之蔽錮，能使人暗是非，謬可否，而惟語之以愛身不若桐梓，則雖當蔽錮既深之後，且將悚然而驚，赧焉而愧也，不然也；物欲之陷溺，能使人貴賤淆，輕重亂，而唯語之以愛身不若桐梓，則雖當陷溺既極之時，且將愕然而駭，勃然而忿也，不然也。吾誠不敢望世之人，皆能知身之可以樹天經，扶地紀，顧安至乎肯以其身與桐梓較，甚則不能以視桐梓之心，徙而視吾身也，此必無之理也。以理之必無者而忽有之，豈不異哉？吾誠不敢誣世之人，皆能知身之可以維民極，植物軌，顧安至乎甘以其身與桐梓角，甚則不能以其待桐梓之心，遷而待吾身也，此必無之事也。以事之必無者而驟有之，豈不惑哉？吁！其真弗思而已矣。

不求肖口氣而自肖，能於反形中見愛身正意，唤醒一節。陳百史。

「於答是也何有」

大賢易任人之答，惟有見於理而已。夫禮重而食色輕，天下之定理也，理不爲任人屈明矣，答之其何難哉？孟子曉屋廬子曰：「議天下之事以辨勝，伸天下之辨以理勝。子之屈於任人也，屈於辨而非屈於理也，夫亦正之以理而已，何也？禮之重於食色也，禮之分固然也，自有禮以來未之改也，一旦任人强以意輕之，其於勢逆矣，今將從而答之曰禮重，不過取其禮之固然者歸之於禮也，非必震吾説以揚之，假他説以助之，而後可使之重也；食色之輕於禮也，食色之分固然也，自有食色以來未之改也，一旦任人强以意重之，其於事拂矣，今將從而答之曰食色輕，不過取其食色之固然者，歸之於食色也，非必詭吾説以抑之，假他説以摧之，而後可使之輕也。論至於滅生，食之不可無，似也，顧以滅生之故，而食之不可無始著，則自滅生而外，一一惟其禮是聽，而食曾不得以區區之權制天下也。① 禮輕食重之論，發自任人，而任人且已顯然示人以可攻之隙矣，有可攻之隙，而吾之答也何有？論至於滅祀，色之不可無，似也，顧以滅祀之故，而色之不可無始著，則自滅祀而外，一一惟其禮是聽，而色曾不得以區區之權臨天下也。禮輕色重之論，起自任人，而任人且已昭然示人以可詘之端矣，有可詘之端，而吾之答也何有？恒情類憚於自簡，即日語之以所當

① 側批：此句虛，而實惟先輩盡情闡發。

重，猶虞其未也，果若任人之以禮爲輕也，悖禮者是，而徇禮者退矣。禮之有益於天下與否，易知也，天下之必無利於悖禮，又易知也，任人計在抑天下之徇禮者，悖莫甚焉，析之其奚難哉？恒情類喜於自便，即日語之以所當輕，猶懼其未也，果若任人之以欲爲重也，屏欲者非，而徇欲者進矣。欲之有害於天下與否，易知也，天下之必無利於徇欲，又易知也，任人計在伸天下之徇欲者，舛莫甚焉，闢之奚難哉？是則任人知其變而不知其常，故其説易以謬也；屋廬子知其常而不知其變，故其説易以窮也。夫非獨此也，當是時楊氏爲我，墨氏兼愛，彼其人皆卓卓者也，又藉於仁義而爲之辭，及孟子起而距之，遂以衰息不復振，何況乃任人第以食色？嗚乎！而後之論者，至以禮爲僞。嗚呼！輕其禮於食色，禮猶在也，僞則併其禮而忘之矣！此又任人之所不與也。

題無大深遠，作文者只照本章末節語意，則文旨自嚴貴矣。艾千子。

不執己論，即任人之言以窮任人，照末節發揮，而文氣呼噏排宕而來，真眉山之筆。陳百史。

於答是也，顧。

「我將見楚王」二段

策人之志，在於罷秦、楚之兵焉。夫兵，凶器也，牼也志寢兵於秦、楚，亦異乎誘之爭而亂人國者矣。今天下相尋於兵也，非一日矣。夫兵者，將以制小捍大，而不以用之兩大之國，何也？釋相援之勢，而事相傾之術，危道也，奈之何秦、楚構兵焉？我今將見楚王說而罷之。夫楚，南諸侯之最勁者也，天下妬楚之勁，更妬其合於秦而翼之勁，思欲破其交而不可得久矣。一旦與秦構兵，必曰楚幸而勝也，秦且有南顧之耻，而百詭之謀楚；不幸而不勝也，且可投隙以弱楚，彼其意，方心賀楚之墮吾術，而相與睨其旁也，果其構遂成而無變計？吾恐楚之主若臣，所爲日夜焦勞，雄心於崤、函、汧、渭之間者，既產一强敵，喪一强援，而自敝於內。四方之伏而窺楚者，又將陽附於楚，以驕其吞秦之志；陰合於秦，以孤楚之形而叢敝於外。內外交敵，則天下之重，豈復在楚？而楚亦何以令天下矣？故誘楚伐秦者，借秦鑠楚者也，此吾欲南謁楚王而使之罷焉。示天下知楚之有秦也，如楚王不悦，則將見秦王說而罷之。夫秦，西諸侯之最强者也，天下嫉秦之强，更嫉其合於楚而翊之强，思欲携其交而不可得久矣。一旦與楚構兵，必曰秦幸而勝也，楚且有西顧之耻，而百計以謀秦；不幸而不勝也，且將乘釁以弱秦，彼其意，方心慶秦之中吾計，而相與伺其側也，果其構遂成而無變計？吾恐秦之王若臣，所爲宵旦憂虞，逞志於方城、漢水之間者，既開一新釁，捐一舊好，而自困於内。四方之伏而窺秦者，又將陽附於秦，以驕其吞楚之志；陰合於楚，以孤秦之形而叢困於外。内外交困，則天下之重，豈復在秦？而秦亦何以令天下矣？故誘秦伐楚者，借楚鑠秦者也，此吾欲西謁秦王而使之罷焉。示天下知秦之有楚也，蓋從人之説於楚爲功，於秦爲罪，而説之罷，則完楚亦以完秦。衡人之説，於秦爲功，於楚爲罪，而説之罷，則完秦亦以完楚，牼是以不願爲縱衡家説也，夫子以爲何如？

我將見楚，顧。

宋牼説秦、楚罷兵，原非策士之流，故孟子亦稱其大。此文中講句句與縱横家作對，須細心體認方得。韓求仲先生。

「盡其心者」節

君子致知之學，一知性焉盡之矣。蓋天下無性外之理也，知性則可以盡心，可以知天矣，其機豈有二乎哉？且天與人以心而性寓焉。是性也，藏於方寸而不爲近，原於沖漠而不爲遠，一以貫之者也。善學者，其求端於性乎？今夫心不可以不盡也，恐其有以隘乎心之量也；心不可以易盡也，必其有以悉乎性之藴也。惟心至虚，①足以具衆理，而所爲理者，何也？性之渾然於心者也。盡其心，則亦以知其渾然於心者而已矣。惟心至靈，足以應萬事，而所爲事者，何也？性之燦然於心者也。盡其心，則亦以知其燦然於心者而已矣。至於「知性而知天」不在是哉？蓋性者，自天而畀於人者也，知性則知其所畀之自，而見徹於於穆之中；②性者，自人而受諸天者也，知性則知其所受之自，而識超於形氣之表。明乎性之渾然而奇與窮神，非夫神之易以窮也。其所謂神，即渾然者之别名，③而非有别理也。借曰天有未知，則吾之知性，亦揣摩億度之知耳，於心不相涉也，其奚以盡心也耶？明乎性之燦然而可與達化，非夫化之易以達也。其所謂化，即燦然者之别名，而非有别理也。借曰天有未知，則吾之知性，亦意言象數之知耳，於心不相關也，其奚以盡心也耶？是則心之所以爲心，不以郛廓言，以其中之包涵者言，故知性而心由此盡也；天之所以

①側批：註「心」字本程、朱確甚。
②側批：「天」字劃然，時文代用精微語，終不明切。
③側批：省許纏縛。

爲天，不以形氣言，以其中之主宰者言，故知性而天由此知也。性學之不可不講也如是夫。

前後理精義熟，無愧此題，知天乃知吾性之所自出，猶云知吾往之仁，則知由天之元耳，所畀所受之自極確。至楊復所曰：「即上天之載亦若是耳，即維天之命亦若是耳。」便可笑矣。艾千子。

只扼一知性，上下更無蒙義。陳百史。

盡其心者，顧。

「遊於聖人之門者難爲言」

聞聖人之言，而天下難爲言矣。夫聖人者，言而世爲法者也，遊其門而又何有於言哉？孟子贊孔子之大也，意曰：夫道亦大矣，聖人處之，則可以卑視乎天下，[二]學者幸而見之，則可以藉聖人而卑視乎天下。今夫言者，斯道之精華也。① 天下之道歸

[二]「可」，底本作「何」，據下文改。

① 俞本側批：提「言」字有力。

之於聖人，聖人出而言教於是乎立矣；①天下之言準之於聖門，聖門入而聞見於是乎擴矣。中國之廣也，其欲立言以圖自炫者豈少也？而聖人乃中國一人也，②遊於中國一人之門，則中國無言。天下之廣也，其欲立言以希不朽者又豈少也？而聖人乃天下一人也，遊於天下一人之門，則天下無言。聖人欲以道之不可顯者示人，嘗有時乎語上，③而世有厭爲支離牽滯之學者，亦語上也。顧聖人之所謂上，不離於下之中；世之所謂上，純於上而已矣。純於上，則雖新奇詭秘，④能令愚者驚，不肖者駭，若有以救其卑近之病。自遊聖門者觀之，盡蕩而無用之辭也，難乎其爲上也。聖人欲以道之不可藏者示人，嘗有時乎語下，而世有厭爲枯槁寂寞之學者，亦語下也。顧聖人之所謂下，不離於上之中；世之所謂下，純於下而已矣。純於下，則雖明白平易，能令智者服，賢者愧，若有以救其高遠之病。自遊聖門者觀之，盡滯而無用之辭也，難乎其爲下也。蓋言而無當於道也，聖門之所棄也，取其所棄以耀人之聞，則何足採

---

① 俞本側批：聖人出，聖門入，層次俱巧。
② 俞本側批：中國天下炤上，小魯小天下。
③ 俞本側批：二意括盡題蘊，而一比中凡七八轉，□曲矯勁。
④ 側批：此二氏之學。

矣?言而偶當於道也,①聖門之所餘也,竊其所餘以張己之能,則何足貴矣?此顏、曾、冉、閔之徒所以守「一貫」之叮嚀,遵六經之删述,而諸子百家紛紛乎繼起於天下,而莫之能奪也。

神奇出以酣筆,絶非常境。韓求仲先生。

「語上」「語下」二比,聖言之大概盡是已,吾尤愛其文之莽莽蒼蒼,高樸絶世。艾千子。

他作只形得聖門廣大,言之未見涯際耳。此獨分别立言原本,理明詞確,此先生衛道之文。陳百史。

不簡擇而醇,不馳騁而肆,極真極淡,貴五穀而賤金玉,此等文可以爲法。俞長城。[二]

遊於聖人,顧

① 側批:此比更廣大。俞本側批:又進一步,愈寬愈樂。

[二] 此評語底本無,據俞本補。

「楊子取爲我」二節

異端之於道，有以己爲主者，有以人爲主者。夫道，合人己而一之者也。楊也惟知有己，墨也惟知有人，其於道何如哉？且大道之行，天下惟公，其親人也，猶夫己也；其視己也，猶夫人也。自學術不明，而士也各持其所見以附於道，而道始爲天下裂矣，何則？在昔聖賢以道爲己任，①其亦何嘗不自爲哉？顧其自爲也，正以養其用於人者，而非離人以徇己也。楊氏者出，而始偏於爲我焉，蓋曰天下之人，②交相比則亂，各相守則治，道孰有如爲我者？是故視吾身若可私也，③視天下若可疏也，視拔一毛而利天下，若必不可爲也，兹胡爲者也。④彼見夫世之紛紛焉，⑤而後於物也，方思以挽之而不能，又嘗竊聞近裏着己之説，⑥而未得其所以用之之道也，則遂以「爲我」

---

① 俞本側批：先着此二句伏，末節「道」字爲舉一廢百□炤。
② 側批：代。俞本側批：代其立論。
③ 俞本側批：「拔一毛」等語皆形容之詞，妙用虚字。
④ 俞本側批：跌一句。
⑤ 側批：代。俞本側批：代其設。
⑥ 側批：此聖道廣大語，妙在放寬楊、墨一步。俞本側批：凡異端援引吾儒，大率一例放寬一步，使楊、墨心折。

當之，而不知適爲隘而已矣。君子是以爲楊氏者，學義而差者也。①在昔聖賢以天下爲己任，其亦何嘗不爲人哉？顧其爲人也，正以用其修於己者，而非離己以徇人也。墨氏者出，而始偏於兼愛焉，蓋曰天下之人，各相睽則亂，②交相親則治，道孰有如兼愛者？是故視吾身若可捐也，視天下若可徇也，視摩頂放踵而利天下，若必可爲也，兹胡爲者也。彼見夫世之汶汶焉，而溺於私也，方思以廣之而不能，又嘗竊聞仁民愛物之説，而未得其所以用之之道也，則遂以「兼愛」當之，而不知適爲濫而已矣。君子是以謂墨氏者，學仁而差者也。噫！楊氏學義，其心未始不善也，③卒也犯乎義之所禁，而義由此壞焉；墨氏學仁，其心未始不善也，卒也犯乎仁之所禁，而仁由此壞焉。故夫學者之擇術，不可不審也。

楊、墨學問之差，揣摩其立教之故，不甚説壞，自覺平和可味。艾千子。

先生作「遊於聖人之門」題，曰「言而偶當於道，聖門之所餘也」，皆立言廣大處，此文代爲楊、墨設詞，又推進「竊聞」云云，寬一步，界限愈嚴。今人横詆異學，

① 俞本側批：斷制老。
② 俞本側批：立教之旨似乎各有確見，摹擬絶妙。
③ 俞本側批：人真心□七□□□乎□。

只是胸無原本耳。陳百史。[一]

不是寬恕異端，正要説出受病根源，方可醫治耳。兩比中以虚字推原，以實義刻劃，中段摹寫楊、墨，而以吾道作起訖，法律不苟，清古勁折，克配震川。俞長城。[二]

楊子取爲，顧。

「堂高數仞」三段

世之所謂巍巍者，皆大賢之所不爲也。夫勢不足恃也，世之所謂巍巍者，勢而已矣，何可以明得志而大賢爲之哉？孟子之意若曰：「今之説大人者，孰不視其巍巍然？而吾獨藐之，何耶？彼其勢誠高，而其志誠卑也。夫志在内者也，夫勢在外者也。凡所貴乎勢者，唯其可以行吾志也；凡所貴乎志者，惟其有以超於勢也。今之大人不然，握貴權足以聲施四海，而輕用之，僅充窮奢極欲之具；擅富貴足以利及億

[一]「陳百史」，底本無，據俞本補。
[二] 此評語底本無，據俞本補。

兆，而身盡之，盛開驕淫邪侈之習。是故見其堂高數仞矣，見其榱題數尺矣，此特宮室之美也，遂可以當巍巍乎哉？使必以是當之，即所謂巍巍者，亦屬之於堂，屬之於榱題，不屬之於大人也。顧欲向數仞之下，數尺之傍，竊其餘焰，以傲窮閻陋巷之人，可鄙孰甚焉！我得志弗爲也。猶未也，又見其食前方丈矣，見其侍妾數百人矣，此特奉養之麗也，遂可以當巍巍乎哉？使必以是當之，即所謂巍巍者，亦屬之於方丈，屬之於侍妾，不屬之於大人也。顧欲據方丈之前，侍妾之列，藉其餘耀，以驕饑寒困窮之人，可愧孰甚焉！我得志弗爲也。猶未也，又見其般樂飲酒矣，見其驅騁田獵矣，見其後車千乘矣，此特遊玩之侈也，遂可以當巍巍乎哉？使必以是當之，即所謂巍巍者，亦屬之於田獵，屬之於車乘，不屬之於大人也。乃欲從杯酒之間，千乘之側，分其餘輝，以矜趨走使令之人，可耻孰甚焉！我得志弗爲也。蓋恒情之所欣艷，有道之所深羞，流俗之所震驚，達觀之所甚鄙。」執此以往，真可以藐當世之大人矣。

「巍巍者」「屬之於堂」等語，置身千仞，方能具此心胸。陳百史。

堂高數仞，顧。

顧憲成全集卷七十二

制義四①

題顧涇陽稿

東林之黨，首推涇陽。涇陽著述炳於天壤，卓然儒者之言也。夫尚剛介者嚴於絶物，崇渾厚者過於藏身。相激不已，至於相傾。末流之禍在初念，應不及此也。昔南北互譏，而明哲稱有道；洛、蜀交敵，而中立有温公。人以黨名，豈君子之得已？然亦以漸而成。明太祖以節義風天下，靖難諸臣視死如歸，延及叔季，士風愈烈，陽極而亢，陰極而戰，天道使然，豈獨一人之力也？

① 本卷底本、校本均由上海古籍出版社編輯孫一夫發現。

今讀涇陽文，平正通達，不事詭異，其性情固可想見。彼四十餘年，水火雌雄，争持不已，固先生之恨。而或者震於其名，是惑之甚已。然而墨悲絲染，楊泣路歧，君子慎終於始，見微知著，則有志之士可不慎其所之哉？

桐川俞長城題。

名家制義目録

桐川俞長城論次

萬曆朝

顧憲成

惟仁人放　一節
中也者天　道也
誠者自成　全章
今夫山一　二段[一]
故君子尊　一節
是心足以　四海
惟仁者爲　二段
舉舜而敷　夫也[二]
人有恒言　一節
敢問交際　全章
乃若其情　三節

[一] 此行下俞本有「顧憲成」三字。
[二] 「舉舜而敷」，俞本作「舉舜而殷」，據正文標題及孟子改。

盡其心者　一節①

遊於聖人　一節

楊子取爲　二節

① 此節俞本有目無文，清抄本無。

顧涇陽稿

「道千乘之」節

聖人論治國者，當於其要圖之也。蓋治莫貴於知要也，得其要，而千乘之國可幾而理乎？昔夫子示人之意若曰：「善爲國者無他，期於國之得其理而已。」顧治不可以泛圖，而世之君類屑屑焉求諸法制之末者，①此必非深於治者也。何也？千乘之國，大國也。上有不易理之萬幾，而下有不易結之民心；上有不容濫之財用，而下有不容竭之民力，甚矣其道之難也！君人者，欲起而道之也，②吾以爲在於敬事焉，敬者，宰制萬化之樞也，一念忽則事因以隳，③君子懼夫事之由我而隳也，勿之敢忽焉耳矣；吾又以爲在於信焉，信者，聯屬億兆之本也，一念欺則民因以貳，君子懼夫民之由我而貳也，勿之敢欺焉耳矣。國資於財，其出入之際，甚可念也，誠欲財之恒足，必

① 俞本側批：翻躍止醒論其所在意。
② 俞本側批：五段無一字牽綴，大家局法如此。
③ 俞本側批：句句在心上請。

也其節之乎？以不得已之心，經不得已之費，①而用之者舒也。民依於君，②其休戚之際甚可念也，誠欲民之嘗懷，必也其愛之乎？以不忍人之心，行不忍人之政，而恤之者厚也。至其使民也，必以時焉，非其時，則民之力，君所寬也，恐以妨私家之務也；③當其時，則民之力，民所餘也，用以給公家之役也。民於是乎戴君之惠，而忘己之勞矣。斯則以精明純一之道著爲治之體，④故庶績熙而民知用情；以樽節愛養之道握爲治之機，⑤故財國充而民有餘力。執此而往，於千乘之國何有哉！

先生自序其文有曰：「以古先爲程，則不必其當於時；以時爲程，則不必其當於古先。」此篇中敘五段，古先法也；前總挈，後總收，時法也。以先生之高文老筆，闈牘乃俯而從時，則當世之好尚可知矣。○近日閱文者，每於總處看人力量，不得已而用總，當以此爲法，以其簡而括也，時乎摹古，或有直起直收者，然首尾不

① 俞本側批：節愛亦本諸心，不特詞句工煉。
② 俞本側批：「民」字竟改「人」字可也。
③ 俞本側批：「使民」亦從心說到事。
④ 俞本側批：改二語精煉。
⑤ 俞本側批：此四字却該得三樣。

貫，神貌不全，反不如用總而恰好者之爲善矣。此篇在隆、萬則爲時格，在今則猶典刑也。錢吉士。

五段極真極樸，却俱是論其所存，未及爲政高處在此。總挈總收，後人多以此掄元，其法非不可用，但此文嫌其愛人使民，混作一事，不甚分明耳。俞長城。[一]

道千乘，顧。

「如有王者」一節

聖人論王道，必以久而後成焉，夫治以仁爲極功也。王者必世而仁始成，豈易也哉？夫子明王道也，若曰：「爲天下者，期於仁之而已。」自世之君，有所狃焉而小用其心，①則徒粉飾於耳目，而其及民也必粗；有所迫焉而過用其心，②則徒責望於斯須，而其爲效也必淺，均之未足以語於仁也。如有王者作焉，其德，聖人之德也，以天

[一]「俞長城」，俞本無，爲方便閱讀增之。後同。

① 俞本側批：反形「仁」字。

② 俞本側批：反形「世」字。

下萬世爲一體者也；①其位，天子之位也，以天下萬世爲己責者也。是故所期者遠，則施爲之氣象自殊，既非小康之所能限；所就者大，則措注之精神自别，又非欲速之所能幾。就天下而觀，②必遠邇親疏，無一不與王者洽斯仁也，不可以歲月異也，其惟優焉游焉，仁義禮樂之所浸漬，衍而及於世焉，而後上恬下熙，油然並育而不害也已；就一民而觀，必心思志慮，無一息不與王者洽斯仁也，不可以旦夕期也，其惟涵焉泳焉，道德禮義之所薰蒸，沿而及於世焉，而後淪膚浹髓，藹然默順而不知也已。其始雖不免有積累之勞，③而卒之愈舒徐，則其中之凝結者愈固，凡厥有生，莫不以雍以和，而忘其爲誰之功；其始雖不見有震耀之跡，④而卒之愈醞釀，則其中之流注者愈深，[二]施及方外，莫不以生以平，而忘其爲誰之力。蓋王者之於斯民，⑤未嘗不有以感之，而其不急於感也，乃所以爲深於感也；斯民之於王者，未嘗不有以應之，而

①俞本側批：頓「王者」四句有斤兩。
②俞本側批：二比刻劃「仁」字精絶，吉士以爲常徑，何也？
③俞本側批：補此義正跌而後二字。
④俞本側批：實是王者氣象。
[二]「流注」，俞本作「流泣」，據清抄本改。
⑤俞本側批：坊刻無此二比，便覺局迫，此係先生自訂本。

其不急於應也，乃所以爲深於應也。夫是之謂仁，夫是之謂王道也。有天下者，可以審所尚矣。抑論「必世後仁」固矣，比其仁也，又何以受之哉？吾觀周自文、武以至成、康，天下大定，囹圄空虛，刑措者四十餘年，誠甚隆際，而其君臣父子之間，更相告戒，凜然若不終日，蓋其志念深矣。是以卜年卜世，卒過其曆，雖夫暴如厲，靡如平，欲忘之而不可得也，豈不宜哉？故夫雍容暇豫，①需之以不迫者，王道也；戰兢惕勵，持之以不息者，天德也，君人者其慎省焉。

文則疏節潤目，味如醇醪妙茶。〇前不迫，後不竭，獨不爲限字所窘。錢吉士。

逐比有精義而出之，似不經意者，識度俱可冠場。〇王者分量，仁字精髓，[二]無不透露，當時不元此而元蕭漢沖，何也？俞長城。

如有王，顧。

---

① 俞本側批：精義可入註疏。

[二] 「仁」，俞本作「人」，據清抄本改。

「孔子沐浴而朝」

聖人望魯君伸大義於天下，而必積誠以動之焉。夫沐浴而朝，①聖人之心之誠如此也。以爲是足以動吾君，而討賊之義其伸矣。且天下莫嚴於君臣，是故君處尊，②臣處卑，不可以毫髮干也。陳恒之弑簡公也，於情爲罔赦，於罪爲莫贖，於法人人得而誅之矣。乃夫子獨沐浴而朝於魯者，③何心哉？蓋王綱不振，周之君不能討矣，周之君不能討，則周之臣討之，④理也，而況魯者，文、武之遺裔，尤周之所倚重者也；侯服不張，齊之國不能討矣，齊之國不能討，則齊之鄰討之，⑤理也，而況魯者，周公之子孫，尤鄰之所觀重者也。故夫子當斯時而覩斯變，其中之惻然所不忍坐視，⑥宜何如也？而討罪之師，於是乎不得不冀於魯焉。感於目而激於心，其中之悚然不遑

①俞本側批：「沐浴」二字透露。
②俞本側批：以溪□。
③俞本側批：一句□□以下發議。
④俞本側批：可見不是孔子私心。
⑤俞本側批：□意圓。
⑥俞本側批：所以不得不「沐浴而朝」。

寧處，宜何如也？而沐浴之朝，於是乎不得不行於魯焉。思昔周之先，①嘗設九伐之法以繩百辟，而恒乃肆然犯其典刑，是無周也，②苟縱而弗詰，是又與於無周也，聖人實重傷之，而所爲竭一念之誠懇，以自獻於吾君之側者，儼然文、武之精靈監之在上，而身親承焉者矣；思昔魯之先，嘗受弓矢之賜以征不庭，而恒乃晏然殘其君父，是無魯也，苟宥而弗問，是又與於無魯也，聖人實深懼之，而所爲淬一念之精誠，以自輸於吾君之旁者，凛若周公之英爽臨之在上，而身親覿焉者矣。吁！不君不臣，夫固有天下國家者之憂也，子以中都之舊宰，而汲汲皇皇，欲起而與其憂；③除亂誅逆，夫固有天下國家者之責也。夫子以既老之大夫，而慄慄兢兢，欲出而共其責。聖人之存心於世道也，不已深哉！而奈之何？君之以不能誘也，臣之以不可解也，聖人卒亦付之一慨而已。抑聞孟氏有之「春秋成而亂臣賊子懼」，④當是時，春秋成矣，恒何以不

①俞本側批：大議論。
②俞本側批：□□□□□□□□。
③俞本側批：又□□□之臣。
④俞本側批：詰難有識。

懼？春秋者，乃防微杜漸之書也，微則無盛也，漸則無長也，於是乎聖人之教行，及其盛也長也，弗可救已。自齊太公以還，莫隆於桓，又莫隆於景，②而陳氏業已兆乎其間，恒特從而遂之耳，尚安所施其懼乎？蓋夫子之傳易曰：「臣弑君，子弑父，非一朝一夕之故，其所由來漸矣，由辨之不蚤辨也。」嗚呼！易之所謂「辨」，③孟子之所謂「懼」也，此春秋之旨也。

孔子沐，顧。

正氣兩間，大義千古。○或問：「篇中竟露討陳恒意，似犯下否？」曰：「此正說所以『沐浴而朝』之意，若三句題，便須半篇順語氣矣。」俞長城。

「民之於仁……水火」

聖人甚仁於水火，所以覺天下深矣。夫仁，民之心也，即水火不足以當之矣，仁

① 俞本側批：□□互言。
② 俞本側批：禍福荷伏，言之可畏。
③ 俞本側批：讀書人。

何如其切哉？夫子覺天下也，若曰：天下之需於水火也，①自有生以來而固然矣，夫人之所知也。乃又有甚於水火者，非夫人之所知也，何也？水者，所以養形之水也，②而仁則吾身中所以形形之真水也；火者，所以養形之火也，而仁則吾身中所以形形之真火也。當夫民之始而來也，③天下之物莫隨之而來，仁獨隨之而來也，精神命脈，於是焉繫。水火未用事之先，而肫肫者且流注乎其間矣，仁之切於民也，誰得而匹之？當夫民之終而往也，天下之物靡隨之而往，仁獨隨之而往也，精英靈爽，於是焉憑。即水火既釋事之後，而亹亹者且攝持乎其間矣，仁之切於民也，誰得而擬之？水火存則能令人存，④仁存則能令人雖亡而若存，蓋一以存塊然之身，一以存參天地靈萬物之身也。較所存於兩者之內，其利之孰多孰少，固已明矣；水火亡則能令人亡，仁亡則能令人雖存而若亡，蓋一以亡塊然之身，一以亡參天地靈萬物之身也，較所亡於兩者之內，其害之孰多孰少，固已判矣。夫惟如是，是以上而君子，有捐水火以取

①俞本側批：兒出水火到出仁得勢。
②俞本側批：講需水火之□亦沉着。
③俞本側批：至理日在自前兒童、婦女預嚚聾瞽，無不醒悟。
④俞本側批：即前二比意，足跌進一層，變換□快。

仁，而未嘗有戀戀不決之意，①何也？彼其心之所爲至切者，一旦至此而得也。下而小人，有取水火以捐仁，而未免有戚戚不安之意，②何也？彼其心之所爲至切者，一旦至此而失也。得失之介，民其早辨而嚴決之哉！

「甚」字搜抉無遺，亦深亦顯，却不犯下文一語，淺人怕犯下文，就不敢實講「甚」字，空翻了局，見之能不佩服？俞長城。

民之於，顧。

「所謂誠其……欺也」

傳者，釋誠意，在戒其不誠而已。夫不誠莫甚於自欺也，欲誠其意而可不戒哉？且大學之道，未嘗不始於誠意者也。然謂之意，則不涉於事爲，其端固自我發也；謂之誠，則不由於假借，其機亦自我決也。故知之未致，患無以識乎誠；知之既致，患有以累乎誠。觸於善而知好，此真好也，顧好之一有不實焉，無論天下之伺之者何

① 俞本側批：兩□□發甚字意盡。
② 俞本側批：此□入情入理。

如，①即反而質諸真好之一念，亦甚悖矣，得無自欺其好與？誠意者，勿自欺其好焉已也。觸於不善而知惡，此真惡也，顧惡之有一不實焉，無論天下之窺之者何如，即反而質諸真惡之一念，亦甚悖矣，得無自欺其惡與？誠意者，勿自欺其惡焉已也。人之自誠而流於僞也，嘗以心之有所蔽於内，②苟當昭然不蔽之中，而僞得以參之，是明知其僞而安焉者也，非若蔽於内者，③尚可冀其有時覺而悔也，使不嚴爲之禁，而何以誠乎？人之自誠而淪於妄也，恒以心之有所眩於外，④苟當炯然不眩之中，而妄得以雜之，是明知其妄而安焉者也，非若眩於外者，尚可望其有時悟而反也，苟不力爲之防，而何以誠乎？蓋意者，萌於無形之介，惟無形，⑤故入於欺也最易。自欺者，遂於有心之私，惟有心故其陷乎人也甚深，君子之必慎其獨有以夫。然則誠意者，求諸我足矣，又言格物者何？曰其所謂物，乃其所謂我也，夫我者，萬物咸備者也。⑥是故有其

---

① 俞本側批：從欺人跌入自欺，境界超別。
② 俞本側批：緊跟致知來。
③ 俞本側批：跌得深方知誠意是人鬼關。
④ 俞本側批：對意精人只説得内無所蔽，不知格物後方外無所眩，此處而欺，愈不可解也。
⑤ 俞本側批：「毋」字逼□得緊。
⑥ 俞本側批：「自」字有此透解。

物者有其誠，無其物者無其誠。家之齊，國之治，天下之平，均之成其不欺而已。彼老氏之復，佛氏之定，不可謂無志於誠，而卒未免爲自欺者，蓋離物而求諸我也。

發戒欺意，不作影響語，直從人心靈覺處指切言之，讀之神竦。王麟洲。

説得自欺，較欺人者，其醜更甚；説得明知而自欺，較不知者，其毒更深。所謂誠，顧。

「毋」字十分醒快。○提明好惡，無一正筆，不嫌侵下也。俞長城。

「誠者自成」全

中庸原人之當誠，而推能誠之妙焉。甚矣，誠之切於人也，成己成物於是乎在，而君子可不務哉？且誠也者，道之所自來也。其原出於天，①而吾之心則具之矣；其用及於物，②而吾之心則統之矣。求誠者，於此有一貫之全功焉。夫誠非他也，吾性之實理也，人之所以自成也。而道非他也，率性之妙用也，人之所當自道也。嘗觀諸

① 俞本側批：提首節。
② 俞本側批：提末節。

物矣，①盈天地間皆物也，以誠始，亦以誠終；盈天地間之物皆誠也，無是誠，則無是物。誠之所係大矣，②是故君子貴焉。反而求之，③務得其所本然，不敢虧也；率而由之，務盡其所當然，不敢虚也。夫如是則誠矣，④誠則可以成己，可以成物，而措之其皆宜矣。君子何以能然乎？⑤成己之謂仁，仁者，吾性誠復之德，而即無私之智也；⑥成物之謂智，智者吾性誠通之德，而即有覺之仁也。是合外内之道也。君子而進於誠，⑦則我之同於物者，⑧夫固有以實體之矣。由是而以時出焉，而錯綜斟酌，無施而不中也，非意之也，彼其所爲自成者固然也，⑨物之同於我者，夫亦有以兼體之矣。由是而以時運焉，而張弛操縱，無往而不當也，非擬之也，彼其所爲自道者固然

---

① 俞本側批：直截。
② 俞本側批：緊。
③ 俞本側批：顧首節。
④ 俞本側批：落末節。
⑤ 俞本側批：唱「故」字。
⑥ 俞本側批：串插。
⑦ 俞本側批：末句上襯一句醒。
⑧ 俞本側批：串插。
⑨ 俞本側批：收足首節。

也，能成之妙，蓋至此哉？君子由己以驗諸人，而思其效之不可誣，因人以反諸己，而思其功之不可諉，信當以誠爲貴矣。① 不然，其不流於無物者幾希。俞長城。

觀者但見其融會本文，不知從中分寸，字字著骨，無處不善。王鳳洲。

只看其承接收繳，則題旨便了然矣。錢吉士。

實處可以證道，虛處可當説書。○題重中節，首節是原，末節是推，收拾得法。誠者自，顧。

「皋舜而敷……夫也」

觀聖人任人以圖治，而知其所憂者大矣。夫天下非人不治也，得舜以總治，得禹、皋陶之徒以分治，而後民可安焉。固知聖人之憂，不同於農夫之憂也。且天下之未治也，聖人能以心憂之，而不能以身殉之也。爲君者舉治民之責付之於一相，② 爲

① 俞本側批：收足中節。
② 俞本側批：二蘇之文。

相者舉治民之責付之於群有司，天下可坐而理矣。時惟陶唐，天下之爲民患者誠多，①而堯之憂誠切也，乃舉舜而敷治焉。謂夫天下之治必得人而後可圖也，②謂夫天下之人必得舜而後可舉也。③舜也，仰承一人付托之重，而思殫心以釋其憂，俯念四海屬望之殷，而務擇賢以分其職，命益以司火政，④而鳥獸匿矣。禹則起而治水焉，所以竭力於疏瀹決排之間者，何汲汲而不遑也？命稷以司稼政，而民人育矣。契則起而明倫焉，所以致意於勞來匡直之間者，何孜孜而不倦也？在天下方幸聖人之有作而害可除，⑤在聖人則方慮民瘼之未易恤，在天下方幸聖人之有作而利可興，在聖人則方慮夫民欲之未易遂，如此乎聖人之不暇耕矣。⑥由此觀之，⑦堯一日無舜，⑧則

---

① 俞本側批：總提。
② 俞本側批：挈水火教養。
③ 俞本側批：挈禹、益、稷、契。
④ 俞本側批：敘次簡淨。
⑤ 俞本側批：點完上二節，再衍一比，有局。
⑥ 俞本側批：鎖生。
⑦ 俞本側批：接法妙。
⑧ 俞本側批：將起下一節，先衍二比，有局。

孰與命禹、益？舜一日無禹、益，則孰與拯昏墊之患，而登天下於平成？堯一日無舜，則孰與命稷、契？①舜一日無稷、契，則孰與粒阻飢之民，而躋天下於揖讓？然則憂舜之不得者，堯也，君道也；②憂禹、皋陶之不得者，舜也，相道也。彼以百畝之不易爲憂者，蓋忘情於天下之所暇耳，即禹、益、稷、契之徒，③猶有不屑，況君如堯，相如舜，獨奈何而躬農夫之行哉？信矣，許行之妄也！舉舜而，顧。

行文變化不測，而條理次第循之無不秩然，直是胸有成竹，借書於手者，若節節爲之，豈復有千尋之勢乎？周介生。

題甚繁瑣，忙忙點次，猶恐不暇，看其連筆之法，全在題外游行，有意無意，自然入妙。◯文氣沖雅，在廬陵、潁濱之間。俞長城。

① 俞本側批：禹、益、稷、契只顧舜上，而禹、皋陶自在其中，只用一句點出。
② 俞本側批：結束緊密。
③ 俞本側批：反收與□同。

顧憲成全集卷七十三

顧端文公年譜①

年譜序[一]

海内百年以來，言正學者首東林，言東林者首涇陽顧公。異時僉院請文廟從祀

① 顧端文公年譜四卷，以上海圖書館藏清康熙間錫山何碩卿刻本顧端文公年譜爲底本，以復旦大學圖書館藏清康熙三十七年刻本顧端文公遺書顧端文公年譜（以下簡稱「康熙本」）、光緒丁丑重刊涇里宗祠藏版顧端文公遺書顧端文公年譜（以下簡稱「光緒本」）爲校本。又，底本分「卷前」「卷上」「卷下」「卷後」四卷，康熙本、光緒本卷次均作「卷一」「卷二」「卷三」「卷四」。

[一] 此標題底本及康熙本均無，據光緒本補。

一疏，業下禮曹酌覆。俟史成之日，定議舉行。獻徵向奉璽書，長江南行省，承宣之暇，冀得表章境内先賢，緣迫請告，未遑爲一欠事。近歲僑居錫山，與公曾孫梁汾内史遊，靡間晨夕，而頃者數閱月，過從較疏，久之，出一編見示，則尊大人庸菴先生所輯公年譜。舊草散軼，而梁汾下帷，屹屹書堆中，謝酬應，輟寢食，完之者也。惟公教澤遍海内，然生平言動，微賢子孫莫知其詳。即知之詳矣，不爲之記述，亦無由信。於今而傳於後，此譜之作，爲不可緩，即獻徵表章宿願，亦庶幾稍慰歟！或謂：「明儒具三不朽如公，微言大節，久著天壤，當日見而知之者，莫如景逸高先生。」高之言曰：「自孟子而來得朱子，[二]千四百年間一大折衷也；自朱子而來得顧子，又四百餘年間一大折衷也。」論贊雖多，此數言足以概之。其餘傳志且無庸備列，奚藉後人復事此管窺蠡測者爲？噫！是殆不然。昔魯論之記，孔子鄉黨一篇最纖最悉。朱子狀延平師云：「聽其言，觀其行，不爲不詳，然猶未得其遠者大者，故悉取。」凡見聞之所及，一一書之甚繁而不敢略。公之學，孔子、朱子之學也。苟略於見聞之所及，而漫求其遠者大者，曰「吾能得之」，然則前賢記載之不憚煩，非乎？是譜以累世之精神與

[二]「孟子」，光緒本作「孔子」，據高攀龍劄記題辭及明故南京光禄寺少卿涇陽顧先生行狀改。

一人之精神相爲感通，即謂公之自譜可也。而庸菴先生學行卓然，淵源吻合，表章之舉，不無甚望於將來矣。至如公俎豆大典，則當日東林名賢所謂見而知之者，其言具在，更復奚疑？

康熙甲戌嘉平月，武陵後學胡獻徵敬題。

年譜述①

先曾祖端文公晚居東林，門人有以年譜請者，公曰：「孔子大聖人，其自敘只『吾十有五』數言耳，余何人？敢侈然效宋大儒之所爲也？」偶憶幼時趨庭就塾諸事，拾片紙記之，自始生至十六歲，隨意撮録，今此稿尚存篋中。

先祖夔州公於崇禎丙子秋以户部郎拜守郡之命，辭歸養母。部題有「清慎勤，罔玷官箴；孝弟慈，克傳家學」二語，時稱實録。閒居，好稱説端文公言行，以爲後世子孫模範，先君子受而録之，此全譜之所繇輯也。

先君子幼侍端文公，及弱冠掄魁，久已潛心理學。此譜雖間出夔州公口授，然精

① 此篇康熙本在全書卷末；光緒本在卷末年譜書後後，年譜跋前。

蒐確核，倍費苦衷，惜乎原本散亡，所存者什不及一。貞觀少嘗受讀，四十年來僅能約略大都。兹用遍考群書，勉加補訂，釐爲上、下、前、後四卷。菰川張隱君力贊成之，邑父母徐侯欣然佐刻，誠爲表章之一助云。

是譜纂於甲乙改革之時，先君子慮世遠事湮而作也。書法義例多旁見他稿，一仍其舊，罔敢少更。至萬曆庚戌、辛亥奏章，因難備載，故僅録諸賢中知己數言，而原稿止崇禎間。以後名家評贊，概容另集。

端文公誌傳、行狀，係當日名賢碩交手筆，並極周詳，而其中有一二未遑訂定者，如寀言記「南皋鄒先生告假，見麓蔡公方署部篆，在癸巳任考功時」，而傳作「丙戌，封司事，銓政自記：內閣屬推羅宗伯太宰，不從。屢江問：『誰爲此議？』趙少宰曰：『顧驗封。』」而傳、狀俱作「顧稽勳」，今悉僭加改正，以從畫一。

端文公所著書，已刻者：小心齋劄記，涇臯藏稿，大學重定，大學質言，大學通考，當下繹，東林會約，東林、虞山、南岳、經正、明道、仁文、志矩諸商語，以俟録，制義策論等。未刻者：證性編，還經録，桑梓録，識仁答語，學庸説，論孟説略，周易集解，銓政記，自反録，存牘嘉言編、善行編。其未就之書，則晚年所集五經餘，及命丁長孺作孔氏淵源録二種。後夔州公重刻涇臯藏稿，名顧端文公集，微有增删。先君子倣近思録刻端文語要，皆精採劄記、商語諸書中至要語也。貞觀留滯京師，越七年，抱痛南還，則累世縹緗梨棗已與劫灰同盡，惋悼何云！年來刻證性編、還經録、東林會約，皆卷帙之最少者，王司農幾菴屬馬中丞見五刻劄記於武林，餘尚未能悉付剞劂，并書以志愧。

小心齋劄記，昔賢謂與讀書録相表裏，先君子西疇日抄又與劄記相表裏，向已板行。先君子生平著述甚多，今存者千百中之什一而已。尚冀他日，勉圖表章。五經餘義例久載西疇日抄，頃忽見高氏書目，復東林公啓久載涇皋藏稿，頃忽入高子遺書。又端文公東林會約首列朱夫子白鹿洞規，前後文理截然，而刻院志者忽於洞規之前增「顧涇陽先生曰」六字，殊不可解，真覺盡信爲難。[二] 惟有道者正之。

貞觀謹識。

[二]「又端文公東林會約首列朱夫子白鹿洞規，……真覺盡信爲難」，康熙本、光緒本均作「又他傳中，東林會約亦多借用」。

顧端文公年譜卷前

五世孫鍾英、鍾瑄、鍾珣、鍾琦、鍾璁較録[一]

誥命[二]

奉天承運，皇帝制曰：

道尊乎統，學定乎宗。統不一，則嫡系混於餘分；宗不明，則聖真奸於曲説。朕觀閹豎用事，士大夫毁廉撤隅，靡然從之，使有道明德立之儒風率於朝，何以至是？朕用睠懷先型，特嘉追尚，爾原任南京光禄寺少卿、贈太常寺卿顧憲成，德量淵凝，文情泉湧，豈巍科是重？行絶學是肩，居玉衡金鏡之司，著秋月冰壺之韻。事關國本一疏，潔身跡，遠權門。三黜表，直於是張孔、孟之幟，横濂、洛之旃。[三]時看魚躍鳶飛，

[一] 此行底本無，據康熙本、光緒本補。

[二] 此標題底本及諸校本均無，爲編者所擬。

[三]「洛」，底本爲避明光宗朱常洛諱改作「雒」。下遇此類徑改，不出校。

不問猿愁鶴怨，痿痺瘵而一氣畢通，籬棘除而八荒我闥，大道不蕪於好徑，庸德豈孤於鮮能？然而庭峻則招讒，望隆則見嫉，至聖不免，輓近可知。生既觸邪焰，以迍邅殁，復罹璫威而晦蝕。朕企泳前英，期登覺岸，想高風之可挹，嗟耆碩以憖遺，不有長夜之埋沉，莫致中天之顯遂。兹特贈爾爲通議大夫、吏部右侍郎。

嗟乎！道如無息之兩曜，不舍旦昏；學如無翳之雙眸，難容塵屑。必窺正體，方有真功，而奈何以爝炬笑貞明，桔槔誇洪潤哉？朕將博採廷評，廣稽輿論，謚典祀典，次第褒崇，不磨者奚止節義文章？可望者正如日星河岳。絲綸式賁，俎豆增光。

崇禎二年四月二十六日。（制誥之寶）

先端文一生三奉恩綸，至是首稱道統學宗，中推孔、孟、濂、洛，其於聖真嫡系，正體真功，三致意焉，未更諄諄俎豆褒崇之典。文廟從祀，所需者廷臣一疏上請耳。十四年，禮曹始列公名，并嘉靖以前諸儒，彙請增入兩廡。上嫌開列人衆，著候旨行。然追誦制詞，曷敢忘異數也？敬用謄寫，冠於編年。若志傳以下諸文，並出名賢，洵爲實録，附見一二，俾閱者知是譜之信而有徵焉。樞謹識。

明奉政大夫南京光禄寺少卿涇陽顧公墓誌銘①[一]

吉水鄒元標撰

涇陽先生系心斯世道者數十年，[二]一旦長逝，天不可問矣。元標雖未奉促膝之歡，然巖岫間魚雁不甚沉寥，擬藉公爲歲寒盟，而公溘然，元標豈獨一人痛哉？公子與渟涉長江，持大行高公存之狀來請銘，予不忍辭。

按狀，公諱憲成，字叔時，學者稱爲涇陽先生。顧之先，自將仕郎百七公始家上舍里。數傳至曾祖，諱緯，邑諸生。緯生夔，夔生南野公學，以公貴，贈户部主事。母錢氏，封太安人，生四子，公其叔也。

① 此篇底本删節較多。此篇又見臺灣「國家」圖書館藏明崇禎刻本顧端文公集（以下簡稱「崇禎本」）附録卷一及明别集叢刊第四輯第三十二册明萬曆四十七年龍遇奇、郭一鶚刻本鄒子願學集（以下簡稱「鄒子願學集」）卷六。崇禎本較底本完整，故此篇以崇禎本爲底本，以鄒子願學集爲校本。又，「元標」，鄒子願學集均作「元某」。

[一] 此標題底本作「墓誌銘」，題下小字註云「以下並從删節」；鄒子願學集作「明朝列大夫南京光禄寺少卿涇陽顧公墓誌銘」。

[二] 「系心」，崇禎本脱一「心」字，據鄒子願學集補。

自幼沉毅異常兒，讀韓文諱辨，每至封公諱，囁嚅不忍吐，師以告封公。封公召而語之曰：「昔韓公教子不諱忠，兒奈何諱學？」公尊教，惟謹。嘗私書壁曰：〔二〕「讀得孔書方是樂，縱居顔巷不爲貧。」以自儆。

一日，師講「禘之説」章，公請曰：「夫子既不知，何以知『知其説者之於天下如斯也』？惜或人未能再發夫子之藴耳。」又一日，講「養心」章，公又請曰：「愚以爲寡欲莫善於養心，心爲主，欲爲役，主强則百物退聽。」其聰穎多類此。師驚而謝曰：「子俱如是觀，五經註脚豈虚語哉？」

庚午，補邑諸生。

丙子，首應天試，以丁封公憂，未計偕。

庚辰，登會試高等，授户部主事。朝夕與魏南樂允中、劉漳浦廷蘭切砥，求不愧科名。覩時政紕繆，忠佞倒置，輒憤不能平，擬書上申相國，冀相國有所匡糾。後覩魏、劉二君書婉而當，遂附名進江陵，漸有聞，方以語相國。未幾，遂謝世，不然，事有不可知者。在江陵病，傾國走，群望禱業，署名公走馬，立削去。後江陵卒，始晉吏

〔二〕「嘗」，崇禎本、鄒子願學集均作「常」，據文意改。

部。孜孜人才，即幽隱不遺。以錢太安人壽，請告者三年，閉門讀易、春秋二經。

丙戌，起驗封司。

丁亥，大計，會有糾何尚書起鳴者，尚書疑辛大中丞自修陰嗾諸御史，諸御史遂得降級。公上書詆尚書，語侵内閣甚力，而屬望大臣臺省與被言者各當自反，其言甚公而正，通國傾服。當路不悦，落公職，判桂陽州。先是，蘇、柳二公及莊定山俱以謫至。州人士望公來，如三先生式。臨之，執經就業者甚衆。亡何，轉處州。李公下親民事，有閲墻者曉譬之，各欣然去。方以此得淬厲其心志萬一，而兩臺禮公以差歸。公歸丁太安人憂，起泉州理。

壬辰，大計，舉公廉寡欲第一，尋擢考功司。至值三王並封議起，首疏倡同官争。及與太倉往覆争者，侃侃無所回互，竟得寢。已，趙高邑南星司計盡黜諸要人子弟姻婭，公實左右之。趙忽奉旨罷，公疏願與同罷，不報。已，領銓事。凡公啓事與海内意所欲用者，當路色沮，不欲用。太倉所欲用冢卿與内閣，公復尼不行。久欲中公，以公時望攸屬，不果。乘公推内閣，起王山陰，遂削籍歸。自公歸，正人披靡，逐者錮者如衝風之籜，無寧羽矣。

公歸自甲午，得重病者累年始甦。各有劄記，沉潛粹密，與讀書録相表裏。問學者日衆，乃與高大行景逸等闢東林，集同志，歲有會，月有紀。其所最研辨者，「無善無惡心之體」一語，曰：「如是，則善可不爲，而惡亦可横行。」蓋有感於世之儒名盜行者。不佞間常致書商度，公曰：「予言救世也，故自爾爾與子密證，以俟異日。」然公之所造，亦淵乎微矣。嗟乎！使天假公年，世覩真儒之效，惡可量哉！蓋常論非無譚藝者，自公經藝出，世遂以爲王瞿復起，握管者却步；非無啓事者，自公奏副出，世遂以爲子瞻再生，起草者屏息；世非無登壇者，自公東林一闢，世遂以爲濂、洛更甦，虚驕者愧耻。顧公一入銓曹，衆方彈冠，逐之桂陽；再入銓曹，衆復引領，錮之家山；三起光禄，堅卧不起而薨。天耶？人耶？

公雖不得盡其用，然所與天子、宰相争是非可否者，皆國本重計，宗社遠猷。即寤語、寐語、夢覺間惓惓不忘國家。夫非實以身肩斯世斯道者所必不能，謂公一日樹千百年計可矣。彼抑公者，蓋天以斯文之責付公，公必不以彼易此。

鄒子於公有餘慨焉，公之上書右沈司馬、李司徒及銓曹諸事，原不爲一人一事起念。[二] 又官從大夫後，與山林上書者不同世，遂有不深惟公者。公常致書曰：「近從

[二]「起念」，崇禎本脱一「起」字，據鄒子願學集補。

千磨百練逼出真身子來，公豈可及哉？」公已薨數年，諸君子彬彬，質有其文，異世且加賴之。如公弟季時、國子薛君以身其人者，[一]恨不起九原而肉之，以爲世儀。矧存者寥寥，護其毛羽，懼吾道不振，而忍摧殘之耶？

公居家孝友，可追古人，平居所與友人觀磨者，恂恂雍雍，居然名儒轅轍。爲末學計者，能不熟數公軌行，而一令後世有所師承焉？

公生卒子姓，具行狀中。[二]

向所著有藏稿、劄記、大學通考、質言、東林會約、商語、還經録、證性編、桑梓編

[一]「以身」，鄒子願學集作「某」。則薛君名以身也。

[二]「公生卒子姓，具行狀中」，鄒子願學集所載更詳，姑將鄒子願學集行狀内容迻録於左，以資參考：

公生嘉靖庚戌八月，卒萬曆壬子五月，享年六十三。配朱氏，封安人，處士某女。

子三：與渟，廩例生，娶莫氏，邑廩生某女，繼娶鄭氏，霑益州二守某女；次與淪，殤；次與沐，郡廩生，娶唐氏，翰林庶吉士某女，繼娶嚴氏，太學生某女。

女二：一適王孝廉永圖，馬平令某子；一適太學生王世學，行人存之公子。

孫男五：枱、栴，俱渟出，枱聘劉氏，南京兵部郎中某女；栴未聘。杓、枘、柱，俱沐出，杓聘義興王孝廉某女，枘聘琴川太學生趙某女，柱未聘。

孫女八，嫁聘者皆仕族。

以萬曆□年□月葬於□山。

十餘稿行世。

銘曰：

世運昌明，公揚於庭。世不我與，公投於林。有鳳九苞，噦噦其音。四方來儀，異地同心。匪曰好我，墜緒是尋。手挽長河，力破重陰。猗歟我公，如玉如金。不泯者行，洋洋者神。是耶非耶，吾道陸沉。我銘匪諛，天日鑒臨。

明南京光禄寺少卿涇陽顧公碑①[一]

高邑趙南星

顧公名憲成，字叔時，世稱涇陽先生者也。其先不知何許人，[二]宋有將仕郎百七公者始家上舍里。數傳至廷秀，商文毅公爲表其墓。再傳爲如月公，諱麟。又三傳爲友竹公，諱緯，邑諸生，公之曾祖也。父南野公，諱學，始居涇里，以公貴，贈户部主

① 此篇底本删節較多。此篇又見中國國家圖書館藏明崇禎十年姜大受刻本趙忠毅公集（以下簡稱「趙忠毅公集」）卷十一。趙忠毅公集較底本完整，故此篇以之爲底本。

[一] 此標題底本作「墓碑」。

[二] 「知何許人」，趙忠毅公集墨筆塗改作「不可考」。

事，母錢，封太安人，生公兄曰涇田公性成，仲曰涇白公自成，弟曰涇凡公允成。

自釆紒受書，即多覺悟。十歲，讀韓退之諱辯，每遇南野公諱，輒避之，然不可勝避，爲鬱不樂。師問知之，以告南野公：「昔韓咸安王諱忠，語其子曰：『汝諱我是忘忠也。夫忠可忘，則我可忘也。』自是遂不諱忠。」南野公喜，以告公：「學之不可忘也，亦猶忠矣。」公謹受教。

公少時家貧，不能延師，就學鄰塾，歸必篝燈誦讀，恒至達旦。其爲舉業之文，握管立成，瑰朗新妙，而雄逸之氣，飆馳江決，不可圉也。

隆慶庚午，試爲邑諸生。萬曆丙子，舉於鄉，皆第一。其冬，居南野公之憂。庚辰，舉進士，爲户部主事。海内學者翕然稱公之文章，宗尚之，然公篤志孔、孟及宋大儒之學，潛究默行，不屑爲文章之士。是時江陵當國方横，舉國若風中之蒲葦，公與南樂魏公允中、漳浦劉公廷蘭慷慨論議，持天下之名教是非。江陵聞之不平，以語申相國。申相國，三公之座主也。三公皆上書，欲其匡救江陵，然江陵固不可救，亦未敢奭公。壬午，江陵大病，舉朝醵金爲祭，禱於神，公拒不預，同曹代爲署名，公使人塗滅之，江陵竟死。申公及新安、太倉秉政，以公爲吏部主事，尋以錢太安人年高告歸。丙戌，除驗封司主事。明年，考察京官，時辛公自修爲御史大夫，而海公瑞爲南御史大夫，執政群小咸憚之。於是御史房寰醜詆海公，此時涇凡公成進士，遂與同年諸公壽賢、彭公遵古同疏劾寰，皆放歸三年，然後用之學官。涇凡公之直聲震天下，稱「二顧」云。於是辛公司計當路皆喪，其私人惡之，而工部尚書何起鳴被劾，人有謂：「何若能去辛，可以德執政，即同歸暫耳。」何大喜，遂訐辛公，而給事中陳與郊等並劾辛、何以戰國從横，實圯辛，而辛、何果並罷去。御史高維崧、趙卿、張鳴岡左之，宜皆以劾，起鳴降官，公乃上疏言：「何起鳴訐辛自修，既罷自修，謝之矣，而又降四御史，此皆出朝廷意耶？降四御史，以承望彼陳與郊等，顧非承望耶？」疏上，謫桂陽州判官，日與諸生講學論文。戊子，轉處州府司理。司理，刑官也。公專以孝弟教人，多所感格。己丑，居錢太安人憂。辛卯，司理泉州。壬辰，鄒孚如爲考功管大計，舉公廉吏，尋陞考功主事。吏部從來無出而再入者，非孚如不能爲也。

時上久不立東宫，至是詔與兩皇子，並封云「待嫡嗣」。其時首相則王太倉也，上殊信任之，公唱四司上疏言：「臣等稽祖訓，東宫原不待嫡，元子並不封王，且陛下建儲之期屢改矣。今曰『待嫡嗣』，是無期也。」又貽書太倉切責之，太倉懼禍，並封之議竟寢。人以是知太倉所欲爲無不如意者，而第假上以行其私。癸巳，公爲司勳，鄒公元標已投之南刑部，求去，有旨放之去。公力勸太倉疏留，勉從之。及餘姚孫太宰罷，推代者，時少宰趙公用賢署吏部，太倉屬以推羅宗伯萬化。宗伯，翰林也。又其氣類，故欲用爲冢宰，以盡收大權於政府。公曰：「往者内閣之推不專在翰林，今已專據之矣，而復兼冢宰，是翰林之外，空無人也。此斷斷不可。」少宰以告太倉，太倉恚甚，然其議遂格，而陳公有年爲冢宰矣。及公典選，有會推内閣之命，舉七人，山陰王公爲首，而宗伯不與焉。太倉益恚甚，曰：「羅君推冢宰，曰：『非翰林所宜。』今推内閣又不可，何耶？」復以屬陳公，陳公不聽，而王給諫彈宗伯疏亦至，公遂削籍歸，而陳公亦竟去。給事中逯公中立，上疏力救，公亦見黜。先是，公見群賢被播者日多，欲漸汲引，非太倉之意也。值其假沐，而推孟公一脈，王公德新輒得旨。太倉佯喜，謂公曰：「此機括甚佳。」自此益亟推舉，欲以爲激上之怒而除所忌，又委過焉。自公去而懷忠持正者，無不得罪，林下充實，吴中尤最盛。是時涇凡公亦得罪歸里，公兄弟與群賢時聚而講學，其學惟就孔、孟、宋諸大儒之書闡明之，温故知新，不離乎區蓋之間，高明者聞之可入，始學者聞之不駭。久之，白當道爲東林書院，大會吴越之士，講學其中，東林之名滿天下矣。戊申，起南京光禄寺少卿，命偶下，公知當道無意用之，不出。既而推京兆不下，易以他人。又推僉院爲陪。時富平再出爲冢宰，其先爲冢宰。乙未，管外察黜馬督學猶龍、丁參政此吕等賢者，少司馬沈公思孝面非之，遂上疏。得旨，逮此吕，羅致之，遣戍而死。富平猶恨沈公，而又有人言沈公欲奪之位，及淮揚巡撫李公三才亦其所不悦，李公方被群喙，公貽書政府及冢宰，言李公在淮揚能制税璫，不敢動，安民弭亂之功甚大，其人磊落，非暮夜受金者，又言沈司馬、馬督學之賢，富平怒，語人曰：「吾已容之矣。」於是一二攻李公者語稍稍侵公，公惟自反不與稽也。又其甚者，以東林爲訴，駸及海内廢棄之人矣，論者以江陵刀劍也，其害雖慘，而有所不及。繼其後者，猶天地之害氣，氤氲於風雨霧露之内，依托於雷霆震電之中，以致其毒，爲禍甚烈且深。公竟不用，以殆善類，咸悼之。

南野公，故豪傑之士也。顧公爲諸生時，在位者或念其貧，有所餽遺，南野公一切不受，顧公早捐俗情，屢空殆庶，蓋得之庭訓焉。

公生於嘉靖庚戌八月七日，卒於萬曆壬子五月二十三日，年六十有三。配朱氏，封安人，處士怡橋公女，生三子，曰與渟，太學生，云云，王孝廉以高雲從之所爲狀來鄗上，屬趙子爲之碑，趙子曰：

余自壬午與顧公同爲户曹，顧公已講學矣。余樸鄙任真，顧公乃厚異之。癸巳，余筦京察之役，顧公再入銓部時也，其教我甚多。余被罪，太宰餘姚孫公亦奪俸三月，公與李公復陽同疏救之，不理，而涇凡景從諸公皆貶官。無何，公亦削籍去。大抵太倉之權也，而太倉再被召，公猶惓惓望之爲善，及所上福清富平書，望之破囂録善，去私效忠，蓋其憂天下之深，愛國之至，不暇計其可與言否也。時貴以其異己，遂詬及講學者。夫無論其講學，第觀顧公弱冠通籍，二三相國皆同鄉，愛之，江陵死，即拔之要地。顧公以救失爲報，無姑息之意，二三公者見謂負心，恨不可解，此固超出恒情萬萬矣。其於名教是非、社稷安危之計，無不挺身力争，竟至罷官。其居家，非孔、孟之道不談也，善無鉅細，無不爲也；行無隱顯，無不兢兢也。一事之美，一節之立，不足以稱之，豈非慥慥君子哉？鄒爾瞻亦講學者也，以言事遣戍，既復其位，而旋錮之。講學者皆欲忠國家，於身無所利，儻亦可以無苛訾乎？

嗟乎！顧公不死可也，然死可矣。余與公相知深，靈陶之紀，寧可遜謝？其詞曰：

三五既遠，嗚烏噓天。哲降非辰，世道是肩。進思盡忠，直行抗言。抑檄薦蘭，蘄社稷安。元老曰呼，庸爾余患。佩之以玦，不復爾還。仲尼素王，堯舜讓賢。厥惟素臣，何愧九官？邪説亂正，吾道之奸。昌言排之，夷庚匪艱。兄弟同道，巃焉雲騫。混沌未期，聲名永傳。

傳一

長興門人丁元薦

先生之學，以性善爲本體，以小心爲工夫。季時問曰：「周子言『無極而太極，太極本無極』，亦可言『無善而至善，至善本無善』否？」先生曰：「『無善無惡』原是一句話。通得無善，通不得無惡；通得無惡，通不得無善，便非究竟義。今以『無極而太極』爲案，猶可曰『無善而至善』。試以『無善而至善』爲案，亦可曰『無惡而至惡』乎？以兩『極』字合兩『善』字，猶可曰『至善本無善』。試以兩『善』字合兩『惡』字，亦可曰『至惡本無惡』乎？」又曰：「算來算去，只是躬行難。世言工夫，即以爲落第二義。孔子不曰『爲不厭，誨不倦』乎？試思爲何以不厭？誨人何以不倦？個中消息，最爲微細。推勘到這裏，聰明才辨，一切都使不着。然則孔子所謂工夫即是本體，世之所謂本體，上者一段光景，次者意見，其下議論而已。」此先生救時喫緊語也。一時名流雲集飆赴，東林之名大振。而癸卯妖書，乙巳察典，清議之士，引繩批根，憚先生丰采者，目攝而心疑之。及上閣銓書，南北鼎沸，先生不辨也。善乎！高存之之言曰：「當今而可以化南北之黨者，惟先生。」東林自丁未以前譽滿天下，庚辛而後，舉國騷動，至以爲阱於域中，先生沖然穆然，不競不沮，身没而精光更徹。嗟乎！其際微矣。

先生嘗欲作五經餘，未就，又命薦集孔氏淵源録，未及更定。

傳二

宜興門人史孟麟

先生負必爲聖賢之志，而才識倍蓰等倫，自治公車言即爲海内宗匠。其立朝大節，有百折不回，三軍不可奪者。既而里居講學，粹然一歸於正。昔司馬温公以天下安危爲己任，明道先生以興起斯文爲己任，先生憂時若疾痛，衛道如饑渴，殆任兩先生之任云。先生曰：「以『性善』爲宗，上之羲、堯、周、孔所自出，下之周、程諸儒所自出也；以『無善無惡』爲宗，上之曇、聃二氏所自出，下之『無忌憚之中庸』『無非刺之鄉愿』所自出也。辨在毫釐千里，冀以一木支大厦，一柱砥狂瀾。」苦心哉！苦心哉！請以俟後之先覺者。

明故南京光禄寺少卿涇陽顧先生行狀①[二]

同邑後學高攀龍撰

顧之先，其可知者，自宋將仕郎百七公始家上舍里，數傳至廷秀者，商文毅公輅爲表其墓。再傳爲如月公，諱麟，配錢孺人。又三傳爲先生曾祖友竹公，諱緯，邑諸生，配朱孺人，繼鄧孺人。祖侍竹公，諱夔，配朱孺人。父南野公，諱學，始居涇里。以先生官户部主事，贈如其官，配錢氏，封太安人。生五子而一殤，孟曰涇田公性成，仲曰涇白公自成，季曰涇凡公允成。先生其叔也，諱憲成，字叔時，别號涇陽先生。生而沉毅，迥異常兒。

十歲，讀韓文諱辯，請於師曰：「然則親名當諱乎？」曰：「然。」自是每遇南野公諱，宛轉避之，有不可得避者，輒鬱不樂。師問而知之，謂南野公曰：「此子之志卓

① 此篇底本删節較多。此篇又見崇禎本附録卷一及中國國家圖書館藏明崇禎五年錢士升、陳龍正等刻本高子遺書（以下簡稱「高子遺書」）卷十一。崇禎本較底本完整，故此篇以崇禎本爲底本，以高子遺書爲校本。

[二] 此標題底本作「行狀」，崇禎本題下小字註云「稍節」，高子遺書作「南京光禄寺少卿涇陽顧先生行狀」。

矣，未通方也，如尊名何能諱乎？昔韓咸安王語其子曰：『吾名忠，汝勿諱忠，諱忠是忘忠也，忘忠是忘我也。』自是不諱『忠』。此古人事，君得無意乎？」南野公喜，而呼

先生謂曰：「吾名學，汝勿諱學，諱學是忘學也，忘學是忘我也。孺子志之。」先生謹受教。

年十五六，家貧，不能延師，就讀鄰塾，歸必篝燈自課，多至達旦，書其壁曰：「讀得孔書纔是樂，縱居顏巷不爲貧。」一日，從師説「或問禘」之説，先生曰：「惜也，或人欠却一問。」師曰：「何也？」曰：「假令或人再問，子不知禘之説，何以知『知其説者之於天下，如視諸斯也』？夫子必有説矣。」師喜曰：「作如是觀，可讀論語矣。」又一日，説「養心莫善於寡欲」，先生曰：「竊以爲寡欲莫善於養心。」師曰：「何也？」曰：「心是耳目四肢之主，主人明，不受役於色矣；主人聰，不受役於聲矣。若但向聲色驅除，是主與奴競，孔子所謂仁則吾不知也。」師喜曰：「作如是觀，可讀孟子矣。」

年二十一，爲隆慶庚午補邑諸生第一。萬曆丙子，舉鄉試第一。其冬，南野公即世，先生居憂。當是時，先生名滿天下，其於文章斟酌今古，獨闢乾坤，學者宗之，如山於嶽，如川於海。而先生退然謂：「此非吾人安身立命處，心所冥契，則五經四書，濂、洛、關、閩，務於微析窮探，真知力踐，自餘皆所不屑矣。」庚辰，服闋，應春官試，名

在二十。廷對，舉二甲二名。主事户部，與南樂魏崑溟允中、漳浦劉紉華庭蘭以道義相琢磨，時稱「三解元」。

江陵相憚其丰采，一日，謂申相國曰：「貴門生有三元，會公知之耶？」曰評騭時事，居然華衮斧鉞一世矣。」相國曰：「不知。」江陵因舉三元者，三解元某某也，而三先生者，果以時事日非，相約貽書申公，諷其匡救云云。書既具，及觀魏、劉兩先生書，嘆曰：「至矣，余言贅矣。」遂止。江陵病，舉朝若狂，爲禱於神，先生獨不可。同官危之，代爲署名，先生馳騎，手抹去之。壬午，江陵死，先生調吏部，日孜孜人才，與同僚爲會，以所見聞相證，遐方下吏，巖穴潛德，務於闔人所不知。尋以錢太安人年且週甲告歸，讀易、春秋者三年。

丙戌，除封司主事。丁亥，大計京朝官。先是，南北都御史久未得人。一日，特旨辛自修改都察院左都御史，海瑞陞南京都察院右都御史，中外相慶，聖明英斷，兩人真都御史矣，當路不悦也。於是御史房寰有疏醜詆海公、先生。弟季時適以丙戌廷對，觀吏部政，遂偕同年彭旦陽遵古、諸景陽壽賢糾之。雖各得削籍，正氣爲一吐。

及是，辛公司計所是非，皆與時俗忤，當路益惡之。而工部尚書何起鳴在拾遺中，人有謂：「何若能去辛，大當執政意，即與辛偕歸，公他日不失舊物。」何大喜，遂許辛給事。陳與郊承風旨，並論辛、何，抑揚其語，實齮齕辛，而辛、何果並罷去。先生於時事感慨多矣，乃上言云云，疏奏，有旨切責，謫湖廣桂陽州判官。

時王京兆麟語人曰：「顧勳部折衷辛、何甚當。『自反』之説拔本塞源，吾輩當各寫一通置座右。」陳司寇雨亭公謂王婁江曰：「顧勳部立論最公，何以不免？」婁江艴然曰：「渠執書生之見，徇道路之言，焉知廟堂苦心？」司寇曰：「書生之見當守，道路之言當採，勳部苦心，亦不可不察也。」

先生之桂陽，其士人皆進而問業，先生以桂陽爲柳子厚、蘇子瞻兩先生謫居，莊定山先生亦謫於此，大有惠德於民，題所居曰「愧軒」，志愧前哲。又以柳氏文而已，蘇氏未離乎文，莊氏庶幾離乎文矣，深愧文字外無以益桂陽多士，其先行後文類此。

戊子，司理處州府，先生念太安人，不欲行，太安人不可。會季時授南康郡博，季時曰：「叔出，季處乎？」即日乞休。而先生至官，專務教化。有兄弟訟數年不決者，呼而謂之曰：「汝兩手兩足相争乎否？兄弟手足也，而相争非怪事乎？」而恬不以爲怪，何也？既相争，自相治可矣。」因各授之杖，謂其兄曰：「爲我扑若弟。」謂其弟曰：「爲我扑若兄。」兩人相顧愕然，先生故促之。兩人叩首請曰：「曩者官爲析曲直，故不服。今吾服，不知曲直也，願得自新。」先生喜，令兄弟相揖謝，兩人大哭而去。時蔡御史按浙，不敢以吏事見先生，假之差歸。

己丑，居太安人憂。辛卯，復司理泉州。

壬辰，計群吏，先生舉公廉寡慾，爲天下司理第一，尋擢主事考功。銓司出而再入者，自先生始。

是年，詔三皇子並封，先生倡四司上言云云，又自爲書貽婁江公云云。癸巳，内計功郎趙儕鶴先生秉至公從事，執政弟弗顧也，執政所庇弗顧也，太宰甥弗顧也，己之姻弗顧也。計典出，人謂：「二百年未有慊於輿情若此者。」而先生與李公元沖實左右之。政府大恚，趙先生乘劉黄門道隆疏論：「科道拾遺者不宜留用。」遂票旨切責降調。先生與元沖公上疏云云，不報。無何，先生司選，以扶陽抑陰爲體，以不激不隨爲用。

於婁江公待以至誠，每事必告，冀轉移之。而一切推用賢才，與世牴牾者，公所陽諾，實所陰尼。先生覺其機惡，值公假沐，推孟公一脈、王公德新，不以告。疏上，輒下矣。公又陽喜，謂先生曰：「主上朕兆殊佳，自此正人亟宜推用。」先生又覺其機惡，曰：「幸有好朕兆，正不須急激聒也。」無何，而會推閣臣之命下矣。先是，先生在勳司，適鄒南皋先生請去，婁江曰：「昨文書房傳旨云：『放他去。』」先生曰：「不然。

若放去果是，相國宜成皇上之是，該部宜成相國之是；若放去爲非，相國不宜成皇上之非，該部不宜成相國之非。」公語塞，竟疏留用，得旨：「鄒某照舊供職。」

又一日，太宰孫公立峰罷推代者，時少宰趙公定宇署篆婁江，屬以首推大宗伯羅康洲公萬化。先生曰：「不可。内閣者，翰林之結局；冢宰者，各衙門之結局。今天下大勢，折而入内閣矣，況可併冢宰據之乎？」選郎劉用齋公曰：「嘉靖間不嘗用吕餘姚、嚴常熟乎？」先生曰：「是時威權在世廟，斷自聖心則可；今日威權在内閣，出自相指不可。我太祖罷中書省而設六部，惟恐其權之不散；嚴分宜以來，内閣合六部而攬之，惟恐其權之不聚。散則互鈐，一人不得行其私，國家之利，權臣之甚不利也；聚則獨制，各人不得守其職，權臣之利，國家之甚不利也。理亂安危之大機於是乎在，如之何背聖祖而從分宜乎？況往者内閣之推，往往用各衙門，不專翰林一途，即冢宰兼推翰林亦得。今不能以内閣與各衙門共，而更以冢宰與翰林共，其亦頗矣。故論用人大道理，只當問其孰可爲内閣，孰可爲冢宰，不當問其孰爲某衙門。論救時大機括，通冢宰於翰林，其勢易；通内閣於各衙門，其勢難。不可不熟察而深計也。」劉聞之愕然，因與先生謁少宰，少宰曰：「業已成議，且近有吴鎮訐絶婚事下部，而康洲意頗不佳，彼以我爲是之故也。」先生曰：「國家大事，寧避小嫌？自王、楊相繼在部，其於内閣指使若奴婢，至陸平湖始正統均之體，孫餘姚遵而不變，内閣切齒恨之，相繼免歸。千思萬算，出此一着，吏部、内閣合爲一家，其禍不可勝言矣。昔高中玄以内閣兼冢宰，一日進閣，一日進部，是以全身爲分身也；今内閣用其同衙門爲冢宰，是以分身爲全身也。作用若殊，巧妙則一，竊恐日囿其彀中而不知耳。」趙悟曰：「如公言，利害乃爾。」遂往言於婁江，婁江曰：「誰爲此議？」曰：「顧稽勳。」公怫然，然無以奪，而冢宰得陳公心谷矣。

婁江嘗一日謂先生曰：「近有怪事，知之乎？」先生曰：「何也？」曰：「内閣所是，外論必以爲非；内閣所非，外論必以爲是。」先生曰：「外間亦有怪事。」公曰：「何也？」曰：「外論所是，内閣必以爲非；外論所非，内閣必以爲是。」相與笑而罷。及是推閣臣，陳公心谷謂：「先生且勿言，各疏所知。」各疏七人，皆合；而首舉舊輔王對南先生，又皆合。陳大喜，令先生言之婁江，婁江大恚曰：「何不舉？」康洲曰：「外論不與者半，脱言官言之，將自認乎？[二]推先生認乎？推先生認，何用吏部？自認，又何成吏部？二者皆所不敢出也。」婁江益恚曰：「前推羅君冢宰，君謂翰林只宜

[二]「認」，崇禎本作「任」，據高子遺書及文意改。

推内閣，今推内閣又不可，何耶？」先生曰：「前論事，今論人也。」婁江復屬相國趙蘭溪言之。先生曰：「公論所在，司官不敢誤堂官也。」復自貽書於陳，陳曰：「公論所在，本部不敢誤朝廷也。」少宰趙心塘公，羅之門人也。又言之陳，陳曰：「此非本部所得專也。」又言之先生，先生曰：「此非本司所得專也。」趙謂陳曰：「明日會推必推之。」陳笑曰：「堂官口，司官手，二百年故事也，假令老先生舉口，而司官不舉筆，作何收拾？」及會推，王給諫彈羅疏亦至，而婁江必不容先生矣，遂削籍歸。

給事逯公確齋上疏極論，謂：「憲成以直道被斥。恐今而後，非如王國光、楊巍也者，則不能一日爲太宰；非如徐一檟、謝廷寀、劉希孟者，則不能一日爲司官。臧否混淆，舉措倒置。將使黜陟重典，爲權門供愛憎；銓衡重地，爲私門樹桃李。天下不知有是非，人心不知有勸懲，風靡波流，莫究所終矣。」確齋亦黜。

先生嘗曰：「天下事，君相同心方做得。其次閣銓同心，亦做得一半。今皆無之，止有三十個巡撫、十五個提學可選擇。而使若盡得人，士習民生，庶幾小補，方日孜孜焉。」當是時，太宰則宋、陸、孫、陳，四司則王秋澄公教、鄒大澤公觀光、孟雲浦公化鯉、儕鶴趙先生以及先生，皆極一世之選。雖人不竟用，而賢賢相續，後先一道。至先生司選，而人心益蒸蒸丕變矣。然中貴人干請不行，柄國者好惡相左，兩者合而爲一，陽施陰設不盡，逐之不已。自先生去，而隄防盡決，識者不能不嘆息痛恨云。

先生歸，且以積勞成疾，頭岑岑，暈眩作楚。乙未春，幾殆。諸子環泣，先生張目曰：「人有來處，應有去處，夫何傷？」已，忽蘇，吟詩曰：「茫茫大化任推遷，消息盈虛總自然。若欲個中生去取，請觀四十六年前。」越丙申、丁酉，始漸愈。病中體究心性愈微，故劄記始於甲午。

戊戌，始會吴中諸同志於二泉之上，與管東溟先生辯「無善無惡」。管先生之學，一貫三教，深微該博，而實主佛學。先生謂：「佛學三藏十二部五千四百八十卷，一言以蔽之曰『無善無惡』，七佛偈了然矣。故取要提綱，力剖四字。又以辯四字於告子易，辯四字於佛氏難，以告子之見性粗，而佛氏之見性微也；辯四字於佛氏易，辯四字於陽明難，在佛氏自立空宗，在吾儒則陰壞實教也。其言曰：『自古聖人教人「爲善去惡」而已。爲善，爲其固有也；去惡，去其本無也。本體如是，工夫如是，其致一而已矣。』陽明豈不教人爲善去惡乎？然既曰『無善無惡』，而又曰『爲善去惡』，學者執其上一語，不得不忽下一語也，何者？『心之體無善無惡』，則凡所謂善與惡，皆非吾之所固有矣。皆非吾之所固有，則皆情識之用事矣。皆情識之用事，皆不免爲本體之障矣。將擇何者而爲之？未也。『心之體無善無惡』，則凡所謂善與惡，皆非吾之所得有矣。皆非吾之所得有，則皆感遇之應跡矣。皆感遇之應跡，則皆不足爲本體之障矣。將擇何者而去之？猶未也。『心之體無善無惡』，吾亦無善無惡已耳。若擇何者而爲之，便未免有善在；若擇何者而去之，便未免有惡在。若有善有惡，便非所謂無善無惡矣。陽明曰：『四無之説，爲上根人立教；四有之説，爲中根以下人立教。』是陽明且以『無善無惡』掃却『爲善去惡』矣。既已掃之，猶欲留之。縱曰『爲善去惡之功，自初學至聖人究竟無盡』，彼直見以爲是權教，非實教也，其誰肯聽？既已拈出一個虚寂，又恐人養成一個虚寂。縱重重教戒，重重囑付，彼直見以爲是爲衆人説，非爲吾輩説也，又誰肯聽？夫何故欣上而厭下，樂易而苦難？人情大抵然也。投之以所欣，而復困之以所厭；畀之以所樂，而復攖之以所苦，必不行矣。故曰：『惟其執上一語，雖欲不忽下一語，而不可得；至於忽下一語，其上一語雖欲不弊，而不可得也。』羅念翁曰：「終日談本體，不説工夫，纔拈工夫，便以爲外道。使陽明復生，亦當攢眉。」王塘翁曰：「心意知物，皆無善無惡。此語殊未穩。學者以虚見爲實悟，必依憑此語。如服鴆毒，未有不殺人者。海内有號爲超悟，而竟以破戒負不韙之名於天下，正以中此毒而然也。且夫四無之説，主本體言也，陽明方曰是接上根人法，而識者至等之於鴆毒；四有之説，主工夫言也，陽明第曰是接中根以下人法，而昧者遂等之於外道。然則陽明再生，目擊兹弊，將有摧心扼腕，不能一日安者，何但攢眉已乎？」先生之説甚詳，見證性編。管先生亦謂：「『無善無惡』之語不可以爲訓。至三教異同，則各持其説，不相下也。」

於是先生時時謂攀龍曰：「日月逝矣，百工居肆以成事，吾曹可無講習之所乎？」錫故有東林書院，宋龜山楊先生所居，楊先生令蕭山歸來，依鄒忠公志完於毘陵，忠公尋卒。依李忠定公伯紀於梁溪，凡十八年。往來毘陵、梁溪間，棲止東林，闡伊、洛之學，後廢爲僧舍，邵文莊公圖修復之，不果。及是，先生弔其墟，慨然曰：「其在斯乎？」遂聞於當道，葺楊先生祠，同志者相與構精舍居焉。

甲辰冬，始會吳、越士友。先生爲約，一以考亭白鹿洞規爲教，要在躬修力踐。嘗言：「講學自孔子始，謂之講，便容易落在口耳邊去。」故「先行後言，慎言敏行」之訓，恒惓惓焉。至其自道，不居「仁」「聖」，却居「爲」「誨」。看來説「聖」説「仁」，聰明才辨之士猶可覓些奇特，逞些伎倆，逞些精采。[一] 只推勘到「不厭」「不倦」處，便一切都使不着。然則孔子所謂工夫，恰是本體。世之所謂本體，高者只一段光景，次者只

[一]「逞」，崇禎本作「呈」，據高子遺書及文意改。

一副意見，下者只一場議論而已。深慮世之學者，樂趨便易，冒認自然，故於不思不勉，當下即是。皆令查其源頭，果是性命上透得來否？勘其關頭，果是境界上打得過否？皆先生喫緊爲人處也。

於時毘陵則有「經正之會」，金沙則有「志矩之會」，荆溪則有「明道之會」，吴中自記載以來所未有也。

丁未，婁江相再徵，先生夢爲祖道，執其手曰：「有君如是，何忍負之？」鄭重叮嚀，至於再三，至於涕泣，不覺大聲而呼，室中盡驚，而淚且漬枕矣。先生不忍虚此一段誠意，遂述寐言、寤言，貽之弗省也。

戊申，詔起南京光禄少卿，先生商諸同志，或謂宜行，或謂宜止。先生曰：「仕宦寧退毋進，吾衰矣，當從其退者。」遂乞骸骨。

而會太宰孫立亭公有不察於沈司馬繼山公、李司徒修吾公。先生曰：「太宰爲人所誤，乙未之事可嘆已，今或自執所誤，則前誤雖不復贖公之晚節可惜，天下亦承其弊，吾身在進退之間，此大窾竅可以完三賢，撤一網。」遂爲書貽公。當是時，司徒已見彈射，併白之政府。然與時局忤甚，遂憎兹多口，朝論紛紜，海宇震撓。或謂：「先生宜有以自明。」先生報之云云，凡先生之爲自反類此。

蓋先生謂：「當江陵時，吴、趙、沈、鄒諸君子出萬死力，爲宇宙扶植綱常，[一]魏中丞見泉公爲侍御時論科場積弊，侵張蒲州相國落職，李司徒抗疏救之，亦落職。自後司徒敭歷中外，憂國奉公，砭邪佐正，吴、浙諸相無有悦之者，四明銜之獨甚。及鑛税事起，豺虎彌天，司徒屹然扼南北之衝，江淮千里，民恃以無恐而不思亂，此其人皆世道所賴。」故先生於朝於野，惓惓爲天下共惜其實，誠見其大也。

先生每謂：「吾之觀人於尼聖，得五案焉：進有非剌之狂狷，退無非刺之鄉愿，一也；大受小知，二也；察衆好，察衆惡，三也；皆好不如善者之好，皆惡不如不善者之惡，四也；觀過知仁，五也。」云云。

先生孝友慈惠，渾然天成。父南野公，豪傑士也。當其偃蹇窮村，曾不能糊其口，顧慨然慕范文正爲人。先生爲諸生，有司餉膏火資，公謂：「士不受人憐，必謝去之爲快。」先生斤斤奉以周旋，高邁夙成者以此。

先生兄弟四人，公命伯、仲治生，叔、季治經，治生者佐治經者。故先生與季時不問生産，仲公有心計，多夭幸，箸稍稍起。其末年，兄弟各念南野公之慕范公而賫志

[一]「常」，崇禎本爲一墨釘，據高子遺書補。

長終也，捐産以贍其族之貧區之役，君子謂人有其志則天遂其事。已，先生於兩兄嚴之如父，於弟資之如友。一動一止，無不自仲肩之；一字一句，無不自季參之。而東林之創，經紀者，仲也；切磋者，季也。先生曰：「吾多助於兄弟，如是幸矣。」

夫於宗親，有養之終身者，有及其再世者；於師生，養死殯之；於友，髫齔之交，無不白首相歡，即有緣而爲利，幾敗其名者，夷然不問也；於同邑之宦於四方者，必默爲提挈，有一長可見者，必力爲表章，其人不知也；於兄弟之子，愛之如子，教之如父，有前後母者，有嗣嫡者，必使各得其所，曰：「吾以兄弟視諸孤，猶之子也，猶有前後母、嗣嫡之分，吾以吾父母視諸孤，均之孫也，何前何後？何嗣何嫡？」念其伯兄少獨勤苦，思得報而無從。伯之諸子試有司，必爲通名，曰：「試士，公典也；吾念吾兄而聊通諸子，以備採擇，私情也。當必有矜予而亮予者。」於子，則絶不爲干請，嘗戒其長君云云。

先生於世無所嗜好，食取果腹，衣取蔽體，居取坐卧，不知其他。四壁不堊，庭草不除，帷帳不飾，一几一榻，敝硯秃筆，終日儼然冥坐讀書，四方酬答而已。憂時如疾痛，好善如饑渴，無所不坦易，至關綱常者；毅然執之不移，無所不渾厚，至關邪正者。井然辯之，必悉蚤見也。又不以成心逆物嫉惡也，又不以己甚求備。語言簡重，喜怒希形。嘗曰：「極論中和位育之脈，吾輩一嚬一笑，一語一默，在在與天地相對越，與萬物相往來，何容見戲？」未嘗絶郡縣竿牘，而非一方之冤抑不告；未嘗絶當路交際，而辯貨取之介最嚴。丁儀部長孺見一選司老胥，屈指最廉正者，曰：「吾目中所見，陳尚書心谷、孫尚書立亭、顧選君涇陽、孟選君雲浦而已。」

先生之學，性學也。遠宗孔聖，不參二氏；近契元公，確遵洛、閩。嘗曰：「語本體，只是『性善』二字；語工夫，只是『小心』二字。」又曰：「心不踰矩，孔之小心也；心不違仁，顏之小心也。此其學之大旨矣。」

先生有絶人之資，其於世也，百家衆技當無所不臻其妙，而獨以全力用之於學，一切伎倆不得而岐之，故其功專；其於學也，百家衆説當無所不造其微，而獨以全力用之聖學，一切玄妙不得而岐之，故其學純。

於凡五經四書，直從神情血脈，字字咀嚼，故密察不差毫髮；於凡聖賢豪傑，直從皮毛骨髓，人人對勘，故權衡不爽錙銖。

先生曰：「周元公之於道至矣。所以爲之推行其道，使得昌於當時者，程伯子也；所以爲之推明其道，使得傳於後世者，朱晦翁也。元公藏諸用，其源深；兩先生顯諸仁，其流遠。」

又曰：「二程與横渠、康節一時鼎興，氣求聲應，此吾道將隆之兆也。微元公，孰爲之開厥始？流傳最久，分裂失真，有禪而儒，有霸而儒，有史而儒，此吾道將涣之兆也。微晦翁，孰爲之持厥終？元公之功不在孟子下，晦翁之功不在元公下。」攀龍亦曰：「自孟子以來得文公，千四百年間一大折衷也；自文公以來得先生，又四百年間一大折衷也。」

先生自甲午以來，見理愈微，見事愈卓，充養愈粹，應物愈密，從善如流，徙義如鶩，殆幾於無我矣。吾推其志，必也友一鄉之善，友一國之善，友天下之善，友萬世之善，其不然者曰小家相，先生不屑矣；必也堯、舜其君，臯、夔其相，唐、虞斯世，孔、孟吾徒，其不然者曰第二義，先生不屑矣。天假之年，進不可量；天假之位，用不可量。壬子五月廿又三日，以微疾恬然而逝。昔人於明道先生之亡曰「伯淳無福，天下人也無福」，吾於先生亦云。

所著有藏稿二十卷，劄記十二卷，大學通考、質言，東林會約、商語行於世。尚存劄記三之一，藏稿十之三，還經録、證性編、桑梓録未刻。

其生以嘉靖庚戌八月七日之寅，得年六十三。配朱氏，封安人，處士怡橋公女。子三：與渟，太學生，娶莫氏，邑廪生濂源公女，繼娶鄭氏，雲南霑益州二守龍源公女；與淪，抱仲兄子，殤；與沐，郡庠生，娶毗陵唐氏翰林庶吉士完初公女，繼娶琴川嚴氏大學仁軒公女。

生女二：一適廣西馬平縣令道宇王公子孝廉永圖，卒；一適攀龍子世學。

孫男五：曰柄、曰榛，與渟出。柄聘劉氏，南京兵部郎中本孺公女；榛未聘。曰樞、曰柱、曰杓，與沐出。樞聘義興王氏，即婿孝廉儉齋公繼娶所生女；柱聘琴川趙氏，太學文度公女；杓未聘。

孫女九：一字南京吏部驗封司主事安我素公子廣譽者，殤；一字禮部儒士陳松嶼公子卿秀；一字邑庠施符先公子肇曾；一未字。與渟出。一字太學秦華玉公子鏷；一字孝廉華燕超公子衷醇；一字義興户部主事湯闇生公子原忠；一字孝廉劉彦和公子蘅滋；一未字。與沐出。

與渟等以朱太安人命，於甲寅十月初三日壬午厝先生於賢闗橋，而述其言行之實，令攀龍次爲狀，以墓中一片石請於先生，誌而銘之。

攀龍竊惟：天生非常之人，必有以也，不命之平治天下，則命之平治萬世，如涇陽先生者，謂天無以命之乎？不宜使之與於斯道，謂天有以命之乎？不宜使之窮於斯世，意者所命，在此不在彼歟？則無涯之日，自今伊始，何以使之信而可傳耶？今天下可以徵信先生，使傳於後世者，舍先生誰與歸？故敢九頓以懇。

祭文

金壇于孔兼等

賢哉涇陽！真丈夫也！進欲行其道，以昌天下之治，而命阻之；退欲明其道，以開天下之迷，而命又阻之。一片苦心，日望正人之進用，而莫開元祐之籍，以故敬業樂群之日，常軫名賢彫謝之憂；一味厚道，不忍舊契之招尤，而反蒙黨護之嫌，以故往來尺牘之中，强半引躬自責之語。昔文公疾革，勉勵諸生曰：「道理如是止矣，幸互相倡率，牢固著足也。」兄之屬意同志，想亦如斯。嗟乎！兄長逝矣，事兄之事者，尚濟濟其如雲；憂兄之憂者，尚茫茫其無日。兄聞之乎？抑見之乎？

又

德清章嘉楨

嗚呼！先生殆學聖之時，而得聖之任者乎？夫任，豈易言哉？有莘氏取予嚴於一介，千駟弗視，可不謂清？往來狂主聖君之間，油油然不少介意，可不謂和？卒也以其清信天下，以其和洽天下，而後能成其任天下之德業。先生生平泊素，没齒若寒畯，清矣；不言而飲人以醇，取大致，略細小，無人而不欲引之於道，和矣。至立朝居鄉，無念不在國家，無一言一事不關世教，而其學脈宗貫不雜以禪，不岐以玄，又粹然孔氏家法，故曰：「學聖之時，而得聖之任者也。」

又

關西李三才

余少年寡識，間嘗嬉戲，惟公正色相戒，勉余向學。始令熟玩諸子，潛窺古人檢身之精；繼俾博覽諸史，歷觀古人康濟之略。事事提撕，時時警覺，名爲益友，實則嚴師。春初，猶以書抵余，謂：「老兄被諸賢千磨萬涅，逼出個真身子來；我爲老兄被諸賢千磨萬涅，也逼出個真身子來。譬如赤金在烈焰中借火之力，反得見真色於世；亦如我輩借諸賢之力，反得見真身於世。諸賢真有功於吾輩哉！古人所以拜昌言也！」嗟嗟！非有大識見涵養，孰能爲此語乎？[一]此豈可以聲音笑貌襲取者乎？

[一] 「孰」，底本、康熙本作「熟」，據光緒本改。

又

歸安錢士完
盧陵劉日升

十餘年來，士君子居鄉則修名檢，有退焉若浼之風；立朝則軌風節，有批鱗不避之勇；析理則高，不入於空虛。卑不涉於功利，依然程、朱正派。朝廷之上，關係大綱常大利病，昌言持之，協力擔之，罔敢依阿二三其間。雖遇貶斥，風力愈勁，皆先生有以振之也。世之當一官任一職，率能程勞課績，顧以用爲用，其用也小；先生爲當世所推，不能一日安其身於朝，幾無以自見矣，乃以不用爲用，其用也大。古來儒者，如明道先生，年僅五旬有四，晦菴先生立朝不過數十日，修短貴賤，又何論耶？

又

潛江歐陽東鳳

先生視身世浮榮，若輕雲之散空；人間讚毁褒譏，若鳥音之過耳。惟見國家出一善政，登一正人，則躍然喜；或增一秕政，進一奸回，則悄然憂。聞人有善，如得其所欲而愛之護之也；人之不善，如疾痛在躬而拊之摩之也。[二] 善必以及人，如解衣推食於其子弟也。此其四海一腔、萬物一體，真有孔門「天下歸仁」氣象。儻天假之年，無論用與不用，皆足以破異同而消朋比。乃沉疴未愈，奪之桂薑；巨川未濟，棄厥舟航。此則天意之不可解者也。

又

烏程後學朱國禎

嗚呼！先生之存歿與禎之得事先生，豈偶然哉？丁長孺每曰「顧師不可不見」，未知余胸中原有先生在也。及余從東林講會，一見心折，再見體可投，願爲之死。夫余非知學者，知人生本直，人性皆善而已。余非能講者，知師友當切磋，義理當剖晰而已；余非知先生者，知其統一聖真，獎進來學，爲今之元公、文公直接尼山真傳而已。先生之道，光明粹白，如日中天。十年來，一人主盟，四方風動，漸道德仁義之

[二]「拊之」，底本及諸校本均脱一「之」字，據文意補。

場，被範圍裁成之澤。而先生謂：「斯道甚大，宜化彼我，泯形跡，必煅煉一番，剥落摧折，存此一段精光於萬世。」而時流果然奮筆，欲散其名，存其實，名豈先生之得已哉？惟不好名，故依庸以殁齒，遯世以覺人，作興同類，以維不盡之脈，其它固非所惜也。夫學亦何常之有？近世大都以禪爲根，禪之精者爲聖，而粗者流入於無忌憚，賊人心，壞世道。此先生之所以憂而不得不講也。今先生殁矣，人既云亡，會亦尋廢，而二三同志猶能嘿嘿躬行，以守遺訓，異日必有過而以太牢祀者，而余何戚戚之爲？

又

寶鷄後學張舜典

先生道高而氣直，學深而養邃。濂溪圖太極，而後人未免生異議，自先生有論，而異議息矣；考亭兼知行，而過高者則以爲拘滯，自先生有論，而考亭知尊矣；文成倡良知，而固執者則以爲玄虚，自先生有論，而文成益信矣。論識仁，而識之於當下，則無不明之仁；論體仁，而體之於當下，則無不存之仁。蓋先生之學，易簡直截而又渾融圓通，可謂紹述濂、洛，而直接洙、泗之統者矣。

又

高攀龍

吾聞之孔子：「以道事君，不可則止。」謂之大臣。若先生者，斯爲大臣乎？吾聞之孟子：「先立乎其大者，則小者不能奪。」謂之大人。若先生者，斯爲大人乎？先生之學，大無不見，其要主於明善，究無善之弊，將以明善者滅善，故如救焚拯溺，汲汲於幾希之辨；先生之精神，大無不徧，其要主於好善，要約同好緝民彝之一綫，見不善人之傷善，以爲是絕國家之脈而裂其咽，故不惜大聲疾呼，如衛父兄，而扞其頭面。吾嘗謂先生具千古之眼，高燭萬類，而破大道之鍵，故落第二義者，曾不足當其一莞；具千古之腹，含茹萬有，惟吾斟酌，故一切好醜異同，曾不足礙其寥廓；具千古之骨，其於世俗蕩巢夷窟，苟非志之所存，三公萬鍾，曾不埒於毛髮。此則先生所以爲大，而莫之與越。嗚呼！吾於世而未始見似先生者，指可幾屈？況乎吾錫詩書記載更四千餘歲，而文章理學、氣節忠義，實惟先生一人之始名。泰伯來，而梅里片墟，闢東南之草昧；先生出，而涇皋撮土，萃宇宙之文明。猗與！先生豈以七尺爲私，百年爲期？而吾乃區區以生死爲先生悲。顧哲人有心如之萎，士將疇依，使吾儕貿貿焉，如孩者無提而不立，如瞽者無相而罔之。有心如摧，有氣如靡，乃吾之所自爲悲。

又

同邑後學劉元珍

天地有正氣，有秀氣，有淑氣。夫人而得其一，已足以翊世教，培元脈，矧兼儲並擅，如我先生者乎？吾國藉先生砥柱，吾鄉藉先生正鵠，吾道藉先生樹閑而秉鐸。先生辭榮若浼，而懇懇憂時。試讀痦、寐兩言，閣銓三劄，忠君信友，何等肝膈！先生没，而有能摧權焰、持平衡，獨立不懼者幾人？此爲吾國憂，而痛先生者一。俗之漸人，吴會彌甚，先生廉頑立懦，轉移之妙，人世不知，而精神默默受之，先生没，而有能禀先程，振流俗，以身爲教者幾人？此爲吾鄉憂，而痛先生者二。吾性本善，彼以爲無者，直欲空本有以濟其無，忌憚先生，首嚴其辨，先生没，而有能翼聖真，糾時弊，如救焚拯溺之不遑寧處者幾人？此爲吾道憂，而痛先生者三。

又

丁元薦

薦游先生之門，三十有二年矣。生我者父母，知我成我者先生。而薦所爲先生慟者，則爲斯道斯世也。近時講學，率以「無善無惡」爲密諦。先生守程、朱正宗，排鄉愿，掃謬悠，亡忌憚之説，有不勝其疑與忌者，先生屹然弗動也。當路以敢言爲諱，羅織禁錮，不遺餘力。先生退處東山，侃侃不稍隱避，側目者傾國而與之對壘，先生屹然弗動也。先生論學，曰：「宋人言心，畏其不可欺；今人言心，幸其可匿也。」論時事，曰：「得罪天子，猶可逭；得罪執政，不可逭也。」此其救時大指也。雖然，其淺者也，先生析理，密如秋毫，不爲穿鑿；先生飭躬，嚴於繩墨，不務矜飾。望之若泰岳，即之如春風。勇若賁育，退如處子。砉然庖解，嗒焉嬰兒。嗚呼！先生殁，而後學不得見真儒大成矣！先生殁，而長安士大夫不復見豪傑風采，老成人博厚寬平襟度矣！人之云亡，邦國殄瘁。薦能不爲斯道斯世而慟也哉？

又

太倉門人徐鳴皋

先生俯觀風會，仰體聖真，樹躬行之標，以排虚圓之宗；闡性善之旨，以塞無善無惡之流。而説者曰：「陽明抉千聖之扃，發萬古之蒙，先生奈何出而與之左也？」噫！是惡知學，惡知先生也。説者又曰：「先生之學是矣，獨奈何持國是於長林豐草間乎？」夫道無無用之體，學非獨善之物，仲尼轍環，司馬君實將瞑，尚籌國事，先生不忘天下之深心，惡可與淺中者道也？今而後，有憂道忘身如先生者乎？有篤行不怠如先生者乎？有立人達人孜孜與善而鼓舞不倦如先生者乎？先生立朝，大節表於國史；居鄉行誼，筆於家乘。當永永不朽，而慮有持兩端以議先生之後者，則鄙生之所大恐，而亟以一言白之也，先生其鑒之。

文集序

同邑門人馬世奇

夫六經者，古人立德、立功、立言之事具焉。先生負望人宗，位與年概未足賣功德之施。然先生之功德，則均效之乎言矣，能讀先生文，而洛、蜀之同異可化，朱、陸之同異可泯。子瞻曰：「自歐陽子出，天下争自濯磨，以通經學古爲高，以救時行道爲實，以犯顔納諫爲忠，長育成就，歐陽子之功居多。」斯言也，人讀先生文而知之。史稱韓魏公天性好士，其人可與，雖所不悦，亦爲引進，聞人一小善，自嘆不及，所用人率以公議士，不知出何人門下。杜相公罷政家居，見賓客必問時事，有善，喜若己出，至所不可，憂形於色，或夜不能寐，如身任其責者。斯言也，人讀先生文而知之，然不必盡知之。蓋先生之言，皆先生之功德也。今所需兩楹祔祀之典耳。先生文具在，知必有援河津、新建諸君子例以請者。余少荷先生提獎惓惓，以夾護桑榆相屬。木之與余，異姓昆弟也，因重刻先生集成，不揣數言，竊比於詩人之小宛。

求鄒先生撰墓銘書

高攀龍

顧先生天所篤生，爲吴中開學脈，其一段真精神，直無有人我，貫徹古今。至晞「無善無惡」之辨，龍初以爲此一語可了，何用多言？及歷世既久，而後知此宗畢竟與孔門差却一綫，誠哉不可立教！深服先生之憂深言切也。或問：「先生之學已徹悟否？」龍謂：「徹悟有二：質美者迷輕悟輕，質魯者迷重悟重。有悟而我執未盡者，有我執盡而後化者。先生窮理精到，幾於無我，天假之年，不日而化矣。」於今之世，非翁不知其學。伏惟椽筆，特爲表章。先生所涉於世局者，婁江一案、四明一案，淮撫之案即四明之案也。拙狀據事直書，惟指教幸甚。

顧憲成全集卷七十四

顧端文公年譜上

男與沐記略
孫樞初編
曾孫貞觀訂補
玄孫建封、開陸較録[一]
五世孫鍾珣、鍾瑄、鍾英、鍾奇、鍾璁録[二]

公諱憲成，字叔時，姓顧氏，世稱涇陽先生，亦稱東林先生。顧於吴爲著姓，元末遭亂，譜失。相傳自宋將仕百七公始居無錫上舍里，世以貲雄，爲德於里中，入國學

[一]「建封」，康熙本、光緒本均無。
[二] 此行底本無，據康熙本、光緒本補。

鄉學。數傳至諱廷秀者，商文毅公表其墓。廷秀子諱珩，珩四子，次諱麟公，高祖也，號如月公。子諱緯，邑諸生，性癖嗜書，落其産，號友竹公。子侍竹公，諱夔，字舜臣，配朱氏，是生公父南野公，諱學，字文博，配錢氏。祖父皆以公仕贈通議大夫、吏部右侍郎，祖妣、妣皆淑人。南野公性孝友，倜儻負氣，貌奕奕有神采。貧居，慨然慕范文正公之爲人。北遊，觀天子都，歸，徙家涇皋，僦廛而市。却羨直，歸遺金，急人之急，忠信直亮，環數里内外，童兒婦女能道之。弇州王公爲撰墓誌銘，所謂「豪傑之士」者也。子四人，長諱性成，字伯時，敦樸有古風，少作「事父母能竭其力」文，頭面愧汗曰：「吾不能行之，安能言之？」遂投筆服勞，以養邑孫。少宰高其行，給部劄遺以冠帶，辭；郡邑舉鄉飲介，又辭，號涇田公。次諱自成，字仲時，魁岸自喜，棄舉子業，治生佐二弟，下帷涇水之上，灌莽一區，經畫四十年，幾成邑聚。其才與量有過人者，入貲授光禄寺監事，晚而更刻其所爲文，號涇白公。又次即公與涇凡公，諱允成，字季時，海内以比二程夫子。謹按家世大概，列諸簡端，後從編年以次，序公之生平，涇凡公附見一二。其間記憶之所及者，或有參差；所不及者，尚須考證。望我後人亟務求爲全帙云。孫樞謹識，後學薛寀填諱。

世宗肅皇帝嘉靖二十九年庚戌八月初七日寅時，公生於涇里。

庚戌年，乙酉月，戊辰日，甲寅時。格載星學正宗。

三十年辛亥，二歲。

三十一年壬子，三歲。

三十二年癸丑，四歲。

三十三年甲寅，五歲。

端静如老成人。

十月二十九日，公弟涇凡公生。

三十四年乙卯，六歲。始就塾。

師萃峰周先生，靖江縣庠生。有師模見公坐少欹，自起正之，公俯首受教，先生異之。

三十五年丙辰，七歲。

受大學、中庸。

三十六年丁巳，八歲。

師省齋俞先生受論語。

是歲，贈公遷居石村。

三十七年戊午，九歲。

受孟子及虞書。

三十八年己未，十歲。

受夏書、商書、周書。

三十九年庚申，十一歲。

師晴湖徐先生。是歲，贈公復還涇里。公讀韓文，至諱辨，請於師曰：「親名當諱耶？」師曰：「然。」後讀書遇贈公諱，多宛轉避之，有不得避者，輒鬱不樂。師語贈公曰：「此子之志卓矣，但未通方耳。如尊名，如何諱得？昔韓蘄王教子勿諱忠君，得無意乎？」贈公喜，呼公諭之曰：「吾名學，汝勿諱學，諱學是忘學也，忘學是忘吾也。孺子識之。」公謹受命。

四十年辛酉，十二歲。

公始習對聯，同塾生多倩爲代，師覺之，召而詰焉，公曰：「商量有之，代則未也。」師乃解。上不誑師，下不許友，聞者以爲難。

四十一年壬戌，十三歲。

師左峰辛先生。

四十二年癸亥，十四歲。

公日課多有餘，稍去而游於諸子百家。見贈公好閱南華及龍江林三教諸書，請問。贈公曰：「凡讀書不論何書，要在立意處探討，不然即六經皆糟粕也，亦奚以爲？」公誦其語終身。

四十三年甲子，十五歲。

贈公貧，不能延師，命就鄰塾。每晚歸，必篝燈讀，午夜不休。兩大人敕之寢，應曰：「諾。」帷燈默誦，往往達旦。題其壁曰：「讀得孔書纔是樂，縱居顏巷不爲貧。」贈公見之，笑曰：「汝欲爲孔、顏耶？」時公意嘐嘐然不可一世。嘗疑先師孔子不應泛取硜硜一項人，贈公聞而呵之，乃止。一日，見曾晳責子輿耘瓜事，始悚然收斂。

四十四年乙丑，十六歲。

師澄泉石先生，習舉子業。師教作破題，援筆立就。三日教作承，又三日教作起講對比。公請自爲之，如宿習然，先生大驚。東里雲浦陳公過而試之，命題「如或知爾，則何以哉」，俄而呈稿，陳擊節嘆賞。遇所知，津津道説公名，隱然動一邑矣。陳語公曰：「子貌大似歐陽文忠遺像，異日驗之。」陳名以忠，孝廉，官知州，最善贈公，日夕相過從。時贈公僦廛而市，義聲著遠近。有逸金於肆者，標其名，購而返之。他日，復來投，直發之，餘三十金，意以爲報也，又返之。糴者既按價輸之粟矣，五日價頓衰，追之及於途而還其羨。遠近手額賀顧翁有子也。

四十五年丙寅，十七歲。

穆宗莊皇帝隆慶元年丁卯，十八歲。

師少弦張先生，弟涇凡公亦受業焉。涇凡公奇慧，頗好弄。習舉子業，弗善也。師商之贈公曰：「是兒非落人下者，但不激不奮耳。」令更他師。半歲忽請歸，稟繩墨，極其端方。公問弟：「何感而遽如是？」涇凡公曰：「恐傷兩大人心。」公曰「此是做人根子，當與弟共勖之」贈公。是歲，始能置家塾，館穀之外，餽遺供具，富家相詫，以爲不及。

二年戊辰，十九歲。

自是歲，與涇凡公同肄業。

三年己巳，二十歲。

師原洛張先生。贈公爲公兄弟擇師云：「必欲得文行兼備之士。」久之始得。先生一見，即曰：「吾觀子兄弟氣貌，非區區舉業可了，須努力尋向上一著。」張，名子期，更名淇，少遊唐荆川、薛方山兩先生之門。其授書不拘傳註，直發其中之所自得者。有客言：「劍浦李公教其子讀四書，只讀白文。」公喜以告。先生曰：「朱子絶世聰明，却退然自處於章句，一字一訓，若村學究。然誠欲天下後世三尺之童都曉得聖賢話頭，做個好人，此天地之心也。吾輩如何這等説？」公曰：「恐畢竟非上智事。」先生曰：「昔程叔子座下有學者問六十四卦，旁一人曰：『皆不須得，只乾、坤足矣。』叔子曰：『要去誰分上使？』其人曰：『聖人分上使。』叔子曰：『聖人分上，一字也不須得。』語大可味。」公自是潛心章句。一日，講論語「或問禘之説」章。公請曰：「惜也，或人欠却一問。」先生曰：

「何也？」公曰：「假令或人於此再問，曰：『夫子不知「禘之說」，何以知「知其說者之於天下也，其如示諸斯乎」？』夫子必自有説。」先生曰：「作如是觀，方可讀論語。」又一日，講孟子「養心莫善於寡欲」章。先生曰：「子意云何？」公曰：「竊以爲寡欲莫善於養心。」先生曰：「試舉看。」公曰：「心是耳目四肢的主人。主人明，不受役於色矣；主人聰，不受役於聲矣。若但向聲色上驅除，是主與奴競，孔子所謂仁，則吾不知也。」先生曰：「作如是觀，方可讀孟子。」

四年庚午，二十一歲。補邑庠生，應應天鄉試。

初，少弦師論舉業云：「此事不可拘拘向佔畢中求。[一]」原洛師則云：「只在一處，不可向外浪走。」公俱佩服之。贈公言：「子曾見崑崙王山人詩乎？當爲子坐進一格，因出示其擬杜七歌、題淮陰侯廟諸篇。公讀之，覺胸中廓然，文境日闢。傳曰：「先生讀書，不作經生見解，沈思默識，自以心通聖賢之奥於遺文，蓋廢枕席者八閱月，而後憬然若有得也。應府縣試及院試，皆第一。」公作念庭周先生壽序云：「始，先生令吾邑，進不肖試之，欣然賞異。後三試三冠，先生每

[一]「佔畢」，底本及諸校本均作「佔俾」，據文意改。

見所提勖，皆在尋常之表。」一日，手周元公太極圖說、程淳公識仁篇、張明公西銘授焉，退而習之，至忘寢食。周，名邦傑，臨川人。

鄉試時，上南兵部鄒公龍望書，略曰：

某之走金陵而就試也，家嚴呼而謂曰：「吾有一心事，孺子能爲我了之，勝於獲雋百倍。」某跽而請。家嚴曰：「吾所識唐應麒者，其父居市中，江寧蔣六飾裝而來，不知其爲盜也。竟坐抵易，指以爲贓，父逮而亡，子逮而繫。應麒有母未老，有妻未歸。母日請於妻之家：『願返吾聘，以贖吾子。』計聘雖返，而贓仍不足以償。是爲母者，既失其子，復失其婦；爲子者，既失其妻，且并其身命而不保也。此吾之所寤寐疚心也。」某復跽而進曰：「大人此一念，天地鬼神實鑒臨之，顧眇眇一書生何能爲？」家嚴曰：「吾已籌之，汝受鄒龍翁父母，國士知上元，葛丞向佐翁丞吾邑，聞與江寧令同鄉，若宛轉一言，事可立白，是一言而起一人之生也。事白，則母得有其子，妻得有其夫，應麒亦得有其母與妻，是一言而起一家之生也。孺子識之。」某謹受命而行。老師，仁人也，敢請。

鄒得書，立白其冤。鄒，名墀，餘姚人。

問學於方山薛先生，受考亭淵源録。

原洛師是歲館陳公雲浦家，公兄弟負笈以從。適武進令謝師嚴贈所刻陽明文粹，讀而旨之，師知公嚮道甚殷。遂率公兄弟偕受業於薛。薛先生喜，呼兩孫敷政、敷教出締交，親持考亭淵源録以授，曰：「洙、泗以下，姚江以上，萃於是矣。異日無忘老夫也。」公是時頗好言禪，又遇玄客，授四語曰：「若要生此身，除非死此心。此心若不死，此身安得生？」公反其言曰：「若要生此心，除非死此身。此身若不死，此心安得生？」蓋無所不留意，而精神所注，則考亭一録也。

薛，名應旂，武進人。兩孫：大，薛純臺；小，薛玄臺。

娶淑人朱氏。

邑處士怡橋朱翁女。

五年辛未，二十二歲。

公自爲諸生，即以文名世，坊間所刻諸論，皆其歷試冠軍之作也。郡守施龍岡先生建龍城書院，拔士之秀異者親课之。公與栢潭孫公繼臯迭居第一。念庭周先生歲時致膏火資，贈公戒：「必無受，孺子寧以研田養耳。」自是連歲授經，或家居，或應聘，弟子日衆。其從游最早者，武進吳大參之龍、江陰顧少參言，餘不能詳。公自記一則曰：「余客鵝湖，每操筆寫文，到半吐半茹處，輒覓一小艇，放之湖心，聽其所如。四望烟波縹渺，鷗鷺出没，咫尺杳然，有千里之勢，不覺栩栩欲飛。歸而偃卧竹榻，少選，起而徐理殘牘，淋漓滿紙。顧誠不知何如，亦往往自得也。」施，名觀民，福清人。

六年壬申，二十三歲。

神宗顯皇帝萬曆元年癸酉，二十四歲。應應天鄉試。

是歲，涇凡公補郡庠生，贈公進公兄弟，命之曰：「孺子故少戆，脱令一旦儼然顯且貴哉，驕大之色當不能侵汝，但慮汝從市井學象恭歸耳。象恭之害人心也甚於驕，孺子無然。」公兄弟謹受命。時贈公田盧在上舍者，久爲宗人所并，公請於堂上書一券與之，其人大慚服。

二年甲戌，二十五歲。作學庸説。

公於制舉業，意殊不屑。塾間求示者衆，恒以筆墨代口語，作學庸説，存篋中，戒生徒勿爲流傳。

三月

二十一日，長子與渟生。

三年乙亥，二十六歲。

四年丙子，二十七歲。八月，中應天鄉試第一名。

主考汝誠戴公洵，奉化人；仁甫陳公思育，武陵人。本房蓮巖黄公一桂，南安人。贈公聞報，有憂色。始，公再試，不售，贈公以爲喜。至是，公問曰：「大人何昔之喜，而今之憂也？」贈公曰：「吾聞士可以貧賤激也，激則耻，耻則憂，憂則動心忍性，長其不能。孺子再試有司，有司以爲不才而棄之，孺子憂矣，老人安得不喜？今以一書生，驟然爲東南冠，閭閻之人盛容色而矜道之，孺子喜矣，老人安得不憂？」公竦然起，對曰：「兒也謹受命矣。」

九月，刻百二草。

即今海内所傳誦之文也。行狀曰：「時先生名滿天下，其爲文章斟酌古今，獨闢乾坤，如山於岳，如川於海。而公謂：『此非安身立命處，心所冥契，則五經四書，濂、洛、關、閩，期於微析窮探，真知力踐，自餘皆所不屑矣。』」

十月十二日，贈公卒。

公哀毁骨立，苫塊中，兄弟時相語曰：「吾父好稱范文正公之爲人，津津不去口，此是萬物一體胚胎。念庭周師分俸佐讀，吾父戒必無受，此是『鳳凰翔於千仞』風格，吾兄弟當無失此意。」

五年丁丑，二十八歲。

公居憂毁瘠，四方來學者僦居以待其出，因勉起教授。諸門人無籍可考，惟鎮江錢應婁、應旂，見文集中。

六年戊寅，二十九歲。葬贈公於涇西之新阡。

贈公之喪逾年，始得吉壤，至是葬焉。王公世貞撰墓誌銘。

宜興史孟麟來問學。孟麟，字際明，於諸門人中最親。後長諫垣，歷卿寺，建言講學，並稱於時。

七年己卯，三十歲。正月，服闋。

史際明曰：「先生授經虞山及松陵、檇李間，余時以諸生從。余故好稱儒賢，則古昔先生意與券合，日取魯、鄒、濂、洛諸書，商榷究竟，蓋期許於驪黃之外云。」

長興丁元薦來問學。元薦，字長孺，弱冠受尚書，後官尚寶司丞，劉起東宗周推爲萬曆季年清議名臣第一。

十二月，會試，北行。

是秋，涇凡公鄉試中式。兄弟並與計，偕別友莫純卿而行，後祭純卿文稱其爲輔仁之友，卹其孤婺者甚至。

八年庚辰，三十一歲。二月，會試，中式第二十名。

主考吳縣瑶泉申公時行、鄞縣丙仲余公有丁。本房栢潭孫公。呈二卷，申一見決之，曰：「此南北顧、魏兩元也。」孫避嫌，遂首魏，而公居次。終其身不敢當舉主之禮，公亦以同學自居。至孫殁，公爲請卹，始述生平知己之感。

三月，殿試第二甲第二名，賜進士出身。

吏部分送本部辦事。

公與魏公懋權、劉公國徵號「榜中三解元」，以名世相期許，慷慨論列。江陵相一日語吴縣曰：「貴門生有『三元會』，日評騭時事，居然華衮斧鉞一世矣。」三公正約上書吴縣，冀其匡救，公已屬稿，見魏、劉書，嘆服，遂附名焉。稿略曰：

竊聞君子在朝，則天下必治；小人在朝，則天下必亂。君子非自能在朝也，有君子之領袖爲之連茹而進也。今寧無君子之領袖乎？而何未見其多？小人非自能在朝也，有小人之領袖爲之連茹而進也。今寧有小人之領袖乎？而何未見其少？老師之於首揆，將一切聽而順之歟？吾懼其爲隨，抑逆而挽之歟？吾懼其爲激意者，不激不隨之間，有妙用存歟？凡此皆所願聞也。

魏，名允中，南樂人。劉，名廷蘭，漳浦人。

四月

二十五日，次子與沐生。

六月，授户部廣東司主事。

秋，督遼東餉。

在差月餘，盡除從前陋規及餽贐諸例。武臣子弟來學者，隨才獎薦，悉却其贄。瀕行，葺賀醫閭先生祠。

十月

母太君六袠初度，作母壽徵言，國徵劉公序。略曰：

顧生念已成進士，而其家贈君不及見，於是作望涇西阡之詩，走使迎其母太夫人養京邸，太夫人不可；則欲請告歸，太夫人又不可，於是顧生作念母之詩。已，復念太夫人六十壽誕近矣，手書其懿行，示劉生，且讀且解之曰：「孝哉！」顧生爲母之故，而不有其官。

按，公初第時，尚事吟詠，以後遂不復措筆。

九年辛巳，三十二歲。在户部本科。

主一切章奏，見本科題名碑。時丁丑建言，被杖諸君子若繼山沈公思孝、定宇趙公用賢、南皋鄒公元標，皆絓察籍，公與同舍修吾李公三才、養沖姜公士昌深爲不平。明年，儕鶴趙公南星入署，語輒扼腕。自是，數公遂與朝局黨論相終始。公與鄒一生從未識面，切偲友誼，並於書牘往返得之。

十年壬午，三十三歲。

吴縣聘涇凡公入都，教其子用懋，因與弟用嘉俱北面事公。寧國蕭思似以同官子問學。思似，字伯穀，後舉於鄉，與太倉徐鳴皋稱「顧門兩孝廉」。徐，字去聞，皆先事陽明之學，自是始知歸嚮。

覃恩授承德郎，贈父如公官，封母太安人，配安人。

六月。

江陵病，舉朝爲醵金，禱於東岳，公不可，同官危之，代爲署名，公馳騎醮壇，手抹去之，幸江陵尋卒，得免於禍。是月，差往張家口，發互市馬價。

關中馮從吾來問學。

從吾，字仲好，長安人。受業京邸，後官司空，謚恭定，世稱少墟先生，爲關學之宗。仲好去師門最遠，前後立朝，都不相值。集有答楊運長書曰：「近顧先生寄小心齋劄記，辨『無善無惡』之説極其痛快。向來都門曾從先生游，别近三十年，所見不約而同，可謂甚奇。門下謂千聖相傳，道脈不至顛墜，顧先生真其人矣！不佞何敢當？」公嘗與仲好書曰：「敬問吾少墟年來何爲？方今宇内事，一切如不繫之舟，未有分付處，此猶人所共見共知。至於吾夫子一大事，亦若無以異，然却多不見，不知公之潛心於兹久矣，其何以啓我助我？輒從王柱山寄蕪刻請正，繆妄填胸，無逃明眼。願勿爲姑息之愛，孤我萬里睠睠也。」又答張鷄山舜典曰：「少墟侍御向在都門，曾有一日之雅，不謂別來卓詣如此。」時仲好持所爲辨學録屬張求教，蓋公門下第一人也。

十二月，調吏部稽勳司主事。

十一年癸未，三十四歲。

正月。

大計，白同鄉華參政啓直之誣於尚書嚴公清。時許相國將主會試，公上書，略曰：

天下事所以壞者，其初起於一人之私，有附之者焉，又有效之者焉，日積月累，以至敗壞而不可收拾。今之貢舉實類於是。江陵秕政，惟此不變，且或從而甚之，又從而爲之辭曰：「科場，公典也。意而收之則暱，意而棄之則矯，付之無心而已。」是言也，乃雍容之雅談，非救時之切論也。夫救時者，未有不用矯者也。用之以乖世，忤俗則不可。若用之於今日科場，以裁宰輔之子弟，將暘谷以西，昧谷以東，人人快之，夫何病於矯？

許不能用。

二月。

涇凡公會試中式，見公方具告乞歸，進曰：「弟知兄念母甚，弟歸侍養，兄居銓衡之地，務安心盡職，爲國事人才計可也。」遂不與殿試而南。吴縣欲以館選收之，竟不可得。

三月，調考功司。

五月，調文選司。

魏公見泉疏論蒲州、吴縣二相子科場事，謫外。李公修吾救之，亦謫。公請於吴縣曰：「近來直言之士不乏，相國亦率能優容，獨科場事無摘及者，以其爲執政所諱也。竊以爲魏、李兩人方是真能直言，相國能優容兩人，方是真能優容。」吴縣曰：「有張老先生主裁，吾不得與。」亡何，蒲州以憂去。公與同司孫公鑛再請，魏、李皆得南部。魏，名允貞，懋權兄也。公在司日，孜孜人材，與同僚爲會，以所見聞相證，窮荒下吏，巖穴潛德，務於闡，人所不知。未幾，尚書嚴公致仕，繼之者，海豐楊巍。

秋，給假旋里。

出都之日，書約魏公懋權會於臨清。偕行至張秋，訪孟公我疆，論學兩日，夜過荆門驛始别。孟，名秋，茌平人。

抵家後，同邑安希范來問學。希范，字小范，家膠山，去涇最近。時年甫冠，公與語，喜曰：「吾窺子志，非沾沾以一第自榮者。」因勉以性命之學。後官南司封，建言削籍，爲「東林六君子」之一。

是冬，抱涇白公子與淪，後殤。公兄弟約，各房有子三四人者更抱之。於是仲、季俱抱伯兄子一，而公抱仲兄子一，友愛之誼，至今可想。

十二年甲申，三十五歲。家居，讀易。

公生平讀書，多研求大旨，不屑爲訓詁之學，即於五經章句未數數然也。惟易大全一書，批閲再四，蠅頭細字，録諸説於其上方，大約詳於義理，略於象數。首推周子之太極，而以「無欲」爲宗，此則公生平易學也。

五月。

先一月，聞劉公國徵之訃，至是移書哭而告之曰：「嗚呼！死生一也，無有二也，國徵何選焉？而置取舍於其間，惟是今之天下什一可喜，什九可憂，度國徵不免於懷也，國徵其悉之乎？南皋鄒氏之烈焉而徙？定宇趙氏之懇焉而違？

復菴吳氏之亮焉而誹？勺原丁氏之切焉而詰？芸熊董氏之犯焉而挫？對兹黄氏之慼焉而投？健齋曾氏之愷焉而播？蓮洙孟氏之挺焉而擯？希宇郭氏之勤焉而摇？鴻泉范氏之詳焉而削？此時事之有形者也，猶可知也。若乃内權漸隆，外權漸替，君子小人如水如火，强而平之，須臾無忌耳，何以能日？此時事之無形者也，不可知也。國徵其悉之乎？庸得晏然而已哉？雖然，國徵往矣，而余及懋權所與左右切磨，相期於聲氣之表者，固耿耿在也。而今而往，或國徵之所未究，而懋權究焉，猶之自國徵也；又或懋權之所未究，而余究焉，亦猶之自國徵也。異日者，余當就懋權而裁焉，國徵實深圖之。」

十二月。

撰高室朱孺人墓誌銘，末云：

攀龍言：「母病二年，日惟焚香誦諸佛經，始，外王母夢霞衣人持果啖之，覺而娠。母之生，口若時時持佛號者。及卒，體瑩瑩有光，擬得道云。」

顧某曰：「是非余所知也。予所知者，孺人女而女，婦而婦，母而母，其於死生之際，何所不廓如也？自頃來海上，曇陽之事起，説者多好言怪，余是以略而不論。」

鄉試，本房黄公至涇。留侍者三月，丁長孺元薦是歲讀書涇上，公假館而訓督之。越二年，通籍，時留涇弟子視卯辰間尤盛，宜興王永圖年十四，公携而歸，撫而教之，妻以長女。後歷郡守，服官有聲績。王，字惟懷，自是遂家於錫。

十三年乙酉，三十六歲。家居，讀春秋。

名所居曰小心齋。

乙巳劄記曰：

或問：「子以『小心』名齋，必有取爾也。乃劄中並未嘗及此二字，曾一處及之，予又不能無疑，敢請。」曰：「吾所言無非此二字，只是不曾稱名道姓耳，試體之便見。」「今試爲我舉所疑。」曰：「『無可無不可』，是孔子小心處。」「作何解？」曰：「可者，因而可之，聖人未嘗敢自有其可也；不可者，因而不可之，聖人未嘗敢自有其不可也。這是何等樣小心？若不聞之乎：『君子之中庸也，君子而時中；小人之中庸也，小人而無忌憚也。』『時中』與『無忌憚』只在幾微間耳。予嘗謂鄉黨一篇，章章是個小心圖。末條拈個『時』字，正所謂『無可無不可』也。『吾十有五』章，却是個小心訣。」曰：「何也？」曰：「此章要看第一句『學』字、末一句『矩』字，兩字首尾呼應，最可味。是故謂之『學』，便見雖聖人亦不敢一毫自家主張，知有『矩』而已矣；謂之『矩』，便見雖聖人亦不敢一毫違他主張，知有『學』而已矣。豈不是個小心訣？」曰：「『小心』是個『敬』。」聞之程子之言『敬』曰『主一無適』，謝上蔡之言『敬』曰『常惺惺法』，[一]尹和靖之言『敬』曰『其心收斂，不容一物』，似説得甚精。」曰：「總不出『小心』二字。此二字亦何嘗不精？且執塗之人而告之曰『主一無適』，曰『常惺惺法』，曰『其心收斂，不容一物』，正恐茫然。有如告之曰『小心』，誰不曉了？及其至，即堯、舜猶病。此最易知，最易能，又最無窮盡者也。」曰：「世儒放膽多矣，提出這二字，正對病之藥。」曰：「這是百草中一粒靈丹，不論有病無病，都少他不得。而今須要實實調服，莫只把來做個好方子，隨口説過，隨手抄過，却將自

[一]「常」，底本爲避明光宗朱常洛諱改作「嘗」。諸校本襲誤未改，據小心齋劄記改。下遇此類徑改，不出校。

家死生放在一邊也。」

七月。

魏公懋權訃至，哭之。如劉公有曰：「足下上必欲堯、舜其君，下必欲堯、舜其民，不爾不以慊於志，故嘗憂；信心而言，信心而行，一切毀譽利害，不以介於胸中，故嘗樂。」公自言此數語，乃懋權實録，非他人所知。

與王辰玉衡書勸以避嫌，勿與秋試。辰玉，太倉相錫爵之子也。太倉意不懌，然公特甚愛其才，故爲忠告，即雲間陳繼儒最昵於王公，時時與進，嘗刻其所爲就正録。後庚戌攻淮二疏，時傳出繼儒手，公亦不問。

十四年丙戌，三十七歲。春，講學於泮宫。

應邑令李公元沖之請，紳士聽者雲集。高存之攀龍與焉，作困學記，自云：「年二十有五，聞令公與顧先生講學，始志於學。」又作日記，自云：「終身師事顧先生。」高，初字雲從，公教下後學第一人也。

作李見羅先生文集序。

略曰：

近世之學者，沈於訓詁，溺於辭章，謭謭焉守咫尺之義，不覩於大道有人焉，起而招之曰：「爾其歸而求諸心，斯其意亦善矣。」及此説既行，學者又日惟尋索本體，至於土苴六經，浮游萬物，而曰：「吾有得於心，甚者恣情肆欲，惟其所便。」而曰：「吾無愧於心而已，跡非所論也。」愚竊傷之。

見羅李先生始亦嘗習其説，已，讀大學有得，磨勘累年，自信益確。遂斷以「修身爲本」，一部大學，又其註脚。此孔子既老經綸，徹有悟於性命也。

嗚呼！深矣！且夫家國天下之不得爲本固也，雖正心誠意致知，聖人亦概置焉，而獨本修身，何也？彼無形而虛，此有形而實。虛則高明之徒入於中，而有以自騁，其究渺悠荒唐，不可端倪；卑陋之徒入於中，而有以自蓋，其究巧秘詭密，不可致詰，是可得而欺也。實則一切無所容矣，是不可得而欺也。

周、程、張、朱，顧不揭此爲宗者？當時斯道大明，知學之士謹於自守，雖以游、楊之雜於佛、老，未嘗不尊奉其師説。陸子公然與朱子抗，而規矩準繩未嘗不嚴且固也。以是談心之害尚未甚，至於今始不勝其慨耳。故夫先生之揭「修身」，有見之言也，萬世爲學之常經也；其所以揭「修身」，有激之言也，一時救弊之急務也。假令四夫子而生於今，其説當亦出此矣。

公弟子李侯元沖出其書示余，心竊向往。已，從羅君止菴遊，彌信。輒不量銓次其集，以爲聖學之復明於世，必自先生始。

見羅，名材；元沖，名復陽；止菴，名懋忠，俱江右人。

七月，假滿北行。

是春，涇凡公殿試對策，極言：「内寵將盛，群小將逞，皇上念鄭妃之勞，特册立爲皇貴妃，以私而掩公，以一己而掩天下。貴妃或弄威福於内，其戚屬或弄威福於外，奄人侍妾又將乘其偏矣。皇上懲張居正之專，寄耳目於二三左右，臣以爲居正雖專與皇上爲二，則救之也尚易；此輩且與皇上爲一，則救之也倍難。臣欲賞罰之信且必，豈可得乎？」讀卷者訝之，置三甲。後涇凡公退而自傷：「臣言之不得達皇上也，即達，死無所恨。」適海忠介公瑞爲御史房寰所詆，涇凡公與同年彭遵古、諸壽賢合疏糾之。削進士籍，歸。一時海内稱「顧氏二難」。太安人喜曰：「膝下有人矣。」遂命公出候補，北行遇丁長孺於下邳，語及新參，一似重有憂者。長孺避席曰：「是方標正人赤幟，先生得無過乎？」公曰：「第識吾言，異日當驗之。」自臨清迂道過南樂，再爲文哭懋權魏公云：「寸心欲碎，萬象俱失。」幾不能自持，交情可見。

九月，補吏部驗封司主事。

入都，謁王太倉，王曰：「君家居且久，亦知長安近來有一異事乎？」公曰：「願聞之。」王曰：「廟堂所是，外人必以爲非；廟堂所非，外人必以爲是。」公曰：「又有一異事。」王曰：「何？」公曰：「外人所是，廟堂必以爲非；外人所非，廟堂必以爲是。」相與笑而起。

孟我疆問曰：「唐仁卿何以排王文成之甚？」公曰：「朱子以象山爲告子，文成以朱子爲楊、墨，皆甚詞也，何但仁卿？」已，爲唐述其語，唐曰：「固也，世之談良知者，如鬼如蜮，還得爲文成諱否？」公曰：「大學言『致知』，文成恐人認識爲知，便走入支離去，故就中間點出一『良』字；孟子言『良知』，文成恐人將這『知』作光景玩弄，便走入玄虛去，故就上面點出一『致』字，其意最爲精密。至於『如鬼如蜮』，正良知之賊也。奈何歸罪文成？獨其揭『無善無惡』四字爲性宗，余不能釋然耳。」唐，名伯元，澄海人。

十五年丁亥，三十八歲。正月，署稽勳司員外郎。二月。

京察有毀同官吕公新吾於執政者，幾中以考功法，公力白其誣，得免。吕，名坤，寧陵人。

三月初十日，奏爲「恭陳當今第一切務」事。十三日，奉聖旨，降三級，調外任用，補湖廣桂陽州判官添註。

辛公自修以左都御史主察，工部尚書何起鳴在拾遺中，遂訐辛。給事中陳與郊兩參之，實爲何齕辛，辛、何皆罷。御史高維崧等訟言之，降調有差。公慷慨上言，其略曰：

起鳴之爲君子？爲小人？其訐自修也，果有據？果無據？維崧等之爲公爲私，此皆章章較著者也。皇上既爲起鳴罷自修，而又降及維崧等四御史，何歟？在起鳴既疑以宿釁蒙詬，在自修又疑以忤時招尤。在起鳴既見以有援而巧爲排，在自修又見以受屈而急於辨，皆過矣。

爲今之計，臣以爲莫若各務自反而已。起鳴當思何以爲衆論鄙，自修當思何以爲儕友猜，維崧等當思何以言出而召侮，與郊等當思何以言出而啓疑。至於執政大臣，尤宜倍加簡省。久之，精神透徹，誠意孿如。雖褊心鋭氣者，亦慚愧而恍然自失矣。

抑臣又有感焉，諸臣非科道而建言者，必指之曰「出位」，曰「好名」，又曰「是進取之捷徑」。不然，則又曰「是多行不韙」。計無復之，而聊借以自蓋其醜，而逃於計典也。斯四者亦誠有之，而不可不求其故也。

國朝二百餘年，西漢之經術，東漢之節義，唐之詩詞，宋之理學，並彬彬稱盛，獨言官之氣稍不振。每天下多故，危言讜論，往往出於他曹。

假令言官不爲利誘，不爲威怵。牽裾折檻，時不乏人，他曹亦無繇而奮其説矣。

然則使人之得以出位而言者，臺省之爲也，人情無不喜順而惡逆。有人焉端言正色，侃侃不顧，安得而不名高？廢棄之，摧折之，一旦是非論定，安得而不加殊擢？

假令其言是，恬然而受之；其言非，廓然而容之。用其言，何必計其人？不用其言，何必嫉其人？何名可賈？何利可徼？而亦何醜可蓋？非徒然也，而我反因之獲容直之名，收用言之利矣。然則使人之得以賈名，得以徼利，又得以蓋醜者，廟堂之爲也。

至於建言之人，大都負氣自喜，不耐矜束。聽者内懷不服，因而尋垢索瘢，於是遂置其言，并賤其人。

假令言者果能潔躬修行，入不愧妻子，出不愧朋輩，則其人重，其言亦重，夫安得而見棄？然則使人之得以舉而納諸群詬之中者，建言者之爲也。故臣以爲莫若務自反而已。自反，則上何暇以言爲罪？下何得以言爲高？惟各盡其在我而已矣。

奉旨：「這本黨護高維崧等，肆言沽名，好生輕躁，顧憲成姑着降三級，調外任用。」前有旨：「特諭各部司屬，欲陳所見的都呈稟堂官定議具奏。顧憲成曾否呈稟堂上官也，著回將話來。」命下，尚書楊巍卑辭引罪，而公謫判桂陽矣。王京兆用汲曰：「顧勳部自反之說，吾輩當各寫一通，置座右。」陳侍郎瓚謂太倉曰：「勷部立論最平，何以不免？」太倉曰：「渠執書生之見，徇道路之言，焉知廟堂苦心？」陳曰：「書生之見當守，道路之言當察。勷部苦心，恐亦不可不知。」公疏未上時，問太倉：「與郊言是否？」太倉曰：「貴堂翁、楊二老極贊以爲佳。」公曰：「老先生想亦必以爲佳矣，但言官論人亦常事，疏末慮有推刃於腹者，無乃此君胸中有未帖帖處。」太倉曰：「君意似右辛而左何，得無偏乎？」公曰：「今不須論人，只論事，便屬不妥，若被拾之人一一尋個對頭，紛紛聚訟，非政體也。」太倉不悦而罷。上詰問吏部：「何無一人外補？」因出吕公新吾山東參政。新吾從臾公建言，故亦爲時所忌。

之桂陽任，過家省太安人。

時太安人抱恙，公擬乞休。太安人促之曰：「兒不行，人且謂天官郎薄外補，如君命何？」不得已，束輕裝就道，至江西，迂道臨川，謁周念庭先生，不值，因拜其母而行。

九月，抵桂陽。

朔六日，至桂陽。越五日，有永州之行。經道州，游月巖，相傳爲周元公畫太極圖處。州人士咸來問業，公以此地爲柳子厚、蘇子瞻、莊定山三先生謫居，大有德惠於民，題所居曰愧軒，志愧前哲，并愧文字外，無以益多士。語見記中。後有曾紹芳若蘭，以進士令烏程，公在任時所教育也。餘未詳。

十二月，以差歸。

十六年戊子，三十九歲。正月，抵家。

秋，重定大學。

以聖經三綱領、八條目、三節爲首章，以「知止」節入「止至善」章，以「物有本末」「自天子」「本亂末治」三節，連「聽訟」「知本」二節釋「格物致知」，餘同今本。自序曰：

世之説大學者多矣，其指亦無以相遠，而獨「格物」一義，幾成訟府，何也？始於傳之不明也。於是人各就其見窺之，此以此之説爲「格物」，彼以彼之説爲「格物」，而大學之「格物」轉就湮晦，不可得而尋矣，予竊懼焉。因取戴記以下諸本，暨董、蔡諸家之説，互相參較，沈潛反覆，紬繹異同，如是者久之，迺知「格物」之傳昭然具在。或習焉而不察，或語焉而不詳，或擇焉而不精，則雖謂之亡也亦宜，竊不自揆，僭加銓次，私以講於同志。而今而後，庶幾大學獲爲全書，而紛紛之論可息矣。

歲大饑，公兄弟各爲廩粟以賑。詳李令救荒録。

陞浙江處州府推官。

公戀母，不欲行。涇凡公適以薦起江西南康教授，兄弟争欲控辭，太安人正色曰：「君親等耳，無已，其一出一處乎？」涇凡公曰：「處州地近，兄第往如桂陽，前事可也，弟休矣。」遂自請致仕，而促公之官，時涇凡公年三十有五。

十一月，抵處州。

公抵任，專務德化。有兄弟訟數年不決者，公呼而謂之曰：「汝兩手兩足相争乎否？兄弟，手足也，而相争非怪事乎？而恬不以爲怪，何也？既相争，自相治可矣。」各授之杖。謂其兄曰：「爲我扑若弟。[一]」謂其弟曰：「爲我扑若兄。」兩人相顧愕然。已，復故促之。兩人叩首請曰：「曩者官爲析曲直，故不服。今吾服，不知曲直也，願得自新。」公大喜，令兄弟相揖謝，兩人大哭而去。先於處

[一]「扑」，底本及諸校本均作「朴」，據明故南京光禄寺少卿涇陽顧先生行狀改。

州遇本房黄公，奉之官舍，留二月，至離任始別。

十七年己丑，四十歲。正月，以差歸。

二月，抵家。

浙巡按蔡御史行部至處州，不敢以吏事見，公即假之差。及歸，太安人方病，見四子列侍，言笑如常時。

五月二十六日，太安人卒。

時旱甚，遺戒勿急舉襄，而命公兄弟捐賑如戊子。公哀毁如喪贈公時，前後喪葬，悉遵家禮。

十八年庚寅，四十一歲。合葬太安人於贈公之兆。

及門會葬者多，即留涇肄業。

十九年辛卯，四十二歲。

嘉善夏九鼎、錢士升偕來問學。九鼎，字台卿。嘗曰：「吾以經生言求先生耳，先生乃時時及性命根源，時事肯綮，而吾經生言顧獨進益，信爲學當反求之心也。」及秋，中舉。會試瀕行，公曰：「子往，毋失李見羅先生。」台卿至都，李方在繫，從獄中受「修身爲本」之旨。登第後，特疏救之。士升，字抑之。時猶未冠，公語台卿曰：「抑之沖年而意甚廣，賢之所與朝夕切磨者，可見得才士易，得志士難。僕誠不勝睠睠，惟賢留意。」抑之，明末賢相也。台卿，官安福令，卒。其爲學苦思力踐，不愧兩先生弟子。又抑之弟士晉問學，年月未詳。

鄒公孚如在吏部，公與之書：

一願足下求賢以自廣，勉諸同僚，以一體之誼，俾各竭所知，祖宗設官，獨於吏部按省而定其人，正虞廷四門四目四聰之旨。

一願足下沈機獨運，操其不測於規矩準繩之外。無徇無抑，善惡分明，勿但外存撫按之體，内存臺諫之體，反將吏部之體作第二義。

一願足下革除宰相朝房請教陋規。此規始嚴分宜，至江陵彌甚。堂堂天曹，爲内閣作牛馬走，猶曰：「吾欲同心以相濟也。」吾誰欺？欺天乎？

懋權、國徵云：「亡弟復狼籍草野，足下一人，獨肩千古之責，足下之志伸，即弟之志伸，即二子之志伸矣。努力！努力！」鄒，名觀光，雲夢人。

八月，服闋。

十月，給米於族之貧者。

太安人遺租三百餘石，公兄弟戒毋分授。收獲後，召族人之貧者，量多寡給之，自是歲以爲常。

十二月，補福建泉州府推官。

二十年壬辰，四十三歲。正月，舉公廉寡慾，天下推官第一。

主計吏部尚書陸公五臺、鄒考功孚如簡廉吏二十餘人，用示風勵。公時補泉州未赴，以前任獲首旌焉。陸，名光祖，平湖人。

作大學通考、大學質言。

自序通考曰：

程子曰：「天下事，非一家私議。」善哉！其言之也！大學有戴本，有石經本，有二程本，有朱子本。近世陽明王氏獨推戴本，天下翕然從之；而南海曙臺唐氏又斷以石經本爲定；至如董、蔡諸氏，亦各有論著，莫能齊也。雖然，以求是也，非以求勝也。其同也，非以爲徇也；

其異也，非以爲競也。其得也，非以爲在己，而故揚之也；其失也，非以爲在人，而故抑之也。君子於是焉虚心平氣，要其至當而已。予故備而録之，俾覽者得詳焉。

涇凡公序質言曰：

余兄叔時既編定大學爲一卷，又集戴記諸本及諸家所嘗論説者爲一卷，同異得失，大要具是矣。或謂余曰：「何不略疏其義？」余以告叔時。叔時曰：「大學正文首尾不過一百二十餘字，而規模廣大，條理精密，自來聖賢論學，未有若是之明且盡者也。即諸釋文，亦惟援古昔、稱先民，稍加抽繹而已，不能別爲之説也。今何從更贊一辭？」曰：「諸家之説，何如？」曰：「求諸大學可也。求諸大學而合焉，不問而知其是矣；求諸大學而離焉，不問而知其非矣。亦何從更贅一辭？」予曰：「善。」已，謂予曰：「程、朱，命世大儒。其論大學也，猶然在離合之間，不足以盡厭於天下後世，況吾儕乎？」顧執己而自遂也。於是時時進予而商之，予退而籍其語，命曰質言。仲尼不云乎「就有道而正焉」，蓋叔時之志也。

二月。

公問涇凡公近來作何工夫。涇凡公曰：「上不從玄妙門討入路，下不從方便門討出路。畢竟如何是恰好處？」公曰：「喫緊只在認取自家。」涇凡公曰：「弟默默自忖，半近狂半近狷，病痛是一個『粗』字，去中行彌遠。」公曰：「粗是真色，煉粗入細，細亦真矣。狂狷原是粗中行，中行只是細狂狷。若不論真不真，止論粗細，鄉愿且有細於中行處，豈特狂狷不如？」涇凡公曰：「『粗』之一字，害亦不小。」公曰：「果能認得自家，則一切病痛，如邪魔野祟，見日自消。譬諸身處春秋，認定孔子作主，五伯如何上得前？身處戰國，認定孟子作主，七雄如何上得前？」涇凡公曰：「此正兄性善之旨也。」詳事定録。

高存之謁選，請教。公曰：「足下行矣，無以爲足下贈，涉世之難，非一日矣。譬諸行路者，然東西南北，俄而易面，不自覺也。惟善學者能於不自覺之時常喚醒耳。」高録其語於小册，敬佩之。

序邵文莊公二泉先生年譜。

四月，擢吏部考功司主事。

本朝二百餘年，銓司出而復入者自公始。將北行，會陸公五臺，南還過錫，公從容請問：「明春内計，應如何？」陸曰：「只要處得四衙門停當，世道汚隆，人心向背，都在這裏。」公退而嘆曰：「可謂要言不煩。」四衙門，蓋翰、銓、科、道云。涇凡公亦於是月起北直保定府教授。九月，陞國子監博士。

秋，赴任，北行至京，陞驗封司員外郎。

到任，奉堂劄，委查題覆堂稿、本司文移、撥吏書册及新設各官薦語簿，一切有無故誤情弊。時尚書立峰孫公鑨，餘姚人。

二十一年癸巳，四十四歲。

二月初七日，奏爲「建儲重典國本攸關」事。

先是，群臣請立皇長子爲太子，上諭：「少待。」群臣數請，上數改期，且盛怒諸言者。是歲正月，命並封三王，以待嫡出。公倡四司上疏争之，略曰：

皇上之稱祖訓惓惓矣，所載「立嫡」「待嫡」二條，殊與今事不類。乃以其合於己也，援而附之，是爲遵祖訓乎？是爲悖祖訓乎？其不可一也。

我朝家法，東宮原不待嫡，元子並不封王，乃以其不合於己也。置弗爲省，豈皇上創得之見，有加於列聖之上乎？其不可二也。

天子繫乎天，太子繫乎父，不可得而爵者也。今欲並封三王，元子之封何所繫乎？其不可三也。

亦曰「權宜」云耳。夫權者，不得已而設。元子升儲，諸子分藩，有何不得已而然乎？耦尊鈞大，偪所由也。其不可四也。

皇上以聖祖爲法，聖子神孫以皇上爲法。自是而往，幸而有嫡可也，不然是無東宮矣。其不可五也。

且夫皇上之元子，即皇后之元子。今庶民之妾有子，亦以其妻爲嫡母，豈必如輔臣錫爵之請，須拜而後稱子哉？其不可六也。

況始者奉旨少待二三年，俄而一改再改，猶可以歲月爲期；今曰「待嫡」，則未可以歲月爲期也。其不可七也。

天下之主，以天下爲心。自並封之命下，聞者愕然若驚，小民囂然聚族而議。皇上責錫爵以擔當，皇上尚不能如天下何，而況錫爵哉？其不可八也。

凡人見影而疑形，聞響而疑聲。皇上方以爲無端受誣，天下且以爲無端反汗。無端受誣，豈惟皇上有所不堪？即臣等亦爲皇上不堪。無端反汗，豈惟臣等不能爲皇上解？即皇上亦不能爲臣等解。其不可九也。

伏願皇上斷自宸衷，亟舉册立大典，宗社幸甚。

又上書太倉相，責以從中調停，請示定期。時涇凡公已於正月陞儀制司主事。史際明在刑科，夏台卿辦事禮部，各疏力争，事尋寢。

三十日，調考功司。

三月，奏爲「聞命惕衷自慚獨免」事。

尚書立峰孫公與趙考功儕鶴主察，一秉至公，黜執政私人。時太倉再召，兼程赴闕。及至，則察疏已先一日上矣。給事中劉道隆言科道拾遺者不宜留用。奉旨：「切責吏部專權結黨，著堂上官回話。」公奉孫公命，代爲具疏。略言：

臣子之罪，莫大於專權；國家之禍，莫烈於結黨。臣受事以來，矢志奉公，謂之盡職則可，謂之專權似未也。若夫黨之一字，漢、唐、宋傾覆之原皆在於此，臣實耳不忍聞。

初四日，奉旨：「這本通不認罪，明是吏部專權。堂上官罰俸，該司郎中降三級，調外任。」公與李公元沖合奏：「言計典，始而咨詢，繼而商確，臣等皆與議，留虞淳熙、楊于庭，臣實從臾之。伏願皇上念南星自謀則拙，謀國則忠，還其原職，倘始終以爲專權結黨，乞將臣等一併罷斥。」不報，迨救者群起，上益怒。革功郎職，涇凡公與史際明並糾閣臣，史擬杖，得寬旨予告，而涇凡公於同官陳泰來疏内批「出降三級，調外補河南光州判官，即日赴任」。至六月，以差歸。

五月。

孫公十疏求去，右侍郎見麓蔡公國珍署部事。適南皋鄒公告病，蔡曰：「昨太倉言皇上遣中官持鄒疏至閣，著放他去。」公曰：「放去，是耶？宜將而順之。非耶？宜匡而救之。若不問所以，皇上曰如是，相國遂亦曰如是，是惟皇上之言而莫之違也，非所以光主德也；相國曰如是，吏部遂亦曰如是，是惟相國之言而莫之違也，非所以光相道也。惟老先生再加斟酌。」後數日，蔡問及，公對如前。又久之，蔡曰：「君所執良是，覆擬留用。」奉旨：「鄒元標著照舊供職。」

七月，陞驗封司郎中。

吏部尚書缺，推代者定宇趙公，新任左侍郎署部事。太倉屬首推羅宗伯萬化，公曰：「不可。内閣者，翰林之結局；冢宰者，各衙門之結局。今天下大勢折而入内閣矣，況可併冢宰據之乎？」選郎劉四科曰：「嘉靖間不嘗用呂餘姚、嚴常熟乎？」公曰：「是時威權在世廟，斷自聖心則可；今日威權在内閣，出自相指不可。我太祖罷中書省而設六部，惟恐其權之不散；嚴分宜以來，内閣合六部而攬之，惟恐其權之不聚。散則互鈐，一人不得行其私，國家之利，權臣之甚不利也；聚則獨制，各人不得守其職，權臣之利，國家之甚不利也。理亂安危之大機於是乎在，如之何背聖祖而從分宜乎？況往者内閣之推，往往用各衙門，不專翰林一途，即冢宰兼推翰林亦得。今不能以内閣與各衙門共，而更以冢宰與翰林共乎？故論用人大道理，只當問其孰可爲内閣，孰可爲冢宰，不當問其孰爲某衙門。論救時大機括，通冢宰於翰林，其勢易；通内閣於各衙門，其勢難。不可不熟察而深計也。」因與劉偕謁趙，趙曰：「業已成議，且吴鎮事下部，羅意頗不佳，彼以我爲爲是之故也。」公曰：「國家大事，寧避小嫌？自王、楊相繼在部，聽内閣指使，陸平湖始正統均之體，孫餘姚遵而不變，内閣痛恨免歸，千萬思算，出此一著，與吏部合爲一家。昔高新鄭以内閣兼冢宰，一日進閣，一日進部，是以全身爲分身也；今内閣用其同衙門爲冢宰，是以分身爲全身也。作用若殊，巧妙則一，恐日囿其彀中而不知耳。」趙往言於太倉，太倉問：「誰爲此議？」

趙曰：「顧驗封。」太倉怫然，然無以奪，遂改推，得心谷陳公有年，亦餘姚人。

八月，調考功司。

十月二十九日，調文選司。

又，十一月，奏爲「患病不能供職」事。

十九日，奉聖旨：「新奉旨留用官，告病的都不準，吏部知道。」

言臣稟氣素弱，近陟選司，諸務棼雜，朝夕拮据，遂致心脾受傷。堂官再三督臣視事，不得已仰瀆天聽，乞放臣回籍調理云云。先是，趙公定宇爲吴鎮所訐，不一月謝病歸。公與都御史李公世達、户部侍郎李公楨謂：「趙，賢者，且大臣不宜以小人訐告罷。」户侍再疏，力爲申辨。章下都察院，擬薄治鎮罪。忽户部郎中鄭材、楊應宿并攻二李，内閣陰陽其辭，二李皆自劾去。後高存之上惜才遠佞疏，極言應宿猖獗狀，侵閣臣。應宿言高疏出顧某指使，且肆擊前後，吏部趙南星、劉四科奉旨：部院會同該科問他何以見得吏部有許多贓私，及攀龍爲憲成所使云云。覆擬攀龍罰俸，應宿降級。及旨下，攀龍再降邊方雜職，鄭材再辨，不罪也。公鬱鬱抱恙，屢請堂官具題告假，不得。疏上，復不允。念堅請，則似區區惜身名者，姑就其力所能爲，按次第爲之，必不得而後去，復勉出視事。

應宿疏中有云：「顧某穢跡雖少於劉某，而意大膽大，則又過之。」公笑謂同署黄太垣曰：「昔韓魏公好奬人善，獨『膽』之一字不肯許人。楊君漫以見許，愧不能當耳。」公嘗曰：「天下事，君相同心方做得；其次閣銓同心，亦做得一半。」今皆無之，止有三十個巡撫、十三個提學可選擇而使，若盡得人，士習民生，庶幾小補也。

十二月。

安小范以南吏部主事，疏論趙、吴、楊、鄭等。前事奉旨逮問，因閣臣論救，姑從寬革職，丁長孺補中書舍人。越一月，上言極陳時弊，有可寒心者三，可浩嘆者七，坐視而不可救者二，復及前事。兩章皆直糾首輔，又皆公門人，群小愈側目於公矣。

二十二年甲午，四十五歲。五月，會推閣臣，忤旨，降雜職，尋革職爲民。

太倉數以病告，請添閣臣。上諭吏部：「將堪任者，先名望，不拘資品，多推六七員候點用。」尚書陳公謂公：「且勿言某某應推，退而各擬七人。」及相見，質之皆合。又皆以舊閣臣王公家屏居首，次尚書沈公鯉、一貫，舊尚書孫公鑨、都御史孫公丕揚、少詹事馮公琦、侍郎鄧公以讚。陳大喜，令言之太倉。太倉曰：「何不推羅宗伯？」公曰：「外議與者半，不與者半。脱言官言之，推老先生認乎？抑自認乎？推老先生認，何用吏部？自認，又何成吏部？」太倉曰：「羅前推冢宰，君謂：『翰林只宜推内閣。』今推内閣，何又不可耶？」公曰：「前論事，今論人也。」太倉復屬趙蘭溪言之。公曰：「公論所在，司官不敢誤堂官也。」復自貽書於陳，陳曰：「公論所在，本部不敢誤朝廷也。」趙侍郎參魯，羅之門人也。又言之陳，陳曰：「此非本部所得專也。」又言之公，公曰：「此非本司所得專也。」時陳註籍，趙當主會推事，奮曰：「吾明日必推之，看司官何爲？」陳笑曰：「堂官口，司官手，二百年故事也。若老先生舉口，而司官停筆不下，作何收拾？」趙恚甚，歸亦註籍，公往言曰：「然則此事，司官任之乎？萬一有言，老先生何辭以應？」趙不得已，出諗於衆，曰：「朝中可推者甚多，但陳老先生之所主裁，顧郎中之所採訪，止於如此。」聞者怪之，奏上。奉旨詰責：「著將舊推閣臣通寫來看。」於是列舊尚書陸公光祖、都御史李公世達、尚書陳公于陛，併萬化名。上點用沈一貫、陳于陛二員，仍切責吏部擅擬起召輔臣，且仍推都御史等，該司官俱降雜職。陳具疏引咎，乞還司官職，不允。又言：「臣籍餘姚，前有兩閣臣謝遷、李本，皆以四品入閣，而吏部尚書聞淵、耿裕並列首推，臣謬以家屏等人望所屬，鏘、丕揚爲不拘資，琦爲不拘品，世達乃向年曾推，故遵旨通列。陛下奈何舍臣而罪司官？」又不允。因内閣疏救，止降該司郎中一員，盧侍御明諏言之，内批：「顧憲成姑且革職爲民，不許朦朧推陞。盧明諏降一級，調外任。」逯給諫中立又言之，遂并明諏革職，中立降調，且盡褫選司，而回籍之黄公縉、陸任之章公嘉楨俱不免矣。當會推之日，科中適有疏彈羅、趙，言此事臣一毫無與，供職如舊。陳始終求去，疏十四上，始得請。公聞命，即出都門，送者甚衆。

司選時，具疏劣招尤，懇賜罷斥疏，言：

近者考選科道臣，始而核諸同僚之訪單，既而參諸臺省之訪單，終而合之，取成於堂官，一念兢兢，毫無意必。而周玄暐者，竟以觖望，悉力詆臣。伏蒙皇上曲賜矜照，平時非有令譽之足憑，而不疑其素。聞謗，非有片言之自白，而不信其誣，方且督以安静，戒其煩擾。臣，小臣也，何以得此？感極涕零，臣誠不肖，少嘗誦致身之訓，何敢以是區區者爲恤？但有如同里而不能知其人，則人人可罔；南臺而不足厭其望，則人人可仇。紛紜之端，臣實啓之，如國體何哉？乞憫臣愚，放歸幸甚。

疏已具，陳公曰：「選事倚君，若左右手，奈何言去？」止之。公嘗言：「同鄉中王翼菴最剛介，可居此席。」王，名就學，武進人。明年，以儀曹郎調吏部。

六月。

避暑於張家灣，俟新秋啓行。有問銓局者，公曰：「秉銓須是心眼合一，自疏菴王公在事，倒瀾已甚，寅所嚴公不要錢矣。無能有所振作也。二山楊公一味模稜，久而其術亦窮，惟宋商丘奉職循理，孜孜在公，可謂有其心矣；陸平湖激濁揚清，風規皎皎，可謂有其眼矣。故識者以爲論執持當推宋，論作用當推陸，在宋實開反正之漸，在陸遂收旋轉之功。宋類狷，陸類狂，立峰、心谷兩餘姚則依稀具中行之概焉。四君子一時後先柄事，世道之福也。皆不得久於其位，惜哉！」

丁長孺曰：「先生掌選事，婁江故爲折節，若推心置先生腹者，先生有所推轂，必以告。」婁江曰：「諾。」復云：「奈釜鬵何？」一日，值其休沐，先生推孟公一脈南通政，王公德新南水部郎，疏上輒下，婁江曰：「主上朕兆甚佳，君啓事正宜急。」先生曰：「有好朕兆，不敢以激聒僨也。」默相機行之。半歲中，沈歸德公以南宗伯召，饒比部仲起南銓郎，王太僕士性、李納言盛春、江廷尉東之、李光祿植或起謫籍，或藩臬，或在告，一旦濟濟九列，徵君劉元卿以國子博士，不期月轉儀曹郎。婁江性卞急，議論或不相下，先生輒平氣以柔之，曰：「天下事，非一家私事，願各捐成心也。」當是時，内而巨璫，外而宵小，日伺隙以逞。先生挺挺發舒，無所避忌，方其持大議，決大事，斧斷犀擊，氣雄賁、育。若迺虚懷雅度，談言微中，又令人意消。一黄門例推中州臬，巡方使者劾其逾限也，事下部，先生曰：「凡處小人，科其本罪足矣，寧留不盡之意於法外？況苛求乎？」疏覆，罰俸三月。其寬平類如此。嘗自謂：「得觀人之法，於尼聖有五案焉：退鄉愿，進狂狷，一也；大受小知，二也；衆好衆惡必察，三也；皆好不如善者之好，皆惡不如惡者之惡，四也；觀過知仁，五也。」故事考選臺省，率寄耳目於咨訪，先生質諸清議，間出獨裁。某郎聲望蔚起，先生曰：「非端人也。」擬外抑之，爲同事者所持。未幾，一給事逐一風力御史，即其人也。某令謗書盈篋，且兩仕不一登薦剡，先生力拔之，尋以逐一佞臣，稱名諫議。或曰：「其人月旦甚不佳。」先生曰：「臺省以言爲責，吾第取其稱職已矣。」其邪正之辨，吐茹之幾，恒出人意表。

九月，抵家，有疾，始作小心齋劄記。

公在部時已積勞成疾，至是頻苦眩暈，病中體究心性，有所得，輒劄記之。始於甲午，迄於辛亥，手自删訂爲十八卷，鄒公南臯稱其書沉潛粹密，與薛文清公讀書録相表裏。

夏台卿時丁憂，聞公旋里，復假館邑之孫氏，來學於涇，偕至者李衷純元白、葉晝陽升與錢抑之，俱留涇上。元白時困塲屋，名籍甚公卿間。陽升以學行稱。

二十三年乙未，四十六歲。家居，有疾。

三月。

病幾殆，諸子環泣，公張目曰：「人有來處，應有去處，夫何傷？」已，忽甦，吟三絶句曰：

茫茫大化任推遷，消息盈虚總自然。若欲個中生去取，請看四十六年前。

嘐嘐忘擬古之人，歲月蹉跎忽至今。一息尚存應有事，莫將殀壽貳吾心。

喟然尼父欲無言，堅白紛紛盡等閒。但得此身還造化，不留一字與人間。

一夕，夢涇凡公手書一卷，視之則金縢篇也。覺後再夢涇凡公誦聲琅琅，又即金縢篇。詰朝與語不答，而察其色喜甚，再三詰之，乃曰：「弟連夕私禱上帝，願以身代兄，不可。願減算益兄，即室人不知也。今屢見兄夢，上帝其矜而許之矣。」公記其語，示子孫無忘焉。

二十四年丙申，四十七歲。春夏有疾，秋始愈。

史際明曰：「孟麟省先生榻前。先生曰：『余病百藥不愈，奈何？』余曰：『先生之病，非藥石所能愈。昔謝上蔡言習忘可以已疾，先生請試之，何如？』後數月，先生見召，謂曰：『吾輩素輕言忘，今試之，忘正未易言耳。』余曰：『此以無心爲忘也，龜山先生令人看未發氣象，一看志便有歸，此不忘之忘也。』先生頷之，病亦漸愈。嘗對人曰：『看未發氣象，自是儒家一服好藥。』時已歷春夏矣。」

又八月。

作本房黄公墓誌銘。其子拱寧，孫命紳、命聲等公次第悉爲薦剡。

九月。

涇凡公病劇，公憂之，寢食俱廢，以間問曰：「弟意中何如？」涇凡公曰：

「此時只有凝神定氣，循循默默，以待天機。若攙入他念，便是自暴自棄。」公兄弟學力並超然於死生之際如此。

歲暮，唐文選仁卿假歸，特過涇上，公問：「近日國事何如？」唐曰：「他無足慮，惟沈司馬繼山外結新建，内結權璫，必亂天下。」公曰：「沈與新建交情固不泛泛，但骯髒自喜，必不爲新建用。至結璫，非賄不可，渠將何所取資？此論從何處來？都下所相與何人？恐不得不分任其過也。」少待之，沈旦夕歸耳，唐行沈歸，信亦至，中途詒札，謝失言。其時門户角立，群小多爲間諜，以疑誤正人，後十餘年，沈復有劉金吾僞書之事。

作示兒帖。

凡爲父兄，莫不愛其子弟。今府縣考童生，吾始終不欲以汝名聞於主者，非棄汝而不屑也，吾自有説。

就義理上看，男兒七尺軀，頂天立地，如何向人開口道個「求」字？孟夫子「齊人」一章便是這個字的行狀，讀之汗顔，不可作等閒認也。

就命上看，窮通利鈍，墮地已定，如何增損得些子？眼前那個不要做秀才？到底有個數在，若可以勢求，可以力求，那不會求的便没分，造化亦炎涼矣。

就吾分上看，本無尺寸之長，賴祖宗之庇，倖博一第，再仕再不效，有丘山之罪，猶然煖衣飽食，安享太平。昔在大聖大賢，往往戹窮以老，甚而流離顛沛，不能自存，我何人？斯不啻過分矣。更爲汝干進？是無厭也。

就汝分上看，但在志向何如？若肯刻苦讀書，到底工夫透徹，科甲亦自不難，何有於一秀才？若再肯尋向上去，要做個人，即如吴康齋、胡敬齋兩先生，只是布衣，都成了大儒，連科甲亦無用處，又何有於一秀才？識得此意，省多少閒心腸，省多少閒氣力，便是一生真受用也。

記之記之！無令吾言爲伯魯之簡！

及應試，與渟補邑庠生。又二年，與沐遊郡庠。

二十五年丁酉，四十八歲。作還經録。

大旨闡明性善，闢二氏「虛無」之説，而於姚江所謂「知行合一」者，務反覆辨論，以求至當。後作證性編，此稿遂不復傳示，涇凡公亦有悱言之作，向附還經録後，意解略同。

答門人書論學。

自孔、孟既没，歷千餘年始有周、程諸大儒，其所以開示來學，乃從上相傳。一滴真血，既是親生，又是親乳，故撫摩鞠育，周慮曲防，無所不至。看到瑣碎處，愈見懇惻，只緣從一肚皮中出，自然如此。

近儒直指單提，豈不徑捷？豈不痛快？却只説得一邊話。諺所云：「不哭的孩兒，誰不會抱？」此之謂也。足下蓋見諸大儒於説本體處，往往引而不發，於説功夫處，則津津不憚煩，近於勞苦費力，便擬爲乳娘；見近儒於説功夫處，往往薄而不屑，於説本體處，則津津可喜，近於親切貼肉，便擬爲親娘。似非究竟義。

平心論之，近儒的念頭亦與親生、親乳一般，但緣他看得自家易長易養，遂認世間孩兒都易長易養，不甚以乳食爲急。諸大儒却知孩兒有易長的，亦有難長的；有易養的，亦有難養的。縱一胞胎所生，尚自兩般三樣，不能不多方呵護耳。竊有一疑，堯、舜、孔、孟豈不大聖大賢？而兢兢業業到老，汲汲皇皇到老。君臣儆戒，師弟切磨，不遺餘力，將其難長難養，反不如近儒易長易養耶？抑其繩拘尺縛，尚不知有單提直指之妙訣耶？殆非也。人心惟危，道心惟微，毫髮放鬆，淵墜冰陷。是故見其易者，未必果易，還是心粗；見其難者，未必果難，還是心細。足下試看細的是本體，粗的是本體？這本體即在功夫之中，還在功夫之外？便知那個是親娘，那個是乳娘也。

足下又遡自有宋及於我明後先諸儒，考其因時立教之方，謂仁義禮智互相補救，今宜實之以信，大意亦近。至自按垂髫異於童稚，有室異於垂髫，深覺信之難全，欲求返異歸同，最是切問。語云：「自家有病自家醫。」又云：「知得病便是藥。」予復何云無已？惟有濂溪所揭「無欲」二字極好，夫何故？這個「欲」自人生落地時，便一齊帶下，千病萬病皆從此起。我要爲善，這個却出來做對頭，不愁你不屈伏；我不肯爲惡，這個却出來做牽頭，不愁你不依順。所謂「人心惟危」，以此；「道心惟微」，以此。堯、舜之不能不兢兢業業，孔、孟之不能不汲汲皇皇，亦皆以此。須辨取明白，一刀斬斷，拔出自家一個身子來。然後要爲善，便真能爲善；要不爲惡，便真能不爲惡。仁真仁，義真義，禮真禮，智真智，恰好鑄成一個「信」字也。陳白沙先生曰：「人須有『鳳凰翔於千仞』之意。」每誦之，輒爲灑然。若識不破，跳不過，終日營營，只要陪奉這軀殼，其與糞壤之蠅蛆何異？到那裏，無論親娘乳娘，都救不得也。

足下其歸而體之，如有可否，願以復我。

課士於同人堂。

連歲弟子雲集，鄰居梵宇，僦寓都遍，至無所容。公商之仲、季，各就溪旁近舍構書室數十盈以居之。省其勤窳，資其乏絶，溪之南北，晝則書聲琅琅如也，夕則膏火輝輝如也。過者停舟嘆羨，即行旅皆欲出於其途。涇白公乃於小心齋之東闢同人堂，規制弘敞，萃四方學者及子弟甥姪，月凡再試。涇白公臨而課之，自爲程以質多士，刻之曰信心草。賞罰激勸，會規嚴甚，試畢，倣糊名易書之法，公親爲甲乙，擇其中之可以語上者，朝夕鏃礪，期於有成。繆昌期當時久困諸生，馬世奇君常方垂髫，並留之家塾。又數年，張可大觀甫以都司駐劉河來問業，皆受公知遇最奇。其後繆死璫，馬死寇，張死登萊之難。論者以爲程、朱之門所未有也。其餘以文學政事稱者，另有録。

有問佛學者，公曰：「佛氏三藏十二部五千四百八十卷，一言以蔽之曰『無善無惡』，七佛偈了然矣。故取要提綱，力剖四字。」又曰：「辨四字於告子易，辨四字於佛氏難，以告子之見性粗，佛氏之見性微也；辨四字於佛氏易，辨四字於陽明難，在佛氏自立空宗，在吾儒則陰壞實教也。」

又曰：「告子以無善無惡之説凌跨性善，陽明先生以無善無惡之説描寫性善。兩下語意迥然不同，然總是一個空，其相去亦一間耳。」或曰：「若是，則陽明僅與告子班乎？」曰：「告子恐未可小覷，釋典、七佛偈及二十七祖相囑付之語，大指不越『無善無惡』四字，業已被告子道破。老子言『失道而後德，失德而後仁，失仁而後義』，而告子亦曰『以人性爲仁義，猶以杞柳爲桮棬』，其學正與二氏相表裏。學者特以曾經孟子闢過，不敢與之主張耳。從上聖賢費盡氣力，只要扶策這個『善』字；告子費盡氣力，只要壓倒這個『善』字，孟子安得不闢？」曰：「荀子道性惡，不尤甚乎？」曰：「荀子道性惡，將惡做不好的看，告子并將善做不好的看。荀子還是强人爲善，告子直是嫌人爲善，其爲流害，孰大孰小？」曰：「陽明之視告子，畢竟何如？」曰：「從上聖賢道性善，都是實實地就本體上指點出來；陽明道性無善無惡，却是虚虚地就光景上形容出來。一邊作平常説，一邊作玄妙説，只這些意思，便會做病。余不敢以陽明爲告子，至其自以爲傳心秘藏，超顔子、明道而上，恐亦未必然也。」

里中錢振先其若家極貧，同人之會，公識之於童子中，留與馬君常共筆研，後成進士，守郡歸，亦以節著。

顧憲成全集卷七十五

顧端文公年譜下

二十六年戊戌，四十九歲。八月，會南浙諸同人講學於惠泉之上，作質疑編。

公嘗言君子友天下之善士，況於一鄉。我吴儘多君子，若能聯屬爲一，相牽相引，接天地之善脈於無窮，豈非大勝事哉！此會之所繇舉也，時太倉管東溟志道以絶學自居，一貫三教，而實專宗佛氏。公與之反覆辨難，積累成帙。管名其牘曰問辨，公亦名其編曰質疑，於「無善無惡」四字駁之甚力。謂：「吾儒曰『性善』，釋氏曰『性無善無惡』，兩者各自爲一宗，其究竟亦各自成一局，不須較量，不須牽合。若謂以善言性，猶是强名，將無視性太高？」又謂：「善與惡對，一齊抹殺，將無視善太卑？始也本欲極意形容，以張吾性，卒也反使人茫然入於杳冥恍惚之中，而周章四顧，無所憑依。始也本欲掃盡世法，以成就第一等聖人；卒也反使人公然逸於規矩準繩之外，而縱横百出，無所底止，蓋其幾微矣。又仲尼云：『君子之中庸也，君子而時中；小人之中庸也，小人而無忌憚也。』佛氏，西方之聖，豈得以無忌憚目之？然自一手指天，一手指地，上下天地，惟吾獨尊。以至呵佛罵祖之徒，棒喝雙呈，機鋒狎出，合下已埋却種子矣。是故從儒門入者，愈有得則心愈小，其失也爲必信必果之小人，尚可以列於士；從宗門入者，愈有得則心愈大，其失也爲反中庸之小人，不免誤天下蒼生矣。至於三教異同，原是兩重現成公案。誠欲祖述仲尼，自應以仲尼爲主，合則取之，離則舍之，甚則擯而絶之，不得更有依違，作三教中鄉愿也。今試憑軾而觀域中之士，趨儒者衆乎？趨禪者衆乎？將陽儒而陰禪者衆乎？故在德、靖以前，爲周元公可也，於時孔自孔，釋自釋，老自老，吾不見其礙也；嘉、隆以後，爲程、朱可也，於時談玄課虚，龍蛇混淆，狂風恣起，吾不與其濫也。有如不欲小吾道，而適不免濫吾道，不屑落程、朱窠臼中，而反不免落天覺諸人窠臼中。兩者較之，果孰爲愈？」按是會，同邑葉參之茂才與焉，來書云：「末學喜附門牆，但愧無受教地耳。」後與高存之相繼主東林之席。

二十七年己亥，五十歲。

四月。

景素于公過涇，因約同志盤桓湖上，憂時勉學，語見于公集中。是時，鄉郡諸君子以講學爲事者，宜興安節吳公達可、武進啓新錢公一本暨薛公玄臺輩數人，于，其一也，名孔兼，金壇人。

丁長孺以計典落職，公自武林還，貽之書曰：「足下乃得浮躁名，大奇，海内賢者無不嗟異，此豈聲音笑貌所可及哉？直道不負人，足下可以自信，更努力以圖動忍增益之效。程子讀『舜發畎畝』章，曰：『若要熟，也須從這裏過。』此非老頭巾語也。舍弟去冬又大病，絶粒者三十日，今幸無恙，知足下所念，附及。」

八月，會陽羡山中，作質疑續編。

自公與東溟辨後，毘陵二三君子皆力主公之説，見管牘中。是會復作續編，言：

自古聖賢教人，惟曰「爲善去惡」。爲善，爲其所固有也；去惡，去其所本無也。本體如是，工夫如是，其致一而已矣。陽明豈不教人爲善去惡乎？然既曰「無善無惡矣」，又曰「爲善去惡」，學者執其上一語，不得不忽下一語也，何則？心之體無善無惡，則凡所謂善與惡，皆非吾之所固有矣。皆非吾之所固有，則皆情識之用事矣。皆情識之用事，則皆不免爲本體之障矣，將擇何者而爲之？猶未也。心之體無善無惡，則凡所謂善與惡，皆非吾之所得有矣。皆非吾之所得有，則皆感遇之應跡矣。皆感遇之應跡，則皆不足爲本體之障矣，將擇何者而去之？猶未也。心之體無善無惡，吾亦無善無惡已耳。若擇何者而爲之，便未免有善在；若擇何者而去之，便未免有惡在。若有善有惡，便非所謂無善無惡矣。將以何者爲心之體？陽明曰：「四無之説，爲上根人立教；四有之説，爲中根以下人立教。」是陽明且以「無善無惡」掃却「爲善去惡」矣。既已掃之，猶欲留之，縱曰「爲善去惡之功，自初學至聖人，究竟無盡」，彼直以爲是權教，非實教也，其誰肯聽？縱重重教戒，重重囑付，彼直以爲是爲衆人説，非爲我輩説也，又誰肯聽？夫何故欣上而厭下，樂易而苦難？人情大抵然也。投之以所欣，而復困之以所厭；畀之以所樂，而復攖之以所苦，必不行矣。故曰：「惟其執上一語，雖欲不忽下一語而不可得；至於忽下一語，其上一語雖欲不弊而不可得也。」

如欲以此提宗，與天下後世作榜様，愚誠不勝私憂過計耳。是故重陽明之功而掩其過，闕而不論可也，所以存厚也；體陽明之心而拯其弊，須於提宗處一照可也，所以救時也。論益亹亹，至十八往返。東溟亦謂：「無善無惡不可爲訓。」至於三教異同，則尚各持其説。

高存之日記云：「會中俞定所問：『鄉愿，既是同流合汚，如何又忠信廉潔？』先生曰：『鄉愿之同流合汚，從而不倡者也，大家如此一滚隨去，凡事都不做頭。既以忠信廉潔媚君子，而其同流合汚，又不爲倡而爲從，則君子亦寛之而不責矣；既以同流合汚媚小人，而其忠信廉潔又不爲真而爲似，則小人亦安之而不忌矣。』語將鄉愿情狀摹寫殆盡，至論時學之弊，淒切浩嘆，若不能爲懷，真聖賢心事也。」

二十八年庚子，五十一歲。作證性編。

編目存經一卷，原異一卷，質疑二卷，徵信一卷，或問一卷，罪言二卷。存經者，存五經四書之言，以明性善所自始也；原異者，原告子、釋、老、莊、列之言，以明性善之所自岐也；質疑即兩年中與管東溟辨難諸牘；罪言則俱闢近時「無善無惡」之説。其謂心之本體，原是無善無惡也，合下便成一個空。謂無善無惡，只是心之不著於有也，究竟且成一個混空。則一切解脱，無復掛礙，高明者人而悦之，且從而爲之辭曰：「理障之害，甚於欲障。」於是乎委有如所云「以仁義爲桎梏，以禮法爲土苴，以日用爲緣塵，以操持爲把捉，以隨事省察爲逐境，以悔過遷改爲輪迴，以下學上達爲落階級，以砥節礪行、獨立不懼爲意氣用事」者矣。混則一切含糊，無復揀擇。圓融者便而趨之，且從而爲之辭曰：「行於非道，乃成至道。」於是乎委有如所云「以任情爲率性，以隨俗襲非爲中庸，以閹然媚世爲萬物一體，以枉尋直尺爲捨其身濟天下，以依違遷就爲無可無不可，以猖狂無忌爲不好名，以臨難苟免爲聖人無死地，以頑鈍無耻爲不動心」者矣。由前之説，何善非惡？由後之説，何惡非善？欲就而詰之，彼其所占地步甚高，上之可以影附君子之大道，欲置而不問，彼其所握，機緘甚活，下之可以曲投小人之私心，即孔、孟復作，其亦奈之何哉？説視諸家較極痛快。徵信、或問二卷失去，或散見於劄記、商語中，亦未能詳。

九月，會泉上。

鄒孚如作尚行書院，求爲之記。公簡友人曰：「孚如此舉甚可敬。弟素有此念，數年來一病遂灰，然耿耿時不忘。屢欲問勝龍山，蓋以此也。」記成，示繆當時，訂二泉之會，繆曰：「記中闡能行之即悟，規實力之爲行，最醒最密。龍山勝會，不減鹿洞、鵝湖。小子幸蒙接引，當齋心數日，手一瓣香，跽請尊前耳。」

二十九年辛丑，五十二歲。集五經餘。

以太極圖說、經世、啓蒙等爲易餘，以三代下詔誥奏疏等爲書餘，以騷賦古詩等爲詩餘，以綱目諸史爲春秋餘，以歷代典章之合宜者爲禮餘。高存之稱其跡類河汾，而規模迥別，因卷帙浩繁，未就，孫聞斯慎行每嘆服曰：「先輩晚年作大工夫如此。」書目載丁長孺文集。

九月，會樂志堂。

管東溟在會，説「富與貴」章。先生曰：「『富貴』章點出『仁』字，『蔬水』章點出『義』字，是敵富貴家具又點出『樂』字。此是仁義的受用。這個受用，當從命上起，知天命有定，自然心地恬愉，省多少向外馳騖的精神。」見高存之日記。

同志聚晤，往往論初入門工夫。公言：「此處亦難指定，纔指定，便不免因藥發病，故必從性地入方穩，一是周元公令程子『尋孔、顏樂處，所樂何事』，一是楊龜山門下相傳教人靜坐『看喜怒哀樂未發，作何氣象』。儘好商量，且不直曰『孔、顏樂事』，而曰『所樂何事』，不直曰『未發氣象』，而曰『作何氣象』。引而不發，語既渾含；圓而不執，機更活潑。在元公便成就了明道兄弟，在龜山便醖釀出豫章、延平兩先生來。傳及朱子，而斯文爲之大振，有志者盍審擇於斯？

十月，以册立皇太子恩詔，復還原職。

三十年壬寅，五十三歲。作桑梓録。

志錫邑人物，公意在闡幽，於聲名烜赫者，間有所遺，而清修卓行及民間節孝，則蒐録幾徧。序曰：

昔孔子品士，以行爲本。錫，故人才之藪也，余按舊志，益以耳目之所逮，自一技而上，並不敢遺，亦既彬彬備矣。要之，必取衷於行，重本也。語不云乎：「泰伯其可謂至德也已矣，三以天下讓，民無得而稱焉。」「三以天下讓」，利之所不能入也；「民無得而稱」，名之所不能入也，是立行之準也。實開我錫風流，至今勉思作求，應在來者。

六月。

初十日，長孫樞、次孫柱生，同胞也。與沐出。

作朱子節要序。

世之言朱子者鮮矣，彼其意皆不滿於朱子也。余竊疑之，非不滿也，殆不便也。世好奇，朱子以平，平則一毫播弄不得，高明者過於無所逞而厭之；世好圓，朱子以方，方則一毫假借不得，曠達者苦於有所束而憚之，故不便也，於是乎爲之辭。吾以爲平，彼以爲凡爲陋，若曰：「夫豈誠有厭焉？不能俯而襲，惜其傷於卑耳。」吾以爲方，彼以爲矯爲亢，若曰：「夫豈誠有憚焉？不能仰而模，惜其傷於局耳。」故不滿也。

内懷不便之實，外著不滿之形。宜世之言朱子者鮮矣，乃雲從何信之深如是？曰：「然則朱子，其孔子乎？」曰「孔子依乎中庸，遯世不見知而不悔」，平之至也；「十五志學，七十而從心不踰矩」，方之至也。論造詣，顔、孟猶有歉焉；論血脈，朱子依然孔子也。雲從之爲是編，正欲人認取血脈耳。血脈誠真，隨其所至，皆可以得孔子之門而入。

不然，即有殊能絶識，超朱子而上，去孔子彌遠，雲從弗屑也。讀者以是求之，斯得之矣。

一夕，夢謁楊龜山先生於崇正書院，拜而請曰：「孔子删述五經，垂訓萬世，尋遭秦火，猶然無恙，所謂天之未喪斯文也。獨禮記純駁幾半，似非原經。二程夫子紹明孔緒，何不代爲釐正，補此闕典？」先生曰：「業已釐正矣。」曰：「何以不傳於世？」先生曰：「何嘗不傳？」曰：「安在？」先生曰：「大學、中庸是也。」覺而異之，召涇凡公語焉，且曰：「大學、中庸還爲禮經，五經備矣。周子之太極圖説、通書，朱子之小學，竊以爲可羽翼論、孟，配爲四書。」涇凡公曰：「此真千古不易之案也。」次年，創復東林，實文靖講學故地。

三十一年癸卯，五十四歲。三月，作朱子二大辨序。

朱夫子嘗曰：「海内學術之弊，不過兩説：江西頓悟，永康事功。若不竭力争辨，此道無由得明。」涇凡公讀之，有感，遂取集中與象山、龍川往復諸書，輯而行之，名曰朱子二大辨。凡與兩説互發者，亦附録焉。公序言：此須從「無善無惡」四字擣其窠巢，因究論空混之害，謂世之談頓悟者，率由空而入；世之談事功者，率由混而出。朱子言南渡以後，八字着脚，理會着實工夫者，惟余與子静二人，何敢目之爲禪？惟其見太捷，持論太高，極其流弊，恐究竟不免使人墮入漭蕩中。龍川自負一英雄，其與朱子書稱「天、地、人爲『三才』，人生只要做個人」，立意皎然，何敢目之曰霸？惟其才太露，行徑太奇，原其發端，恐合下便已渾身倒入功利中。況象山言「惡能害心，善亦能害心」，豈非即吾之所謂空？而龍川義利雙行，王霸並用，上下三代、漢、唐之間，欲攪金銀銅鐵，鑄爲一器，豈非即吾之所謂混？朱子所撰胡五峰知言疑義辨「無善無惡」最明，特未剖到兩家。安身立命處在此，其受病處亦在此，并與一口道破耳。然則朱子而在，其爲今日計，蓋可知已。

後更爲續説，謂聖學以性善爲宗，異學以「無善無惡」爲宗，其説各不相謀，分而二也；今曰「無善無惡謂之至善」，其説始各不相礙，合而一矣。性善之説與「無善無惡」之説分，則儒釋王霸亦隨而分，從其分而辨之也易；性善之説與「無善無惡」之説合，則儒釋王霸亦隨而合，從其合而辨之也難。端緒甚微，關係甚鉅。吾始以爲告子之偏執不如陽明之通融，今而知陽明之通融又不如孟子之斬截，足以折異論，撤群疑，使人曉然於毫釐千里之別也。

九月。

二十五日，第三孫柄生，與渟出。

議復東林書院。

行狀曰：

先生時時謂攀龍曰：「日月逝矣，百工居肆以成事，吾曹可無講習之所乎？」錫故有東林書院，宋龜山楊先生所居，楊先生令蕭山歸來，依鄒忠公志完於毘陵。忠公尋卒，依李忠定公伯紀於梁溪，凡十八年。往來毘陵、梁溪間，棲止東林，闡伊、洛之學，後廢爲僧舍。邵文莊公圖修復之，不果。及是，先生弔其墟，慨然曰：「其在斯乎？」因商諸同志，經營規度，併集來歲鳩工庀材之費，至冬，局始定。先，一江右人善談堪輿，主邑東吴三畏家。每日昧爽，潛起望氣，指東林地謂三畏曰：「後數年，天下名賢當聚於此。」其語果驗。

光山方日新來問學，後與南昌劉廷炅、新安程由庚、吴江趙璆、丹陽丁鴻明、金壇周繼文及任光祖、卞洪載、汪萬里等，並久留東林。

三十二年甲辰，五十五歲。作毗陵人物志。

桑梓録止載一邑人物，至是歐陽守議修郡志，請於公，并五邑人物，彙爲九卷。

四月，作東林書院，重建道南祠，祀宋楊龜山先生。

公倡爲書，以東林之舉聞於當道，曹中丞時聘暨諸直指觀察、歐陽郡守東鳳、林邑侯宰咸具報章，欣躍輸助。公謂：「書院乃吾儕講習之所，不宜上費公帑，而道南祠祀龜山先生，舊制殊未稱，議以官府所捐者，專供建祠之用，講堂則同志者合并爲之。」依庸、麗澤次第營構。始於維夏之吉，成於季秋之初，共事諸公姓字，見林侯碑記。首公與涇凡公，次高大行景逸、安驗封我素、劉職方本孺、張孝廉弦所、史太常玉池，及葉尚寶園適、陳比部筠塘、錢侍御啓新、王孝廉儉齋。經理其事者，顧光禄涇白，而諸生馬希尹、王純一、孫之賢實始具呈。陳名幼學，劉名元珍，張名大受，更名夢時，俱同邑人。

魯源徐公以書來訂武林會講之約，并諸刻請教。徐名用檢，蘭溪人。

八月。

之淮安。修吾李公方撫淮，兼總漕運，於時朝講久廢，礦使四出，封疆漸危。公不勝憂虞，嘗言李是豪傑位上人，庶幾責以弘濟時艱，故不遠千里就商。蓋其生平，實有相信者。劄記曰：「余往在都下，見許敬菴，便自覺放處多；見李克菴，便自覺輕處多；見孟我疆，便自覺濃處多；見吕新吾，便自覺腐處多；見張陽和，便自覺偏處多；見鄧定宇，便自覺浮處多；見魏見泉，便自覺怯處多；見魏崑溟，便自覺低處多；見劉紉華，便自覺鬆處多；見孟雲浦，便自覺粗處多；見唐曙臺，便自覺躁處多；見趙儕鶴，便自覺局處多；見鄒大澤，便自覺淺處多；見姜養沖，便自覺嫩處多；見李修吾，便自覺小處多。今二十餘年往矣，果有瘳於萬分一乎？抑猶然故吾乎？日月如馳，衰病交集，静言思之，尚復何待？此余所爲寤寐反側，而不敢以晏者也。」又曰：「官輦轂，念頭不在君父上；官封疆，念頭不在百姓上。至於水間林下，三三兩兩，相與講求性命，切磨德業，念頭不在世道上，即有他美，君子不齒也。」

十月朔，定道南祠配享位。

龜山先生舊奉喻玉泉、尤遂初、李小山、蔣實齋四先生配享，公以羅豫章爲聖學大宗，胡德輝曾留寓受業。至明，則邵二泉，道南世嫡也，增入配位，稱「七先生」。有請及某某者，公皆不許。

以月之九日、十日、十一日，大會諸同人於東林書院，作東林會約、東林商語。

啓南浙諸同人曰：「東林之役，幸邀靈竣事。遠惟子輿之仁，而求其輔會，莫亟焉；近惟茂叔之義，而求其樂聚，莫重焉。下衷不勝大願，敢屈道駕，既臨主盟，伏蒙惠然，夫豈惟某等實拜門下之賜。會期卜於月之初九日始，至十一日。謹聞是舉也，上自京口，下至浙江以西，同志畢集，相與講德論學，雍容一堂。涇凡公與高存之、安小范、劉伯先諸君子實相左右，遠近紳士及邑之父老子弟或更端而請，或環聚而觀，一時相傳爲吴中自古以來未有之盛。」公言講學自孔子始，謂之講，便易落在口耳邊去，故「先行後言、慎言敏行」之訓恒惓惓焉，爰爲會約，一倣考亭務在躬修實踐，而益之以「飭四要」「破二惑」「崇九益」「屏九損」。内「知本」一條，首重識性。公之學，蓋確乎以性善提宗矣。約既定，書其後曰：「愚所條具，大都就白鹿洞規引而伸之耳，非能有以益之也。」退而思之，更發深感追惟龜山先生之自洛而歸也，程淳公目送之曰：「吾道南矣。」自是一傳得豫章，再傳得延平，三傳得考亭，而其學遂大顯，皆南産也。淳公之言，庶幾其知命矣。夫龜山先生游吾錫而樂之，歷十有八年不舍，其眷眷如是。蕞爾東林，屢廢屢興，即已大半落爲僧區，幸其舊地可復，於是得以嚴飭廟貌，奉羅、胡、喻、尤、李、蔣、邵七君子，左右以從，而又於其旁闢講堂、築學舍，群同志相與切磨其間，意亦天之所留以惠我，後人安知不在向者「道南」識中？然則今日之會，乃一最勝機緣也。且自先生迄於今，已四百餘歲矣。頃者有事東林，請諸當道，當道惠然許可，相與一意表章，傳諸大衆，大衆翕然踴躍，相與交口贊嘆，非夫東林之爲靈也，先生也。先生上承濂、洛，下啓考亭，四先生之精神直與天地相始終，而先生之精神又與四先生相始終。宜其有觸而即應，不介而自孚也。是故必有先生之精神，而後可以通四先生之精神；必有四先生之精神，而後可以通天下萬世之精神。所爲維道脈，繫人心，俾興者勿廢，廢者復興，垂之彌久而彌新也，皆自我方寸間握其樞耳。然則今日之會，乃一最重擔子也。如此機緣，不可辜負，宜作何酬答？如此擔子，不易肩荷，宜作何承當？因復綴其説，與吾黨共商焉。會約刻東林院志者，高存之爲序；門人程由庚紫陽書院所刻，洪平仲文衡爲序，江學海爲跋。

商語記會中所商之語，以後每年有刻。

三十三年乙巳，五十六歲。

正月。

有伯兄涇田公之喪，痛甚，親爲之狀。公兄弟念長房最貧，憮卹尤至。

三月。

從邸報中見劉伯先疏論閣臣科臣撓亂計典，與友人書曰：「此是爲天地贊化育事，而出於吾邑，又出於吾黨，不覺喜而欲狂。」先是，癸卯冬，郭公正域以妖書事幾爲四明相所陷，公囑諸正人竭力護之，事尋得白。四明之憾東林，至是益不可解。

課士於麗澤堂。

公兄弟皆鄉居，每入城即止書院。院内書室，多爲學人分寓，乃復於院旁拓地爲之，歲有增益。今蘇家巷數椽，即涇凡公小辨齋也。群子姪講習其中，移同人家社於麗澤堂，月課多士，未進者得拔第一，文譽立著。輒青其衿，故士皆争自奮起，所獎成孤寒甚衆，公喜作三變説以勉之，而諸生間請自爲會，并自爲約。公益喜，示黃伯英曰：「友不厭少，貴其精；會不厭多，貴其真。」示姚元升曰：

「諸友之會，爲舉業設耳。能斤斤交砥，一言一行，惟恐少有愆戾，以辱東林，此即曾子所謂『以文會友，以友輔仁』也。」如馬希尹、鄒期楨、吴桂森、張雲鸞及陳奇齡輩，皆東林諸生之有聞者。

六月。

蘄州姜汝一來學於東林，適座中論易，汝一言其鄉人劉筠橋深明易道，公書屬丁元甫往召之。

九月，會東林作麗澤衍。

序曰：

東林大會自甲辰十月始，至乙巳九月再尋盟焉。吴、越同志聯翩來集，於是周中丞懷魯、楊直指淇國、蔡觀察虚臺並移檄授餐，邑侯林平華、學博單全初、王敬齋日造而臨之，禮意殷洽。某等悚然，懼無以稱當途之明德。退而作麗澤衍以請益。

大旨謂：「自古未有關門閉户、獨自做成的聖賢，自古聖賢未有絶類離群、孤立無與的學問。吾群一鄉之善士講習，即一鄉之善，皆收而爲吾之善，而精神充滿乎一鄉矣；群一國之善士講習，即一國之善，皆收而爲吾之善，而精神充滿乎一國矣；群天下之善士講習，即天下之善，皆收而爲吾之善，而精神充滿乎天下矣。」某之顔斯堂曰「麗澤」，而榜以「樂道人善，願聞己過」兩言，乃舉講習中至切要者，時用觀省。謂之「樂」，必有一段踴躍鼓舞，油油然不能自已之意；謂之「願」，必有一段祈求冀望，懇懇然不能自已之意。是又取諸兑之説也。

會前簡高存之曰：「大率此舉，雖不可濫，畢竟以寬大爲主，不可輕開異同之藩。」以後每年止書大會，其月一小會未能悉記。

十二月，作學蔀通辨序。

略曰：

朱、陸之辨，凡幾變矣，而莫之定，繇其各有所諱也。左朱右陸，既以禪爲諱；右朱左陸，又以支離爲諱。宜乎？競相持而不相下也。

竊謂此正不必諱耳。就兩先生言，尤不當諱，何也？兩先生並學爲聖賢者也。學爲聖賢，必自無我入，無我而後能虚，虚而後能知過，知過而後能日新，日新而後能大有。我反是，夫諱我心也，其發脈最微，而其中於人也最粘膩而莫解，是無形之蔀也，其爲病，病在裏；若意見之有異同，議論之有出入，或近於禪，或近於支離，是有形之蔀也，其爲病，病在表。病在表，易治也；病在裏，難治也。是故君子以去「我心」爲首務。

予於兩先生，非敢漫有左右也，然而嘗讀朱子之書矣，其於所謂支離，輒認爲己過，悔艾刻責，時見乎辭，曾不一少恕焉；嘗讀陸子之書矣，其於所謂禪，藐然如不聞也，夷然而安之，終其身曾不一置疑焉。在朱子，豈必盡非？而常自見其非。在陸子，豈必盡是？而常自見其是。此「無我」「有我」之證也。朱子又曰：「子静所説，專是『尊德性』事，而某平日所論，却是『道問學』上多。今當反身用力，去短集長，庶幾不墮一邊耳。」蓋情語也，亦遜語也，其接引之機微矣。而象山遽折之曰：「既不知『尊德性』，焉有所謂『道問學』？」何歟？將朱子於此，果有所不知歟？抑亦陸子之長處短處，朱子悉知之；而朱子之喫緊處，陸子未之知歟？如以其言而已矣。

朱子岐「德性」「問學」爲二，象山合「德性」「問學」爲一，得失判然。如徐而求其所以言，則失者未始不爲得，而得者未始不爲失，此「無我」

「有我」之别也。然則學者不患其支離，不患其禪，患其「有我」而已矣；辨朱、陸者，不須辨其孰爲支離，孰爲禪，辨其孰爲「有我」而已矣。此實道術中一大關鍵，非他小小牴牾可比。敢特爲誦之。

序萬曆丙子科南畿齒録。

係同年沈孟威重刻。沈，杭州人。

癸卯、甲辰之間，涇里人趙焕者發滸墅關税棍諸弊，爲棍黨所殺。會撫臺與郡守相次去，焕冤未白，至是諸棍復擒其子解府，囑通判陳儒將轉解税璫斃杖下。公聞之，怒甚。致書榷部，責其縱役殃民，并責儒云：「不肖忝地方士紳之末，驟聞其事，不覺髮指，幸台臺勿爲税棍所欺。」儒惶恐謝罪。至庚戌，比邵輔忠突修舊郄，輔忠者理常時與儒共事，皆不禮於東林者也。徐兆魁誣東林專滸墅橋税，及關使送銀助費，並緣此事致之，而錫邑鄉村水路悉弛漏税之禁，小民至今猶受其惠。

南昌勺原丁公書，略曰：

章本清、朱以功二儒，吴安老行所司稽覈行略，將列薦剡，是皆推仁兄殷殷爲道盛心，弟與本清未嘗一日不思造訪也。

丁，名此吕。吴，名達可。吴時方按江右，[二]又羅匡湖大紘約於一二年間會西湖就正，不果。及壬子至，則已在五月後矣。羅，亦江右人。

三十四年丙午，五十七歲。

二月。

十八日，詔書一款：「文職官員降謫罷閒等項，有操行清修，才猷卓絶，衆所其推者，該部院公同精加品題，酌量奏起。」自是，臺省諸曹無日不言起廢，公名無日不首薦牘。養沖姜公及宋侍御燾兩疏尤著。

三月。

江陰夏樹芳集法喜志，公序之，略曰：

此以儒用禪者也，非以儒爲禪用者也。以儒爲禪用，則儒且化而禪；若以儒用禪，則禪亦化而儒矣。然則儒家曷爲擯禪？曰以正學脈則主嚴，以廣善量則主寬，二者故並行而不倍也。

公嘗言章子厚雖小人，其對吴山端云：「不興不廢，即是愛護佛法。」此却是

[二]「時方按」，康熙本、光緒本均作「曾巡按」。

辛相語。

常熟令耿橘來問學，公以耿爲鄰邑父母，却其贄，有所請教，則剖示切直，儼然以師道自居。耿，字廷懷，瀋陽中衛，進士。

五月，作虞山商語。

應耿庭懷及闔邑士紳之請，會講虞山書院。商語，史際明録，高存之序，序曰：「先生欽欽以『小心』爲學，奉孔聖之矩，闡先儒之幽，其言平實微婉，令人於真念頭發處默識本心，默識莫之爲而爲之天。其言外之旨，則穆然有深憂於世云。」

楚人劉筠橋至涇，公與之論易，連日夜不倦，其言曰：「易繫大傳曰：『卦者，掛也。』卦不以手，離作爲也。『象者，像也。』象不以人，離形色也。『爻者，效也。』爻不以文，離言説也。其即『咸，感也』，無心之感，天下之至感乎？『兑，悦也』，無心之悦，天下之至悦乎？如卦必用掛，象必用像，爻必用效，即著人爲，非神化性命之奥也。」或曰：「繇卦忘掛，繇象忘像，繇爻忘效，何如？」曰：「下學而上達，此之謂也。」劉云：「遇方外異人全自然。」先生授此旨，公深爲擊節。留久之，爲文以贈其别，訂後期焉。劉，名應元，武昌人，時年七十。

八月，會東林。

秋初，以書約史際明曰：「四明大勢難久，歸德公聞又不大當於上心，要自是真正君子，聖明淵淵，殆未可測，如何如何？八月之會，始十一日仲丁，能一過否？」

涇白公子與浹中應天鄉試，公喜而序其稿，謂：「祖宗積累不可忘，亦不可恃。」因述先贈公之訓，俾益加懋，且自惕焉。時公博求易解，屬華元禔購之於周藩宗正西亭公子竹居，[一]所得鈔本，多未經見。華，字本素，邑中門人。[二]

九月，作虞山商語二。

耿庭懷留心理學，自言只信得過孔、曾，至孟子便容商量。新安殊不甚服，公嚴加駁正，始爽然自失，而求教愈勤，故於數月間再赴其約。耿書云：「管東老勇於認過，平日尊佛一意，不惟不見於筆，且不形於言矣。」講學之效如此。商語爲常熟門人孫森子桑録，森與兄林子喬及同邑何允泓、季穆輩皆及門中表

[一]「華元禔」，底本作「華本素」，據康熙本、光緒本改。
[二]「華，字本素，邑中門人」，底本無，據康熙本、光緒本補。

表者。

三十五年丁未，五十八歲。

三月。

二十四日，第四孫榛生，與淳出。

五月，作虞山書院記。

言子之後名福者，率猶子喜來求院記。公曰：「此『道南』淵源所自始也。」即草授之。其略曰：

耿侯謁子游祠，請於當道鼎新之，顏講堂曰「願學孔子」。吾儕喫緊在发是願耳，竊以爲是必有「日忘食，夜忘寢」之真精神焉，是必有「獨立不懼」之真力量焉，是必有「行一不義，杀一不辜而得天下不爲」之真節概焉，是必有「遯世無悶，不見是而無悶」之真胸次焉，是必有「殀壽不貳」之真骨格焉，是必有「爲天地立心，爲生民立命，爲往聖繼絶學，爲萬世開太平」之真氣魄焉，然後能發是願，談何容易！雖然，要在識得孔子耳，孔子曷從而識？要在識得自己。何者？自己原來一孔子也。然則孟子曷云「人之所以異於禽獸者幾希」？伏見魏莊渠引陳元城之言曰：「凡人自期待，當以聖賢；自尅責，當以禽獸。」每讀之，輒隱隱心動。竊又以爲必如此，乃能識得幾希；識得幾希，乃能識得自己；識得自己，乃能識得孔子。誠識得孔子，即欲不爲孔子，不可得已。俟其嘉惠我吴，俾吴人士自知灑掃應對以上，皆明於向往，如撥雲霧而覩白日，是余之願也。夫豈惟余之願？實孔子之願也。夫耿再拜曰：「此記見先生一生學力，一生願力，余小子敢不勉承。」豐城匡岳徐公詒書論學。徐，名即登，李見羅先生高弟也。

六月二十一日，弟涇凡公卒。

公述其生平爲事定録，而追痛之，略曰：

余與弟，自少而長而壯，且駸駸白首，追念五十餘年間，其怡怡也，既爲道義中天親；其切切偲偲也，又爲天親中道義。當歲乙未，余病甚，屢瀕於危，金縢夢禱，何以承此於弟哉？今弟一旦奄逝，適符減算之請，而余竟不能爲弟代也。

有問於余曰：「昔明道、象山兩先生皆得年五十四歲，季時亦與同壽，其到處可得言乎？」余默然久之，乃曰：「弟庶幾能見大意矣。」弟自壬辰以後，精神凝一，心境漸平，動静云爲，日覺穩帖，日覺安閒，日覺輕省，日覺簡易，乃至死生之際，都無纖毫粘帶，天假之年，安能測其所至哉？所著有小辨齋偶存及朱子二大辨、惟此四字編諸書。

劄記曰：季時常嘆：「今人講學，任是天崩地裂，他也不管。」余曰：「然則所講者何？」曰：「在縉紳，只『明哲保身』一句；在布衣，只『傳食諸侯』一句。」

劄記又曰：閱吴康齋集，至日録云：「君子當常喫虧，方做得。」余爲惕然有省，曰：「夫子之道，忠恕而已矣；忠恕之道，喫虧而已矣。顔子之道，不較而已矣；不較之道，喫虧而已矣。孟子之道，自反而已矣；自反之道，喫虧而已矣。」默默自諷者久之，已而見康齋序石亨族譜，自署「門下士」。高存之謂：「君子與小人作緣，蓋亦先生之不幸。」意甚怏怏。季時曰：「否，不然，好事者爲之也。先生樂道安貧，如鳳凰翔於千仞之上，忠國一薦，何關重輕？乃事之以世俗舉主門生之禮乎？且忠國之必敗，行路皆知，而何況先生？先生辭諭德之命，若將浼焉，豈肯自附匪人之黨乎？此以知其必不然也。」余聞而躍然，曰：「弟此論可謂具眼，大快人意。昔白沙赴召，忌者誣以作十詩獻太監梁芳，得授簡討。委如所言，白沙又是梁芳門下士矣，何以爲兩先生？」

南皋鄒公作依庸堂記，其起語曰：余友顧叔時偕某某諸君子講學，虛首席以待公自定，涇凡公請填入高存之，至是公命文震孟文起書丹刻石。鄒聞之，以爲允當，復寄書曰：「存之，一代伶俐漢，老兄左右無與爲敵也。」文以通家子從公遊。公嘗云：「孝廉中如文起者，可備青宮侍從之選；其次，嘉善吴志遠。」

七月，作寤言、寐言。

太倉相奉再召之命，公夢爲祖道，執其手曰：「有君如此，何忍負之？」鄭重丁寧，不覺放聲大哭，一室盡驚，及覺涕淚淋漓，群就而問故，公曰：「此非兒女輩所知也。」不忍虛此一段誠意，因述兩言，并書詒之，末云：

昔朱子之告孝宗有曰：「臣之事陛下，於今二十有七年，其間得見陛下，數不過三。自頃以來，歲月逾邁，如川之流，一往不復，不惟臣之蒼顏白發，已迫遲暮，而竊仰天顔，亦覺非昔時矣。」每誦斯言，輒欷歔嘆息，不能自禁。今先生之相皇上，後先凡幾何年？得見皇上凡幾何時？

某自甲午别先生於春明門外，於時先生翩翩若神仙中人，不知年來神采，視昔孰勝？茲入而覲皇上，仰瞻天顔，不知視甲午以前，又何如也？殆亦不能無朱子之感也已。

一時見者，無不感動。鄒公南皋云：「近覩老兄上太倉書，嘆老兄一代赤衷，爲世道留意至此，宇内幾人？弟萬萬不能及。」太倉得書，語陳繼儒曰：「不意病中又加此一服毒藥。」答書有云：「賢次兄高風介節，何年之不永？頗亦聞劉兵部元珍者，清譽略同，今無恙乎？」公以示高存之曰：「相公於是乎善詛矣。」

九月，會東林。

朱平涵國禎書曰：「讀先生所説『十五志學』諸章，恍然如見聖心，如見天則，平正通達中抉出玄微，必如此乃謂之講耳。九月之會，因朔二日北行，未能趨承至期。取前講章，晨夕玩對，宛如函丈在前也。平涵心悦誠服，其事公在師友之間。」

後月餘，張侗初鼐至，續爲會語。略曰：

東林坐上諸先達屬不佞講，不佞遜謝良久，謹啓曰：不佞竊見會講就座之始，最可認取當下工夫。蓋先達教語未發，後進疑難未陳，四若座寂然，各有主宰。此時若説一念不生，何以有言即聞，有問即應？若説念起會上，形未來而先造影，影從何生？若説静俟先達之教以豁我心靈，則我之心靈竟付於先達之口，又逐於我之耳乎？若説尋求妙義，思索疑端，以答會上傾聽之意，則此尋求思索先自擾擾，可謂性靈乎？即發揮問辨，不過馳逐光景、了故事而已。此時氣象最宜認取。若自己作得主宰，分明百萬軍中，出奇應變，寂然不動；若自己作不得主宰，便是行伍小卒，聞鼓而進，聞金而退，將自家性命隨波逐流。一生聽講，不曾聽得一句，亦大可惜。世間書院會講，作興甚難，幸遇此會，一息千古，切莫錯過，須各各認取本體。得道之人，神高於賢聖，而處下於輿隸，我自光明，别無倚靠。言言皆自我性中流出，不經耳目，不藉知見，到此即思齊尚友都用不著。所謂神高於賢聖，既信得本體，愚夫賤卒同是光明，信口説來，皆我靈印。故曰：「舜好問而好察邇言。」所謂處下於輿隸。會中先達，提醒人詳矣。總不離此當下工夫，作學人一生受用也。

公備録其語，附劄記中。張别後，以書謝曰：「小子之於道也，無聞也，其冀有聞，則長者之教也。」作四書印，自云：「於先生言多有所得。」

十二月。

作許孝廉靜餘墓誌銘。許，名世卿，公與同遊邑庠，志稱其「始終一節，不媿爲真孝廉」云。

是歲，與淳、與沐並以德行舉於庠，公致書郡邑廣文，懇辭學使之獎。與淳屢試皆第一。高存之、馬君常序其稿刻之。

三十六年戊申，五十九歲。正月，出遊，作仁文商語。

公念涇凡公，悲不自勝，新年謝客浙遊。朔六日，至嘉興，訪岳石帆元聲。邑令鄭振先率諸生請講，赴仁文書院講畢，諄諄以躬行示勉。越五日，抵杭，寓湖上。甘中丞紫亭出晤，問曰：「東林會約祖孔子，宗顏、曾，禰思、孟，而師紫陽，不佞讀之契焉。竊有欲請者，邇時論學率重悟，而東林特重修，何也？」公曰：「重修乃所以重悟，夫悟未有不由修入者也。」甘曰：「學必先明諸心，知所往，然後力行以求至。程子不云乎：『公曰：「知一也。」』就用力言，體驗省察，正屬修上事，此入門第一義也，無容緩也；就得力言，融會貫通，纔屬悟上事，此

徜徉湖山之間。入室第一義也，無容急也。舍下學而言上達，無有是處。」甘爲首肯。次日命駕，

二月。

遊雲間，赴正學諸會。錢漸菴出所著性學論及會語請教，大約主佛氏之「空」與陽明之「無善無惡」。公書辨之，略曰：

公以「無善無惡」爲空乎？愚惟言空莫辨於中庸矣。始之曰「喜怒哀樂之未發謂之中」，是所空者，喜怒哀樂也，非善也；終之曰「上天之載，無聲無臭」，是所空者，聲臭也，非善也。夫善者，內之不落喜怒哀樂，外之不落聲臭，本至實，亦至空也。又欲從而空之，將無架屋上之屋，疊床下之床耶？

又曰：

孟子不特道性善，且道形善。所謂形色，天性是也。性之虛明湛寂，不待言形，則不免重滯矣。繇孟子言之，却都是虛明湛寂的。象山每與人言：「爾目自明，爾耳自聰。」亦是此意。然則知性者，尚不必掃去形，乃并欲掃去善，以別求所謂虛明湛寂乎？

錢深服公教，尊之爲天口聖鐸。命其子龍錫執弟子禮。龍錫在詞林中，爲「東林三錢」之一。

三月，作虞山商語三，作南岳商語。

安節吴公數手書訂晤，求交修之益。公於十七日赴虞山，在會有識仁説、性善解。聞者或喜躍，或悲涕，見諸門人録中。二十四日回，過宜興，景素于公先期相待。越二日，入南岳，高存之、史際明及張以登納陛相次，至連几對榻，禮簡情真。公索羅、鄧兩先生三遊記玩之，問答亹亹，公言：「濂溪有萬世永賴之功，陽明有一匡天下之功。」又言：「方山薛師云：『朱子之言，孔子教人之法也；陸子之言，孟子教人之法也。』此論最確。」衆深服之。公臨别言：「吾輩避講學之名，便入鄉愿路逕，因約同志數人，每歲春秋再會。」别後，于、吴兩公作春遊記，公亦次第其語付刊，以寄南皋鄒公，有往復數條附見。

五月。

大水。與周中丞懷魯書，乞請旨蠲賑。周隨繕疏，爲災黎請命，公又簡李漕撫修吾有云：「茫茫宇宙，已飢已溺，曾幾何人？興言及此，忍淚不住，萬萬努力。」李得書亦即具題。周名孔教，撫吴善政，不減文襄，尋晉秩總河，未行，忽因人言，再疏乞休。而代者項中丞，病不及赴新任，卒。疏經年不下，吴民伏闕請留，公爲書勸巡方鄧御史力保之。周移駐吴江，又閲一年始去。是舉從東南億萬生靈起見，而忌者借以爲口實，公不計也。

六月。

有吴興之役。歸後，丁長孺啓云：「師駕入苕，失侍，甚罪所委。闕里志以綱目爲主，已次第其大都，但孔子世家，太史公已涉，影響後學，著手更難。國朝理學必有一個真宗派，又非小生所敢輕議去取也。秋仲當至高齋面請。」公答之曰：「孔聖家緒，得荷留神，此是千古事。圖譜二册附去，尚有孔氏全書，不知曾見否？」長孺呈稿後，再答之曰：「來稿尚俟細閲，可將周、程、張、朱年譜一查，恐有宜添入也。如鵝湖之會，亦是千古大公案，不可缺耳。」蓋公命集孔氏淵源録，一自泗水，以至衍聖諸公家傳；一自顔、曾，以至宋、明諸儒列傳。後長孺殁，并此稿亦竟失之。

長洲令祁夷度承㸁書曰：「日蒙接引飫聞至教，真末學津梁也。至於『已爲衆欲根，仁爲萬善本』，尤示人以直捷下手工夫。承㸁雖駑鈍，然一念之誠，其敢自後於門牆乎？承諭聖學宗傳中『龍溪語録』一節，已轉聞之海門師矣。因公覈薛方山先生考功年月，以辨龍溪被察、唐荆翁指斥之誣也。」詳見薛公玄臺求正小語。

八月，會東林。

公與安小范、高存之、張伯可、王惟懷在主席，金沙、毘陵、陽羨、吴門諸君子先後咸集。甫入會，浙人張本問曰：「會中意指，但欲人默坐，使之自悟乎？抑欲理會訓詁，求之章句乎？蓋東林每會説書一章，與他講會不同，故初見者以爲怪也。」公徐曰：「兄之此來，欲默坐自悟乎？抑欲尋求章句乎？意指何在？」本頃之恍然，起曰：「先生教我矣。」遂不復言。連日公發明甚多。詳張以登記。

丁長孺曰：「戊申秋，謁師於城西偏，方興版築，清談竟日，無一雜語。問亭之、木之兄弟，則師母扃户課之，若嚴師然。」涇皋去城四十里，公月主東林之會，殊苦數數，至是始卜城寓，以便携家。涇白公亦買數椽，比屋居焉。

十月，作經正堂商語。

初，歐陽守在任，葺書院，祀常郡先賢，因集士大夫講學於經正堂，公與其會。至是約錢、薛二公歲舉之。會中史際明説「樊遲問仁」章，公極稱善。

作當下繹。

時講學者好言當下，公謂：「此有個源頭，又有個關頭。從源頭上透過，當下纔有著落；從關頭上勘過，當下纔無走漏。論語『富與貴』一章是孔門勘法，吾人有平居無事時，當下有富貴、貧賤、造次、顛沛時。當下就源頭上看，必『無終日之間違仁』，然後能於富貴、貧賤、造次、顛沛處之如一；就關頭上看，必能於富貴、貧賤、造次、顛沛處之如一，然後算得『無終日之間違仁』耳。吾輩無輕言當下哉！」高存之曰：「先生謂『當下』二字，是本體的影子，是工夫的樣子。兩言說盡，從來汗牛充棟。」

奉聖旨，起陞南京光禄寺少卿。

二十一日，接邸報，吏部一本開讀事，奉旨：「顧憲成起陞南京光禄寺少卿添註，憑限次年二月二十五日到任。」時公與鄒、趙諸公並在廢籍，而恩命首及，海內聞者無不稱慶。

三十七年己酉，六十歲。二月，作經正堂商語二。

戊申秋，史際明在講席，與于、吴諸公言，大會不宜獨煩東林，於是定麗澤約，每歲常、潤輪舉，春以爲期，而經正、明道、志矩次第及焉。公至郡，以出處商之同志，或謂宜行，或謂宜止，公曰：「仕宦寧退無進，吾耳重聽，不敢不以實告君。」遂即日還東林。

三月，奏爲「衰病交侵，懇恩休致」事。

五月，通政司將疏發還。

疏言：

臣以疏庸，重負任使，頃蒙皇上簡録，誼當竭蹷而趨。惟是臣年六旬，兩目昏花，兩耳重聽，起居尚須扶掖，何能勉效馳驅？反覆思之，與其冒昧而進，孰若審量而退？與其出而顛沛，孰若處而苟全？伏乞敕下該部，查臣別無違礙，容令休致，臣愚幸甚。

又與諸相知書曰：

弟自分長卧烟霞，忽叨新命，能無感激圖報？但思林下諸君子，計二百餘人，有去國在弟先者，有科名在弟前者，有困頓十倍於弟者，又有與弟同事而被譴者，不與其事因弟波累者，皆未聞有弓旌之招，弟獨何顔而先之乎？此一説也。

東林之社，是弟書生腐腸未斷處，二三同志，日切月磋，年來聲氣漸乎，可望求益。一旦委而棄之，既有所不忍。徐觀時局，千難萬難，出而馳驅，必至僨事，又有所不敢。此又一説也。

水間林下，正與病骨相宜，非敢上負聖恩，下負知己，諒之諒之！

疏至，舉朝紛紛，詣通政司戒毋封進，葉公臺山颺於衆曰：「顧君今日不出，將來林下諸賢、賜環者皆不敢不辭矣。有一不辭，是嗜進也，誰甘之乎？」答公書曰：「今海内以門下出處卜世道安危，蓋不但如東山之安石，洛下之司馬也。徵書一下，凡有血氣者莫不歡騰，而高卧尚堅，來章甚懇，其何以答蒼生之望乎？願門下幡然夙駕，大疏納言。君恐違衆論，不敢進矣。」太宰立亭孫公以下，各有書敦促，隨據吏部爲改限事：「看得本官才望茂著，品格清貞，乞休難以允從，相應勉留赴任。爲此寬限本年十二月二十五日，到任繳憑。」葉，名向高，福清人。孫，名丕揚，富平人。

五月。

二十八日，第五孫杓生，與沐出。

六月，作識仁答語。

蕭伯穀、徐去聞各舉識仁篇中數語，互相印證，凡五六上書求教，公隨問隨答，且曰：「溽暑之中，屢煩垂問，即此一念，啓我實多。」伯穀尤見許可，因并兩人問答，録入東林商語。

簡李漕撫曰：

足下嘗謂「功名富貴，都如夢幻」。乃有古董一癖，何也？所謂古董者，在我而已。我能作百年的勾當，便是百年的古董；我能作千年的勾當，便是千年的古董；我能作萬年的勾當，便是萬年的古董。彼世所謂古董者何爲哉？一落形器，天地且不免有時凋毁，而況其他乎？爲啞然一笑。

八月，啓行，至丹陽而還。

展限部文未到，公決意退休，因勉行，以商再疏之舉。舟次雲陽，養沖姜公傳儕鶴趙公語，勸公毋出。公曰：「是吾心也。」適感疾，遂復還東林調理。

武林胡嘉胤記曰：

己酉仲秋十九日，吴子往邀余入東林社，時涇陽先生爲會主，而高、劉諸公翼之。余與子往及一方外楚人爲客，列東西坐，坐定，涇陽先生講孟子首章，析『義利』之旨。自是互相送難，及『盡心』『天命』諸義。講罷，一人從東席趨下，正立，揖，出所書魏莊渠先生勵學語，讀一過，聞者竦然。罷會，設鷄黍供客，酒行數巡，各散去。微言久絶，此會爲東南領袖，風起四方，真千古一事矣。

袁考功宏道主陝西鄉試，發策有過劣巢、由之語，監臨者問：「意云何？」袁曰：「今吴中大賢亦不出，將令世道何所倚賴？發此感爾。」

九月，會東林。

蕭伯穀至會，多所闡發，公甚稱之。浙中人士請武林書院記，隨草授張孝廉蔚然，張亦素爲公所賞。

十一月，奏爲「聞命亟趨屢牽宿疾」事。

十二月，疏留中。

疏言：

臣承恩命，於今春二月啓行，不意十五年前所患眩暈之症一時陡發，不能前也。調理至八月，稍可勉爲啓行，不意至丹陽而加劇焉，又不能前也，吏部再爲寬限。豈非不忍臣之卒廢於明時哉？獨計臣老態盡見，病纏膏肓，勢難僥倖萬一。且夫入山惟恐不深，入林惟恐不密，翛然置理亂安危於不問，以自便其身圖，臣之所大耻也。明知身之不能前矣，猶然俳徊道路，遷延歲月，偃蹇簡書，遲速惟意，以自陷於大戾，尤臣之所大懼也。伏乞敕部查臣别無假託，容令休致。自此餘生，皆皇上再造之年矣。

越月疏至，中朝諸公勸駕如前，通政司謂：「辭疏無越年方上之體，俟旨下該部，議留爲便。」遂於初八日封進，閣擬：「着依部限赴任，奏入留中。」

時多謂立亭孫公將修郄於沈司馬繼山。孫，秦人，年近八旬，剛直易惑，而劉金吾承禧復布僞書，言沈欲結顧天埈以攻秦。天埈者，四明之徒，素與東林爲難者也。此言不特構沈於孫，且構沈於東林，設機甚巧。公洞燭其奸，而恐孫之被惑，乃爲書獻以二芹，略曰：

古之冢宰，稱統百官、均四海。統者，總而一之之謂也。愚於今日而竊有疑焉。大僚會推，從來已遠。其濫觴於銓屬，俾各衙門得而越主之，自丁酉始；又濫觴於年例，俾兩衙門得而預參之，自己亥始；甚而墨綬以下，付之一籤，俾吏胥亦得而影射之，則自甲午始。彼一時也，吏部之權聚而歸之内閣，分宜、江陵之徇私滅公，因其順而順取之也；此一時也，吏部之權散而寄之多門，新建、蘭溪之假公逞私，因其逆而逆取之也。若不亟圖振刷，姑爲調停，將綱維鈐束之體失，而夤緣奔競之徑滋，欲百官之得其統，無由矣。

均者，劑而平之之謂也。愚於今日而竊有望焉，明公乙未兩疏力懲好名，是固一説，然從來邪人擅政，必借此二字抑遏忠良；邪人黨權，必借此二字掃除異己，而可爲之藉兵齎糧乎？況其時去丁大參此呂、馬僉學猶龍、沈太守鈇三人，天下已多不服。至沈司馬繼山去，天下益多不服。竊謂此數君子者，縱未盡合中行之矩，而直腸勁骨，迥異凡流，惟以全收其偏，勿以偏繩其偏，方爲造化陶鑄手耳。若不剖破藩籬，更落途轍，將同寅協恭之誼微，而分門立户之風盛，欲四海之得其均，無由矣。雖然，愚之所云，明公已先得之，亦願明公充之而已。

書至計後始達。

三十八年庚戌，六十一歲。正月，建燕居廟，奉先師神位。

東林每會，設先師繪像行禮，至是公倡議立廟，名之曰「燕居」，止一楹，書院不敢擬學宫也。

刻涇皋八書。

合東林會約及諸商語、大學通考、質言、當下繹等刻之，名八書。後復益以二種，名十書。

二月。

吏部因前疏留中，復展限本年七月二十五日到任。

推翰林院提督四彝館、太常寺少卿。

疏上，奉旨：「將洪文衡陞補。」洪具奏言：「臣不敢先顧某。」遜謝。久之，福清相以書促其赴任，曰：「顧君已推僉院，不以一常少爲重輕也。」洪乃就職。

東林時爲清議所歸，海内稱公曰東林，近而同鄉諸賢，遠而吉水、高邑及一時守正忤權建言抗節者，概籍之曰「東林人」。而聞聲附和之流，亦皆自負，以爲我東林人也。修吾李公在淮久，屢推總院，而臺垣又請枚卜，兼用外臣，衆疑諸賢爲之推轂。四明、崑宣之黨齮齕百方，料攻淮則東林必救，可布一網打盡之局。於是邵輔忠以四明鄉人挺爲戎首，其攻淮疏有云：「凡海内名流，皇上斥逐山林者，李三才以請託招之。」又云：「若人在朝，士類無真道學以挑救者，即以陷救者，既而救者力，攻者愈力，事内事外諸人争欲得公言，定是非之衡。」公曰：「但無疑於鬼神，斯任之矣。」遂爲二書貽閣銓。會去冬所致太宰書亦至，世所傳誦爲「三書」者也。吴侍御亮按宣大，見之，遽令發抄，印封郵遞，遍送在京各衙門，而東林遂受遥執。朝權之目公，初意殊不及此，即東林人亦深咎其自我致戎，或謂：「公宜一言自明。」公曰：「程伯子曰：『新法之行，吾黨亦有過焉，豈可獨罪安石？』吾惟知有自反而已。」

公謂：「漕撫宜速去，以謝人言。」促行甚力。高存之曰：「先生謂：『當江陵時，吴、趙、沈、鄒諸君子出萬死力，爲宇宙扶植綱常。魏見泉侍御論科場弊，侵張蒲州，落職，司徒救之，亦落職。』自後敭歷中外，憂國奉公，砭邪衛正。及礦税事起，豺虎彌天，而屹然扼南北之衝，江淮千里，民以無恐而不思亂，此其人皆世道所繫。故於朝於野，睠睠爲天下共惜其寶，誠見其大也。若夫交情朋好，非所以論先生矣。而先生豈區區以交情朋好同門户，角立於天下者耶？」

三月，作明道商語。

史際明建明道書院於荆溪，手録公商語付梓，并跋其後。

又三月。

儕鶴趙公書曰：「講學自有益，兄決意不出，豈非講學之效耶？始者人謂弟宜勸駕，或云弟實止之，今而後，應共知不出之爲是耳。」

五月，推都察院左僉都御史。

時大僚多缺，都察院堂上官止孫公瑋一員。廷推吕公坤左都御史，許公弘綱副之，公及高公舉以左僉都協理院務，惟許疏得旨，餘皆不下。喬應甲揭末云：「顧老先生屢推本衙門，指日堂官也，知公必不輕出。」故益無忌憚，與中州考功、東粤侍御皆無忌憚之甚者，四明某實爲發蹤，衆正交章，代公剖明，而段給諫然、吴侍御亮、汪侍御懷德不勝憤，皆朝拜疏而夕棄官，尤班行中異事也。梅給諫之焕疏有云：「惜國脈者，決不可借題目以攻東林；惜東林者，決不可借東林以爲題目。」公極賞之，餘另抄。

答相知書曰：

不肖從邸報中讀南北諸君子疏，非惟不敢與較曲直也，有爲之躍然以喜者矣，何喜也？喜聞過也。有爲之赧然以耻者矣，何耻也？耻溢美也。又有爲之悚然以懼者矣，何懼也？懼滋競也。又有爲之愀然以憂者矣，何憂也？憂激禍也。然則凡曲直我者，皆鞭策我者也；凡鞭策我者，皆玉成我者也。不知何修可副德意？況敢較乎？

至漕撫大節卓然而小節出入，亦所未免，所以書中不一併道破者。朋友相與，當其平居無事，則重在切磋，宜爲之箴其所短；當其遭讒被謗，則重在剖雪，宜爲之表其所長。嗟乎！人莫不有我也，與其人人只有我，各執自家一個是，不若人人皆無我，各認自家一個不是也，高明以爲何如？

浙行，偕薛以身、高存之赴嘉興講會，憩徐元仗園中，出所携宋金元詩，屬胡元瑞應麟評選。胡復書曰：「近人譏薄唐以後詩如鼠壤餘蔬，欲求高閣束之而不可得，門下一旦毅然取而表章之，甚盛心也。但欲如馮氏詩紀，則前人遺集十無二三。既無以盡一代之長，而其傳者又紛紜龐雜，恐板行之後未易及遠。誠宜如執事所云，略倣高氏正聲之例，存其合者，既不苦於卷帙之繁，又不患於銓次之雜，敢敬承台委，少需歲月，當有以應教也。諸集暫借，毋以瀆請爲嫌。」

八月，會東林。

有謂時局紛紛，此會不宜復舉者，公曰：「吾輩持濂、洛、關、閩之清議，不持顧廚俊及之清議也，大會只照舊爲妥。世局無常，吾道有常，豈得以彼婦之口遽易吾常，作小家相哉？」朱平涵書曰：「大會尚未能赴，至期三日，當齋心以神注之，即如面承一般。」一時諸君子向往真切若此。

刻以俟録。

即所上「闇銓三書」。公自爲之序，言生平有二癖：一是好善癖，一是憂世癖。二者合併而發，勃不自禁。至「是非者天下之是非，自當聽之天下，無庸效市賈爭言耳。」高存之曰：「先生題麗澤堂兩楹曰：『樂道人善，願聞己過。』於所上三書，見『樂道人善』之至矣；於『不辨』一語，見『願聞己過』之至矣。此千古聖賢真血脈，非可以凡心凡眼窺也。」同時歸德、江夏、吉水、高邑無不極贊，謂：「三書從一片虛明流出，而爲友發言，讒謗交集，則公一人慨然當之。」

十月。

赴經正之會。十七日，途遇許公少微。公曰：「人以漕撫爲貪，兄謂何如？」許曰：「此易知耳，姑無擬之於古，即近時胡梅林制府每餉嚴分宜諸要人，動以萬計；餉山人遊客，動以千計。當其意得，伶人一曲，犒以元寶，其揮霍不百倍於漕撫耶？特以功在地方，至今人追頌不已。漕撫用以周故舊赴緩急。兩者天淵，奈何多求？」公曰：「看來只是漕撫交際往來局面稍闊耳，即古人中如李忠定、趙忠簡，何嘗不揮霍？亦何害其爲『忠定』『忠簡』？」從來天下原有此一種豪傑，而拘拘繩以小廉曲謹，不亦過乎？」許，名弘綱，東陽人，時以副院北上。

按：是時，小人借漕撫以攻衆正，世所知也，而其釁因君子而起，則世之知者十不二三。向日新吾呂公好講學，漕撫會目笑之曰「迂闊」，自此有嫌。至是兩公俱推總院，南中諸同志亟欲得漕撫入朝，可以擔當大事。而楊晉菴東明亦嘗以講學稱，與呂姻契最厚。邵輔忠、陳儒、徐紹吉、劉國縉皆楊門人，王三善又其同郡，見南科劉時俊疏有總院獨推呂某之語，遂力攻漕撫，并及東林。而三善爲人所愚，致上書於公，再疏詆諆，謂：「微臣不識聖賢舉動，呂、楊家居，即未必與聞。」其如反側後生，乘機簸弄，以啓蜩螗沸羹之局，其中有爲四明用者，有非爲四明用而適墮其術中者。至於辛亥京察，副院實有苦心，止以太宰不行移會，竟處其衙門御史，不無芥蒂。而言者復因副院調停太早，攻之過急，致彼不能自持，此在君子，亦未免爲已甚。公林居嘆息，所謂氣運使然者也。附識於此，俟論世者考焉。

十一月。

序施太僕勵菴崇正文選。略曰：

六經之後一變而左、國，左、國之後還有左、國否？再變而班、馬，班、馬之後還有班、馬否？三變而韓、柳、歐、蘇，韓、柳、歐、蘇之後還有韓、柳、歐、蘇否？之數君子，皆自性自靈，自心自神，各各自有千古。今之文，惟不爲左、國也者，乃能爲左、國；不爲班、馬也者，乃能爲班、馬；不爲韓、柳、歐、蘇也者，乃能爲韓、柳、歐、蘇。必句擬而字摹之，非其指矣。

公於詩文，深不取近時剽襲之説，故云。施，名策，同邑人。

常熟令楊漣大洪書曰：「恭誦履端，遠辱賜教。仁人一字一言皆後學箴銘，即爲後學陶鑄，一家春化萬家春。漣不肖，敢不勉圖？爲台臺布此德潤也。」時楊因修學乞公文記其事。

十二月。

二十五日，都察院奏爲京察大典，佐理不堪等事，乞勑吏部，查照甲辰外察事例，將原推顧某等一併點用。

是冬，吴刑部撝謙彙刻小心齋劄記於金陵。

三十九年辛亥，六十二歲。正月，建宗祠，作家訓。

公一生不問田宅，惟建祠之舉，與涇白公經營位置，卜地當涇西之正中，祠前爲堂，以設義塾；堂左右爲倉，以貯義租。[一]祠成，長幼畢集，請訓辭。公示之曰：「人倫之際，委不出恩義兩端，學者講明人倫，却不在恩義上擬議，自有個源頭在。易曰：『天地之大德曰生。』萬物都從生機來，總只是一個，於其間有父子、有君臣、有夫婦、有兄弟、有朋友，乃自合而分，究竟須自分而合，還歸一個，何者？其生機本如是也。這個生機，鬱勃充滿，無少虧欠，人只順這生機流出。自然有無限懇惻，不言恩而恩行乎其中矣；自然有無限委曲，不言義而義行乎其中矣。不然用意安排，只了得門面事，於兩下精神血脈毫無干涉。況人生遭遇有常有變，有順有逆，不幸當其變逆，孚之以恩，孚不來；維之以義，維不住，又可奈何？」曰：「這也別無巧法，始終只是向源頭上理會耳！書云：『舜，父頑，母嚚，弟傲，克諧以孝，蒸蒸乂，不格奸。』這便是個榜樣。論人品，舜與諸人迥然懸絶，至其本來生機，却一般。舜把他的頑、他的嚚、他的傲放過一邊，只一

[一]「義祖」，底本及諸校本均作「義祖」，據文意改。

眼覷着那一般處，將自己生機薰他生機，今日如此，明日如此，又明日如此，温温循循，綿綿密密，安心安意，耐苦耐煩。譬如仙家煉丹，當徐而徐，要忙些子忙不得；當疾而疾，要慢些子慢不得。久久融徹，任他如何頑、如何嚚、如何傲，也被舜薰動了。不知不覺，漸次消化，到此何嘗不用恩？却不可專名之曰恩。何嘗不用義？却不可專名之曰義。故以『蒸蒸』二字擬諸形容，玩此二字，多少肫切，多少細膩，多少曲折，多少從容，積漸分明，將這段生機一口拈出也。至『不格姦』三字，乃是舜得手處。羅豫章説得最好，曰：『天下無不是的父母。』了翁聞之曰：『惟如此，而後天下之爲父子者定。彼臣弑其君，子弑其父，嘗始於見其有不是處耳。』兩先生之言真是有味。雖然，父既頑矣，母既嚚矣，弟既傲矣，他的不是，到底如何諱得？孟子却又説得最好，曰：『不得乎親，不可以爲人；不順乎親，不可以爲子。』直看父之頑，便是我之頑；母之嚚，便是我之嚚；弟之傲，便是我之傲。分得那個是父母，那個是兄弟？是，即大家俱是；不是，即大家俱不是耳。此則舜之心事也。大抵常人只就人分上求全責備，連己的不是亦推而諉之人，卒也不能成得人，安能成得己？舜只就己分上求全責備，連人的不是亦引而歸之己，卒也既能成得己，自能成得人。學者講明人倫，喫緊處全在此。此處似難而易，似易而難，一念自足，所以易也；性分無窮，職分無窮，事變無窮，所以難也。『三自反』篇援舜爲證，而特著君子有終身之憂，吾輩試反而思之，且有憂乎？無憂乎？處人倫之際，一一能如吾願乎？如其不能，責在人乎？在己乎？幸各檢點，無務自恕。」

集語孟説略。

樞、柱初習舉子業，公喜謂：「其可嗣書香也。」取宋大儒諸集，手批口授，并採近人所發語、孟大義，節略示之。多取薛畏齋、徐儆弦之説，意主超闢，非屑屑爲制藝津梁者。以門人吴鍾巒峻伯品最端，命受業焉。吴晚年殉義甚烈。

匡岳徐公書致見羅先生集要，且募建祠，并言先生被伍容菴誣以裸體云云。公隨寄助工之資，作書與伍，令其改正。

二月。

李邦華懋明書曰：「華謬以爲今天下不患學術之不明，而患人心之不正；不患道德之不修於野，而患邪正之不剖於朝。盈廷聚訟，大較可覩。」陸宣公云：「君子愛才，愛而引之，則近黨；小人傷善，傷而沮之，則似公。」此語似爲今日設者，世道謂何？李初令涇縣，公力薦之新洛御史，中宵人所目「東林五鬼」之一也。

三月，作志矩堂商語。

景素于公爲主，講畢，諸聽者請再説一書。公曰：「諸君於此五日矣，但講説間有打着心頭動處，切勿放過。這個是自家真性命，要須凝聚精神，時時覷着，在在守着。偶遇事變紛亂，只提起這個，那紛亂的自會定疊；偶遇情欲粘滯，只喚起這個，那粘滯的自會擺脱。這便是一個海上單方。光陰易邁，願各努力。」

十七日，都察院奏爲「匪人承乏，臺事日非」等事。二十八日，吏部奏爲「紀綱漸替，時事堪憂」等事，並請亟用總僉二臣。

四月。

公抱恙，聞劉永澄静之至，欣然倒屣。静之，寶應人，與吴門文文起、山陰劉起東，皆公所以世道寄之者也。他日，起東誄静之曰：「兄嘗邀余謁顧涇陽子，余以病不果，後託兄介紹，行有日矣，而兄病且卒，涇陽亦卒，此一段師友淵源，天若有以限余，而余終自恨鞭策之不堪，以負知己。」梁溪、山陰學脈，静之實爲聯合焉。

五月。

初四日，察疏始下。是時閣銓同心，副院許公，署院篆曹掌科于汴、湯道長兆京協力共事，所處分甚當。而諸人自知應黜，輒先期唱言，東林有書處之，多方要挾，以希漏網，不知公自「三書」以後，無片紙入長安也，但有問則無不答耳。四月間，喬應甲例轉，憤極，追論淮撫有四，請皇上問東林疏，丁長孺責其良心喪盡，無復人理。是月，徐兆魁復肆詆東林，語尤穢鄙，吴光禄懷野歷辨其誣，言書院事甚詳，洪太常諸疏繼之。

十七日，都察院奏爲「懇乞聖明速簡掌院、僉院」等事。左都御史缺且七年，左僉都御史缺亦四載，顧某一生砥礪，寧因竿牘之故，遂叢不解之疑，公論自在，聖明亦何忍終棄之。公寄書曰：「弟以狂言招戾，煩老兄睠睠致念，此後幸置之。但得青雲知己，盡展生平所謂『天地之用，皆我之用』，何必功自己出也！」

復友人書曰：

今日議論紛紜，誠若冰炭。乃不肖從旁静觀，大都起於識見之岐，而成於意氣之激耳。若欲爲之轉移聯合，蓋有道焉。在局内者，置身局外，以虚心居之，而後可以盡己之性；在局外者，設身局内，以公心居之，而後可以盡人之性。何言乎虛也？各各就己分上求，不從人分上求也；各各就獨知獨見處争慊，不就共見共知處争勝也。何言乎公也？是曰是，非曰非，不爲模稜也；是而知其非，非而知其是，不爲偏執也，如是又何所容其岐與激耶？

若夫自責則輕以約，責人則重以周。所愛則見瑜而不見瑕，且并其瑕而瑜之；所憎則見瑕而不見瑜，且并其瑜而瑕之。在事之人既然，持議之人復然。如水濟水，如火益火，是化君子而小人，化一家而敵國也。是舉兩下精神，盡爲各人區區之體面用，而不爲君父赫赫之宗社生靈用也，豈不可惜？

公時以竿牘爲戒，而有問必答，保善類，全國體，不勝惓惓。

六月。

有仲兄涇白公之喪。公時已少衰，覺不勝痛，令兩孤請高存之爲狀。朱平涵書曰：「時局已似南宋，大賢門下尚未有如蔡元定之謫者。」意長孺當繼其盛，而長孺是月果抗論諸奸，言：「臣籍名僞學，不足爲辱。」再疏乞休致去。

八月，會東林，作心學宗序。

本菴方公後至，年七十餘，公與講論，大悅，爲序其心學宗，略曰：自釋氏以空爲宗，而儒者始惡言空矣。邇時之論不然，曰：「心本空也。『空空』，孔子也；『屢空』，顔子也。」奈何舉而讓諸釋氏？則又相率而好言空。

余竊以爲，「無聲無臭」，吾儒之所謂空也；「無善無惡」，釋氏之所謂空也。兩者之分，毫釐千里。

夫善，心體也，如之何其無之？則又曰：「吾所謂無，非斷滅也，不着於善云爾。」嘗試反而觀焉，即心即善，原是一物，非惟無所容其着，而亦何所容其不着也？且着不着，就念頭上説，難以語心。即虞其着，去其着而可矣，善何與焉而并去之？

乃曰：「無聲無臭之密諦固如是。」其亦弗思而已矣。「無聲無臭」，見以善爲精，而爲之摹寫之辭也；「無善無惡」，見以善爲粗，而爲之破除之辭也。豈可以强而附會哉？

王文成之揭良知，自謂「易簡直捷」。而天泉證道，獨標「無善無惡」一語以爲宗，余惟良即善也。善所本有，還其本有；惡所本無，還其本無，是曰自然。夷善爲惡，絀有爲無，不免費安排矣。以此論之，孰爲易簡？孰爲支離？孰爲直截？孰爲勞攘？詎不了了。

是編於風靡波蕩之中，獨爲砥柱，所補於人心不小矣。

方，名學漸，桐城人。

九月。

朔日，送方本菴至毘陵，偕諸君子會經正堂，再會取斯堂，方屬公爲序贈行。二十七日，公念繼山沈公，忽忽心動，草一緘候之。逾月，李元白信至，則作書之日，正其捐館之日也。沈遺命止報公及南皋鄒公二人，其孤士皋、士龍皆公門人，極蒙卵翼。

十月。

簡史際明曰：「方本菴先生老成典刑，足爲此時砥柱。心學宗欲得置之公所，足下即移入明道院中何如？」

耿庭懷與際明書：「孔、孟之後，擬奉程伯子以爲宗。」公曰：「是惟元公乎？劄記言：『明道見處極高，便有玄語；伊川見處極正，便有拙語；橫渠見處極深，便有艱語；康節見處極超，便有玩語；晦翁見處極實，便有滯語；象山見處極徑，便有狂語。惟元公不可及。』」又曰：「元公尚矣，明道、晦菴各有獨到處，未易優劣。」又曰：「太極圖説，元公之中庸也；通書，元公之論語也。上下二千年間，一人而已矣。蓋公之學從無欲入，故確乎自主一宗。」

十一月，作自反録。

集兩年中往來尺牘及客座問答之辭，併以俟録入之，内或問一則曰：「吾聞君子不黨，子之爲李漕撫上書也，不近於黨乎？」涇陽子曰：「豈惟是哉？當丙戌、丁亥間，有毁吕寧陵坤於政府，欲中以考功法者。余極口明其不然，以至取忤，時則人以余爲寧陵之黨矣；王耀州國用計事失當，路指外遷，余承乏選司，特請於陳恭介擢卿太僕，時則人以余爲耀州之黨矣；吴晉陵中行、趙琴川用賢先後被群小望風傾陷，余不揣，輒起而攘臂其間，時則人以余爲吴、趙之黨矣；江新安東之自鄧州守，超爲光禄卿，李大同植即家起爲綏德守，驟至大用，皆犯時貴所忌，時則人以余爲江、李之黨矣；兹者又言沈嘉禾思孝於太宰，則又以余爲嘉禾之黨矣。其何所不黨哉？然而數君子各各自成一局，不必意見之盡同；就其中亦往往互相爲左，不必藩籬之盡撤。是故黨寧陵，則與寧陵左者且外我；黨耀州，則與耀州左者且外我；黨吴、趙，則與吴、趙左者且外我；黨江、李，則與江、李左者且外我；黨嘉禾，則與嘉禾左者且外我；至於今黨漕撫，則與漕撫左者且無不外我。其又何所黨哉？如此看來，有黨乎？無黨乎？一憑人謂何耳！余曷敢擇焉？」

簡江西李藩長孟白曰：「南昌布衣朱以功行修言道，慥慥君子也，足與章本清頡頏後先，暇中能物色之否？」

作萬曆奏議序。

國家之患，莫大於壅。壅在下則上孤，壅在上則下孤。皇上御極以來，二患迭見。丁丑綱常諸疏，政府不欲宣付史館，致遷怒於執簡諸君，後遂假留中，以泯其跡。令言者更以他事獲罪。邇年且欲并邸報禁之。

壬午一變，公道屈焉而忽伸；戊申再變，公論鬱焉而忽暢。未幾，伸者仍屈，暢者仍鬱，蓋根深蒂固，非一時所得猝拔。論世者所以嘆息於江陵、四明之間也。惟余願有獻焉。

李忠定曰：「天下之理，誠與疑、明與闇而已，繇誠明推之，可以至於堯、舜；繇疑闇推之，其患將不可勝言。願以是爲皇上獻，求所以至於堯、舜者。」蘇文定曰：「天下有重臣，有權臣。權臣天下不可一日有，而重臣天下不可一日無也。願以是爲執政獻，求所以爲重臣者。至於言官操天下之是非，天下又操言官之是非。蓋言之不可不慎如此也。願以是爲臺省獻，求所以信於天下者。」

十二月，刻涇皋藏稿。

集生平書、疏、記、序、傳、誌諸文，詳加删訂，手自編次，爲二十二卷。

十五日，吏部奏爲「欽遵撿發明旨」等事，請亟簡原推左都僉都，以新國度，服時情，其他大僚恭聽次第撿發，時方擬公陪銓，因此章留中不果。

按劄記末云：「『心不踰矩』，孔子之小心也；『心不違仁』，顏子之小心也。語本體，只『性善』二字；語功夫，只『小心』二字。」若舉書中秘義，特爲標出作究竟語。而其前數則有云：「吾輩今日一嚬一笑，一語一默，在在與天地相對越，在在與萬物相往來，何容兒戲？」又云：「『五十而知天命』，孔子，一天也；『知我者其天乎』，天，一孔子也。是以兩下互爲知己。」嗚呼！其絕筆之一讖耶！

四十年壬子，六十三歲。置義莊。

先嚴贈户部主事南野府君，生有四子：長爲先伯兄鄉飲介性成，次爲先仲兄光禄寺監事自成，又次爲不肖憲成，又次爲先季弟禮部主事允成。先嚴居陋茹菲，而志意甚闊，時時慕説范文正公之爲人。比即世，有遺租二百石，先伯兄請於先慈錢太安人曰：「兒兄弟各自經其生，此田留之，以成吾父之志，何如？」先慈大喜，許之。自是又稍加綜理，漸有增益，其得三百石有奇。每歲出以周宗人之貧者，蓋二十春秋於兹矣。而食指漸衆，漸不能給，則先仲兄又時時捐廪而佐之，因曰：「此須别有措置，乃爲可久。」又曰：「吾邑糧役煩重，亦當與同區分憂，須并置役田。」又曰：「吾兄弟俱僅足支吾，況伯兄、季弟俱已奄逝，諸姪中尚有自給不充者，吾賴有天幸，節嗇之餘，不無一二可備推解，此舉固當任之。」正在擬議，而疾作矣。且病且革，謂不肖曰：「吾未了心事，是在吾弟。吾弟勉之，亦須上緊，歲月不待人也。」不肖爲之流涕，無何，竟不起矣。於是先仲兄子與浹日夕哀痛，亟圖所以慰之者，首願捐租五百石，不肖亦願捐租一百石，先伯兄子與滁亦願捐租五十石，先季弟子與淛、與演亦願共捐租五十石，并現在三百石，合爲一千石，除錢糧耗折等費外，以其半贍族，以其半助役。贍族者，照舊酌量上中下三等，二季分散，公同當面查發，登簿；助役者，每年糧長一名，貼銀一百兩，仍取領票送縣驗實。如遇本户當役，亦照前例。如此，庶幾先仲兄臨訣之言即見諸行事，而先嚴之志亦藉以稍伸矣。第念非藉台臺寵靈，不可以垂永永，敢具呈以聞。右書撫臺檢吾徐公。[一]徐，名民式，浦城人。

録嘉言、善行二編。

嘉言，乃所集所聞於同時者，若會規、會語、説書、敘事之文，或耆舊宿儒，或門墻後進，悉見收採。善行，則皆吾邑先賢行事，某某隱德，某某苦節，多從前記載所未及者，各爲小傳，系之桑梓録，以備志書，故略；此編意主廉頑立懦，敦薄寬鄙，故詳。

三月，會陽羨。

朱平涵書曰：「春會，擬侍函丈請益。乃聞舉自陽羨，遂不及赴，賢郎遭此一番磨煉，自是天將玉成大賢處，此如蛛絲掛落葉飛，豈礙太虚半點？古人值此甚多，乃知今人作用未是奇特，且不如是，不見道之大也。」時學使熊廷弼方肆其

[一]「檢吾」，底本及諸校本均作「簡吾」。按徐民式號檢吾。

毒於東林，歲試，置與渟末等，公絶不介意，命鼓篋遊南雍。是月復有澄江之行。

四月，立義莊碑於宗祠。

碑文：

無錫縣爲承遺命以成先志事。案蒙本府知府杜信牌，該蒙撫院徐批發：「具呈人顧津呈前事，奉批：置立義田，周恤族黨。」昔范希文之芳規，與堯夫之克類，遐哉邈矣！今顧贈公暨其子孫三世相成，贈族之外，又助里役，仁心義行，萃於一門，視文正、忠宣奚讓焉？仰府行縣酌定成規，俾顧氏家政著爲典則，仍通詳定奪，勒石遵照。又蒙按院房、常鎮道臧批：「仰查報，蒙此，本縣隨著該族長查明田畝坐落等項，詳議條規，造册到縣。」據開義租一千石，坐落宅仁鄉户名，顧南仲即於祠旁建倉，擇人收管，除糧徭銀米外，所存之米，以一半贍族，春秋二季，四房公同給散極貧者，每季一石二斗，次一石，又次八斗，婚喪老疾，隨時酌助。又以一半助役，糧長銀米，十二月先給若干，次春找足，俱當官領發。麥租聽充祠倉應用諸費，遇荒請勘租欠告官等情，具由申府蒙批。置立義田，以敦宗誼，至仁也；以甦糧役，至義也。一舉而仁義兼盡，若顧氏者，可以風矣。綜理規則，誠爲確當，候詳允遵行繳。

又蒙撫院、按院、兵道各批，仰府行縣如議遵行，仍勒石以垂永久等因到縣，爲此報義田，同族人等知悉，每年收租，務用較準斗斛，錢糧先期完納。至於春秋助貧，照議給散，婚喪等項，聽從酌助。其津貼糧長銀米，具領到官給發。頑佃逋租，告追清理，遇荒踏實饒減，悉照部文奉行。

萬曆歲次壬子四月吉旦，雲間俞亶儒書，里中何之清刻。

五月二十三日寅時，公終於涇里之正寢。

月望，會講東林者三日。講畢，憩城寓。十八日，病暑，返涇上，時與淳留南雍，候秋試。二十日，作一書寄之，命與沐代草，親索筆改三四字。伏枕至第三日，忽起坐，執與沐手曰：「作人只『倫理』二字，勉之。」語訖，恬然而逝。嗚呼！所謂生順殁寧者歟？是月上旬作兩書，一答都門友人，曰：

時局紛紜，千態萬狀。非惟人事相激，殆亦氣運使然。制馭之幾莫知所出，姑言其臆，似宜平而劑之。大都在急於主張獨是，不必急於抉摘衆非；在急於聯屬同心，不必急於翦除異類。要使彼之有以自容，而於我無所致其毒，久之或漸消漸釋。故獨是伸，則衆非自詘；同心盛，則異類自衰。斯爲不抉摘之抉摘，不翦除之翦除耳。

一答徐公匡岳，曰：

宗要之集甚佳，令人一見了然。見羅先生有功於吾道，丈又有功於先生，吾輩更有何説？惟相與纘習服行而已。楊建禄云：「先生祠已落成，將於中元舉同省大會。」聞之躍躍神旺，恨不能扶病而前，當遥爇瓣香，祝在坐諸君子爲先生發明大事也。

前一札，丁長孺録之相知所；後一札，高存之簡遺草，識其後曰：「此絶筆也。」公一生念頭無日不在世道上，至是其益信矣。

朱平涵曰：「相傳吉地有土龍之説，未之敢信。顧先生之宅前對膠山，後枕斗山，龍自西來，左右界以水，氣厚脈清。其尊公以貧士卜宅，生先生兄弟四人，皆魁梧俊爽。先生與弟涇凡公少以文章著名，晚以理學稱重。其仲兄涇白爲光禄丞，亦奇男子也。某年光禄於西偏掘土，土中有龍形，頭角皆具，役人驚而劖之，白膩如脂。光禄聞，亟往止而掩之，已散奪無餘矣。未幾，光禄與先生皆卒，而東林之社遂被言者痛詆。天乎？人乎？地乎？亦關風氣，其又何尤！」見湧幢小品。

顧憲成全集卷七十六

顧端文公年譜卷後

六月，禮科左給事中周曰庠奏爲「正人相繼淪亡，國勢空虛可慮」事。

略曰：

諸臣自葉向高之外，可以負大任者，非郭正域、顧憲成、黄輝等其人哉！乃憲成於五月二十三日故矣。二十四日，正域又故矣。蜀中朝紳有謂：「黄輝已先二臣故矣。」詩云：「人之云亡，邦國殄瘁。」言正人凋謝，國運將隨之也。皇上驟聞三臣之殞，當亦潸然出涕，而三臣不可復作矣。臣誠切杞人之慮，披瀝奏聞。

又李侍御邦華疏言閣臣聞顧憲成、郭正域、劉曰寧之逝，哀號累日，如失左右手。同時，請卹之奏幾滿公車，惟全抄寄示者，節録附入。

七月，崇祀郡邑鄉賢祠。

提學御史熊爲學政事，舊例鄉賢俱經該道府縣詳請批行，今本官人望久孚，無俟查核，宜徑行置主崇祀，以光俎豆，隨送主縣學鄉賢祠。訖又撫按學三院，會同批送府祠。廷弼此舉迫於公議，尋因互訐聽勘，益攻東林。

八月，東林公奠。

同年、同社及後學門生于孔兼、錢一本、吴達可、薛敷教、朱鳳翔、諸壽賢、王士騏、朱國禎、徐必達、洪文衡、姜士昌、岳元聲、顧際明、于仕廉、黄正賓、陳敏申、湯兆京、吴亮、孫慎行、于玉立、張大受、吴正志、俞汝楫、高攀龍、劉元珍、文震孟、荆之琦、錢謙益、郁庭芝、史孟麟、丁元薦、徐鳴皋、安希范、賀學仁、任光祖、丁鴻明、劉廷炅、周繼文、卞洪載、程由庚、趙璆、汪萬里四十餘人至者，先於東林會哭，及入涇拜奠，皆相向失聲，或留連浹日始去。祭文摘録首卷，未載者詳與渟日記。

撫院徐、按院房爲「闡揚清貞理學名臣」事，會同議照本宦真修峻望，粹學醇儒，若此高標，難拘官品，理宜題請贈謚等因行道，仰府檄縣，將本官歷仕遷秩、名行節概逐一確核，查例速詳。

祀郡先賢祠。

常鎮會講諸公，暨諸後學門人公進。

十月，江西道御史徐縉芳奏爲「道脈難殄，儒行當揚」等事。

故南京光禄寺少鄉顧憲成，忠本天植，學爲人師。所著諸書，有體有用，斷斷乎名儒君子也。或咎東林觸犯時忌，臣竊以爲不然。宋儒程頤，後世尊之爲師，當日邪人詈之爲鬼。又有上章乞斬朱熹，以謝天下，不許其門人會葬者。近日多言王守仁到處聚徒講學，議朝政，擾有司，敗壞風俗。此皆誣罔譸張，曾何傷於日月乎？臣查謚册，如少卿王時槐、給事中賀欽、主事劉元卿等已發訪舉行。憲成遠過三臣，伏乞勑部勘查，題覆賜謚。

十一月，應天巡撫右僉都御史徐民式、巡按御史房壯麗題爲「寺臣久著清貞，懇乞聖恩贈謚」等事。

據整飭常鎮兵備按察使臧爾勸呈，據常州府無錫縣準儒學稟增附生員吴桂森、張雲鸞、杜國政等呈稱，已故鄉宦顧憲成，德自天成，學繇神授，凡諸懿美，莫罄揄揚。查得先臣陳獻章位不越簡討，羅洪先贈不逾光禄，並膺特典，賜謚「文恭」。今憲成實兼二臣，寧靳一謚，乞準轉申奏請等因到學。又耆老談學里排顧拱、馬龍等呈到縣，該教諭丁仕明、知縣陳以聞、知府杜承式各看語到道，該本道看語到職，該職會同看得顧憲成百年名世，一代儒宗，出處係世道重輕，言行作人倫師表。位不配德，忠猷未展乎生前；論定蓋棺，異數當加於身後。既以議詳前來，相應題請，伏乞敕下禮部查照陳獻章、羅洪先例，覆請贈謚，謹題。會誠意伯劉蓋臣有疏詆公科道，公本合糾蓋臣，邪説始息。

十二月，尚寶司司丞章嘉楨奏爲「微臣猥荷賜環，懇恩一視録生褒死」事。

臣於萬曆二十二年，因推舉閣臣事，嚴旨逐選郎顧憲成，而併追逐臣以去。今思舊事，轉憶舊僚如孟化鯉，真品真才，不幸遂卒。至於顧憲成，豪傑而聖賢者也，當官任事，百折不回，而學脈之醇一，操修之精純，神理之綿密，居處之淡泊，粹然真儒。一腔忠赤，惟思爲國家進用賢才，其教澤幾遍海内，諸凡著述，即考亭復起，不易其言。竊謂易名允宜，而孟化鯉當併與議謚者也。

禮部發刊，續補議謚公册，計七人，公及沈思孝、郭正域、方弘静、李中、張登高、徐文彪。

四十一年癸丑。正月，祀邑崇正書院。

書院先祀宋楊文靖公及喻、尤、李、蔣四公，名「五賢祠」。嘉靖間，華比部雲增入宋李忠定公、明邵文莊公，更名「七賢祠」。至是，邑中後學高存之等請於當道，奉公木主入焉。

三月，工科給事中喻致知奏爲「敬陳末議，以備採擇」事。

一曰旌物故名臣。向令吴時，曾一晤顧憲成，真目擊道存，有明道沖和之度者。其著述以孔矩爲宗，以依庸爲的；其操行以善與人同爲樂，以閉門作自了漢爲耻。有臣如此，而不晉一秩之榮，不蒙一字之褒。國家贈謚，爲何等臣設乎？

河南道御史郭一鶚奏爲「直臣齎志以没，聖恩優卹宜先」事。

顧憲成忠原天挺，學稱人師。抗顔權貴，泊然於功名富貴之場；恬意寂寥，悠然於性命身心之旨。一旦溘先夫朝露，天下何與於斯文？請亟照先臣張翀、羅洪先等贈官予謚，以表忠貞之尤。

四月，巡按河南御史方大鎮奏爲「懇乞聖恩褒崇理學」事。

理學之臣，有身已没而輿論久孚，德實優而特恩未及者。其一爲常州之顧憲成，接周、程之脈，守孔、孟之繩，持身則樹清標，立朝則礪風節。抗時相而正議侃侃，領後進而師範巍巍。讀小心齋劄記、東林諸會商語，其窮理之精與救世之切，概可想見。此一臣者，大節嶙峋，獨詣純實，蓋得聖學之正直者也。

巡按湖廣御史錢春奏爲「賢臣應卹，明白無疑」事。

臣屬境内禮部侍郎郭正域病故，祭葬贈蔭，乃其應得，並非妄求。適見撫按、臺省、卿寺諸臣爲顧憲成請卹謚者，疏無慮數十上。夫憲成文章兼之節義，道德合之功名，立朝固百折不回，居鄉真一塵不染，緣當途之蓄怨甚深，故生不免長淹於田里。幸天下之良心未泯，雖死猶爲昭雪於廟堂，則今日者慰群清而修曠典，職因正域并有望焉。

五月，祀惠山特祠，奉涇凡公配。

萬曆間恩詔一款：「境内名賢應祀者，地方官不必題請，徑行立祠報部。」馬君常首倡通學，具呈併奉涇凡公入祠配享。隨蒙巡漕御史周楙查建祠處所，候文支俸，以襄盛舉。署縣通判萬、署府推官王、署道蘇松、兵備俞、撫院徐、按院房敦促輸勸，擇地惠山聽松坊，先構一楹以祀。卜明年八月鼎建。周，名起元，辛亥曾有疏，力辨僞學之誣。

十月，行人司行人劉宗周奏爲「修正學以淑人心」等事。

東林者，先臣顧憲成倡道處也。從之遊者，不乏氣節耿介之士。而從事學問，則高攀龍、劉永澄爲最賢。憲成之學，不苟自恕，扶危闡幽，屏虚黜煩，純如也，亦喜別白君子小人而歸於無我。身任名教之重，挽天下於波靡，一時士大夫景從如雲。以故東林最著，惟其清議太明，流湎之士苦於束濕，遂乘淮撫之救，謗議紛起。憲成殁，而忌者因指東林爲門户，合朝野而錮之以爲黨人，夫東林果何罪哉？惟是標榜脣齒，已蹈漢人之失，而復坐累於淮撫。由是四面樹敵，凌夷至今，此則東林之罪矣。若夫憲成之學，學朱子者也，其言曰：「世尚奇，朱子以平，平則一毫播弄不得；世尚圓，朱子以方，方則一毫假借不得。今之世變，所爲假借播弄者，非乎？雖然，有諸己而後求諸人，無諸己而後非諸人，斯憲成自反之學也。」三書之上，言者不已，而終不辨。但云：「即有書，豈有發抄之理？」可謂能自反矣。善乎！憲成之言曰：「『行一不義、殺一不辜而得天下，不爲』，利心方消盡；『依乎中庸，遯世不見知而不悔』，名心方消盡。」此亦方之説也。

又曰：「新法之行，吾黨激成，如是而後，可以盡己之性；君子當於有過中求無過，不當於無過中求有過，如是而後，可以盡人之性。」此亦平之說也。臣切爲在朝在野諸臣三致意焉，而又何以攻東林爲哉？又疏曰：「諸臣之冤崑宣者，未有不嫉東林者也；嫉東林者，未有不合救熊廷弼者也。至欲立東林奸黨之碑，榜之朝堂，而未知所坐，乃發難於于玉立，繼又及丁元薦矣。若高攀龍與顧憲成上下議論，不媿淵源。憲成死，而戈矛無向，勢必踪跡攀龍。臣實不服，即極口東林之罪，不過養交好事，疾惡太嚴，而就中分別流品。上者進於功名，顧、高是也；卑者進於富貴，于、丁是也，亦庶幾洗東林之冤乎？嗟嗟！東林何罪哉？」顧、高之稱自此始。

高存之狀公行，文成，與渟持往江右，請南皋鄒公爲墓誌銘。又託王惟懷，請碑文於儕鶴趙公。

四十二年甲寅。七月。

撫院徐爲公訪謚典事，準禮部咨本部條議一款，謚典易名信今傳後緣由，仰加博訪，如得其人，開列行實詳報等因行縣。據詳本學訓導張衍禎等會同生員劉允珍等，勘結本官，宜倣白沙從祀於文廟，寧援念菴錫謚於朝堂。又萬曆四十一年，通學公呈已經撫按具題候旨，今將前項應祀鄉宦緣由，并開逐款事實文册，類釘轉呈照驗。

十月。

兩孤扶匶，厝賢關橋之新阡，因地主齟齬，故未即葬。吴峻伯端友録姚序云：「希孟因來會葬，得識吴門人李應昇，在癸丑之冬，此筆誤也。」

四十三年乙卯。

門人洪範重刻公百二草及鄉會墨小試論。範，字禹錫，新安人。丁長孺曰：「禹錫從先生讀書涇上，先生没，敦築室之思於三年，外誼甚高。復刻先生文，介其伯子平仲屬余爲序。」序見尊拙堂集。

四十四年丙辰。十月，原任漕撫李三才奏「辨邪正」等事。

言自某某假捏妖書，擅戮楚宗，關節倖中，至今彼黨挺身報怨，死與正人爲仇。如大臣之賢者，則葉向高、朱國禎等去矣；小臣之賢者，則丁元薦、劉宗周等去矣。仇正之言不過曰東林。東林者，顧憲成講學之所也。從之遊者，高攀龍、安希范、劉元珍等。東修表表，何負國家？乃盡行屏斥，舉鄒元標、趙南星等，並以此名加之，何哉？疏上，削籍。明年京察，始盡去東林諸人。

四十六年戊午。八月。

與沐舉應天鄉試第一百四名。

熹宗哲皇帝天啓元年辛酉。二月。

與渟卒。

八月。

樞舉應天鄉試第十三名。御史張訥借科場事以掊擊東林，疏言：顧、高子弟並列賢書，情弊顯然，請行嚴究。旨下，部科磨勘，隨經題覆：「顧樞文義甚優，臺臣所參無實。」明年，中會試副榜。入都時，鄒、趙、馮、高諸賢並在九列，於凡學脈政局指示最詳。公生平出處之故，亦頗多追憶。後己卯鄉试，柄舉第七十名。

刑部侍郎鄒元標奏「請卹録遺賢」等事。

先是，光廟登極詔書一款，建言廢棄諸臣，事關國本，得罪者分別奏請召用，卹録未行，鄒公特疏，以公名居首，云：「此一官者，身任世道之重，力抉詖淫之藩，所當即與贈謚，以昭來祀者也。」

二年壬戌。六月，贈太常寺卿，給三代誥命。

吏部題請贈官六十六員，列公名第一。誥贈祖父、父皆太常寺卿，祖妣、妣及配皆淑人。涇凡公同日贈尚寶司司丞，制詞褒美，有「學術方駕夫顥、頤，節義比肩於軾、轍」之語。

九月，葬公於賢關橋之新阡。

自甲寅冬，屢卜葬期，至是始獲永妥。文文起書墓誌銘，納壙中，劉伯先爲新阡記，在邑東三十里梅李鄉。

五年乙丑。八月。

逆璫魏忠賢從御史張訥，請矯詔毁東林書院。

以御史石三畏言追奪官誥。

又御史盧承欽言，東林自公與李三才、趙南星而外，如王圖、高攀龍等謂之「副帥」，曹于汴、湯兆京、史記事、魏大中等謂之「前鋒」，賀烺、李朴、沈正宗、丁元薦謂之「敢死軍人」，孫丕揚、鄒元標謂之「土木魔神」，宜將一切黨人，不論曾否處分，俱將姓名罪狀刊刻成書，榜示天下。時謂此疏彷彿元祐黨碑，於是要典之議起矣。

六年丙寅。二月，祀道南祠。

乙丑，毁天下書院，首及東林，遂先撤依庸堂，其餘則高存之首倡估價納官，冀仍留以待興復。而按院徐吉將價發還，存之慮後之復有變也，乃以是月仲丁爲文，告文靖之靈曰：

惟先生學道，則承程門之正傳；衛道，則闢王氏之邪説。理學氣節，參和不偏。故在宋室既培養群哲，在我朝亦興起多賢。如毘陵一郡，涇陽顧子、涇凡顧子、啓新錢子、玄臺薛子、我素安子、本孺劉子進則正言直諫於朝，退則明善淑人於野，丹心矢竭於少壯，素節不改於暮齡。皆先生南來千四百年之真傳，東林一十八載之遺教也。今日講壇既毁，恐歲久事湮，謹奉六子配享，以明天地一時生才之非偶，聖賢千古傳心之不磨。

至五月，書院果盡毁。

莊烈愍皇帝崇禎元年戊辰。[一] **二月，吏部題爲「權奸既斥，公論宜伸」等事。**

時附璫諸人，有請昭雪東林以自營展脱者。太僕寺少卿某言：「鄒元標、顧憲成、馮從吾等皆耆碩老成，畢竟抹摋不得。」奉旨：「該部核酌，具覆吏部。」始列公名，上請優卹。

是歲，王惟懷以刑部郎中定閹黨虎彪罪案，有河南司案呈全抄，載無錫縣舊志稿。

十二月，男應天舉人與沐奏爲「聖政維新，忠貞未剖，懇乞天恩褒卹」等事，奉聖旨：「該部議覆。」

略曰：

臣父生平行履載在公評，不敢瑣瀆聖聽，只舉立朝居鄉大節陳之。始，忤故相張居正幾羅不測，及改吏部，值何起鳴、陳與郊以內計訐總憲辛自修，抗疏論列，遂與當路相左，票擬降調。是臣父之謫，以國是而謫也。後舉天下公廉第一，再入吏部。有旨：「並封三王。」首倡同官力争，及

[一]「莊烈愍」，底本及康熙本均作「〇〇〇」，據光緒本補。

會推閣臣，又首推疏請册立之。王家屏益與當路相左，票擬革職。是臣父之削，以國本而削也。

講學東林，思以淑世維風，且培養善類，供國家之用。而甫荷賜環，溘先朝露，已膺加秩，方議易名，不謂逆惡魏忠賢、崔呈秀恨高攀龍等首發其奸，更恨倡始淵源實繇臣父，因授意私人石三畏横肆誣詆，遂將生前原職及身後贈官一併革除，臣父母封章暨臣曾祖、祖父母誥命盡行追奪。

今幸聖明御極，伏讀恩詔一款：「有應褒卹者，即與褒卹。」謹照故都御史鄒元標例，披瀝上請。伏乞皇上軫念遺忠，敕給從前官誥，併賜易名，不惟臣父永戴高深，而臣與沐亦生生銜結矣。

奉旨：「顧憲成官誥卹典，該部即與議覆。下吏科沈、禮科葉參看，發抄。」

又奏爲「進呈書籍」事。奉聖旨：「所進劄記留覽。」

略曰：

臣惟自古帝王之興，莫不以務學爲急。顧其學非泛而無歸也，所以繼天立極，爲世君師，惟教之明善復性而已。粤稽虞廷授受，言人心道心者，心也。而精而一之以允執厥中者，中即性體也。詩曰「秉彝」，書曰「降衷」，易曰「太極」，無非此體。至孔氏言「性近」，孟氏言「性善」，而其説乃大明於天下。至宋周、程、張、朱諸大儒言「無欲」，言「主敬」，言「格物窮理」，詳示人復性之功，以上續唐、虞、洙、泗之傳，千載如一日也。

我太祖表章孔、孟，敦尚程、朱；成祖更命儒臣纂集五經四書大全、性理諸書，一遵傳註。其爲世道人心計，至深且遠。慨自後學紛囂，薄真修而崇頓悟。以主敬爲矯揉，以格物爲支離，而性體幾至割裂，毋乃非聖祖當日垂世立教之初意乎？

臣父生而有志聖賢，嘗以虚無寂滅之説返質之本心，不合也；追質之先聖先賢，不合也。爰加詳剖，力障狂瀾。商榷之言，積久成帙，其大指則曰：「語本體，只『性善』二字；語工夫，只『小心』二字。」惟我皇上秉『生知安行』之質，懋左圖右史之功，凡諸正學，悉荷表章，即屬涓流，盡供採擇。謹將臣父劄記三卷，命臣男舉人樞繕寫，另筒封進，敬俟萬幾之暇，特垂乙夜之觀。倘有符性學之淵源，或上佐高深之萬一，豈惟臣父實慰苦心，而於帝王之所以爲道，聖賢之所以爲學，暨我祖宗之所以爲教者，維持振興，當亦不無小補矣！

奉旨：「所進顧憲成劄記三卷留覽，該部知道。」

二年己巳。正月，山東道御史吴甡奏「陳視學要務」事。

顧憲成，群賢領袖，鼓吹東南，所著劄記尤深於性命之旨，當照鄒元標等，即與贈謚。

四月，吏部題覆聖政維新等事。奉聖旨：「復還原贈官誥，加贈吏部右侍郎，給三代誥命。」

又四月，禮部題覆前事，奉聖旨：「準與他謚。」

吏部疏略曰：「本官大節與鄒元標相同，而理學淵醇過之，除補給誥命外，應加吏部右侍郎，仍廕一子，入監讀書。」禮部覆稱：「本官一代天民，四朝人望，冠裳，道範五十載，海宇同瞻。賢聖心傳千百年，門牆共淑，所當如例，亟賜易名，及贈官誥。」下末云：「謚典祀典，次第褒崇。」蓋聖衷特簡，在文廟兩楹俎豆，斯則諸臣覆疏中之所未及也。是冬，與沐署教建平。壬申，陞國子監助教。甲戌，陞户部主事員外郎。

十二月，賜謚端文。

初八日，禮部爲謚號事，祠祭清吏司案呈奉本部，送準翰林院遞出揭帖「賜謚原任南京光禄寺少卿贈太常寺卿加贈吏部右侍郎顧憲成曰『端文』，守禮執義，道德博聞」到部，爲此合劄該府，轉行該縣，及本官原籍，俱一體欽遵。

九年丙子。八月。

與沐以南京户部郎中出知四川夔州府，告歸養母。越二年，舉朱淑人九衮觴。

十四年辛巳。十月，禮部請從祀文廟，奉聖旨：「着候旨行。」

上幸國子監，釋奠先師，禮畢，問西廡末席何以尚虚？蔣德璟以侍郎署部事，酌議：「近儒應祀者，惟顧某一人，且久膺俎豆褒崇之誥，而其前則吴與弼、羅倫、蔡清、陳真晟、陳琛、吕柟、王艮、章懋、羅洪先，宜一體增進。」疏入，上意吴、羅等既在萬曆以前，當陳、胡從祀之時，何以不聞議及？遂俱批，候旨。是舉也，實因儀曹開列過多，以致將行復格。崇儒鉅典，仍當百世以俟聖人云爾。

年譜後序①

從來不可一日不明者，聖學也；不可一日不持者，世道也。舍聖學而言世道，必入於功利；舍世道而言聖學，必流於異端。若吾邑顧端文先生，真明聖學以持世道者也。自姚江以「無善無惡」言心，學者張皇其説，輕實修而尚虚悟，一切居敬窮理之學，概置不講，而流弊且中於人心。先生出而力主性善，重躬行，未嘗不指本體，而性善即本體；未嘗不言事功，而躬行即事功。其理精，其辭辨，使學者知濂、洛之宗傳，而不爲他岐所惑。此先生之大有功於聖學也。

自江陵當國，以權智馭天下，士大夫尤而效之，不盡敦勵名節。先生在吏部，惟以進君子退小人爲務，不憚與執政忤。至得罪以去，雖林居，猶與當路者反覆別白言之。天下於是知君子小人之當辨，名節之當重。此先生之大有功於世道也。

歸田後，興復東林，與同志講明斯道，而四方景從，如水赴壑。至今言學者，必以東林爲歸。先生明聖學之心，可以無負。獨先生之學，萬物一體，使當時得大用，盡

① 此篇底本無，據康熙本、光緒本補。光緒本此篇在「卷三」末。

行其道，必使人心正而國脈長。乃兩入銓曹，不久去位，江河日下，卒不可挽，此天實爲之，而先生之所無可如何者也。然而先生没後四十年中，士大夫之争三案者，攻魏璫者，與夫殉國難者，大約東林之人，則先生不忘世道之心寄之諸君子者，又何其久耶！

先生年譜創始於子夔州公，再輯於孫孝廉公，至曾孫中翰梁汾君而修潤成編。松齡受而讀之，嘆其事詳而核，體正而雅。凡先生所以明聖學而持世道者，可展卷得之，而當日國事之是非，人才之邪正，亦瞭然可見，此固非顧氏一家之書也。今天子崇儒重道，數年前廷臣有請以先生從祀孔廟者，得俞旨以俟明史之成。今史成有日，而是書適出，則將來崇祀之議亦將於此徵信焉。

松齡生先生之鄉，慕先生之學，而不能窺其萬一，得附名簡末，甚幸！抑甚媿矣！

康熙歲次乙亥仲春，後學秦松齡敬書。

年譜書後①

愚嘗謂：「譜孔子者，當主論語，而家語、史記諸書無足信。」主論語以譜孔子者，當首孔子自言，而諸子推尊之説次之。如「吾十有五」章著「與年俱進」之序，「莫我知」章指「下學上達」之訣，盡之矣。譜宋五子者，當依朱子伊洛、近思二録及黄氏文公行狀、李氏道命録，蓋宋史道學傳所自出也，其餘亦無論焉。詩曰：「維其有之，是以似之。」爲大儒年譜，而非原本自言，與有同德，奚以幾無憾？

明代學脈混亂，至正、嘉時而極；朝議糊塗，至萬曆季年而極。不有東林，誰爲救正？東林者，吾邑先正顧端文公偕諸賢倡道處也。公人品學術，久有定論，但後世欲詳其學行本末與功用終始，舍年譜無由，而譜公正不易也。公以力持清議，蒙黨魁之目，雖經洗雪，然局中之機緒最棼，聲影之旁猜未釋，則剖辨難。其爲學，鎔王、薛，擴胡、陳，廣大精微，無所不備。有影附者，亦有巧竄者，則刻畫難。即吾黨撤此二

① 此篇底本、康熙本均無，據光緒本補。

蔽，而急於表章，編年敘官之際，稍或脱誤，便成倒置，滋傳訛，何以資尚論？則考證又難。惟公孫庸菴先生幼承指授，長嗣宗傳，晚歲隱居，嘗精思慎擇，爲公年譜二卷。未幾，散軼，存者寥寥。又得曾孫梁汾氏追憶庭訓，述父書，以揚祖德，爲徵文考獻，潛心增訂，經年而是譜告成。

夏受而讀之，字字有據。益知公正色立朝，矜也，非争也；同人於野，群也，非黨也。闢邪衛正，絶似搜真，不得已也，非好辨也。公之功，上在宗社，下在世道人心，公真一代大儒哉！要而言之，公以「小心」名其齋，而又嘗曰：「無可無不可，是孔子小心處。」其自寫何親切也！載觀當日鄒、趙、高、馮、丁、史、安、劉諸君子敘論，則心悦誠服，出自同執端友，亦何待人後贊一詞。夏不敏，竊念是譜行，可以鼇學案，併可以揆國史。於是乎書。

同邑門下後學張夏拜手敬書。

年譜跋①

錫山先賢顧端文公，文章道德暨出處大節，炳如日星。自鄒忠介迄馬文肅諸賢，業敘而論之，小子言更何所述？惟是年譜一書，不成於端文之日，而成於端文之曾孫貞觀先生之手，則奚容竟無所述也？言備員是邑久，時一過徵緯堂，爲先生著書地，堂中圖史羅列，十几恒滿，大率皆明末記載及海内明賢傳志書疏，而銓曹積案、講壇會語之屬尤多。徐詢其故，迺知先生徧考端文行實及當時在朝、在野諸人，得一人，必按其人生平言動與端文相發明者，以徵端文某年某事，令事之初終、月日之前後確乎不爽，而復合之於篋中藏弆，往返牋牘，精蒐審核，力之所窮，幾幾有神者告之。至若遡庭訓以昭繼緒之原，冠綸音以識表章之大，序著作以明進學之漸，臚及門以揭道統之傳。其所繫爲甚鉅，而先生之用心於是乎不可及矣！言生也晚，無能窺昔賢萬一，竊謂世之有志斯道者，欲救端文之學，當從是書以求。先生之用心，門廡堂奥，庶

① 此篇底本、康熙本均無，據光緒本補。

藉仰瞻彷彿，而言之獲久於是邑，受是書援筆而述之，抑何幸歟！請亟流傳，以惠來學。

時康熙甲戌長至日，山陰後學徐永言謹跋。

顧憲成全集卷七十七

附録

附録一①

懇乞天恩俯賜褒邺疏[一]

顧與沐

① 此卷以臺灣「國家」圖書館藏明崇禎刻本顧端文公集附録卷二爲底本。底本各疏排列無序，編者根據文末所署年月重新排序。

[一] 此標題底本無，爲編者所擬。

原任南京光禄寺少卿、贈太常寺卿削奪臣顧憲成男應天戊午科舉人臣顧與沐謹奏，爲「聖政維新，忠貞未剖，比例陳情，懇乞天恩俯賜褒卹，以光泉壤」事。

臣父憲成，係直隸常州府無錫縣人，萬曆八年進士，初選户部主事，歷任吏部員外郎，建言降級，復任吏部郎中，奉旨削籍，起陞南京光禄寺少卿，病故。天啓二年，蒙恩特贈太常寺卿。六年，奉旨追奪。

伏念臣父生平行履，載在公評，臣不敢瑣述，以瀆聖聽，只舉立朝林居大節陳之。方筮仕時，故輔張居正權焰方張，臣父憂深嫠卹，激切上書，直陳時事，觸忤權門。迨居正卧病，通國署名走禱，臣父義不可屈，獨削名不與，幾罹不測，至居正物故，始改授吏部。會歲當内計，左都御史辛自修以秉公執法，爲工部尚書何起鳴、給事中陳與郊所訐，臣父懼其混淆國是，濁亂銓規，具疏論列，遂與當路相左，票擬降謫。是臣父之謫，以國是而謫也。

居外數年，舉公廉寡欲第一，再任吏部。時值神宗皇帝有「三王並封」之旨，臣父率同官叩閽力争，復貽書輔臣，剖陳禍福，反覆開導，事竟得寢。當路以此忌臣父益深。會廷推閣臣，臣父首舉力請册立之。王家屏大與當路相左，票擬削籍。是臣父之削，以國本而削也。

林居不敢自棄，思所以上報君恩，惟是躬行講學，庶足以淑世維風。乃偕弟允成、高攀龍等葺東林舊址，肄業其中。一時同志皆以道義相砥，名節共期，方圖培植善類，鼓倡士風，以供國家之用。不謂甫荷賜環，溘先朝露，一時臺諫諸臣請謚請卹者，章滿公車，禮部謚册久已列名。故左都御史鄒元標疏請卹録遺賢，以臣父居首。有云：「身任世道之重，力抉詖淫之藩，[一]所當即與贈謚，以昭來祀者也。」當日褒贈之典炳若日星，而易名之舉尚格歲月。不謂逆惡滔天，如魏忠賢、崔呈秀痛恨高攀龍等首發其奸，更思一堂衣鉢之傳，數年砥礪之力，臣父實爲倡始，授意私人石三畏妄肆詆誣，横加羅織，遂令臣父生前原職及身後贈官一併削除，臣父母封章暨臣祖父母誥命盡行追奪。

今幸聖明御極，天日清朗，無奸不滅，無善不揚，伏讀明旨内「有應褒卹者，即與褒卹」一款，查得故左都御史鄒元標於天啓五年身後追奪，今奉旨給復。臣父實與例合，臣切痛念臣父一生品行，百折孤忠。直道事人，通籍計四十年，而遇既窮於三黜；正學淑世，蓋棺已十七載，而禍更烈於九原。以致再錫之恩綸，竟與烟露同爐，

[一]「抉」，底本爲一墨釘，據禮科左給事中署科事葉參語補。

而一字之華衮，不得與日月争光。忠魂向隅，諒亦聖朝如天曠蕩之恩，所不忍遺之格外者也。故敢瀝血披心，伏闕上請。伏乞皇上軫念遺忠，查照鄒元標例，俯給臣父從前官誥，應得祭葬；更乞博採廷評，厚加卹謚，則不惟臣父憲成耿耿忠貞，重荷昭明於聖世，而臣與沐且生生銜結，長戴高厚於來兹矣。臣不勝哀籲懇祈，戰慄惶悚之至，爲此具本親齎，謹具奏聞。

進呈書籍疏[一]

顧與沐

原任南京光禄寺少卿、贈太常寺卿削奪臣顧憲成男應天戊午科舉人臣顧與沐謹奏，爲「進呈書籍」事。

竊惟古帝王之興，莫不以務學爲急。顧其學非泛漫而無歸也，所以繼天立極，爲世君師，惟教之明善復性而已。自危微精一，授自虞廷，其言人心道心者，心也。而精之一之以允執厥中者，中即性體也。賢聖有作，莫不繇兹。詩言「秉彝」，書言「降

[一] 此標題底本無，爲編者所擬。

衷」，易言「太極」，無非闡明性體焉爾。至孔氏言「性近」，孟氏言「性善」，而其教乃大明於天下。當是時，雖有「性無善無惡」之説、「有善有不善」之説、「可爲善可爲不善」之説，自孟氏反覆辨析，斷以仁、義、禮、智之四端，而性體如日中天。三代以降，學脈漸湮，自周、程、張、朱四大儒出，言「無欲」，言「主敬」，言「格物窮理」，詳示人復性之法，以續唐、虞、洙、泗之傳，千載如一日也。

洪惟我太祖高皇帝表章正學，敦尚程、朱，學宫以此訓士，科舉繇斯作人，盡善盡美，遠符姚、姒矣。成祖文皇帝更命儒臣纂集五經四書大全、性理諸書，一以四大儒爲準，有背之爲異説者，擯之勿使進。所以淑世維風，開無疆之祚，意甚盛也。慨自後學紛嚣，侈言頓悟，厭薄真修，於是乎性體割裂。邪喙争鳴，以主敬爲矯揉，以格物爲支離，害政生心，莫此爲甚，大非聖祖垂訓建極之初意矣。

臣父憲成生而有志學脈，常以虚無寂滅之説反質之本心，不合也；追質之先聖先賢，不合也。爰爲詳剖，力障狂瀾。商榷之言，積久成帙。恭遇我皇上秉「生知安行」之質，懋左經右史之功，凡諸正學，咸荷表揚，即有涓流，盡供採擇。臣父坎坷一生雖不獲，恭逢聖代，而編摩數帙，或堪以鼓吹休明。是用繕寫成書，敬備九重之覽，用呈乙夜之觀。惟皇上萬幾之暇，特垂睿照，庶幾助河海之高深，裨治道之萬一。不惟臣父當年矻矻苦心，不至湮没無聞，而於世教未必無小補矣。臣無任悚仄，惶恐之至，謹將繕寫臣父憲成劄記三卷另筒封進，具本親齎，謹具奏聞。

崇禎元年十二月十八日，奉聖旨：「顧憲成所進劄記三卷留覽，該部知道。」

厚擬謚廕以慰公論疏[一]

吴宗達等

常州府見任在京吏部右侍郎兼侍讀學士吴宗達等揭爲「百年名世，一代儒宗，輿望允歸，褒卹未被，懇乞仰遵明旨，厚擬謚廕，以光盛治，以慰公論」事。

竊聞君子之實學，惟是樂行憂違；儒者之大功，莫過開來繼往。故官爵量而後授，於是有論德論功之途，然位則或有不配；人品久而愈彰，於是有褒卹褒謚之典，乃幽則彌見其光。

原任南京光禄寺少卿、贈太常寺卿顧公，諱憲成，號涇陽先生，斯文主盟，衆正領袖。方知記誦，動引聖人自期；一做秀才，便以天下爲任。通籍者四十餘載，林居者

[一] 此標題底本無，爲編者所擬。

二三十年。其立朝也，直道事人，臨大節，凛持大節；其在野也，明善淑世，生斯民，毋負斯民，道脈洵矣。函三文傅，歸諸襲六，問之月旦，久有公評。謹按生平，略陳大概。

方夫策名筮仕也，權臣肆焰，通國披靡，憤威福之既移，嘆綱常之日替。謂廉耻無時掃地，士氣不可一日不培；謂名教如日中天，主權不可一日不振。函書陳事，油油焉情，峕冀夫挽回；走馬削名，凛凛乎義，不屈於走禱。力著孤褰之節，幾罹不測之災。幸而權相遄亡，嗣是吏曹改授，舍前撤棘，李下無谿。會當内計之期，正屬大公之典，乃憲臣竟以清貞被訐，而群小欲以萋菲行奸。念此人倫之是非，實繫國家之否泰。龜鑑早迨，而抗疏矢以回天；涇渭獨清，而持衡不容借徑。當途首嫉，外謫旋加。始出判於桂陽，歷司理於閩、浙。操仁讓之雅化，見德禮之同風。黎庶望之若神明，儒紳奉之如師保。於是，舉公廉寡欲第一，再晉銓曹。值三王並封之時，適四海恫疑之會，上書津要，上疏闕廷。不憚攖鱗而諍，直指是非，直探利害；要皆導窾而譚，昌論既明，邪謀旋寢。然事雖忠於社稷，而意實忤於權門。況夫臧否鑑分，縱宵人莫敢托私門之應；又且統均典重，即政府無能撓太宰之權。水火日懸，陰陽莫敵，考功之席未煖，通名之藉竟除。爰守幽閒，恐虛歲月，久屏居於南國，首倡道於東林，以禔躬範世之防，爲修己治人之術。鐸振群蒙，而人心斯覺；儀型先哲，而學脈斯端。扶綱植紀，而世斯有太常；立儒廉頑，而士斯有特操。

還經、證性數卷，自濂、洛、關、閩而上，默契淵源；劄記、商語諸書，凡聖狂王霸之分，剖晰豁徑。猶且江湖廊廟，不減范希文之先憂；若夫弄月吟風，渾然程伯醇之自得。匪直匡扶世道，洵能羽翊聖真。黄蓍望隆，方膺賜環之典；蒼生數阨，遽遘易簀之悲。諫臣請卹之章，御前駢列宗伯。易名之舉，謚册首推，乃甫贈奉常，未罄褒嘉什一，而忽蒙追奪，復罹宵小摧殘，豈道高身後莫容？抑問隆厥愠不殄？幸覩乾坤再闢，欣逢日月重新，屢荷臺省之表章，續見孝廉之陳乞。洞明四目，昭鑒重泉。既奉恩綸，俯允褒卹；尚藉台覆，特賜主持。達等桑梓親承，斗山夙仰；合詞上請，伏乞台臺垂念。涇陽先生與吉水先生生前品望，原屬共推；身後榮施，自宜一體。在吉水也，贈而又贈，卹官蒙特進之階；廕而又廕，録後荷獨隆之典。仰祈援例，給還官誥，及應得祭葬外，更乞贈廕易名，厚擬具覆。庶上不虚聖恩之浩蕩，而下不負輿望之攸同矣。爲此具揭，須至揭者。

崇禎二年正月日揭。

懇乞天恩俯賜褒卹疏[一]

王永光等

太子太傅、吏部尚書王永光等題爲「聖政維新，忠貞未剖，比例陳情，懇乞天恩俯賜褒卹，以光泉壤」事。

驗封清吏司案呈奉本部，送吏科抄出，原任南京光禄寺少卿、贈太常寺卿削奪顧憲成男應天戊午舉人顧與沐爲前事云云，奉聖旨：「顧憲成官誥卹典，該部即與議覆。欽此。」隨該吏科都給事中沈惟炳參看云云，及常州府見任在京吏部右侍郎兼侍讀學士吴宗達等公揭云云等因，通查案呈到部，看得本官。清風勁節，雅重一時；理學文章，堪垂百代。當權輔薰焰之秋，守正不撓；值國本摇動之際，抗疏以争。再晉銓部而冰蘖矢志，門絶竿牘，兩遭降斥，而甙甽樂道，人推斗山。至其闡明聖經，誘掖後學，講修己治人之術，振廉頑立儒之風，一時名賢如鄒元標、馮從吾輩，淵源接斯文之統系，出處關世道之盛衰，而本官其尤著者也。迺特起光禄，未竟厥施，没，贈太

[一] 此標題底本無，爲編者所擬。

常，旋遭逆璫追奪。宜海内人心久鬱未伸，而同鄉縉紳列名陳請也。切念本官生平大節與鄒元標相同，而理學淵醇殆猶過之，元標已加贈廕，大快公論，本官除伏原官補給誥命外，相應加贈吏部右侍郎，仍照例廕一子入監讀書，以發幽光而録後裔。庶於聖明風勵理學節義之臣爲不虚也。但恩典出自朝廷，臣等未敢擅便。謹題，伏候聖裁。

崇禎二年四月二十六日，奉聖旨：「顧憲成準復原官誥命，加贈吏部右侍郎。」

懇乞天恩俯賜褒卹疏[一]

何如寵等

禮部尚書兼翰林院學士何如寵等題爲「聖政維新，忠貞未剖，比例陳情，懇乞天恩俯賜褒卹，以光泉壤」事。

祠祭清吏司案呈奉本部，送禮科抄出，原任南京光禄寺少卿、贈太常寺卿削奪顧憲成男應天戊午科舉人顧與沐爲前事云云，奉聖旨：「顧憲成官誥卹典，該部即與議

[一] 此標題底本無，爲編者所擬。

覆。欽此。」隨該禮科左給事中署本科事葉有聲參看云云，及常州府見任在京吏部右侍郎兼侍讀學士吴宗達等公揭云云等因，通查案呈到部，看得本官。一代天民，四朝人望。冠裳領袖，五十載海宇同瞻；賢聖真傳，千百年門墻共淑。方文之未喪，雖載蹶載起，而秉銓持正，國本賴以匡扶，及時之不辰，即倐升倐沉，而明道作人，世風藉爲砥柱。惟聖主闡正學崇儒之治，斯人情值披雲覩日之天，論允愜於連章，德應酬於奕世。查得故左都御史、贈太保鄒元標清風正學，本官望實相符，例應相擬。今元標已荷忠介之褒，本官未被易名之典，所當急與議謚，以表揚名賢，以風勵後祀者也。至祭典一循官爵，本官雖不能與元標並隆，然歷朝尊崇理學，尚有以布衣從文廟祀者，況原贈奉常已躋三品，今加少宰，更列崇階，則與祭一壇，似亦聖朝如天曠蕩之恩所不靳者。但恩典出自朝廷，臣等未敢擅便。謹題，伏候聖裁。

崇禎二年閏四月二十三日，奉聖旨：「準與他謚。」

吏科都給事中沈參語

參看得顧太常出爲名宦，處爲真儒。昔三黜而不辭，今九原以爲烈。抗争國本，寢「三王並封」之謀；護持衆正，砥一時狂流之議。其末也，以修德講學爲諸後學師表，雖急流勇退，猶懷廊廟殷憂。如此忠貞，何慚名世？乃至附閹黨逆之日，遂遭焚書坑儒之群，禁宋室之僞學，甚歷朝之黨錮，幾使道學正脈斬焉中斷，孤忠直道屈而無光，此有何負國家而摧折至此？今邪説既息，則正學宜旌，而削奪之餘虐未除，易名之彝章未定，人心共鬱，表正何時？且還官誥，請祭葬，議謚廕，皆不過比例率常，非有異數，未可以諸子孫陳乞混目之也。抄出，速議覆之。

禮科左給事中署科事葉參語

參看得顧光禄一生出處，凡三起三蹶，而最後至不保其地。下官誥蓋以附權者而指及忤權，品行既殊，趨向應别。善乎！鄒總憲之稱光禄也「身任世道之重，力抉詖淫之藩」，殆所謂惟賢知賢歟？兩賢意氣相期，而生前身後遭際亦復相似。迺總憲已荷全卹，而光禄尚遲特恩。際此聖朝，當無不白之公道，亦無不慰之忠魂也。誥卹典，奉有明旨。抄出，覆之。

賜謚揭帖[一]

禮部爲謚號事，祠祭清吏司案呈奉本部，送準翰林院遞出揭帖。賜謚「原任都察院左都御史、贈太子少保、兵部尚書高攀龍曰『忠憲』，原任禮部右侍郎協理詹事府事、贈尚書周炳謨曰『文簡』，原任光禄寺卿、贈太常寺卿、加贈吏部右侍郎顧憲成曰『端文』」到部，送司案呈到部，擬合就行，爲此合劄，該府轉行，該縣及本官原籍俱一體欽遵施行，須至劄付者。

崇禎二年十二月初八日，對同都吏薛大受。

特恩録題詞

客歲，木之兄走冰雪中，間關千里，懷疏叩閽，縷涇陽先生生平大節，籲天請卹。當是時，天子方毖慎名器，綜核名實，諸曹援往，額請者多寢置不行。惟是涇陽先生輿望雲歸，廷論雷動。聖朝褒揚之典，瀀渥逾格，晉秩少宰，易名「端文」。於是諸君

[一] 此標題底本無，爲編者所擬。

子緇衣懿德之好，久格格未吐者快，若披陰霧、晞朝陽，而先生生平益顯白於天下。

木之感念國恩，彙集後先封事，合爲一編，携示余。余讀之，躍然而興，喟然三嘆而不能已也，曰：「夫君臣父子之際，雖至性所鍾，然似有天焉，非人所能與者。」方先生直道忤時，生阨於權門，歿摧於璫焰，至墓樹拱矣，而推波助瀾者，遡厥淵流，必剪滅之爲快，是阨無若先生奇。然先生受知三朝，始荷神廟之賜環，繼膺貞皇之寵卹，而今天子復爲光昭而洗濯之，佩恩三錫，流光千秋，是遇亦無若先生奇。蓋先生所能爲者，人也；所不能爲者，天也。然人定，而天在其中矣。木之疏不云乎：「先生秉鐸東林，提唱宗旨，惟以性善爲歸。」蓋至於今百年之慕如新，五世之澤未斬，手額是舉，不待臚告而肝腑若一者，誰爲之哉？則亦性善之一徵也。憶余向辱知先生，幾類忘年交，有夾護桑榆之約，暨共木之耿耿一燈，至古人忠孝大節，輒爲掩卷旁皇，氣拂拂從十指間出，則三復斯集也，其惡可以無言？

同邑通家後學馬世奇拜題。

顧憲成全集卷七十八

附録二

理學宗傳①

顧貞觀

顧端文公憲成，字叔時，南直無錫人。幼讀韓文諱辨，每至父諱，輒婉轉避之。就讀外塾，歸必篝燈自課，書其壁曰：「讀得孔書方是樂，縱居顔巷不爲貧。」一日，從師講孟子「養心」章。前請曰：「竊以爲寡欲莫善於養心，心爲主，欲爲

① 此篇以復旦大學圖書館藏清康熙三十七年刻本顧端文公遺書卷首理學宗傳爲底本，以光緒丁丑重刊涇里宗祠藏板顧端文公遺書小心齋劄記卷首理學宗傳（以下簡稱「光緒本」）爲校本。

役，主强則役退聽。」其英穎多類此。

萬曆丙子，舉鄉試第一。文章獨開堂奥，天下宗之。顧自謂：「此非吾安身立命處。」乃從事性命之學，日取濂、洛、關、閩諸書，究極其旨。

庚辰，成進士，授户部主事，與南樂魏允中、漳浦劉廷蘭友善。時相張居正病，舉朝若狂，爲設醮以禱，同官代憲成署名。聞即馳騎往齋壇，手削去之。居正卒，調吏部。

丁亥，有齮齕總憲辛自修者，憲成上書，語侵閣臣王錫爵，謫判桂陽。已，復司理處、泉二州。

壬辰，大計群吏，憲成舉公廉寡欲，爲天下司理第一。尋入吏部考功，旋領銓事，會「三王並封」議起，首疏力争，與王錫爵往復辨論，事得寢。

癸巳，内計趙南星爲政，盡黜要人子弟及其姻婭之失職者，憲成實左右之。趙忽奉旨罷，顧亦疏請同罷，不報。居無何，復入選司，自矢以扶陽抑陰爲體，以不激不隨爲用。然所推薦，卒多與錫爵齟齬。及會推閣臣，憲成舉舊輔王家屏以對，遂削籍歸。

益潛心理學，集同志講論於二泉，與姑蘇管志道力辨「無善無惡」之説。管之學一貫三教，而實主佛氏。憲成謂：「佛學三藏十二部五千四百八十卷，一言以蔽之曰『無善無惡』，觀七佛偈了然矣，吾儒何必以此爲學？」又謂：「辨四字於告子易，辨四字於佛氏難，以告子之見性粗，佛氏之見性微也；辨四字於佛氏易，辨四字於陽明難，在佛氏自立空宗，在吾儒陰壞實教也。」語語破的，爲一時正學表儀。

城東南故有宋楊龜山東林故址，同邑高攀龍謂之曰：「此地乃造化所留，以待叔時也。」憲成因首倡議，復構講堂書舍居焉。集吳、越士，歲一大會，月一小會，條約一宗朱子白鹿洞規，而大旨在教人識性。嘗曰：「論本體，只『性善』二字；論工夫，只『小心』二字。」

戊申，起光禄，辭不赴。

壬子，卒於家。

憲成有絶人之資，而以全力用之於聖學，故不爲一切懸虚奇妙所惑。居官雖未得究其用，而與天子宰相争是非者，皆國本重計，宗社遠猷。晚年倡道東林，引掖後學，論者謂其有萬物一體氣象。然於邪正義利之辨，毫末不少差。故自熹廟之季，以訖國變，東林忠節輩出，而不減東京風俗之美者，實憲成所風勵居多也。當時目爲東林邪黨，魏忠賢痛恨東林，擊殺逮盡，又立碑如元祐故事。公死後十五年，猶以黨人奪職。

崇禎初，贈吏部左侍郎，諡端文。所著有涇皋藏稿、小心齋劄記、大學三書、還經録、證性編、桑梓録等書。

容城孫奇逢曰：「或云：『薛文清、陳白沙於論前輩得失處決不輕訾人一語。涇陽除濂溪外，二程、張、邵、朱、陸以迄陽明皆有可摘，得無涉於躁且慢乎？』曰：『文清、白沙固是渾厚之道，或亦其人，未可與深言。涇陽尚論古人，以求一至當不易之理，非故苛責其人也。孟子願學孔子，自孔子之所稱許者，而孟子直鄙之，至伯夷而曰『隘』，柳下惠而曰『不恭』，此豈故與孔子相左，正離合而與之相究？蓋孔子以匹夫而定湯、武、伊、周、微、箕之案，删定纂修無已時者，皆純乎天而人不與。孔、孟所以主持數千年之名教，而儒之統與治統相維而不墜，此是何等關係，而徒博一渾厚之名？故須能位置諸大儒，乃可以爲宇宙兩簿作主持耳。

「予弱冠赴京師，時東林之名甚著，每日章疏固多頌言，間亦有摘及之者。予詢學士年長者：『東林人果如何？』長者云：『東林，君子也。未必人盡君子，而主盟者則真君子也。』然則摘君子者之人可知已。嗣後五十年文章節氣，大約皆東林之人也。晚得涇陽諸集讀之，開豁洞達，晰義甚嚴而持論甚正，評人處不徇不刻，

自是邇來諸儒之冠。予謂文成五百年後直接元公，而念菴、涇陽又其見知者矣。[一]

「宗傳一編已就緒，而及門士仍有疑涇陽者，曰：『疑其人。萬曆年之黨局始自涇陽，國運已終，而黨禍猶未已也。今日嚷東林，明日嚷東林，東林之骨已枯矣，而在朝、在野仍嚷東林，豈非作始之人貽謀之不善乎？』曰：『子何疑？』曰：『子謂「無偏無黨，王道蕩蕩；無黨無偏，王道平平」。尚可望於今之世哉？陰晦之時，孤陽一綫，則東林實係絶續之關。乙丙死魏逆諸臣、甲申殉國難諸臣，屬之東林乎？屬之攻東林乎？諸君子之所以爲忠臣，而撑柱天地、名揭日月者在五十年之後，而其鼓盪摩厲者在五十年之前，則涇陽之氣魄精神度越諸子遠矣。豈向俗儒曲學問毀譽、定是非者耶？子之所以見短者，予正於此見長。文成有安社稷之功，而身名幾不保；程、朱當僞學之禁，而當時亦不敢信其爲千古之大儒也。質鬼神而無疑，俟後聖而不惑，[二]須大放眼界。』」奇逢又識。

右蘇門孫先生理學宗傳所載。蓋先生親見東林諸賢，故於先曾祖端文公推崇

[一] 此段光緒本無。
[二] 「後聖」，光緒本作「後世」。

獨至，非近時耳食者流輕爲評騭可比也。因刻遺書，録其言，以當弁首云。

曾孫貞觀百拜謹書。

顧憲成傳①

張廷玉等

顧憲成，字叔時，無錫人。萬曆四年舉鄉試第一。八年成進士，授户部主事。大學士張居正病，朝士群爲之禱，憲成不可。同官代之署名，憲成手削去之。居正卒，改吏部主事。請告歸三年，補驗封主事。

十五年大計京朝官，都御史辛自修掌計事。工部尚書何起鳴在拾遺中，自修坐是失執政意。給事中陳與郊承風旨並論起鳴、自修，實以攻自修而庇起鳴。於是二人並罷，并責御史糾起鳴者四人。憲成不平，上疏語侵執政，被旨切責，謫桂陽州判官。稍遷處州推官。丁母憂，服除，補泉州推官。舉公廉第一。擢吏部考功主事，歷員外郎。會有詔三皇子並封王。憲成偕同官上疏曰：

① 此篇以清張廷玉等撰明史卷二百三十一列傳第一百十九顧憲成傳（中華書局，一九七四年版）爲底本。

皇上因祖訓立嫡之條，欲暫令三皇子並封王，以待有嫡立嫡，無嫡立長。臣等伏而思之，「待」之一言，有大不可者。太子，天下本。豫定太子，所以固本。是故有嫡立嫡，無嫡立長，就見在論是也，待將來則非也。我朝建儲家法，東宫不待嫡，元子不並封。廷臣言甚詳，皇上概弗省，豈皇上創見有加列聖之上乎？有天下者稱天子，天子之元子稱太子。天子繫乎天，君與天一體也；太子繫乎父，父子一體也。主鬯承祧，於是乎在，不可得而爵。今欲並封三王，元子之封何所係乎？無所係，則難乎其爲名；有所係，則難乎其爲實。

皇上以爲權宜云耳。夫權宜者，不得已而行之也。元子爲太子，諸子爲藩王，於理順，於分稱，於情安，有何不得已而然乎？耦尊鈞大，逼所由生。皇上以祖訓爲法，子孫以皇上爲法。皇上不難創其所無，後世詎難襲其所有。自是而往，幸皆有嫡可也，不然，是無東宫也。又幸而如皇上之英明可也，不然，凡皇子皆東宫也。無乃啓萬世之大患乎？皇后與皇上共承宗祧，期於宗祧得人而已。皇上之元子諸子，即皇后之元子諸子。恭妃、皇貴妃不得而私之，統於尊也。豈必如輔臣王錫爵之請，須拜皇后爲母，而後稱子哉？

況始者奉旨，少待二三年而已，俄改二十年，又改於二十一年，然猶可以歲月期也。今曰「待嫡」，是未可以歲月期也。命方布而忽更，意屢遷而愈緩。自並封命下，叩閽上封事者不可勝數，至里巷小民亦聚族而竊議，是孰使之然哉，人心之公也。而皇上猶責輔臣以擔當。錫爵夙夜趣召，乃排群議而順上旨，豈所謂擔當；必積誠感悟納皇上於無過之地，乃真擔當耳。不然，皇上且不能如天下何，而況錫爵哉！

皇上神明天縱，非溺寵狎昵之比。而不諒者，見影而疑形，聞響而疑聲，即臣等亦有不能爲皇上解者。皇上盛德大業，比隆三五。而乃來此意外之紛紛，不亦惜乎。伏乞令皇元子早正儲位，皇第三子、皇第五子各就王爵。父父子子，君君臣臣，兄兄弟弟。宗廟之福，社稷之慶，悉在是矣。

憲成又遺書錫爵，反覆辨論。其後並封議遂寢。

二十一年京察。吏部尚書孫鑨、考功郎中趙南星盡黜執政私人，憲成實左右之。及南星被斥，憲成疏請同罷，不報。尋遷文選郎中。所推舉率與執政牴牾。先是，吏部缺尚書，錫爵欲用羅萬化，憲成不可，乃用陳有年。後廷推閣臣，萬化復不與。錫爵等皆恚，萬化乃獲推，會帝報罷而止。及是，錫爵將謝政，廷推代者。憲成舉故大學士王家屏，忤帝意，削籍歸。事具有年傳。

憲成既廢，名益高，中外推薦無慮百十疏，帝悉不報。至三十六年，始起南京光禄少卿，力辭不就。四十年卒於家。天啓初，贈太常卿。魏忠賢亂政，其黨石三畏追論之，遂削奪。崇禎初，贈吏部右侍郎，謚端文。[一]

憲成姿性絶人，幼即有志聖學。暨削籍里居，益覃精研究，力闢王守仁「無善無惡心之體」之説。邑故有東林書院，宋楊時講道處也，憲成與弟允成倡修之，常州知府歐陽東鳳與無錫知縣林宰爲之營構。落成，偕同志高攀龍、錢一本、薛敷教、史孟麟、于孔兼輩講學其中，學者稱涇陽先生。當是時，士大夫抱道忤時者，率退處林野，聞風響附，學舍至不能容。憲成嘗曰：「官輦轂，志不在君父；官封疆，志不在民生；居水邊林下，志不在世道，君子無取焉。」故其講習之餘，往往諷議朝政，裁量人物。朝士慕其風者，多遥相應和。由是東林名大著，而忌者亦多。

既而淮撫李三才被論，憲成貽書葉向高、孫丕揚爲延譽。御史吴亮刻之邸抄中，

[一] 底本「端文」二字下無專名綫，當補。

攻三才者大譁。而其時于玉立、黄正賓輩附麗其間，頗有輕浮好事名。徐兆魁之徒遂以東林爲口實。兆魁騰疏攻憲成，恣意誣詆。謂滸墅有小河，東林專其税爲書院費；關使至，東林輒以書招之，即不赴，亦必致厚餽；講學所至，僕從如雲，縣令館穀供億，非二百金不辦；會時必談時政，郡邑行事偶相左，必令改圖；及受黄正賓賄。其言絶無左驗。光禄丞吴炯上言爲一一致辨，因言：「憲成貽書救三才，誠爲出位，臣嘗咎之，憲成亦自悔。今憲成被誣，天下將以講學爲戒，絶口不談孔、孟之道，國家正氣從此而損，非細事也。」疏入，不報。嗣後攻擊者不絶，比憲成殁，攻者猶未止。凡救三才者，争辛亥京察者，衛國本者，發韓敬科場弊者，請行勘熊廷弼者，抗論張差梃擊者，最後争移宫、紅丸者，忤魏忠賢者，率指目爲東林，抨擊無虚日。借魏忠賢毒焰，一網盡去之。殺戮禁錮，善類爲一空。崇禎立，始漸收用。而朋黨勢已成，小人卒大熾，禍中於國，迄明亡而後已。

顧端文公遺書三十七卷附年譜一卷 副都御史黄登賢家藏本①

明顧憲成撰。是編爲其曾孫貞觀所彙刻，首即小心齋劄記十八卷，次證性編六卷，次東林會約一卷，次東林商語二卷，次虞山商語三卷，次經正堂商語一卷，次志矩堂商語一卷，次仁文商語一卷，[一]次南岳商語一卷，次當下繹一卷，次還經録一卷，次自反録一卷，末附年譜四卷則其孫樞所編而貞觀訂補者。外別有以俟録、涇皋藏稿、大學重訂、大學質言、大學通考五書，在初刻十種内者，與未刻之桑梓録，皆不列於是編，以卷帙頗繁，尚待續刻故也。

① 此篇以清光緒丁丑重刊涇里宗祠藏板顧端文公遺書顧端文公年譜卷末爲底本，以清乾隆六十年浙江刻本四庫全書總目卷九十六子部六儒家類存目二爲校本。

[一] 仁文商語，底本作「當下商語」，據文意改。

顧端文公遺書序①[一]

張純修

向者竊聞蘇門孫先生之緒言矣，其所纂理學宗傳，首周元公至顧端文公，凡十有一人，以明古今道統之所屬。因思明代自嘉、隆以後，海内言學者門户角立，生徒甚盛，靡不登壇樹幟。而蘇門心悦誠服，獨歸端文。非其信之真，何其推之至若此？蓋蘇門雖私淑諸人，而早歲所見名臣碩儒，如鄒忠介、趙忠毅，則端文之友也；馮恭定，則端文之徒也；高忠憲、楊忠烈，則奉端文之教者也。先後諸賢，表儀正學，扶植倫常，世盡目之爲東林。而道南片席，實從端文首倡。由是言之，雖居官之日，所與天子、宰相争是非者，國家重計，宗社遠猷，未竟其用於生前，而明道作人，乃貽其澤於後世。立德、立功、立言三不朽，以一身兼之，此豈他人可同日而語乎！

① 此篇以復旦大學圖書館藏清康熙三十七年刻本顧端文公遺書卷首序爲底本，以光緒丁丑重刊涇里宗祠藏板顧端文公遺書小心齋劄記卷首序（以下簡稱「光緒本」）爲校本。

[一] 此標題底本及光緒本均作「序」，編者補「顧端文公遺書」六字。

端文著述舊刻十書，而蘇門篋中惟小心齋劄記一種，亦僅得其前數卷，故宗傳采録止是，不無遺珠之嘆。余數年前從端文曾孫梁汾假讀，惜其梨棗散佚，擬重爲剞劂，而鹿鹿未遑。

兹來廬陽，案牘之暇，間集先儒要語，用當韋弦，庶幾檢攝身心，兼亦少裨仕學。頃受十書鈔本，行次第付梓人。梁汾爲余言端文虞山會中説：「『吾十有五』章云，就常人看來，知天命似深，耳順、從心較淺，因何？先後遞閲十年，只緣常人認天命在耳目心思之外，聖人將天命就耳目心思實實體驗，真是天人合一。」聞者聳然，咸謂已臻聖境。如斯絶詣，寧容末學漫效管窺？抑又聞之忠介謂：「端文書沉潛粹密，與薛文清讀書録相爲表裏。」恭定謂：「端文辨『無善無惡』極痛快，千聖相傳，道脈不墜，是在吾師。」忠憲謂：「端文窮理精到，幾於無我。由孟子而來得朱子，〔二〕千四百年間一大折衷也；由朱子而來得顧子，又四百餘年間一大折衷也。」三賢之言，具在合之蘇門，尚論以質鬼神而俟百世，夫復奚疑？敬節取之，備後之學者覽觀焉。

時康熙歲次戊寅中秋日，古燕後學張純修謹序。

〔二〕「孟子」，底本作「孔子」，據光緒本改。按劄記題辭及明故南京光禄寺少卿涇陽顧先生行狀均作「孟子」。

顧端文公遺書總序①[一]

王鷺

錫山顧端文公涇陽先生晚年有十書之刻。十書者，小心齋劄記、東林會約、商語及各種商語、當下繹、大學三書、以俟録、涇皋藏稿是也。鼎革時，梨棗盡失，公之曾孫梁汾方次第較刊，内惟藏稿自崇禎賜謚之後更名顧端文公文集，略有删補，併以俟録入之，卷帙頗繁，猶有待云。若證性編、還經、自反、桑梓諸録，原無刻本，而僅存之稿，又多散軼。止各依見在，哀輯以傳於世。

余與梁汾定交二十餘年，閒得讀公遺書。梁汾備述如右，且屬爲之序，余唯唯未果。逾年，而令嗣元臣公車入都，來徵前約，因力疾書數語，其有當與否，惟梁汾裁示焉。

憶余年舞勺即熟公。丙子，元墨稍長，聞諸能談説海内前賢大儒，並推公爲吾道

① 此篇以清光緒丁丑重刊涇里宗祠藏板顧端文公遺書小心齋劄記卷首爲底本。

[一] 此標題底本無，書口題「總序」，編者補「顧端文公遺書」六字。

宗。稽其事行，大抵治鑄風動，廉頑立懦，孤竹柳下之流亞歟？而包涵有量，搏捖有力，屹如廓如，東漢、北宋諸君子不足方也。

公一生學問不越「性善」「小心」四字。而余最所心服者，劄記中謂：「宜以大學、中庸還歸戴記，以復聖人贊禮之舊，使五經得全，而周子通書、朱子小學宜與論語、孟子合爲四書。」創見獨闢，迥出元、明諸儒之上，公之爲吾道宗也，何疑？

至其論性，則極辨「無善無惡」，尤費苦心，謂：「異端之於善惡，一切埽而去之，變成一個空局；鄉原之於善惡，一切混而同之，弄成一個頑局。大都以『無善而至善，至善本無善』比於『無極而太極，太極本無極』，説雖近似，然既云『無善而至善』矣，亦將云『無惡而至惡』乎？既云『至善本無善』矣，亦將云『至惡本無惡』乎？有是理乎？」言之直捷透徹，令學者如撥雲霧見青天。砥姚江之頹瀾，遏婁東之狂焰，功不在孟子下。而後生小子，乃或挾一知半解，妄肆譏評，此何異蚍蜉之撼大樹哉？余生也晚，今耄矣，無能窺公學萬一，樸率言之，梁汾其以爲有當否？

康熙甲戌春月，後學之罘王鷺頓首拜撰。

顧端文公集題詞①[一]

馬世奇

當神廟初服，大雅中興，吾邑顧端文公涇陽先生以英絶領袖，餘膏剩馥，沾被都人士，天下翕然奉其文，以爲渡世之津梁；已登仕版，偕二三同志，感事憂時，協持國是，天下翕然奉其文，以爲迴狂之砥柱；無何，緣謇謇爲患，退而從水邊林下，參同道契，天下翕然奉其文，以爲指迷之斗杓。

往聞先生爲諸生，於古今文沉湎濡首，至衣不解帶者數十夕。顧其爲文灑焉，出之似子美詩，妙處更在無意於文，其諸論議、敘記、雜體之作，先生多率胸懷與筆墨語，而察隱析疑，雖人鏤心腎爲之不能至。固知先生之文未可以尋常修辭家論也。

昔人論三不朽，曰德、曰功、曰言。夫六經者，古人立德、立功之事，而立言具焉

① 此篇以臺灣「國家」圖書館藏明崇禎刻本顧端文公集卷首題詞爲底本，以清光緒丁丑重刊涇里宗祠藏板顧端文公遺書涇皋藏稿卷首原敘（以下簡稱「光緒本」）爲校本。故此篇或亦可題「涇皋藏稿原敘」。

[一] 此標題爲編者所擬。

者也。三代以下，間有宗公鉅儒，不屑屑名一家言，而率爾命管，風軌德音，爲世作範，如出師兩表、通書、西銘、定性、皇極諸編，遂爲縣諸日月不刊之書，故德功弸於中而襮之以言，此立言之所爲至也。

先生負望人宗，位與年概未足亶其功德之施。然而先生之言皆先生功德也。先生立朝楨銓，所繾切在國本安危、正人進退之際。方並封議起，引裾補牘，讜論肆廷，先生實筮倡之，顯皇神聖，始咈終俞，不必用先生之身，而卒用其言。

至庚申，末命吉水高邑諸君子先後陟九列，發抒風概，天下知國家終用先生之言，而惜不用其身。然先生之功德，則均效之乎言矣。自吾爲諸生，暨通籍所從游賢士大夫，登車之光，幾干雲漢。顧心謂先生用較大，識較遠，氣較平，三書之上，舉國爲譁。先生袒懷受鏑，以俟論定，而譁者竟無纖毫加於先生。夫先生胸中曾置門户見哉？故能讀先生文，而洛、閩朔之同異可化也。[二] 先生於性命所喫緊致辨，在「無善無惡」一言，然實爲文成堅壁清野，而非濟河焚舟者。大約先生竪議，有金谿之快；不墮其玄，有紫陽之醇。時通其執，每意義未孚，彼此交牾，得先生片言，四座厭

[二]「閩」，底本及光緒本均作「蜀」，據文意改。

心，故能讀先生文，而朱、陸之同異可并化也。子瞻之序六一稿也，曰：「自歐陽子出，天下爭自濯磨，以通經學古爲高，以救時行道爲實，以犯顔納諫爲忠。長育成就，歐陽子之功居多。」斯言也。人讀先生文，而知之史稱韓、魏公天性好士，其人可與，雖所不悦，亦爲引進。聞人一小善，自嘆不及，所用人率以公議，士不知出何人門下。杜祁公罷政家居，見賓客必問時事，有善，喜若己出。至所不可，憂形於色，或夜不能寐，如身任其責者。斯言也。人讀先生文，而可以知之，然不必盡知之。蓋先生卿景也，先生所爲硼於中而襮之以文，卿景之精華也。故曰：「先生之言，皆先生功德也。」先生始終所望，君相一心，次則閣銓一心，而孤忠鬱悒無已。以節高之無已，又以言正之歿。遇明主錫贈易名，發其光芒，與日俱杲；視子瞻隻語片文，並膺厲禁，遲回再世。始得以其書徹乙夜之覽，先生固當大勝今所需兩楹祔記之典耳。然先生文具在，知必有援新建、河津諸君子例以請者。

吾邑自明興二百餘年，久爲東南鄒、魯。讀文莊集，詞約而理該，令人作天根月脇之思；讀忠憲集，旨潔而味深，令人做金聲玉色之思。而先生兼有其美，於文莊不忝爲後海，於忠憲又不忝爲先河。山水英靈，鍾諸先生，猶夫二室、九峰之鍾乎程、朱也。故先生之言，皆天之與先生於斯文，而爲天下萬世之功德也。

余少荷先生獎題，惓惓以夾護桑榆相屬。顧浮沉仕學，僅保書生；故我捧誦遺文，彌增魯多君子之愧。因木之重刻先生集成，不揣數言，聊代執殳，亦以闡導宗風後死之責，冀天下或有循言以私淑先生之功德者。若夫世喆繼軌，有木之父子叔侄在，俾天下覩斐焉述作，而翕然如奉先生，此自家庭明發有懷，無忝爾生之事。余幸辱異姓友昆，敢即稱先生兹集，竊比於詩人之小宛。

同邑通家後學馬世奇拜手敬題。

小心齋劄記十六卷 江蘇巡撫采進本①

明顧憲成撰。憲成，字叔時，無錫人。萬曆庚辰進士。官至吏部文選司郎中。削籍歸。起南京光禄寺少卿，移疾不赴，終於家。崇禎初，贈吏部右侍郎，謚端文。事蹟具明史本傳。憲成里居，與弟允成修宋楊時東林書院，偕同志高攀龍、錢一本、薛敷教、史孟麟、于孔兼輩講學其中。朝士慕其風者多遥相應和，聲氣既廣，標榜日增。於是依草附木之徒争相趨赴，均自目爲清流。門户角争，遞相勝敗，黨禍因之而

① 此篇以清乾隆六十年浙江刻本四庫全書總目卷九十六子部六儒家類存目二爲底本。

大起。恩怨糾結，輾轉報復，明遂以亡。雖憲成等主持清議，本無貽禍天下之心，而既已聚徒，則黨類衆而流品混；既已講學，則議論多而是非生。其始不過一念之好名，其究也流弊所極，遂禍延宗社。春秋責備賢者，憲成等不能辭其咎也。特以領袖數人，大抵風節矯矯，不愧名臣，故於是書過而存之，以示瑕瑜不掩之意云爾。是書於萬曆戊申同安蔡獻臣始爲刻版。其後刻於崑山。然兩本皆始於萬曆甲午，終於乙巳，止十二卷。此本乃其子與渟所刻，益以丙午至辛亥所記，增多四卷。卷數與明史藝文志合，當爲足本矣。

涇皋藏稿提要　集部六　別集類五　明①

臣等謹案：②涇皋藏稿二十二卷，明顧憲成撰。憲成，字叔時，號涇陽，無錫人。萬曆庚辰進士。官至吏部郎中，削籍歸，後起爲南京光禄寺少卿，不赴。崇禎初，贈吏部侍郎，謚端文。事蹟具明史本傳。明末，東林聲氣傾動四方，君子小人互相搏

① 此篇以文淵閣本四庫全書所收涇皋藏稿卷首提要爲底本。

② 底本凡表自稱之「臣」字皆縮小字號，以示謙卑。今皆恢復正常字號。後同。

擊，置君國而争門户，馴至於宗社淪胥，猶蔓延詬争而未已。春秋責備賢者，推原禍本，不能不遺憾於清流，憲成其始事者也。考憲成與高攀龍初不過一二人相聚講學，以砥礪節概爲事，迨其後標榜日甚，攀附漸多，遂至流品混殽，上者或不免於好名，其下者甚至依託門牆，假借羽翼，用以快恩讎而争進取。非特不足比於宋之道學，并不得希蹤於漢之黨錮，故論者謂攻東林者多小人，而東林不必皆君子，亦公評也。足見聚徒立説，其流弊必至於此，實非世所宜有。惟憲成持身端潔，立朝大節，多有可觀，且恬於名利，論説亦頗醇正，未嘗挾私見以亂是非，究不愧於儒者，故特録其集，併詳論末流之失，以示炯戒焉。乾隆四十二年八月恭校上。

總纂官：臣紀昀、臣陸錫熊、臣孫士毅

總校官：臣陸費墀

涇皋藏稿二十二卷 浙江孙仰曾家藏本①

明顧憲成撰。憲成有小心齋劄記，已著録。明末東林，聲氣傾動四方。君子小

① 此篇以清乾隆六十年浙江刻本四庫全書總目卷一百七十二集部二十五别集類二十五爲底本。

人互相搏擊，置君國而争門户。馴至於宗社淪胥，猶蔓延詬争而未已。春秋責備賢者，推原禍本，不能不遺恨於清流，憲成其始事者也。考憲成與高攀龍初不過一二人相聚講學，以砥礪節概爲事。迨其後標榜日甚，攀附漸多，遂致流品混淆。上者或不免於好名，其下者遂至依託門牆，假借羽翼，用以快恩讎而争進取。非特不得比於宋之道學，併不得希蹤於漢之黨錮。故論者謂攻東林者多小人，而東林不必皆君子，亦公評也。足見聚徒立説，其流弊不可勝窮，非儒者闇修之正軌矣。惟憲成持身端潔，恬於名利，且立朝大節，多有可觀。其論説亦頗醇正，未嘗挾私見以亂是非，尚非後來依草附木者比。故姑録其集，并論其末流之失，以示炯戒焉。

題明顧端文公闈墨遺蹟後①

汪志伊

嗟乎！國祚昌，士氣揚；士氣烈，國祚折。卓哉！梁溪顧端文，神、熹兩朝第一人。洞穿理窟執道要，南畿丙子張厥軍。爾時江陵位首輔，公不私謁通要津。郎官

① 此篇以民國十八年（一九三九）天津徐氏退耕堂刻本晚晴簃詩匯卷九十五爲底本。

誹議竭忠藎，不負所學自始進。晚年講道東林開，中以朋黨指黨魁。芝蘭刈殺蕭艾盛，衆君子盡國亦摧。誰知白賁守丘園，非立氣節樹聲援。末流賈禍咎攸致，羅織豈公意中事。抑之愈下揚愈高，三元齊名泰三爻。獨不見晦翁衍心傳，鹿洞集大全。慶元攻僞學，名亦最居先。又不見晦翁登科録，藏者珍如玉。况此風檐手澤真，士林傳頌倍精神。士林傳頌倍精神，道南士氣千秋振。

顧憲成全集卷七十九

附録三

東林學案①

黄宗羲

今天下之言東林者，以其黨禍與國運終始，小人既資爲口實，以爲亡國由於東林，稱之爲兩黨，即有知之者，亦言東林非不爲君子，然不無過激，且依附者之不純爲君子也，終是東漢黨錮中人物。嗟乎！此寱語也。東林講學者，不過數人耳，其爲講院，亦不過一郡之内耳。昔緒山、二溪，鼓動流俗，江、浙、南畿，所在設教，可謂之標

① 此卷以日本國立公文書館藏清康熙三十二年賈潤紫筠齋刻本明儒學案卷五十八東林學案爲底本。

榜矣。東林無是也。京師首善之會，主之爲南皋、少墟，於東林無與。乃言國本者謂之東林，争科場者謂之東林，攻逆閹者謂之東林，以至言奪情奸相討賊，凡一議之正，一人之不隨流俗者，無不謂之東林，若是乎東林標榜，遍於域中，延於數世，東林何不幸而有是也？東林何幸而有是也？然則東林豈真有名目哉？亦小人者加之名目而已矣。論者以東林爲清議所宗，禍之招也。子言之，君子之道，辟則坊與，清議者天下之坊也。夫子議臧氏之竊位，議季氏之旅泰山，獨非清議乎？清議熄而後有美新之上言，媚閹之紅本，故小人之惡清議，猶黄河之礙砥柱也。熹宗之時，龜鼎將移，其以血肉撑拒，没虞淵而取墜日者，東林也。毅宗之變，攀龍髯而蓐螻蟻者，屬之東林乎？屬之攻東林者乎？數十年來，勇者燔妻子，弱者埋土室，忠義之盛，度越前代，猶是東林之流風餘韻也。一堂師友，冷風熱血，洗滌乾坤，無智之徒，竊竊然從而議之，可悲也夫！

端文顧涇陽先生憲成

顧憲成字叔時，别號涇陽先生，常之無錫人。父學，四子。先生次三，其季允成也。先生年十歲，讀韓文諱辯，遂宛轉以避父名，遇不可避者，輒鬱然不樂。父謂之曰：「昔韓咸安王命子勿諱忠，吾名學，汝諱學，是忘學也。」年十五六，從張原洛讀書。原洛授書不拘傳註，直據其所自得者爲説，先生聽之，輒有會。講論語至「問禘」章，先生曰：「惜或人欠却一問，夫子不知禘之説，何以知知其説之於天下乎？」講孟子至「養心莫善於寡欲」，先生曰：「寡欲莫善於養心。」原洛曰：「舉子業不足以竟子之學，盍問道於方山薛先生乎？」方山見之大喜，授以考亭淵源録曰：「洙泗以下，姚江以上，萃於是矣。」萬曆丙子舉鄉試第一，庚辰登進士第。授户部主事。時江陵當國，先生與南樂魏允中、漳浦劉廷蘭，風期相許，時稱爲三解元。上書吴縣，言時政得失，無所隱避。江陵謂吴縣曰：「聞有三元會，皆貴門生，公知之乎？」吴縣以不知對。江陵病，百官爲之齋醮，同官署先生名，先生聞之，馳往削去。壬午轉吏部，尋告歸。丙戌除驗封司主事。明年大計京朝官，左都御史辛自修剛方，爲婁江所忌。工部尚書何起鳴在拾遺中。或甚之曰：「公何不訐辛，與之同罷，相君且德公矣。」起鳴如其甚，給事並論辛、何，辛、何果同罷。先生上疏，分別君子小人，刺及執政，謫桂陽州判官。柳子厚、蘇子瞻、莊定山曾謫桂陽，先生以前賢過化之地，扁所居曰愧軒。戊子移理處州，明年丁憂。辛卯補泉州，尋擢考功司主事。三王並封，詔下，先生率四司争之，疏九不可，得止。癸巳内計，太宰孫清簡、考功郎趙忠毅，盡斥小人，朝署爲之一清。政府大恚。忠毅降調外任。先生言：「臣與南星同事，南星被罪，臣獨何辭以免？」不報。轉稽勳司。適鄒忠介請去，婁江言文書房傳旨放去。先生曰：「不然。若放去果是，相國宜成皇上之是，該部宜成相國之是；若放去爲非，相國不宜成皇上之非，該部不宜成相國之非。」婁江語塞。自嚴嵩以來，内閣合六部之權而攬之，吏部至王國光、楊巍，指使若奴婢，陸五臺始正統均之體，孫清簡守而不變。婁江於是欲用羅萬化爲冢宰，先生不可，卒用陳恭介。婁江謂先生曰：「近有怪事知之乎？」先生曰：「何也？」曰：「内閣所是，外論必以爲非；内閣所非，外論必以爲是。」先生曰：「外間亦有怪事。」婁江曰：「何也？」曰：「外論所是，内閣必以爲非；外論所非，内閣必以爲是。」相與笑而罷。陞文選司郎中。當是時，推用君子，多不得志，婁江一切歸過於上。先生乘婁江假沐之間，悉推君子之久詘者，奏輒得可。婁江無以難也。會推閣員，婁江復欲用羅萬化，先生又不可。與太宰各疏所知七人，無不合者，太宰大喜，上之。七人者多不爲時論所喜，而召舊輔王山陰，尤婁江之所不便也。遂削先生籍。

戊戌，始會吴中同志於二泉。甲辰，東林書院成，大會四方之士，一依白鹿洞規。其他聞風而起者，毘陵有經正堂，金沙有志矩堂，荆溪有明道書院，虞山有文學書院，皆捧珠盤請先生莅焉。先生論學，與世爲體。嘗言官輦轂，念頭不在君父上；官封疆，念頭不在百姓上；至於水間林下，三三兩兩，相與講求性命，切磨德義，念頭不在世道上，即有他美，君子不齒也。故會中亦多裁量人物，訾議國政，亦冀執政者聞而藥之也。天下君子以清議歸於東林，廟堂亦有畏忌。四明亂政，附四明者多爲君子所彈射，四明度不能留，遂計挈歸德同去，以政授之朱山陰。山陰懦且老，不爲衆所憚。於是小人謀召婁江，以中旨下之。而於東阿李晉江、葉福清亦同日拜焉。晉江獨在京師，得先入。婁江方引故事，疏辭。先生爲文二篇，號夢語、寐語，譏切之。江西參政姜士昌，以慶賀入，遂疏「錫爵再居相位，偏愎忌刻，摧抑人才，不宜復用」。語連廷機，大抵推先生旨也。東阿以拜官之日卒，不與政。福清素無根柢於舊相，特爲東林所期許，得入。戊申，詔起先生南京光禄少卿，乞致仕。時考選命下，新資臺諫附和東林者十八九，益相與咀嚼婁江、山陰、晉江不得在位，其黨斥逐殆盡，而福清遂獨秉政。海内皇皇，以起廢一事望之福清，度不能請，請亦不力也。未幾而淮撫之争起。淮撫者，李三才，以豪傑自許，一時君子所屬望爲冢宰總憲者也。小人畏之特甚，遂出奇計攻之。先生故友淮撫。會富平復起爲太宰。富平前與沈嘉禾争丁右武計事，分爲兩黨。先生移書勸之，欲令灑濯嘉禾，引與同心，則依附者自解，且宜擁衛淮撫，勿墮壬人計。富平不省。而好事者遂録其書傳天下，東林由是漸爲怨府。辛亥内計，富平斥崑、宣黨魁七人，小人唁唁而起。儀部丁長孺抗言七人宜斥，救者非是。儀部又先生之門人也。壬子五月，先生卒，年六十三。先生卒後，福清亦罷相。德清用事臺諫，右東林者並出，他傍附者皆以爲法，謫向之罪申、王、沈、朱者，不復口及，而東林獨爲天下大忌諱矣。天啓初，諸正人稍稍復位。鄒忠介請録遺賢，贈太常寺卿。逆閹之亂，小人作東林點將録、天鑒録、同志録以導之，凡海内君子，不論有無干涉，一切指爲東林黨人。以御史石三畏言，削奪先生。崇禎二年，贈吏部右侍郎，謚曰端文。

先生深慮近世學者，樂趨便易，冒認自然，故於不思不勉，當下即是，皆令查其源頭，果是性命上透得來否？勘其關頭，果是境界上打得過否？而於陽明「無善無惡」一語，辯難不遺餘力，以爲壞天下教法，自斯言始。按陽明先生教言：「無善無惡心之體，有善有惡意之動，知善知惡是良知，爲善去惡是格物。」其所謂無善無惡者，無善念惡念耳，非謂性無善無惡也。有善有惡之意，以念爲意也；知善知惡，非意動於善惡，從而分別之爲知。好善惡惡，天命自然，炯然不昧者，知也，即性也。陽明於此，加一「良」字，正言性善也。爲善去惡，所謂有不善未嘗不知，知之未嘗復行也。

良知是本體，天之道也；格物是工夫，人之道也。蓋上二句淺言之，下二句深言之，心意知物只是一事。今錯會陽明之立論，將謂心之無善無惡是性，由是而發之爲有善惡之意，由是而有分别其善惡之知，由是而有爲善去惡之格物，層層自内而之外，使善惡相爲對待，「無善無惡」一語，不能自别於告子矣。陽明每言：「至善是心之本體。」又曰：「至善只是盡乎天理之極，而無一毫人欲之私。」又曰：「良知即天理。」其言「天理」二字，不一而足，乃復以性無善無不善，自墮其説乎？且既以無善無惡爲性體，則知善知惡之知，流爲粗幾，陽明何以又言良知是未發之中乎？是故心無善念、無惡念，而不昧善惡之知，未嘗不在此至善也。錢啓新曰：「無善無惡之説，近時爲顧叔時、顧季時、馮仲好明白排決不已，不至蔓延爲害。」當時之議陽明者，以此爲大節目。豈知與陽明絶無干涉。嗚呼！天泉證道，龍谿之累陽明多矣。

小心齋劄記

程子每見人静坐，便嘆其善學。羅豫章教李延平於静中看喜怒哀樂氣象。至朱子又曰：「只理會得道理明透，自然是静，不可去討静坐。」三言皆有至理，須參合之始得。

識仁説曰：「仁者渾然與物同體。」只此一語已盡，何以又云「義禮智信皆仁也」？及觀世之號爲識仁者，往往務爲圓融活潑，以外媚流俗，而内濟其私，甚而蔑棄廉耻，決裂繩墨，閃爍回互，誑己誑人，曾不省義禮智信爲何物，猶偃然自命曰「仁」，然後知程子之意遠矣。

無可無不可，是孔子小心處。

性即理也，言不得認氣質之性爲性也。心即理也，言不得認血肉之心爲心也。皆喫緊爲人語。

或問：「致良知之説何如？」曰：「今之談良知者盈天下，猶似在離合之間也。盍徵諸孟子之言，孩提之童無不知愛其親也，及其長也，無不知敬其兄也。親親仁也，敬長義也。竊惟仁義爲性，愛敬爲情，知愛知敬爲才，「良知」二字，蓋通性情才而言之者也。乃主良知者，既曰吾所謂知是體而非用；駁良知者，又曰彼所謂知是用而非體，恐不免各墮邊見矣。」曰：「有言良知即仁義禮智之智，又有言分別爲知，良知亦是分別，孰當？」曰：「似也，而未盡也。夫良知一也，在惻隱爲仁，爲羞惡、爲義，在辭讓爲禮，在分別爲智，非可定以何德名之也。只因知字與智字通，故認知爲用者，既專以分別屬之；認知爲體者，又專以智屬之。恐亦不免各墮邊見矣。性體也，情用也，曰知曰能才也，體用之間也。是故性無爲而才有爲，情有專屬而才無專屬。惟有爲，則仁義禮智，一切憑其發揮，有似乎用，所以説者謂之用也；惟無專屬，則惻隱、羞惡、辭讓、是非，一切歸其統率，有似乎體，所以説者謂之體也。陽明先生揭致知特點出一個『良』字，又曰『性無不善，故知無不良』，其言殊有斟酌。性太極也，知曰良知，所謂乾元也；能曰良能，所謂坤元也。不慮言易也，不學言簡也。故天人一也，更不分别。

自昔聖賢論性，曰「帝衷」，曰「民彝」，曰「物則」，曰「誠」，曰「中和」，總總只是一個善。告子却曰：「性無善無不善。」便是要將這「善」字打破。自昔聖賢論學，有從本領上説者，總總是個求於心；有從作用上説者，總總是個求於氣。告子却曰：「不得於言，勿求於心；不得於心，勿求於氣。」便是要將這「求」字打破。「善」字打破，本體只是一個空，「求」字打破，工夫也只是一個空，故曰告子禪宗也。

「許行何如？」曰：「其並耕也，所以齊天下之人，將高卑上下，一切掃去；其不二價也，所以齊天下之物，將精粗美惡，一切掃去。總總成就一個空，與告子一般意思。但告子深，許行淺。許行空却外面的，告子空却裏面的。」

告子仁内義外之説，非謂人但當用力於仁，而不必求合於義，亦非因孟子之辨，而稍有變也。正發明杞柳桮棬之意耳。何也？「食色性也」，原未有所謂仁義，猶杞柳原未有所謂桮棬也。「仁内也，非外也；義外也，非内也」，各滯方所，物而不通，是故仁義成而性虧，猶桮棬成而杞柳虧也。始終只是一説。

「食色性也」，當下即是，更有何事？若遇食而甘之，遇色而悦之，便未免落在情境一邊，謂之仁，不謂之性矣。若於食而辨其孰爲可甘？於色而辨其孰爲可悦？便未免落在理路一邊，謂之義，不謂之性矣。故曰動意則乖，擬心則差，告子之旨，蓋如此。

訟卦義，有君子之訟，有小人之訟。君子之訟，主於自訟，九五是也；小人之訟，主於訟人，餘五爻是也。

勿謂今人不如古人，自立而已；勿謂人心不如我心，自盡而已。董仲舒曰：「仲尼之門，五尺童子羞稱五伯。」此意最見得好。三千、七十，其間品格之殊，至於倍蓰，只一段心事，個個光明，提着權謀術數，便覺忸怩，自然不肯齒及他非，故擯而絶之也。

性，太極也，諸子百家，非不各有所得，而皆陷於一偏，只緣認陰陽五行爲家當。丙戌，余晤孟我疆，我疆問曰：「唐仁卿伯元何如人也？」余曰：「君子也。」我疆曰：「何以排王文成之甚？」余曰：「朱子以象山爲告子，文成以朱子爲楊、墨，皆甚辭也，何但仁卿？」已而過仁卿，述之。仁卿曰：「固也，足下不見世之談良知者乎？如鬼如蜮，還得爲文成諱否？」余曰：「大學言致知，文成恐人認識爲知，便走入支離去，故就中間點出一『良』字。孟子言良知，文成恐人將這個知作光景玩弄，便走入玄虚去，故就上面點出一『致』字。其意最爲精密。至於如鬼如蜮，正良知之賊也，奈何歸罪於良知？獨其揭『無善無惡』四字爲性宗，愚不能釋然耳。」仁卿曰：「善。早聞足下之言，向者從祀一疏，尚合有商量也。」

無聲無臭，吾儒之所謂空也；無善無惡，二氏之所謂空也。名似而實遠矣。是故諱言空者，以似廢真；混言空者，以似亂真。

人須是一個真，是非之心，人皆有之，只以不真之故，便有夾帶。是非太明，怕有通不去、合不來的時節，所以須要含糊。少間，又於是中求非，非中求是，久之且以是爲非，以非爲是，無所不至矣。

異教好言父母未生前，又好言天地未生前，不如中庸只説個喜怒哀樂之未發，更爲親切。於此體貼，未生前都在其中矣。

一日遊觀音寺，見男女載道，余謂季時曰：「即此可以辨儒佛已。凡諸所以爲此者，一片禍福心耳。未見有爲禍福而求諸吾聖人者也。佛氏何嘗邀之使來？吾聖人何嘗拒之使去？佛氏何嘗專言禍福？吾聖人何嘗諱言禍福？就中體勘，其間必有一段真精神，迥然不同處。」季時曰：「此特愚夫愚婦之所爲耳，有識者必不然。」曰：「感至於愚夫愚婦，而後其爲感也真；應至於愚夫愚婦，而後其爲應也真。真之爲言也，純乎天而人不與焉者也。研究到此，一絲莫遁矣。」

知謂識其事之當然，覺謂悟其理之所以然。朱子生平極不喜人説個「悟」字，蓋有懲於禪門耳。到這裏，又未嘗諱言悟也。

心活物也，而道心人心辨焉。道心有主，人心無主。有主而活，其活也天下之至神也；無主而活，其活也天下之至險也。

或問：「魯齋、草廬之出仕何如？」曰：「在魯齋則可，在草廬則不可。」曰：「得非以魯齋生於其地，而草廬故國人嘗舉進士歟？」曰：「固是。亦尚有説。考魯齋臨終謂其子曰：『我生平爲虚名所累，不能辭官，死後慎勿請謚，但書「許某之墓」四字，令子孫識其處足矣。』此分明表所仕之非得已，又分明認所仕爲非，媿恨之意，溢於言表，絶不一毫文飾也。乃草廬居之不疑，以爲固然矣。故魯齋所自以爲不可者，乃吾之所謂可；而草廬所自以爲可者，乃吾之所謂不可。自其心論之也。」

唐仁卿痛疾心學之説，予曰：「墨子言仁而賊仁，仁無罪也；楊子言義而賊義，義無罪也；世儒言心而賊心，心無罪也。」仁卿曰：「楊、墨之於仁義，只在跡上模擬，其得其失，人皆見之。而今一切托之於心，無形無影，何處究詰？二者之流害孰大孰小，吾安得不惡言心乎？」予曰：「只提出『性』字作主，這心便有管束。孔子自言『從心所欲不踰矩』，矩即性也。」季時曰：「『性』字大，『矩』字嚴，尤見聖人用意之密。」仁卿曰：「然。」

佛法至釋迦一變，蓋迦葉以上有人倫，釋迦無人倫矣。至達磨再變，釋迦之教圓，達磨之教主頓矣。至五宗三變，黄梅以前猶有含蓄，以後機鋒百出，傾囊倒篋，不留一錢看矣。此雲門所以無可奈何，而有「一拳打殺，喂却狗子」之説也。或曰：「何爲爾爾，由他門畢竟呈出個伎倆來，便不免落窠臼，任是千般播弄，會須有盡。」

孔、孟之言，看生死甚輕。以生死爲輕，則情累不干，爲能全其所以生，所以死；以生死爲重，則惟規規焉軀殼之知，生爲徒生，死爲徒死。佛氏之謂生死事大，正不知其所以大也。

人身之生死，有形者也；人心之生死，無形者也。衆人見有形之生死，不見無形之生死，故常以有形者爲主；聖賢見無形之生死，不見有形之生死，故常以無形者爲主。

邇來講識仁説者，多失其意。仁者渾然與物同體，義禮智信皆仁也，此全提也。今也於渾然與物同體，則悉意舉揚，於義禮智信皆仁也，則草草放過。識得仁體，以誠敬存之而已，不須防檢，不須窮索，此全提也。今也於不須防檢，不須窮索，則悉意舉揚，於誠敬存之，則草草放過。若是者非半提而何？既於義禮智信放過，即所謂渾然與物同體者，亦只窺見儱統意思而已。既於誠敬存之放過，即所謂不須防檢窮索者，亦只窺見脱灑意思而已。是并其半而失之也。

康齋日録有曰：「君子常常喫虧，方做得。」覽之惕然有省，於是思之曰：「夫子之道，忠恕而已矣，忠恕之道，喫虧而已矣；顔子之道，不校而已矣，不校之道，喫虧而已矣；孟子之道，自反而已矣，自反之道，喫虧而已矣。」

朱子之釋格物，其義甚精，語物則本諸「帝降之衷，民秉之彝」，夫子之所謂「性與天道」，子思之所謂「天命」，孟子之所謂「仁義」，程子之所謂「天然自有之中」，張子之所謂「萬物一原」。語格則約之以四言：「或考之事爲之著，或察之念慮之微，或求之文字之中，或索之講論之際。」蓋謂「内外精粗，無非是物，不容妄有揀擇於其間」。又謂「人之入門，各各不同，須如此收得盡耳。」議者獨執「一草一木，亦不可不理會」兩言，病其支離，則過矣。

惟危惟微，惟精惟一，是從念慮事爲上格；無稽之言勿聽，勿詢之謀勿庸，是就文字講論上格。即聖人亦不能外是四者。朱子所云，固徹上徹下語也。

不學不慮所謂性也，説者以爲由孩提之不學而能，便可到聖人之不勉而中；由孩提之不慮而知，便可到聖人之不思而得。此猶就聖人孩提分上説。若就性上看聖人之不勉而中，恰到得孩提之不學而能；聖人之不思而得，恰到得孩提之不慮而知耳。雖然，猶二之也，原本只是一個，没些子界限。故曰「大人者不失其赤子之心」者也。

耳目口鼻四肢，人見以爲落在形骸，塊然而不神。今曰「性也，有命焉」，是推到人生以上不容説處，以見性之來脈，極其玄遠，如此不得丢却源頭，認形骸爲塊然之物也。仁義禮智天道，人見以爲來自於穆，窈然而不測。今曰「命也，有性焉」，是直反到愚夫愚婦可與知與能處，以見命之落脈，極其切近，如此不得丢却見在，認於穆爲窈然之物也。

書言「人心惟危，道心惟微」，直是八字打開。太極圖説言「無極之真，二五之精，妙合而凝，即人心道心」，又不是截然兩物也。孟子之論性命，備發其旨。「性也，有命焉」，蓋就人心拈出道心，以爲舍無極没處尋二五也；「命也，有性焉」，蓋就道心攝入人心，以爲舍二五没處討無極也。所謂妙合而凝，蓋如此。

道者，綱常倫理是也。所謂天敘有典，天秩有禮，根乎人心之自然，而不容或已者也。有如佛氏之説行，則凡忠臣孝子，皆爲報夙生之恩而來；凡亂臣賊子，皆爲報夙生之怨而來。反諸人心之自然，而不容或已處，吾見了不相干也。於是綱常倫理，且茫焉無所繫屬，而道窮矣。法者，黜陟予奪是也。所謂天命有德，天討有罪，發乎人心之當然，而不容或爽者也。有如佛氏之説行，則凡君子而被戮辱，皆其自作之孽，而戮辱之者，非爲傷善；凡小人而被顯榮，皆其自貽之體，而顯榮之者，非爲庇惡。揆諸人心之當然，而不容或爽處，吾見了不相蒙也。於是黜陟予奪，且貿然無所憑依，而法窮矣。

周子主静，蓋從無極來，是究竟事。程子喜人静坐，則初下手事也。然而静坐最難，心有所在則滯，無所在則浮。李延平所謂看喜怒哀樂未發氣象，正當有在無在之間，就裏得個入處，循循不已。久之氣漸平，心漸定，獨居如是，遇事如是，接人如是，即喜怒哀樂紛然突交於前，亦復如是，總總一個未發氣象，渾無内外寂感之别，下手便是究竟處矣。

程叔子曰：「聖人本天，釋氏本心。」季時爲添一語：「衆人本形。」

史際明曰：「宋之道學，在節義之中；今之道學，在節義之外。」予曰：「宋之道學，在功名富貴之外；今之道學，在功名富貴之中。在節義之外，則其據彌巧；在功名富貴之中，則其就彌下。無惑乎學之爲世詬也。」

或問佛氏大意，曰：「三藏十二部五千四百八十卷，一言以蔽之曰『無善無惡』。試閱七佛偈，便自可見。」曰：「永嘉證道歌謂：『棄有而着無，如舍溺而投火。』恐佛氏未必以無爲宗也。」曰：「此只就『無善無惡』四字翻弄到底，非有別義也。棄有，以有爲惡也；着無，以無爲惡也。是猶有善有惡也。無亦不着，有亦不棄，則無善無惡矣。自此以往，節節推去，掃之又掃，直掃得没些子剩，都是這個意思。」

有駁良知之説者，曰：「分別爲知，良知亦是分別。」余曰：「分別非知，能分別者知也。認分別爲知，何啻千里！」曰：「知是心之發竅處，此竅一發，作善由之，作不善由之，如何靠得他作主？」余曰：「知善知惡是曰良知，假令善惡雜出，分別何在？」曰：「所求者既是靈明，能求者復是何物？如以靈明求靈明，是二之也。」余曰：「即本體爲工夫，何能非所？即工夫爲本體，何所非能？果若云云，孔子之言操心也，孰爲操之？孟子之言存心也，孰爲存之？俱不可得而解矣。」曰：「傳習録中一段云：『蘇秦、張儀也窺見良知妙用，但用之於不善耳。』陽明言良知即天理，若二子窺見妙用，一切邪思枉念都無栖泊處。如之何用之於不善乎？揆諸知善知惡之説，亦自不免矛盾也。」余曰：「陽明看得良知無善無惡，故如此説，良知何病？如此説良知，未能無病。陽明應自有見，恨無從就正耳。」按秦、儀一段，係記者之誤，故劉先生將此删去。

問：「孟子道性善，更不説性如何樣善，只道乃若其情，則可以爲善矣。乃所謂善也。可見性中原無處着個善，即今反觀，善在何處？」曰：「我且問即今反觀，性在何處？」曰：「處處是性，從何拈出？」曰：「如此我且不問性在何處，但問性與善是一是二？」曰：「是一非二。」曰：「如此却説恁着不着？」

羅近溪以顔山農爲聖人，楊復所以羅近溪爲聖人，李卓吾以何心隱爲聖人。何心隱輩，坐在利欲膠漆盆中，所以能鼓動人者，緣他一種聰明，亦自有不可到處。耿司農擇家僮四人，每人授二百金，令其生殖，内一人從心隱問計，心隱授以六字曰：「一分買，一分賣。」又益以四字曰：「頓買零賣。」其人用之起家，至數萬。試思兩言，至平易，至巧妙，以此處天下事，可迎刃而解。假令其心術正，固是有用才也。

喫緊只在識性，識得時，不思不勉是率性，思勉是修道；識不得時，不思不勉是忘，思勉是助。總與自性無干。

謂之善，定是不思不勉；謂之不思不勉，尚未必便是善。

伍容菴曰：「心既無善，知安得良？」其言自相悖。

朱子云：「佛學至禪學大壞。」只此一語，五宗俱應下拜。羲謂至棒喝而禪學又大壞。

余弱冠時好言禪，久之，意頗厭而不言；又久之，耻而不言；至於今，乃畏而不言。羅近溪於此最深，及見其子讀大慧語録，輒呵之。即管東溟亦曰：「吾與子弟並未曾與語及此。」吾儒以理爲性，釋氏以覺爲性。語理則無不同，自人而禽獸，而草木，而瓦石，一也。雖欲二之，而不可得也。語覺則有不同矣。是故瓦石未嘗無覺，然而定異乎草木之覺；草木未嘗無覺，然而定異乎禽獸之覺；禽獸未嘗無覺，然而定異乎人之覺。雖欲一之，而不可得也。今將以無不同者爲性乎？以有不同者爲性乎？

史際明曰：「天下有君子有小人，君子在位，其不能容小人，宜也。至於并常人而亦不能容焉，彼且退而附於小人，而君子窮矣。小人在位，其不能容君子，宜也。至於并常人而不能容焉，彼且進而附於君子，而小人窮矣。」羲謂：常人附於君子，亦君子之窮也。常人未必真能爲君子，則小人并疑君子之爲常人，而得以藉口矣。此東林君子，往往爲依附者所累也。

玉池問：「念菴先生謂：『知善知惡之知，隨發隨泯，當於其未發求之。』何如？」曰：「陽明之於良知，有專言之者，無知無不知是也。有偏言之者，知善知惡是也。陽明生平之所最喫緊只是『良知』二字，安得遺未發而言？只緣就大學提宗，並舉心意知物，自不得不以心爲本體；既以心爲本體，自不得不以無善無惡屬心；既以無善無惡屬心，自不得不以知善知惡屬良知。參互觀之，原自明白。念菴恐人執用而忘體，因特爲拈出未發。近日王塘南先生又恐人離用而求體，因曰：『知善知惡，乃徹上徹下語，不須頭上安頭。』此於良知並有發明，而於陽明全提之指，似均之契悟未盡也。」

近世喜言無善無惡，就而即其旨，則曰：「所謂無善，非真無善也，只是不着於善耳。」予竊以爲經言無方無體，是恐着了方體也；言無聲無臭，是恐着了聲臭也；言不識不知，是恐着了識知也。何者？吾之心，原自超出方體聲臭識知之外也。至於善，即是心之本色，説恁着不着？如明是目之本色，還説得個不着於明否？聰是耳之本色，還説得個不着於聰否？又如孝子，還可説莫着於孝否？如忠臣，還可説莫着於忠否？昔陽明遭寧藩之變，日夕念其親不置，門人問曰：「得無着相？」陽明曰：「此相如何不着？」斯言足以破之矣。

管東溟曰：「凡説之不正，而久流於世者，必其投小人之私心，而又可以附於君子之大道者也。」愚竊謂「無善無惡」四字當之。何者？見以爲心之本體，原是無善無惡也，合下便成一個空。見以爲無善無惡，只是心之不着於有也，究竟且成一個混。空則一切解脱，無復掛礙，高明者入而悦之，於是將有如所云：以仁義爲桎梏，以禮法爲土苴，以日用爲緣塵，以操持爲把捉，以隨事省察爲逐境，以訟悔遷改爲輪迴，以下學上達爲落階級，以砥節礪行，獨立不懼，爲意氣用事者矣。混則一切含糊，無復揀擇，圓融者便而趨之，於是將有如所云：以任情爲率性，以隨俗襲非爲中庸，以閹然媚世爲萬物一體，以枉尋直尺爲捨其身濟天下，以委曲遷就爲無可無不可，以猖狂無忌爲不好名，以臨難苟安爲聖人無死地，以頑鈍無耻爲不動心者矣。由前之説，何善非惡？由後之説，何惡非善？是故欲就而詰之，彼其所占之地步甚高，上之可以附君子之大道，欲置而不問。彼其所握之機緘甚活，下之可以投小人之私心，即孔、孟復作，亦奈之何哉！

問：「本朝之學，惟白沙、陽明爲透悟，陽明不及見白沙，而與其高弟張東所、湛甘泉相往復，白沙静中養出端倪，陽明居夷處困，悟出良知，良知似即端倪，何以他日又闢其勿忘勿助？」曰：「陽明目空千古，直是不數白沙，故生平並無一語及之。至勿忘勿助之闢，乃是平地生波。白沙曷嘗丟却有事，只言勿忘勿助？非惟白沙，從來亦無此等呆議論也。」

語本體，只是「性善」二字；語工夫，只是「小心」二字。

商語

丁長孺曰：「聖賢無討便宜的學問，學者就跳不出『安飽』二字。猶妄意插脚道中，此討便宜的學問也。」

博文是開拓工夫，約禮是收斂工夫。

乾、坤，一闔一闢也；坎、離，一虚一實也；震、艮，一動一静也；兑、巽，一見一伏也。皆可作博約註疏。

王龍谿問佛氏實相幻相之説於陽明，陽明曰：「有心俱是實，無心俱是幻，無心俱是實，有心俱是幻。」龍谿曰：「有心俱是實，無心俱是幻，是本體上説工夫；無心俱是實，有心俱是幻，是工夫上説本體。」又陽明曰：「不覩不聞是本體，戒慎恐懼是工夫。」又曰：「戒慎恐懼是本體，不覩不聞是工夫。」予曰：「凡説本體，容易落在無一邊。陽明所云『無心俱是幻』，景逸所云『不做工夫的本體』也。今曰『戒慎恐懼是本體』，即不覩不聞原非是無，所云『有心俱是實』，此矣！凡説工夫，容易落在有一邊。陽明所云『有心俱是幻』，景逸所云『不識本體的工夫』也。今曰『不覩不聞即工夫』，即戒慎恐懼原非是有，所云『無心俱是實』，此矣！」

喜怒哀樂之未發謂之中，是所空者喜怒哀樂也，非善也；上天之載無聲無臭，是所空者聲臭也，非善也。夫善者，内之不落喜怒哀樂，外之不落聲臭，本至實，亦本至空也。又欲從而空之，將無架屋上之屋，疊床下之床也！

金玉瓦礫之喻，殊覺不倫。夫善者，指吾性之所本有而名之也；惡者，指吾性之所本無而名之也。金玉瓦礫，就兩物較之，誠若判然。若就眼上看金玉瓦礫，均之爲惡也，非善也，以其均之爲眼之所本無也。取所本無喻所本有，非其類矣。

孟子曰：「乃若其情，則可以爲善矣。乃所謂善也。」蓋因用以顯體也。愚作一轉語曰：「乃所謂性則無不善矣。乃所以善也。」蓋因體以知用也。

或謂：「性體虚明湛寂，善不得而名之。以善名性，淺之乎其視性矣！」竊意善者萬德之總名，虚明湛寂，皆善之别名也。名曰「清虚湛一」則得，名曰「善」則不得，十與二五，有以異乎？將無淺之乎其視善也？

孟子不特道情善，且道形善，所謂形色天性是也。情之虚明湛寂，不待言，形則不免重滯矣。由孟子言之，都是虚明湛寂的。何者？以肉眼觀，通身皆肉；以道眼觀，通身皆道也。象山每與人言「爾目自明，爾耳自聰」，亦是此意。

陽明之無善無惡，與告子之無善無惡不同，然費個轉語，便不自然。假如有人於此，揭兼愛爲仁宗，而曰「我之兼愛，與墨氏之兼愛也不同」；揭爲我爲義宗，而曰「我之爲我，與楊氏不同也」。人還肯之否？

古之言性者出於一，今之言性者出於二。出於一，純乎太極而爲言也；出於二，雜乎陰陽五行而爲言也。書曰：「惟皇上帝降衷于下民。」詩曰：「天生蒸民，有物有則。」皆就陰陽五行中，拈出主宰。所謂太極也，以其渾然不偏曰衷，以其確然不易曰則，試於此體味，可謂之無善無惡乎？可謂之有善有惡乎？可謂之能爲善，亦能爲惡乎？是故以四端言性，猶云是用非體，即以四德言性，猶云是條件非統體，其善還在可疑可信之間。惟知帝衷物則之爲性，不言善而其爲善也昭昭矣。

形有方所，是極實的物事，易於凝滯。要其所以爲形，本之天命之散而成用也。其亦何嘗不虚也？耳順，則有方所者，悉歸融化。實而能虚，不局於有矣。心無方所，是極虚的物事，易於走作。乃其所以爲心，本之天命之聚而成體也。其亦何嘗不實也？從心所欲，不踰矩，則無方所者，悉歸調伏。虛而能實，不蕩於無矣。鄧定宇秋游記有：「天也不做他，地也不做他，聖人也不做他。」龍溪極賞之。新本删去此三語，是此老百尺竿頭進步，惟恐發人之狂，預爲掃蕩也。

高景逸曰：「果是透性之人，即言收攝，不曾加得些子。若未透性，即言自然，不免加了自然的意思。况借自然，易流懶散；借收攝，可討入頭。故聖賢立教，必通上下，照古今。若以今日禪家的話頭，去駁孔子，語語是病。不知聖賢所以至今無病者，正在此也。」陽明之良知至矣，暨其末流，上者益上，下者益下，則非陽明本旨也。江右先達如羅念菴，於此每有救正，王塘南於此每有調停，便俱受不透性之譏矣。心之所以爲心，非血肉之謂也，應有個根柢處，性是已。舍性言心，其究也必且墮在情識之内，粗而不精。天之所以爲天，非窈冥之謂也，應有個着落處，性是已。舍性言天，其究也必且求諸常人之外，虛而不實。

論學書

陽明先生曰：「求諸心而得，雖其言之非出於孔子者，亦不敢以爲非也；求諸心而不得，雖其言之出於孔子者，亦不敢以爲是也。」此兩言者，某竊疑之。夫人之一心，渾然天理，其是天下之真是也，其非天下之真非也，然而能全之者幾何？惟聖人而已矣。自此以下，或偏或駁，遂乃各是其是，各非其非，欲一一而得其真，吾見其難也。故此兩言者，其爲聖人設乎？則聖人之心，雖千百載而上下冥合符契，可以考不謬，俟不惑，無有求之而不得者。其爲學者設乎？則學者之去聖人遠矣，其求之或得或不得，宜也。於此正應沉潛玩味，虚衷以俟，更爲質諸先覺，考諸古訓，退而益加培養，洗心宥密，俾其渾然者，果無媿於聖人。如是而猶不得，然後徐斷其是非，未晚也。苟不能然，而徒以兩言横於胸中，得則是，不得則非，其勢必至自專自用，憑恃聰明，輕侮先聖，註脚六經，無復忌憚，不亦誤乎？陽明嘗曰：「心即理也。」某何敢非之？然而言何容易！孔子七十從心不踰矩，始可以言心即理，七十以前，尚不知如何也！顔子其心三月不違仁，始可以言心即理，三月以後，尚不知如何也！若漫曰心即理也，吾問其心之得不得而已。此乃無星之秤，無寸之尺，其於輕重長短，幾何不顛倒而失措哉！與李見羅。

心在人欲上便是放，在天理上便是收。天理本内也，因而象之曰在内；人欲本外也，因而象之曰在外，非有方所可求。知此，則知把柁之所在矣。今曰著意收也，恐收即成礙，任其走作，腔子裏何物把柁？似只在方所上揣摩，而不於理欲關頭討個分曉，將來恰成一弄精魂漢，乃放心，非求放心也。復唐大光。

南昌有朱以功布衣，行修言道，慥慥君子也，足與章本清布衣，頡頏後先，暇中可物色之。與孟白。

以功有朱布衣集，多所發明，向嘗見之，今失其本，容當訪問。佛學三藏十二部五千四百八十卷，一言以蔽之曰「無善無惡」，第辯四字於告子易，辯四字於佛氏難。以告子之見性粗，佛氏之見性微也。辯四字於佛氏易，辯四字於陽明難。在佛自立空宗，在吾儒則陰壞實教也。夫自古聖人教人爲善去惡而已，爲善爲其固有也，去惡去其本無也，本體如是，工夫如是，其致一而已矣。陽明豈不教人爲善去惡？然既曰「無善無惡」，而又曰「爲善去惡」，學者執其上一語，不得不忽其下一語也。何者？心之體無善無惡，則凡所謂善與惡，皆非吾之所固有矣。皆非吾之所固有，則皆情識之用事矣。皆情識之用事，皆不免爲本體之障矣。將擇何者而爲之？未也。心之體無善無惡，則凡所謂善與惡，皆非吾之所得有矣。皆非吾之所得有，則皆感遇之應跡矣。皆感遇之應跡，則皆不足爲本體之障矣。將擇何者而去之？猶未也。心之體無善無惡，吾亦無善無惡已耳。若擇何者而爲之，便未免有善在；若擇何者而去之，便未免有惡在，若有善有惡，便非所謂無善無惡矣。陽明曰：「四無之說，爲上根人立教；四有之説，爲中根以下人立教。」是陽明且以無善無惡，掃卻爲善去惡矣。既已掃之，猶欲留之，縱曰爲善去惡之功，自初學至聖人，究竟無盡，彼直見以爲是權教，非實教也。其誰肯聽？既已拈出一個虚寂，又恐人養成一個虚寂，縱重重教戒，重重屬咐，彼直見以爲是爲衆人説，非爲吾輩説也。又誰肯聽？夫何故欣上而厭下，樂易而苦難？人情大抵然也。投之以所欣，而復困之以所厭，畀之以所樂，而復攖之以所苦，必不行矣。故曰惟其執上一語，雖欲不忽下一語，而不可得；至於忽下一語，其上一語雖欲不弊，而不可得也。羅念菴曰：「終日談本體，不説工夫，纔拈工夫，便以爲外道。」使陽明復生，亦當攢眉。王塘南曰：「心意之物，皆無善無惡。使學者以虚見爲實悟，必依憑此語，如服鴆毒，未有不殺人者。」海内有號爲超悟，而竟以破戒負不韙之名，[二]正以中此毒而然也。且夫四無之説，主本體言也，陽明方曰是接上根人法，而識者至等之鴆毒；四有之説，主工夫言也，陽明第曰是接中根以下人法，而昧者遂等之外道。然則陽明再生，目擊兹弊，將有摧心扼腕，不能一日安者，何但攢眉已乎？同上。

[二]「不韙」，底本作「不諱」，據文意改。

當下繹

當下者，即當時也。此是各人日用間現現成成一條大路，但要知有個源頭在。何也？吾性合下具足，所以當下即是。合下以本體言，通攝見在過去未來，最爲圓滿；當下以對境言，論見在不論過去未來，最爲的切。究而言之，所謂本體，原非於對境之外另有一物，而所謂過去未來，要亦不離於見在也。特具足者，委是人人具足，而即是者，尚未必一一皆是耳。是故認得合下明白，乃能識得當下；認得當下明白，乃能完得合下。此須細細參求，未可率爾也。

平居無事，不見可喜，不見可嗔，不見可疑，不見可駭，行則行，住則住，坐則坐，卧則卧，即衆人與聖人何異？至遇富貴，鮮不爲之充詘矣；遇貧賤，鮮不爲之隕穫矣；遇造次，鮮不爲之擾亂矣；遇顛沛，鮮不爲之屈撓矣。然則富貴一關也，貧賤一關也，造次一關也，顛沛一關也。到此直令人肝腑具呈，手足盡露，有非聲音笑貌所能勉强支吾者。故就源頭上看，必其無終食之間違仁，然後能於富貴貧賤造次顛沛處之如一；就關頭上看，必其能於富貴貧賤造次顛沛處之如一，然後算得無終食之間違仁耳。

予謂平居無事，一切行住坐卧，常人亦與聖人同，大概言之耳。究其所以，却又不同。蓋此等處，在聖人都從一團天理中流出，是爲真心；在常人則所謂日用而不知者也，是爲習心。指當下之習心，混當下之真心，不免毫釐而千里矣。昔李襄敏講學，諸友競辨良知，發一問曰：「堯、舜、孔子，豈不同爲萬世之師？今有人過堯、舜之廟而不下車者，則心便安；過孔子之廟而不下車者，則心便不安。就下車孔廟而言，指曰良知，則分明是個良知；就不下車堯、舜廟而觀，則安於堯、舜廟者，固是個習心，而不安於孔廟者，亦祇是個習心耳。良知何在？」衆皆茫然無對。

顧憲成全集卷八十

附録四

涇皋淵源録①

涇皋淵源録卷一

涇陽公曾孫貞觀梁汾氏初稿
涇凡公十世孫政均緑園增輯

① 涇皋淵源録八卷，以上海圖書館藏玉鑑堂無錫先哲遺書所收清孫宗偉鈔本涇皋淵源録爲底本。間有眉批。

方山薛先生

先生名應旂，字仲常，武進人，自横林徙家五牧，故又爲無錫人。其補諸生，年甚少而制舉業，已爲遠近所傳。時吕公柟官南都，寓鷲峰東所講學。先生從之遊，極見許可。嘉靖甲午，舉應天乙未會試，中式第二人，謁選得慈谿令。抵任之初，鋭意興革，郡符或非時下，輒格不行。守怒，欲乘其伏謁窘之，先生用奇逸去，乞改教。時華亭相視學兩浙，力護之。

及先生補教授九江，華亭適移視江西學政，檄先生主廬山白鹿書院。先生建友士亭，訓勉多士。守道王慎中又爲建觀易臺。因先生言倦於支離，行不挾册，舉目所見，皆爲真易故也。

擢南吏部主事。乙巳，署考功郎，掌内計，代太宰爲文，矢諸神明，務極公慎。給事中王曄者，故嘗劾相嵩，至是尚寶丞諸傑遺書先生，囑去曄以迎執政意。先生得書，反留曄去傑。相嵩恚甚，欲中之。會黜兵部郎王畿，畿時以講學負盛名，用是爲言者所講，謫判江西建昌。久之，遷禮部主事，出爲浙江提學副使。較諸生童，衡鑒稱絶。簡社師刻童蒙須知，以端初學。向往先令慈谿時，祀宋儒楊慈湖於正學書院，至是復進袁和叔、沈叔晦、舒元質配饗。[一]任滿後家居，值倭警，條守禦八議，皆鑿鑿可見施行。起整飭鄜延兵備，未幾察免。或云亦出華亭相意也。

先生初以時文號有明一代大家，然素厭俗學，卓然以經濟自命，於象山、陽明諸書寤寐以之，作致良知説，刻朱子晚年定論。謂：「朱、陸本一，後之人不應是朱而非陸。」久之，見世之爲新説者，其辨析性命甚精，而行不掩言，甚至貪黷敗檢，重爲學術之累，故黜龍溪以警諸學人。且因而自勘，潛思默證，庶幾求見孔、孟真的。

會林中丞潤出宋公端儀所纂考亭淵源録，屬先生爲之增補，其晚年正學宗旨具見。是書刻成之明年，門人張淇率顧憲成、允成兄弟偕來問業，時憲成年二十一，允成年十七，[二]先生一見，大喜曰：「此東南珍物也。」手淵源録，鄭重授之，曰：「洙、泗以下，姚江以上，萃於此矣，異日無忘老夫也。」命兩孫敷政、敷教出拜，訂交而別。林居垂二十年，學者稱「方山先生」。所著文録、憲章録、庸語、詩説、宋元通鑑、甲子

[一]「配饗」，底本作「配響」，據文意改。
[二]「允成」，底本誤作「久成」，據上文改。

會紀、高士傳、浙江通志、四書人物考，皆手自鈔寫。善元儒許文正公言「讀書以治生爲先」，作治生録，量入爲出，戒子孫毋怙侈廢業。

敷政字以心，萬曆丁未進士，[二]官太僕寺少卿。

敷教字以身，萬曆己丑進士。甫觀政，即疏糾都御史吴時來、耿定向阻塞言路，奉旨削籍。用薦起國子監助教，復争三王並封。癸巳京察，與諸賢合疏救高邑趙公南星，謫光州學正。歸後恒居東林，以理學節行見稱，學者稱「玄臺先生」。其舉進士也，與高攀龍同出高邑趙公之門。及卒，攀龍誌其墓。

備遺

書考亭淵源目録後曰：

考亭淵源録成，余既序之矣。客有覽者，起而問曰：「今之講學者，所在有之議論種種，蓋云衆矣。其號爲知學者，則謂陸氏之學，聖門之的傳也；朱氏之學，聖門之羽翼也。子是之編，乃比而同之，次象山於考亭師友之列，豈亦近世道一編之遺

[二]「丁未」，底本無，據清康熙三十四年刻本常州府志卷十七補。按萬曆三十五年丁未黄士俊榜有薛敷政。

意乎？」

曰：「非然也，夫道原於天而畀於人，人人有之，人人能言之，而知之者益鮮，講學者將以明斯道而措諸行也。苟非深造自得者，是難與口舌争也。道一編者，無亦見朱、陸皆賢？而立論不同，故合二氏而彌縫之，其本來面目真切，血脈恐亦未之深究也。」旂雖寡陋，自童子時即有志於學，三十年前從事舉業，出入訓詁，章分句析，漫無歸着。一旦聞陽明王公之論，盡取象山之書讀之，直闖本原，而工夫易簡，正如解纏縛而舒手足，披雲霧而覩青天，喜躍不勝，時發狂叫，遂以爲道在是矣。如是者又三十年，然每一反觀，居常則覺悠悠，遇事未見得力。及偏視朋儕，凡講斯學者率少究竟，乃復展轉於衷，年踰五十猶未能不惑。及罷官歸，則既老矣，恐終無所得，而虚負此生。

日以孔、孟之書反覆潛玩，賴天之靈，恍然而悟，始知朱子之言，孔子教人之法也；陸子之言，孟子教人之法也。

今觀論語一書，言心者二，言性者一。「克己復禮」，惟以告顔子，而「一貫」之傳，自參、賜之外無聞焉。其所雅言者，不過「詩、書執禮，文行忠信，入孝出弟，事賢友仁，三戒三畏，六言六蔽，五行九思」，與夫「居處恭，執事敬，與人忠」，「出門如賓，使民如祭」之類，無非欲學者隨事隨物、無時無處而不用其力也。故門人疑其有隱，而其自謂則亦以中人以下不可語上，夫以夫子之在當時，其成己成物之心，蓋將舉一世而甄陶之，以開萬世之太平，非不欲吾人之一蹴至道，而顧若珍秘之者，何也？實以道雖各具於人心，而非實自致力者不能體貼，若泛以語之，則人將褻玩。猶之夜光之璧，照乘之珠，漫以投人，不駭則疑矣。縱其祖父遺之子孫，若非克家繩武者，亦必輕視浪費，豈能慎守而永保之哉？此固夫子之微意也。

迨至孟子之時，儀、衍横行，楊、墨塞路，吾道晦蝕，幾於盡矣。若不盡出其底裏以語之，夫誰與我？此孟子所以一見梁惠，遂言仁義；齊宣易牛，指其是心足王。而「性善」「堯、舜」之語，直以告之曹交、滕世子，而不少隱焉，其諸盡心知性養氣集義之微，人皆得而聞之，不必及門之士也。旃嘗以爲夫子韞櫝寶藏，盡爲孟子掀翻矣，此豈以君子之道誣人哉？憂世變而悲人窮，汲汲以拯天下之溺，不得不然也。故曰：「予豈好辨哉？予不得已也。」此孔、孟一道，而教人之法不同也。

然自今觀之，孔門之所造就者，不特顔、曾、閔、冉卓然爲殊絶人物，而宰、仲、言、卜之徒皆彬彬君子也。若孟氏之門，樂克、告子號稱高弟，已不當與孔門下士並論，而公孫丑、萬章之徒直衆人耳，此其故可知矣。蓋孔門之聞道也難，故多務爲近裏着己精思實踐之功，而隨其分量，各有所得；孟門之聞道也易，而身心性命之教，率皆視爲常談，而入耳出口，漫不經意，以故鮮有所得。此其理與勢，蓋有必至者耳。象山之門，東南之士群然趨之，而其所成就，自楊敬仲、袁和叔、沈叔晦、舒元質之外，罕有聞焉；考亭之門，則自黄直卿、蔡季通以下，率多名儒碩士。

凡修己治人之道，化民成俗之功，行之當時而垂之後世。凡列於兹録者，具在史册，歷歷可考見也。夫先難後獲，學者固不當有計功責效之心，而學問之真的，則自此可驗，而吾人當知所趨向矣。

先是，陽明王公輯朱子晚年定論，似若考亭有得於象山，今觀象山晚年教人讀書，須是反覆窮究，項項分明，博學、審問、慎思、明辨、篤行，日進無已，其有得於考亭者，蓋實多也。道本一致，學不容二，兩先生實所以相成，而非所以相反也。具在録中，學者當自得之。其諸一二叛徒，固孔門之伯寮，程門之邢恕也，何足論哉！仍存初稿，亦可爲永鑒云。

隆慶己巳春正月既望，後學薛應旂謹書。

損齋張先生

先生名淇，字子期，以字行，後更今名，字原洛。先世江陰人，遷錫之張高莊。曾祖東洛先生愷，官都轉鹽運使司運使。祖洛川公琳，父履菴公鉞。先生以歲貢生授吴縣訓導，丁憂服闋，補休寧，遷英山教諭，告歸。學者稱「損齋先生」。萬曆甲辰卒，享年七十有二。

其葬也，門人顧憲成爲墓誌，略曰：

憶昔歲己巳，先贈公爲不肖憲及弟允擇師，語人曰：「必得文行兼備之士，而後可。」東里雲浦陳公爲言先生，先贈公喜，命不肖等北面事之。先生一見，語不肖等曰：「吾觀子兄弟氣貌，非區區舉子業可了，須努力尋向上一着。」先贈公聞之益喜。時仲兄善病，不復理鉛槧矣，亦令執經侍側，曰：「吾固不專爲舉子業也。」庚午，先生應雲浦公之辟，不肖等仍負笈以從。後數年，相繼取一第，而先生竟以學博老且死矣。

嗚呼！先生自少英穎。稍長，力學，年十八補邑弟子員，二十而廩，即爲人授經。履菴公不善治家人産，産日挫，悉館穀進之，有以尺帛贈者，必躬致。履菴公曰：「兩親百結，吾何以有此？」母性嚴，先生年四十，稍誤，猶兒啼受夏楚，雲浦公高其行，邀同志爲置租佃。人或弗償，弗問也，但高咏少陵詩：「安得廣厦千萬間，大庇天下寒士俱歡顔。」履菴公聞而壯之。時先生名日起，三吴千里間争聘爲師，顧其試棘闈，輒報罷。久之，始以歲薦，分教吴縣。適不肖從銓曹請假還，過吴門，挾一蒼頭徒步往見。先生喜煮茗煨栗，相對終日。酒畔，微問：「得無爲郡邑君子所跡乎？」不肖謝不敢。先生益喜，曰：「方是吾弟子，不是天官郎也。」始，先生待選都下，申相國迎致邸塾，甚重之，以是乞鐸其邑庠。比先生丁憂歸，服闋補官，不求相國薦剡，亦不向達官貴人前一齒不肖兄弟姓名。

所至以身爲教，長吏皆傾心敬服，直指牛公，至狂駕就之。乃先生念養不逮親，又邦家多故，悒悒不自得。書齋壁曰：「静中自念長憂國，夢裏思親輒過家。」遂拂衣歸斗室，蕭然簞瓢自怡。

先生素健無恙。甲辰夏四月，忽倦卧六日不語。晨起，索筆大書曰：

「只知人世是太古，不信我身非伏羲。」又索酒大飲曰：「令我薰然陶然栩栩然而逝，可也。」命子楷也：「做人須收拾身心，要知此身非幻身，心非肉心，天下無物可以尚之。須自知自養，自煉自取。吾儒致中和，實不外此。薛文清公讀書録，吾家祖業也，宜付兩孫。」言訖遂瞑。嗚呼！死生亦大矣，何其了了也！

先生胸次曠然，負氣倜儻，恥與俗伍。語及古賢豪長者及忠臣孝子，輒爲之旁皇凝竚。喜豪飲，或終日陶然，身世兩忘；或高談叱咤，睥睨六合；或感慨激烈，涕淚交流，而繼之以怒髮衝冠。先生不自知，人亦無能知先生也。

髫年師事陽湖邵公，聞陽明『致良知』之説。及壯，遊方山薛夫子之門。學益進，乃亟稱考亭曰：「畢竟盤不過此老。」庚子秋，過涇上，朝夕劇論。因及：「邇來異説横行，始而侮朱，終而侮孔。」遽掀髯起曰：「恨予不作魯司寇，磔之兩觀之下。」須臾飲盡一斗，仰天噫嘻。左右笑曰：「先生狂矣！」先生曰：「狂乎？非吾之狂而誰狂？」迄今思之，生氣凜然。此豈生斯善斯，閹然媚世之人所可同日而語哉？

先生嘗欲效淵明預爲祭文，杜牧自撰墓志，稍敘述其生平，言：「以中人之資，幼讀聖賢書，長承祖父訓，而忠信孝弟出自天性。辛苦爲祖宗持立門户，謹守繩墨，不敢妄爲。自謂所得於吾儒義理性分爲多，故於貧富貴賤一不介意。然直諒狷狹，不能媚於人，不肯求於人，惟嫉惡好善，引咎服義之心裕如也。」亦足以概先生矣。

備遺

師授書，不拘拘傳註，直據其中之所自得者爲説，最善開發人，聽之津津有會。小心齋劄記。

一日，有客言劍浦李公教其子讀四書只讀白文。憲聞之，甚以爲得。馳告師，師不答。憲疑焉，師曰：「子知之乎？朱子絶世聰明，却退然自處於章句，一字一訓，若村學究然。蓋欲天下後世三尺之童，亦都曉得聖賢話頭，做個好人，此天地之心也。吾輩如何這等説？」憲曰：「恐畢竟非上智事。」師曰：「昔程叔子座下有學者來問六十四卦。旁一人曰：『皆不須得，只乾、坤足矣。』叔子曰：『要去誰分上使？』其人曰：『聖人分上使。』叔子曰：『聖人分上，一字也不須得。』已而見李公，舉師語質之，公憮然嘆服。

問：「中庸『尊德性而道問學』，朱子解作『存心致知』，不識是子思本旨否？」師曰：「此朱子就自家得力處説。存心即主敬，致知即窮理，神而明之。書之所謂『惟精惟一』，易之所謂『敬直義方』，論語之所謂『博文約禮』，大學之所謂『格致誠正』，孟子之所謂『知言養氣』，都只一樣。若但在字句上吹求，便是葛藤。」

師云：「『見善如不及，見不善如探湯。吾見其人矣，吾聞其語矣』，『言顧行，行顧言』者也；隱居以求其志，行義以達其道，吾聞其語矣，未見其人也』，『但能言之，不能行之』者也。」看得甚好。

初習舉子業，從邑中少弦張師游，師教之以博，曰：「『讀書破萬卷，下筆如有神。』此事不可拘拘只向佔俾中求。」已，從師游，師曰：「此事只在一處，不可向外浪走。」蓋又教之以約。因舉少弦師語，師笑而不答。涇皋藏稿。

念庭周先生 節録涇皋藏稿

先生名邦傑，字英甫，號念庭，臨川人。由進士任無錫令。始，先生進憲而試之，欣然賞異，拔置高等。嗣後三試三冠，每相見，所提勖皆在尋常之表。一日，手周元公太極圖説、程淳公識仁篇、張成公西銘授焉。憲退而習之，至忘寢食，於今不敢怠皇。是先生之大有造於憲也。

先贈公家徒四壁，而急督憲，望其成，羔雉之費往往稱貸以濟。先生聞之，時爲分俸，先贈公驚曰：「孺子何修而可以承此？必勿受。」先生不可。已而廉知狀，嗟嘆再三。適有以居間屬者，先贈公怒而唾其人。先生又廉知之，將延先贈公於賓筵，以示旌異。先贈公固辭不可，乃罷，而益口先贈公不置。是先生又大有造於憲父子也。

先家季允方垂髫，從諸童儒試，咄嗟而文就，先生一覽，奇之，逢人説項，不啻其口。先季益感奮，不數年而掇一第，以克有立。是先生又大有造於憲兄弟也。

先生廉明倜儻，意用不凡。其爲政嚴於豪强而寛於弱小，務大體，諸瑣屑一切無所問。久之，獄訟稀簡，遂卧而治之。邑有糧長之役，最稱繁鉅，每當僉審，請求百端，至於覆匿推移，情僞旁出，不可殫既。先生五日而訖事，人以爲神。即有不服，呼而數之，若居集里田，在籍者幾何，歲其竄他籍者幾何，歲出入幾何，他殖幾何，嬴幾何，雖其井里姻戚，莫能如是之悉也。其人大驚，不知何從得之，率叩首稱謝去。一二巨室憾之，造爲飛語，多方媒孽，先生屹不爲動。是先生之大有造於余邑也。

比徽入諫垣，值張江陵用事，時在位者率阿指取容，而言官特甚。先生又其所舉士，内念不可，乃佯爲不喻也者。凡有建白，無激無徇，率攄其中之所欲言。比江陵没，當路謂：「天垣長久溺職，宜無拘常格於諸垣長。」簡賢而調，衆皆推先生及蕭公念渠，蕭公即又推先生，乃調先生。先生次第疏舉海内名賢，向來山棲穴處之朋，遂得後先柄事，發皇精采，彬彬稱盛。至特疏救魏南樂、李臨潼，雖以取忤於時，不恤。已而兩人俱至大用，屹然爲柱石臣。是先生之大有造於斯世也。

先生雅負超世之襟，當令吾邑，案牘之暇，時時攀九龍而汲二泉，把觴賦詠，灑然自適。今先生歸有年矣，佳子佳孫聯翩滿庭，人間之勝事備矣。即臺省薦剡相屬，泊然如不聞也。至覩時局之紛糾，輒又慨然太息，時時貽書及之，情見乎詞。由前則處有事之地而能樂，由後則處無事之地而能憂。此其際，不亦微哉？彼夫或進或退，庸庸泄泄，徒以一官而已焉者，其局量相去何如也？

備遺

邑侯周念庭季試邑士，必端文公居第一。萬曆丙子秋試後，周公閱端文公文，決必元。放榜期近，置驛遞於金陵，得捷音，即飛騎歸報。届報日，周公公服坐堂，飲酒以俟，戒門役曰：「若顧相公得元，則放炮三聲，否則已。」坐至更深，侍者皆倦，忽聞炮震響者三，公大笑，連酌巨觥而入。

涇臯淵源録卷二

涇陽先生 高忠憲撰行狀

顧之先，自宋百七公始家錫上舍里，數傳至諱廷秀者，商文毅公輅表其墓。先生高祖如月公，諱麟。曾祖邑諸生，友竹公，諱緯。祖侍竹公，諱夔。父贈承德郎、户部主事南野公，諱學，始居涇里。母錢太安人，生五子而一殤，孟曰涇田公性成，仲曰涇白公自成，季曰涇凡公允成。先生其叔也，諱憲成，字叔時，别號涇陽先生。生而沈毅，迥異常兒。

十一歲，讀韓文諱辯，請於師曰：「然則親名當諱乎？」自是每遇南野公諱，宛轉避之，有不可得避者，輒鬱鬱不樂。師謂南野公曰：「此子之志卓矣，未通方也，如尊名如何諱？昔唐韓安王教子勿諱忠，君得無意乎？」南野公喜，呼先生謂曰：「吾名學，汝勿諱學，諱學是忘學也，忘學是忘吾也。孺子志之。」先生謹受教。

年十五六，家貧，不能延師，就讀鄰塾，歸必篝燈自課，多至達旦，書其壁曰：「讀得孔書纔是樂，縱居顏巷不爲貧。」一日，師説論語「問禘」章，先生曰：「惜也，或人欠却一問。子不知禘之説，何以知『知其説者之於天下，如視諸斯也』？夫子必有説矣。」師喜曰：「作如是觀，可讀論語矣。」又一日，説孟子「養心」章，先生曰：「竊以爲寡欲莫善於養心。心是耳目四肢之主，主人明，不受役於色矣；主人聰，不受役於聲矣。若但向聲色驅除，是主與奴競，孔子所謂仁則吾不知也。」師喜曰：「作如是觀，可讀孟子矣。」

年二十一，爲隆慶庚午補邑諸生第一。萬曆丙子，舉鄉試第一。其冬，南野公即世，先生居憂。當是時，先生名滿天下，其於文章斟酌古今，獨闢乾坤，學者宗之，如山於嶽，如川於海。而先生退然謂：「此非吾人安身立命處，心所冥契，則五經、四書，濂、洛、關、閩，務於微析窮探，真知力踐，其餘皆所不屑矣。」庚辰，服闋，會試，名在二十。廷對，二甲二名。主事户部，與南樂魏崑溟允中、漳浦劉紉華庭蘭以道義相琢磨，時稱「三解元」。

江陵相憚其丰采，一日，謂申吴門曰：「貴門生有三元，會日評騭時事，居然華衮斧鉞一世矣。」而三先生者，果以時事日非，相約貽書申公，諷其匡救。書既具，及觀魏、劉兩先生書，嘆曰：「至矣，余言贅矣。」遂削其稿而附名焉。江陵病，舉朝奉上命禱於神，先生獨不可。同官危之，代爲署名，先生馳騎醮壇，手抹去之。壬午，江陵卒，先生調吏部，日孜孜人才，與同僚爲會，以所見聞相證，遐方下吏，巖穴潛德，務於闈人所不知。尋以侍母告歸，讀易、春秋者三年。

丙戌，補驗封司主事。丁亥，大計京朝官，先是南北總憲乏人。一日，特旨辛自修改都察院左都御史，海瑞陞南京都察院右都御史，中外相慶而當路不悦也。於是御史房寰有疏醜詆海公。先生弟季時適以丙戌廷對，觀吏部政，遂偕同年彭旦陽遵古、諸景陽壽賢糾之。雖各得削籍，正氣爲之一吐。

及是，辛公司計所，是非皆與時忤，當路益惡之。工部尚書何起鳴在拾遺中，遂迎執政意，訐辛給事。陳與郊並論辛、何，抑揚其語，實齮齕辛，而辛、何遂並罷。先生上言，略曰：

何起鳴之爲君子？爲小人？其訐辛自修也，果有據？果無據？而御史高維崧等之合糾起鳴也，爲公？爲私？此皆章章較著者也。皇上爲起鳴罷自修，謝之矣，而又降及高維崧等四御史，何歟？

幸而昨者考察一秉至公。命下之日，中外翕然稱服。可見良心不泯，而挽回有機。何意復覩是紛紛者？在起鳴既疑以宿釁蒙垢，在自修又疑以忤時招尤。在起鳴既見以有援而巧爲排，在自修又見以受屈而急於辨，皆過矣。何獨坐維崧等承望耶？即爾彼陳與郊深詆自修，又何爲者耶？試思平心定氣，易地而觀，恐我之所謂公，固即彼之所謂私；而彼之所謂私，亦即我之所謂公耳。奈何舍此而罪彼哉？

爲今之計，臣以爲莫若各務自反而已。起鳴當思何以爲衆論鄙，自修當思何以爲儕友猜，維崧等當思何以言出而召侮，與郊等當思何以言出而啓疑，至於執政大臣，尤應倍加檢省，風厲百僚。若無若虚，孜孜汲汲，久之，精神透徹，誠意攣如。本無偏好，誰能求同？本無偏惡，誰能求異？雖有褊心鋭氣，矯矯而負爲，高者亦恍然自失而不自知矣。

臣又見今之時，非科道而建言者，必詬之曰「出位」，曰「好名」，又曰「是爲進取之捷徑耳」，不然則又曰「是多行不韙，計畫無之，聊借以蓋醜而脱計網也」。斯四者，亦誠有之而不可不求其故也。

明興二百餘年，西漢之經術，東漢之節義，唐之詩詞，宋之理學，並彬彬稱隆，而獨言官之氣稍不振。天下多故，危言讜論，往往出於他曹。如故相張居正用事，數年之内，言官有相率讚頌保留祈禱已耳，以求吴、趙、鄒、沈、王、艾之儔，何寥寥也。

又如近日維崧等合糾起鳴，本屬公議，及蒙皇上詰責，輒惶恐推避，謝罪不暇。無能自見始末，開廣聖心。假令披露情愫，曉暢事實，章晰誼理，剴篤言辭，即皇上一覽而悟，未可知也。臣甚惜之。

由此觀之，假令言官不爲利誘，不爲威惕，無事，不瑣屑以取厭；有事，不依回以取容。牽裾折檻，時不乏人，他亦無由而奮其説矣。

然則使人之得以出位而言者，臺省之爲也，夫人情未有不喜順而惡逆者也，而況於居尊顯者乎？其喜也，能令人榮；其惡也，能令人辱。有一人焉，端言正色，侃侃不顧，夫安得而不名高也？名高矣，而當之者苦於不堪而廢棄之，摧折之，則天下皆咈然不平於其心。一旦時移事改，是非論定，夫安得而不加殊擢也？

是故抑者予其揚者也，屈者藉其伸者也，[一]退者佐其進者也。假令其言是，怡然而受之；其言非，廓然而容之。録其長，不疵其短；褒其直，不嗔其狂；欣其誠，不虞其矯。用其言，何必計其人？不用其言，何必疾其人？審如是，人人而能言也。何名可賈？何利可徼？而亦何醜可蓋？非徒

[一]「藉」，底本作「籍」，據文意改。

然也，而我反因之獲容直之名，收用言之利矣。然則使人之得以賈名，得以徼利，又得以蓋醜者，廟堂之爲也。

至於建言之人，大都負氣自喜，不耐矜束，闊略於規矩，遇事發憤往往過當。聽者方内懷不服，退而詗其行事，又不足以滿其意，曰：「爾以古人畜我，何不以古人自畜？」而承望意指者，又因而媒孽之，尋垢索瘢，無所不至。於是遂置其言不復採，而并賤其人。

假令士能潔躬修行，入不愧妻子，出不愧朋輩，則其人重，其言亦重，夫安得而無聽？然則使人之得以舉，而納諸群詬之中者，建言者之爲也。故臣以爲莫若務自反而已。自反，則上何暇以言爲罪？下何暇以言爲高？惟各盡其在我而已矣。

大學曰：「自天子以至於庶人，一是皆以修身爲本。」中庸曰：「正己而不求於人，則無怨。」孟子曰：「行有不得者，皆反求諸己，其身正而天下歸之。」又曰：「以善養人，然後能服天下。」臣誠不勝惓惓，惟皇上裁察焉。

疏奏，有旨切責，謫湖廣桂陽州判官。

時王京兆麟泉曰：「『自反』二字正本清源，有位者宜各寫一通置座右。」王婁江艴然曰：「渠執書生之見，聽道路之言，安知廟堂苦心？」陳司寇雨亭曰：「書生之見當守，道路之言當採，顧司勳苦心亦不可不察也。」婁江默然。

先生之桂陽，其士人皆進而問業，先生以其地爲柳子厚、蘇子瞻兩公謫居，莊定山先生亦謫於此，大有惠德於民，題所居曰「愧軒」，志愧前哲。又以柳氏文而已，蘇氏未離乎文也，莊氏庶幾離乎文矣，深愧文字外無以益桂陽多士，其先行後文類此。

戊子，司理處州府，先生念太安人，不欲行，太安人不可。會季時授南康郡博，季時曰：「叔出季處，可乎？」即日乞休。而先生至官，專務教化。有兄弟訟數年不決者，呼而謂之曰：「汝兩手兩足相争乎否？兄弟手足也，而相争非怪事乎？」而恬不以爲怪，何也？既相争，自相治可矣。」各授之杖，謂其兄曰：「爲我扑若弟。」謂其弟曰：「爲我扑若兄。」兩人相顧愕然，先生故促之，兩人叩首請曰：「曩者官爲析曲直，故不服。今吾服，不知曲直也，願得自新。」先生喜，令兄弟相揖謝，兩人大哭而去。時蔡御史按浙，不敢以吏事見，先生假之差歸。

己丑，居太安人憂。辛卯，復司理泉州。

壬辰，計群吏，先生舉公廉寡慾爲天下司理第一，擢主事考功。銓司出而再入者，自先生始。

是年，詔三皇子並封王，先生倡四司上言，略曰：

臣等伏見皇上思祖訓立嫡之條，欲將三皇子暫一併封王，以待將來有嫡立嫡，無嫡立長。於此知皇上之心有惕然不敢自專者，而必以上合祖宗之心爲安也。又見皇上諭輔臣王錫爵等：「朕爲天下之主，無端受誣，以爲可痛可恨。」於此知皇上之心有歉然，不敢自適者而必以下合天下之心爲安也。有君如此，豈不真聖君哉！惟是「待」之一言，有不能釋然而無疑者。夫太子，天下之本，如之何其可緩也？是故有嫡立嫡，無嫡立長，是也；待嫡，非也。就見在論嫡之有無，是也；待將來論嫡之有無，非也。夫「待」之爲言也，濡滯而不決，懸設而難期，撓不刊之典，潰不易之防，隳不携之信，叢不解之惑，開不救之釁，貽不測之憂，甚不可也。

皇上之稱祖訓惓惓矣，所言「立嫡」「待嫡」二條，意各有主，質以建儲之事，判然不類。援而附之，是爲遵祖訓乎？悖祖訓乎？

始者少待二三年，俄而改於二十年，俄而又改於二十一年，猶可以歲月爲期也；今曰「待嫡」，則未可以歲月爲期也。德音方布而忽更，聖意屢遷而彌緩。

皇上神明天縱，信非溺寵狎昵之比，而不諒者一意揣摩，百方猜度，殆難以家説而户曉也。皇上自以爲無端受誣，天下且以爲無端反汗。無端受誣，豈惟皇上有所不堪？即臣等亦爲皇上不堪。無端反汗，豈惟臣等不能爲皇上解？即皇上亦不能爲臣等解。

此其不可有九，而九不可皆「待」之一言爲之也。猶豫則亂謀，優游則妨斷，因循則失時，徘徊則啓伺，遷延則養禍。

伏願皇上斷自宸衷，亟舉册立大典，庶幾父父子子、君君臣臣、兄兄弟弟，實宗廟社稷萬世無疆之休。

又自爲書貽婁江公，略曰：

昨請教册立之事，實百其難，畢竟尚宜從請期一着。語云：「不見其形，願察其影。」閣下試端意而思之，皇上之旨所以屢定而屢遷者，何也？

昔者秦皇、漢武，寧不蓋世之雄？一念小偏，便墮入婦人女子之手，骨肉之間頓成吴、越。星星燎原，涓涓放海，雖二君豈意及此乎？司馬温公曰：「天若祚宋，必無此事。」夫此何事也？可得而嘗之哉？而徒諉之天也？

竊意以爲宜聽九卿科道，[一]仍遵屢旨，合辭以請。而閣下從中調停，懇示定期，即甚遲不越一年，庶幾聖心確有所主，人心專有所屬，議論方囂而復定，國本幾摇而獲安，真閣下事矣。

癸巳，内計功郎趙儕鶴先生秉至公從事。計典出，人謂：「二百年未有慊於輿情若此者。」而先生與李公元沖實左右之。政府大恚，趙先生乘劉黄門道隆疏，票旨切責降調。先生與元沖上言：

臣等與南星以道義相期許，以職業相切磨。惟兹計典，始而咨詢，繼而商榷，臣等皆與焉。至於議留虞淳熙、楊于庭，臣等實從臾之。今南星被罪，臣等獨何辭以免？惟皇上念南星自謀則拙，謀國則忠，還其原職，以爲任事者之勸，無徒快被察諸人之心。倘始終以爲專權結黨，乞將臣等一并罷斥。

不報。無何，先生司選，以扶陽抑陰爲體，以不激不隨爲用。

[一]「九卿」，底本作「九鄉」，據文意改。

於婁江相待以至誠，每事必告，冀轉移之。而其所陽諾，實所陰尼。一日，值其假沐，推孟公一脈、王公德新等。疏上輒下，婁江陽喜曰：「主上朕兆甚佳，自此正人亟宜推用。」先生覺其機，曰：「有好朕兆，正不須激聒也。」無何，而會推閣臣之命下矣。先是，先生在功司，適鄒南皋先生請假，婁江曰：「昨文書房傳旨云：『放他去。』」先生曰：「若放去果是，相國宜成皇上之是，該部宜成相國之是；若放去爲非，相國不宜成皇上之非，該部不宜成相國之非。」婁江語塞，竟疏留用。得旨：「鄒元標照舊供職。」

又太宰孫公立峰罷推代者，時少宰趙公定宇署篆婁江，屬以首推羅宗伯康洲。先生曰：「不可。內閣者，翰林之結局；冢宰者，各衙門之結局。今天下大勢折而入內閣矣，安可并冢宰據之？」選郎劉用齋曰：「嘉靖間不嘗用吕餘姚、嚴常熟乎？」先生曰：「是時威權在世廟，斷自聖心則可；今日威權在內閣，出自相指不可。我太祖罷中書省而設六部，惟恐其權之不散；嚴分宜以來，內閣合六部而攬之，惟恐其權之不聚。散則互鈐，一人不得行其私，國家之利，權臣之甚不利也；聚則獨制，各人不得守其職，權臣之利，國家之甚不利也。如之何背聖祖而從分宜乎？況往者內閣往往用各衙門，不專翰林一途，即冢宰兼推翰林亦得。今不能以內閣與各衙門共，而更以冢宰與翰林共，其亦頗矣。故論用人大道理，只當問其孰可爲内閣，孰可爲冢宰，不當問其孰爲某衙門。論救時大機括，通冢宰於翰林，其勢易；通内閣於各衙門，其勢難。自王、楊相繼在部，聽内閣指使，至陸平湖始正統均之體，孫餘姚遵而不變，内閣切齒恨之，相繼免歸。千思萬算，出此一着，吏部、内閣合爲一家，其禍不可勝言矣。昔高中玄以内閣兼冢宰，一日進閣，一日進部，是以全身爲分身也；今内閣用其同衙門爲冢宰，是以分身爲全身也。作用若殊，巧妙則一，竊恐日囿其彀中而不知耳。」乃請趙少宰言於婁江，婁江無以奪，而冢宰得陳公心谷矣。

婁江嘗一日謂先生曰：「近有怪事，知之乎？」先生曰：「何也？」曰：「内閣所是，外論必以爲非；内閣所非，外論必以爲是。」先生曰：「外間亦有怪事。」婁江曰：「何也？」曰：「外論所是，内閣必以爲非；外論所非，内閣必以爲是。」相與笑而罷。及是推閣臣，陳公心谷與先生各疏所知七人，質之皆合；首舉舊輔山陰王公，又合。陳大喜，婁江大恚曰：「何不舉康洲？」先生曰：「外論與者半，不與者半，脱言官言之，將自認乎？推公認乎？推公認，何用吏部？自認，又何成吏部？」婁江益恚曰：「前推羅君冢宰，君謂翰林只宜推内閣，今推内閣又不可，何也？」先生曰：「前論事，今論人也。」婁江復屬相國趙蘭溪言之先生。先生曰：「公論所在，司官不敢誤堂官也。」復自貽書於陳，陳曰：「公論所在，本部不敢誤朝廷也。」少宰趙心塘，羅之門人也，又言之陳，陳曰：「此非本部所得專也。」又言之先生，先生曰：「此非本司所得專也。」心塘曰：「明日會推必推之。」陳笑曰：「堂官口，司官手，二百年故事也，假令老先生舉口，而司官不舉筆，作何收拾？」及會推，王給諫彈羅疏亦至，而婁江必不容先生矣，遂削籍歸。

先生嘗曰：「天下事，君相同心方做得。其次閣銓同心，亦做得一半。今皆無之，止有三十個巡撫，十三個提學可選擇。而使若盡得人，士習民生，庶幾小補，方日孜孜焉。」當是時，太宰則宋、陸、孫、陳，四司則王秋澄公教、鄒大澤公觀光、孟雲浦公化鯉、儕鶴趙先生以及先生。賢賢相續。至先生司選，而人心益蒸蒸丕變矣。然中貴人干請不行，柄國者好惡相左，兩者合而爲一，陽施陰設不盡，逐之不已。自先生去，而隄防盡決，識者不能不嘆息痛恨云。

先生歸，以積勞成疾。乙未春，幾殆。諸子環泣，先生張目曰：「人有來處，應有去處，夫何傷？」已，忽蘇，吟詩曰：「茫茫大化任推遷，消息盈虛總自然。若欲個中生去取，請觀四十六年前。」越丙申、丁酉，始漸愈。病中體究心性愈微，故劄記始於甲午。

戊戌，始會吴中諸同志於二泉之上，與管東溟先生辨「無善無惡」。管先生之學，一貫三教，深微該博，而實主佛學。先生謂：「佛學三藏十二部五千四百八十卷，一言以蔽之曰『無善無惡』，七佛偈了然矣。故取要提綱，力剖四字。又以辨四字於告子易，辨四字於佛氏難，以告子之見性粗，而佛氏之見性微也；辨四字於佛氏易，辨四字與陽明難，在佛氏自立空宗，在吾儒則陰壞實教也。其言曰：『自古聖人教人「爲善去惡」而已。爲善，爲其固有也；去惡，去其本無也。本體如是，工夫如是，其致一而已矣。』陽明豈不教人爲善去惡乎？然既曰『無善無惡』，而又曰『爲善去惡』，學者執其上一語，不得不忽下一語也，何者？『心之體無善無惡』，則凡所謂善與惡，皆非吾之所固有矣。皆非吾之所固有，則皆情識之用事矣。皆情識之用事，則皆不免爲本體之障矣，將擇何者而爲之？未也。『心之體無善無惡』，則凡所謂善與惡，皆非吾之所得有矣。皆非吾之所得有，則皆感遇之應跡矣。皆感遇之應跡，則皆不足爲本體之障矣。將擇何者而去之？猶未也。『心之體無善無惡』，吾亦無善無惡已耳。若擇何者而爲之，便未免有善在；若擇何者而去之，便未免有惡在。若有善有惡，便非所謂無善無惡矣。陽明曰：『四無之説，爲上根人立教；四有之説，爲中根以下人立教。』是陽明且以『無善無惡』掃却『爲善去惡』矣。既已掃之，猶欲留之。縱曰『爲善去惡之功，自初學至聖人究竟無盡』，彼直見以爲是權教，非實教也，其誰肯聽？既已拈出一個虚寂，又恐人養成一個虚寂。縱重重教戒，重重囑付，彼直見以爲是爲衆人説，非爲吾輩説也，又誰肯聽？夫何故欣上而厭下，樂易而苦難？人情大抵然也。投之以所欣，而復因之以所厭；畀之以所樂，而復攖之所苦，必不行矣。故曰：『惟其執上一語，雖欲不忽下一語，而不可得；至於忽下一語，其上一語雖欲無弊，而不可得也。』」羅念菴曰：「終日談本體，不説工夫，纔拈工夫，便以爲外道。使陽明復生，亦當攢眉。」王塘翁曰：「心意知物，皆無善無惡。此語殊未穩。學者以虚見爲實悟，必依憑此語。如服鴆毒，未有不殺人者。海内有號爲超悟，而竟以破戒負不韙之名於天下，正以中此毒而然也。且夫四無之説，主本體言也，陽明方曰是接上根人法，而識者至等之於鴆毒；四有之説，主工夫言也，陽明第曰是接中根以下人法，而味者遂等之於外道。然則陽明再生，目擊兹弊，將有摧心扼腕，不能自安者，豈但攢眉已乎？」説甚詳，見證性編。管先生亦謂：「『無善無惡』不可爲訓，至三教異同，則各持其説，不相下也。」

於是先生時時謂攀龍曰：「日月逝矣，百工居肆以成事，吾曹可無講習之所乎？」錫故有東林書院，宋龜山楊先生所居，楊先生令蕭山歸來，依鄒忠公志完於毘陵，忠公尋卒。依李忠定公伯紀於梁溪，凡十八年。往來毘陵、梁溪間，棲止東林，闡伊、洛之學，後廢爲僧舍，邵文莊公圖修復之，不果。及是，先生弔其墟，慨然曰：「其在斯乎？」遂聞於當道，葺楊先生祠，同志者相與構精舍居焉。

甲辰冬，始會吴、越士友。先生爲約，一以考亭白鹿洞規爲教，要在躬修力踐。嘗言：「講學自孔子始，謂之講，便容易落在口耳邊去。」故「先行後言，慎言敏行」之訓，恒惓惓焉。至其自道，不居「仁」「聖」，却居「爲」「誨」，看來説「聖」説「仁」，聰明才辨之士猶可覓些奇特，逞些伎倆，逞些精采。[二]推勘到「不厭」「不倦」處，便一切都使不着。然則孔子所謂工夫，恰是本體。世之所謂本體，高者只一段光景，次者只一副意見，下者只一場議論而已。深慮世之學者，樂趨便易，冒認自然，故於不思不勉，當下即是。皆令查其源頭，果是性命上透得來否？勘其關頭，果是境界上打得過否？皆先生喫緊爲人處也。

於時毘陵則有「經正之會」，金沙則有「志矩之會」，荆溪則有「明道之會」，吴中自記載以來所未有也。

[二]「逞」，底本作「呈」，據文意改。

丁未，婁江相再徵，先生夢爲祖道，執其手曰：「有君如是，何忍負之？」丁寧再三，至於涕泣，大聲而呼，室中盡驚，淚且漬枕。先生不忍虛此一段誠意，述寐言、寤言，以貽之弗省也。

戊申，詔起南京光禄寺少卿。先生曰：「仕宦寧退毋進。」遂乞骸骨。

而會孫太宰立亭有不察於沈司馬繼山、李司徒修吾。先生曰：「太宰乙未之事爲人所誤，今可再誤乎？非惟晚節可惜，而天下恐亦承其弊，吾身在進退之間，此大款竅可以完三賢，撤一網。」遂爲書貽孫公。當是時，司徒已見彈射，并白之政府。然與時局忤甚，遂憎兹多口，朝論紛紜，海宇震撼。或謂：「先生宜有以自明。」先生報曰：「讀南北諸君疏，有爲之躍然以喜者矣，何喜也？喜聞善也。有爲之赧然以恥者矣，何恥也？恥溢美也。有爲之悚然以懼者矣，何懼也？懼滋競也。有爲之愀然以憂焉者矣，何憂也？憂激禍也。然則凡曲直我者，皆提策我者也；凡提策我者，皆玉成我者也。尚不知何修可以副德意之萬一，而何較哉？」

東司徒曰：「老兄被諸賢千磨萬涅，逼出個真身子來；我爲老兄被諸賢千磨萬涅，亦逼出個真身子來。譬如赤金在烈焰中，人見其苦，不知借火之力，反得見真色於世；亦如我輩借諸賢力，反得見真身於世。諸賢誠有功於吾輩哉！此古人所以拜昌言也！」凡先生之爲自反類此。

蓋先生謂：「當江陵時，吴、趙、沈、鄒諸君子出萬死力，爲宇宙扶植綱常，魏中丞見泉以侍御論科場積弊，侵相國張蒲州落職，李司徒抗疏救之，亦落職。自後司徒歷中外，憂國奉公，砭邪佐正，吴、浙諸相無有悦之者，四明銜之尤甚。及礦税事起，豺虎彌天，司徒屹然扼南北之衝，江淮千里，民恃以無恐而不思亂，此其人皆世道所賴。」故先生於朝於野，惓惓爲天下共惜其寶，誠見其大也。

先生每謂：「吾之觀人於尼聖，得五案焉：進有非刺之狂狷，退無非刺之鄉愿，一也；大受小知，二也；察衆好察衆惡，三也；皆好不如善者之好，皆惡不如不善者之惡，四也；觀過知仁，五也。」若夫朋交情好，非所以論先生矣。而先生豈區區以朋交情好爲門户角立於天下者耶？嘗見其貽所知書曰：

竊觀近局，誠若冰炭。然弟從旁静察，亦只是始於意見之岐，成於意氣之已耳。誠欲爲之轉移聯合，蓋有道焉。在局内者，置身局外，以虚心居之，乃可以盡己之性；在局外者，設身局内，以公心裁之，乃可以盡人之性。何言乎虚也？各就己分上求，不從人分上求也；各就獨見獨知處争慊，不就共見共知處争勝也。何言乎公也？是曰是，非曰非，不爲模稜也；是而知其非，非而知其是，不爲偏執也。夫如是，意見不期融而自融矣，何所容其岐？意氣不期平而自平矣，何所容其激？其於國家尚亦有利哉！此弟之所寤寐而祈者也。

若乃自責則輕以約，責人則重以周。所愛則見瑜而不見瑕，且并其瑕而瑜之；所憎則見瑕而不見瑜，且并其瑜而瑕之。門户不已爲藩籬，藩籬不已爲干戈。是化君子而小人，化一家而敵國也，豈不可惜？是舉百年有限之光陰，盡用之於相争相競，而不用之於相補相救也；是舉兩下有限精神，盡爲各人區區之體面用，而不爲君父赫赫之宗社生靈用也，豈不又可惜？此弟之所爲旁皇四顧，仰天而嗚嗚者也。

先生之用心固如此也矣。

先生孝友慈惠，渾然天成。父南野公，豪傑士也。當其偃蹇窮村，曾不能餬其口，顧慨然慕范文正公之爲人。有司餉先生膏火資，公謂：「士不受人憐，必謝去之。」先生斤斤奉以周旋，高邁夙成者以此。

先生兄弟四人，公命伯、仲治生，叔、季治經，治生者佐治經者。仲公有心計，多天幸，箸稍稍起。晚年兄弟各捐産建義莊，以贍其族之貧區之役，竟克成其先志焉。

先生於兩兄，嚴之如父；於弟，資之如友；於宗親，有養之終身者，有及其再世者；於師，生養死殯之；於友，髫齔之交，無不白首相歡，即有緣而爲利，幾敗其名者，不問也；於同邑之宦，於四方者，必默爲提挈，有一長可見，必力爲表章，其人不知也；於兄弟之子，愛之如子，教之如父，有前後母者，有本生出繼者，必使各得其所，曰：「吾以兄弟視諸孤，猶之子也，尚何有前後母本生出繼之分？吾以吾父母視諸孤，均之孫也，又奚分乎？」念其伯兄少獨勤苦，思得報而無從。伯之諸子試有司，必爲通名，曰：「試士，公典也；吾念吾兄而聊通諸子，以備採擇，私情也。當必有矜予而諒予者。」於子，則絶不爲干請。嘗戒其長君曰：「凡爲父兄，莫不願其子弟讀書進取。今府縣考童生，吾始終不欲以汝名聞於主者，非棄汝而不屑也，吾自有說。何以言之？就義理上看，男兒七尺之軀，頂天立地，如何向人開口道個『求』字？[一]孟夫子『齊人』一章，便是這個字的行狀，至今讀之，尚爲汗顏。就命上看，窮通利鈍，即墮地一刻都已定下，如何增損得些子？眼前那個不要做秀才？到底有個數在。就我分上看，在昔大聖大賢，往往厄窮以老，甚而流離顛沛，不能自存，我何人斯，不啻過

[一]「開口」，底本作「問口」，據文意改。

分？更爲汝干進，是無厭也。就汝分上看，汝若肯刻苦讀書，工夫透徹，連舉人進士不難，何有於一秀才？若再肯尋向上去，要做個人，如吴康齋、胡敬齋兩先生，只是個布衣，都成了大儒。連舉人進士也無用處，何有於一秀才？汝試於此繹而思之，但能識得，省多少閑心腸，多少閑氣力，多少閑悲喜，便是一生真受用也。」

先生於世無所嗜好，食取果腹，衣取蔽體，居取坐卧，不知其他。四壁不垔，[一]庭草不除，帷帳不飾，一几一榻，敝硯秃筆，終日儼然冥坐讀書，四方酬答而已。憂時如疾痛，好善如饑渴，無所不坦易，至關綱常者；毅然執之不移，無所不渾厚，至關邪正者。井然辨之，必悉蚤見也。又不以成心逆物嫉惡也，又不以已甚求備，語言簡重，喜怒希形，嘗曰：「極論中和位育之脈，吾輩一嚬一笑，一語一默，在在與天地相對越，與萬物相往來，何容兒戲？」未嘗絶郡縣竿牘，而非一方之寃抑不告；未嘗絶當路交際，而辨貨取之介最嚴。丁儀部長孺見一選司老胥，屈指最廉正者，曰：「吾目中所見，陳尚書心谷、孫尚書立亭、顧選君涇陽、孟選君雲浦而已。」

先生之學，性學也。遠宗孔、孟，不參二氏；近契元公，恪遵洛、閩。嘗曰：「語

[一]「四壁」，底本作「四璧」，據文意改。

本體，只是『性善』二字；語工夫，只是『小心』二字。」又曰：「心不踰矩，孔之小心也；心不違仁，顔之小心也，此其學之大旨矣。」

先生有絶人之資，其於世也，百家衆技當無所不臻其妙，而獨以全力用之於學，一切技倆不得而岐之，故其功專；其於學也，百家衆説當無所不造其微，而獨以全力用之於聖學，一切玄妙不得而岐之，故其學純。

於凡五經四書，直從神情血脈，字字咀嚼，故密察不差毫髮；於凡聖賢豪傑，直從皮毛骨髓，人人對勘，故權衡不爽錙銖。

先生曰：「周元公之於道至矣，所以爲之推行其道，使得昌於當時者，程伯子也；所以爲之推明其道，使得傳於後世者，朱晦翁也。元公藏諸用，其源深；兩先生顯諸仁，其流遠。」

又曰：「二程與横渠、康節一時鼎興，氣求聲應，此吾道將隆之兆也。微元公，孰爲之開厥始？流傳既久，分裂失真，有禪而儒，有霸而儒，有史而儒，此吾道將涣之兆也。微晦翁，孰爲之持厥終？元公之功不在孟子下，晦翁之功不在元公下。」攀龍亦曰：「自孟子以來得文公，千四百年間一大折衷也；自文公以來得先生，又四百年間一大折衷也。」

先生自甲午以來，見理愈微，見事愈卓，充養愈粹，應物愈密，從善如流，徙義如鶩，殆幾於無我矣。吾推其志，必也友一鄉之善，友一國之善，友天下之善，友萬世之善，其不然者曰小家相，先生不屑矣；必也堯、舜其君，臯、夔其相，唐、虞斯世，孔、孟吾徒，其不然者曰第二義，先生不屑矣。天假之年，進不可量；天假之位，用不可量。壬子五月二十三日，以微疾恬然而逝，昔人於明道先生之亡曰「伯淳無福，天下人也無福」，吾於先生亦云。

所著有藏稿、劄記、大學通考、質言、東林會約、商語行於世。尚存劄記三之一，藏稿十之三，還經録、證性編、桑梓録未刻。

其生以嘉靖庚戌八月七日之寅，得年六十三。配朱氏，封安人。子三：與渟，太學生；與淪，抱仲兄子，殤；與沐，郡庠生。女二。

孫男五：柄、榡、樞、柱、杓。

先生之喪，與渟兄弟以甲寅十月權厝於賢關橋，而述其言行之實，令攀龍次爲狀，以墓中一片石請於南臯先生，誌而銘之。

攀龍竊惟：天生非常之人，必有以也，不命之平治天下，則命之平治萬世，如先生者，謂天無以命之乎？不宜使之與於斯道，謂天有以命之乎？不宜使之窮於斯世，意者所命，在此不在彼歟？則無涯之日，自今伊始，何以使之信而可傳耶？今天下之可以徵信先生，使傳於後世者，舍南皋先生誰與歸？故敢九頓以請。

祭文

高忠憲撰

吾聞之孔子「以道事君，不可則止」謂之大臣，若先生者，斯爲大臣乎？吾聞之孟子「先立乎其大者，則小者不能奪」謂之大人，若先生者，斯爲大人乎？先生之學，大無不見，其要主於明善，究無善之弊，將以明善者滅善，故如救焚拯溺，汲汲於幾希之辨；先生之精神，大無不徧，其要主於好善，要約同好，緝民彝之一綫，見不善人之傷善，以爲是絕國家之脈而裂其咽，故不惜大聲疾呼，如衛父兄，而扞其頭面。吾嘗謂先生具千古之眼，高燭萬類，而破大道之鍵，故落第二義者，曾不足當其一莞；具千古之腹，含茹萬有，惟吾斟酌，故一切好醜異同，曾不足礙其寥廓；具千古之骨，其於世俗蕩巢夷窟，苟非志之所存，三公萬鍾，曾不埒於毛髮。此則先生所以爲大，而莫之與越。嗚呼！吾於世未始見似先生者，指可幾屈？況乎吾錫詩書記載，更四千餘歲，而文章理學，氣節忠義，實惟先生一人之始名。泰伯來，而梅里片墟，闢東南之草昧；先生出，而涇皋撮土，萃宇宙之文明。猗與！先生豈以七尺爲私，百年爲期？而吾乃區區以生死爲先生悲。顧哲人之萎，士將疇依，使吾儕貿貿焉，如孩者無提而不立，如瞽者無相而罔之，有心如摧，有氣如靡，乃吾之所自爲悲。

備遺

先生年十餘，意嘐嘐然不可一世。嘗疑先師孔子不應泛取硜硜一項人，贈公聞而訶之，乃止。一日，讀書見曾晳責子輿耘瓜事，始悚然收斂。

年二十一，受太極圖説、西銘、識仁説於念庭周公，受考亭淵源録於方山薛公。先是，讀陽明文粹，頗好言禪，至是始絶不言。

名所居曰「小心齋」，或問其義，先生曰：「主一無適，程子之言敬也；常惺惺法，謝氏之言敬也；其心收斂，不容一物，尹氏之言敬也。説得甚精，總不出此二字。」[二]

重定大學，以三綱領、八條目爲首章，曰：「大學正文不過一百二十餘字，而規模廣大，條理精密，自古聖賢論學，未有若斯之明且盡者也。」至於格物，只是辨個本末，學者認得人分己分清楚，此學問大關頭，一是百是，一錯百錯。朱子之説甚精，但未

[二] 「總」，底本作「綐」，據文意改。

必是大學本旨。

鄒南皋曰：「小心齋劄記沉潛粹密，與薛文清讀書録相表裏。」

顔東林講堂曰「依庸」，其前堂曰「麗澤」，蓋取諸兑。左右題以「樂道人善，願聞己過」兩言，乃就朋友講習中舉其至切要者，揭而標之，用備觀少省。

高存之曰：「先生之言平實微婉，令人於真念頭發處默識本心，默識莫之爲而爲之天。其言外之旨，則穆然有深憂於世。」又曰：「先生於會中論時學之弊，凄切浩嘆，若不能爲懷，真聖賢心事也。」

一夕，夢謁楊龜山先生於崇正書院，再拜，請曰：「孔子删述五經，垂教萬世，雖遭秦火，依然無恙，所謂天之未喪斯文也。獨禮記駁雜，似非原經，二程夫子何以不加釐正？」先生曰：「業已釐正矣。」曰：「何以不傳於世？」先生曰：「何嘗不傳？大學、中庸是也。」覺，甚異之。語弟涇凡曰：「大學、中庸還爲禮經，五經備矣。周子之太極圖説、朱子之小學，竊以爲可羽翼孔、孟，配爲四書。」涇凡曰：「此真千古不易之案也。」

先生語高存之曰：「吾輩持濂、洛、關、閩之清議，不持顧厨俊及之清義也。」存之以告，丁長儒嘆曰：「及今而可以化南北之黨者，惟顧先生乎？」

淮上之訟不已，先生作以俟録、自反録。高存之曰：「於先生之上書閣銓，見『樂道人善』之至；於先生之不辨一語，見『願聞己過』之至，此千古聖賢真血脈，非可以凡心凡眼窺也。」

丁長孺曰：「先生高標勁氣，孤騫千仞之上，霹靂手力砥狂瀾，海内人士望而畏，畏生疑，疑生謗，徐而即之，久而習之，恂恂乎寒素也，處子也，温如沖，如冬日之日也。」又曰：「先生持大議，決大事，斧斷犀擊，氣雄賁、育。若迺虚懷雅度，談言微中，又令人意消。」孫啓泰奇逢曰：「余弱冠赴京師，時東林之名甚著，頌言固多，間亦有摘及之者。余詢學士年長者：『東林人果何如？』長者云：『東林，君子也。未必人盡君子，而主盟者則真君子也。』然則摘君子之人可知已。嗣後五十年文章節義，大約皆東林之人也。晚得涇陽諸集讀之，開豁洞達，晰理甚嚴而持論甚正，評論處不徇不刻，自是邇來諸儒之冠。」

又曰：宗傳一編已就緒，而及門士仍有疑涇陽者，曰：「子何疑？」曰：「疑其人。萬暦間之黨局始自涇陽，至國運已終，而黨禍未已。豈非作始之人詒謀之不善乎？」曰：「子謂：『無偏無黨，王道蕩蕩；無黨無偏，王道平平。』尚可望於今之世哉？陰晦之時，孤陽一綫，則東林實係絶續之關。乙丙死魏逆諸臣、甲申殉國難諸臣，屬之東林乎？屬之攻東林者乎？諸君子之撑拄天地、名揭日月者在五十年之後，而其鼓盪磨厲在五十年之前，則涇陽之氣魄精神度越諸子遠矣。豈向俗儒曲學問毀譽、定是非者耶？子之所以見短者，余正於此見長。文成有安社稷之功，而身名幾不保；程、朱當僞學之業，而當時亦不敢信其爲千古之大儒也。質鬼神而無疑，俟後世而不惑，須大開眼界。」

命丁長儒作孔氏淵源録，一世系，爲伯魚以下諸傳；一道統，爲顔子以下諸傳，各有端緒。而未竟也，今存者世系二卷而已。

涇凡先生①　兄涇陽撰實略

顧於吴爲著姓，元末之亂，失其譜。相傳自宋百七府君始居上舍，世以高貲雄里中，好行其德。至諱廷秀府君，義聲益著。越我高大父如月府君，有長者風。曾大父友竹府君，邑諸生，以文行，爲時所重。大父侍竹府君，淳謹，早世，配大母朱孺人，是生吾父贈承德郎、户部主事南野府君，再遷涇里。忠信直亮，環數里内外，童兒婦女

① 此篇又見涇皋藏稿卷二十二先弟季時述（以下簡稱「涇皋藏稿」）。故此篇以之爲校本。

能道之。卒之日，里爲罷市。配吾母錢太安人，以恭儉稱合德焉。生五子，長大兄伯時，次二兄仲時，又次余某，又次殤，吾弟則最少子也。

弟少敏慧而頗好弄。年十四，從少弦張師習舉子業，師弗善也，以語吾父，吾父曰：「是兒非落人下者。」張師曰：「吾亦知之，不激不奮耳。」吾父曰：「善。」令更他師，半歲，忽請歸，稟繩墨，極其端方。即耆艾宿儒，皆謝弗及。予問弟：「何感而遽如是？」弟曰：「恐傷兩大人心耳。」余曰：「此是做人根子，願與弟共勖之。」

弟爲舉子家言，簡拔遒勁，同里陳雲浦先生見而奇之。弱冠游郡庠，臨川念庭周公、福清龍崗施公、姚江梅墩邵公俱待以國士，又不獨賞其文也。

原洛張師嘗游毘陵荊川、方山兩先生之間，雅有聞，吾父令余與弟稟業焉。每語輒契，張師曰：「舉子業，未足以竟子。」復帥之見方山薛師，薛師喜，呼其兩孫締兄弟之交，而授以考亭淵源録，曰：「洙、泗以下，姚江以上，萃於是矣。異日其無忘老夫也。」兩孫蓋海内所稱大薛純臺、小薛玄臺云。

弟性介，取予辭受，纖毫不苟。癸未，捷南宫還。讓里蔡二懷者，篤行君子也，欲延至家塾，令諸子受業，弟欣然從之。已而致束金，謝弗受。壬辰，謫判光州，假差歸，中丞檄所司致俸薪，亦弗受。比吾弟殁，州守致二百四十金爲賻，亦中丞意也。

兩孤乃以告於几筵而返焉。

弟於身家事儘悠悠，惟是世道人心所係，則寤寐不忘。丙戌，對大廷，指切時事，不少諱，其略曰：

臣聞之宋臣蘇軾曰：「天下無事，則公卿之言輕於鴻毛；天下有事，則匹夫之言重於泰山。非智有所不能，而明有所不及，緩急之勢異也。言之於無事之世者，易以改爲，而常患於不及見信；言之於有事之世者，易以見信，而常患於不及改爲。此忠臣志士之所以深悲，天下之所以亂亡相尋，而世主之所以不悟也。」

臣感時發憤，有慨於中久矣。今明問及之，乃忍緘默隱諱以欺陛下耶？

陛下策臣，無慮數千百言，究其指歸，賞罰二科而已。夫賞罰者，勸懲天下之法，然有不倚於賞罰者，所以勸懲天下之意也。

今陛下式古訓，遵成憲，賞罰之道甚具而有法，然而德澤不究，法令不行，此無異故，則聖制言之矣。所以風厲之者非其本，督率之者非其實也。本也，實也，即臣愚所謂意也。竊觀當今事勢，而根極體要，其累皇上之意者有二，皇上明以好惡示天下，而此二者恒陰移其所好惡。二者何也？曰内寵之將盛、群小之將逞也。人主席崇高，藉富有，無一不足以厭其欲、昏其志，而惟色爲甚。

皇上以妃鄭氏奉侍勤勞，特册封爲皇貴妃，大小臣工不勝其私憂過計，因而請册立皇太子，請加封王恭妃，不温旨報罷，則嚴旨譴責矣。夫皇太子，國之本也；忠言嘉謨，國之輔也，兩者天下之公也。鄭貴妃即奉侍勤勞，以視天下，猶爲皇上一己之私也。今以私掩公，以一己掩天下，亦已偏矣。偏則皇貴妃或得以愛憎弄威福於内，其戚屬或得以愛憎弄威福於外。不獨此也，奄人侍妾又或乘其偏，而以愛憎弄威福於内外之間。若然，則賞罰將不爲皇上用，而爲内寵之好惡用，欲其信且必未可也。人主耳目所寄，得其人則安，不得其人則危。年來皇上明習庶政，聽覽若神，幾辨及左、高，察見淵魚矣。竊聞之道路，往往二三群小伺察而得之，皇上蓋曰：「朕向以天下事付張居正，而居正罔上行私，公卿臺省從風而靡，外廷之不足信明甚。故寄耳目於此輩，示天下莫能欺也。」

臣以爲不然。皇上懲居正之專，散而公之於九卿可也。若聚而寄之於此輩，則居正之專猶與皇上爲二，二則救之也尚易；此輩之專，且與皇上爲一，一則救之也倍難。此輩之始用事，適皇上鋭精求治之初，彼方見小信以自結，其所稱述指陳，類依公義，猶若未害。久之，則陽公而陰私；又久之，則純出於私矣。若然，則賞罰將不爲皇上用，而爲群小之好惡用，欲其信且必未可也。德澤之壅，法令之尼，有繇也。

臣欲效忠於皇上，當自今日始；欲效忠於今日，當自二者始。皇上視無事若有事，以臣之言爲重於泰山，則皇上之明也；皇上視有事若無事，以臣之言爲輕於鴻毛，則臣之愚也。

讀卷大理寺卿何源見之，駭曰：「此生何語，便堪鎖榜矣。」婁江相易置二百十三名。弟退而自傷，恨不得達於皇上也。誠得達，即復擯斥，幸莫如之。適南京都御史海忠介公爲御史房寰所詆，弟發憤曰：「臣下皆自處於私，奈何望皇上無私也？」於是與彭公旦陽、諸公景陽合疏言之，歷數其欺妄之罪，且曰：

昔司馬光言小人傾君子，其禦之之術有三，曰好名，曰好勝，曰彰君過而已。今寰之詆瑞千有餘言，大概不出此術之外。曰大奸極詐，欺世盜名，非所謂好名者乎？曰侮慢自賢，舉世皆濁我獨清，非所謂好勝者乎？曰貶奪主威，損辱國體，非所謂彰君過者乎？以寰之吹毛求瘢，宜無不至，而所據不過如此。臣以爲適足以明瑞之無他瑕玷，寰雖陰險窺伺，亦無所用其狡耳。以如此潑惡無耻之人，晏然居師表之任，[二]驅天下而入於欺罔諂詐，臣等有裂冠而去耳，不與之並立於朝也。

疏奏，得削籍歸。癸巳，官儀部，有詔並封三王。又與岳公石帆、張公文石合疏言之。有云：

聖諭大指，以皇后生子爲言，則皇上不記昔年正位東宮之日乎？維時仁聖皇太后亦在盛年，而穆宗莊皇帝曾不設爲「未必然之事」，少遲大計，法祖自近」，此言皇上可思也。

已而，趙公儕鶴以計事斥，又與于景素諸公各疏言之。先是，耿都御史定向恭御史王藩臣不送揭帖，薛公玄台劾耿阻塞言路，當路大恚之，許相穎陽疏論玄台，吏掌科陳與郊復望風排擊。弟仰天浩嘆，上書許公，其略言：

紀綱之正，風俗之淳，不在於以勢相脅，在於以道相成；不在於使人不

[二]「晏然」，底本作「宴然」，據涇皋藏稿改。

敢言，在於使人無可言耳。

孔子告顔淵以爲邦，深嚴佞人之戒。陳與郊以方今第一佞人，首置天垣，設九卿科道，咸若彼曹，紀綱風俗掃地盡矣。閣下欲根本之圖，講挽回之術，所願亟遠佞人，務近莊士，曠然與天下更始，庶幾主德可回，相業可建，人心可收。否則未知所稅駕也。

孔子見南子，欲往公山佛肸，子路皆不悦，而孔子顧自喜曰：「吾得子路，惡言不入於耳。」聖賢師友之間相與如此。某即不敢望子路，不敢不以孔子事閣下也。

又見童儒試事奔競，遺落孤寒，移書邊郡伯南亭，廣其取數語云：「在廟廊則憂其君，在江湖則憂其民。」弟庶幾焉。

李見羅先生被誣，麗辟，輿論冤之。粤東布衣翟從先欲詣闕申救，[二]不遠三千里，特過涇上商諸弟，又欲進唐曙台所輯禮經，弟皆極從臾之，且代爲草奏。其救海忠介疏採吴門李公晉陽語十之六。生平赴義若渴，不分人我。類如此。

[二]「詣」，底本作「指」，據涇皋藏稿改。

弟天性孝友。丙子，吾父棄養。每語及，輒相對欷歔。且曰：「吾父居恒好稱范文正公之爲人，津津不去口，此是萬物一體胚胎。念庭周師分俸佐讀，命無受，此是鳳凰翔於千仞風格。吾兄弟當無失此意。」癸未，舉南宮，即移病歸，因吾母善病也。丙戌，成進士，坐言事罷。沈太僕繼山諸公先後奏薦，奉旨起江西南康教授，復請致仕。又因吾母年且望七，愈善病也。予長弟四年，而弟事予甚恭。歲乙未，予病甚，屢瀕於危。一夕夢弟手書一卷，視之則爲尚書金縢篇。頃復夢弟誦聲朗朗，〔一〕即金縢篇語，心甚異之。詰朝以告弟，弟默不答，而察其色甚喜，因再三詰之，乃曰：「弟頃者連夕私禱於上帝，願以身代兄，不可，願減算益兄，〔二〕即内人不知也。今既屢見兄夢上帝，其必矜而許之矣，所以喜也。惟是天機忌泄，願兄含之。」已而，予果無恙。乃弟一旦奄逝，〔三〕適符減算之請，而予竟不能爲弟代也。又安敢并弟一腔心事埋没？〔四〕故特表而出之。

〔一〕「頃」，底本作「傾」，據涇皋藏稿改。
〔二〕「兄」，底本作「兄算」，衍文當删。
〔三〕「乃弟」，底本作「乃第」，據涇皋藏稿改。
〔四〕「弟」，底本作「第」，據涇皋藏稿改。

弟端毅清栗，不以私徇人，人亦不敢以私溷之。與朋友交，邇不狎，遠不忘，不作寒暄套語。高存之曰：「吾篋中藏季時手裁數十幅，即寥寥數字，必有關係。他如上許相國及與羅布衣諸書，正氣凛凛，讀之真足令頑廉懦立。」又曰：「季時真降魔手，今何處更得此人？」記得二十年前，魏懋權嘗曰：「君家季公涇凡，大是不凡，自其來都，數相問訊，雖復聊且游戲，率有趣味可諷，觀人於微，吾以此得季公矣。」

萬曆十六年，邑大祲，弟廩粟僅百石，捐半以賑，士民翕然從風。是歲也，饑而不害。載李邑侯元沖救荒録。[一]

業師重所尤公殁，子甚幼。少弦張師殁，無子，弟皆爲經紀其喪。門人孫申卿以遺孤見託，悉力維護。爲弟子則不負其師，爲師則不負其弟子。

弟一日喟然發嘆，予曰：「何嘆也？」弟曰：「吾嘆夫今人講學，只是講學。任是天崩地陷，他也不管。」予曰：「然則所講何事？」弟曰：「在縉紳，只『明哲保身』一句；在布衣，只『傳食諸侯』一句耳。」又一日，讀朱子集，有曰：「海内學術之弊，只有兩端：江西頓悟，永康事功。若不竭力明辨，此道無由得明。」謂予曰：「昔也此弊分而爲二，今且合而

[一]「李邑侯」，底本作「季邑侯」，據涇皋藏稿改。

爲一，害更甚焉。」因取集中「無極辨」「王伯辨」與凡論及兩端者彙爲一編，名曰朱子二大辨，予序而行之。又摘其論及治道者輯爲惟此四字編，擬上之朝，不果。

弟居恒吶吶，如不能出諸口，及遇是非可否，紛紜膠轕處，一刀兩段，略無粘帶，與同志商榷義理，品騭古今。衆論蜂起，徐出片言剖之，莫不豁然，以解其大指，一依於正。不喜爲通融和會之説，嘗謂：「吾輩一發念、一出言、一舉事，須要太極上有分，若只跟陰陽五行走，便不濟。」有疑其拘者，語之曰：「若大本大原見得透、把得住，自然四通八達，誰能拘之？若於此糊塗，便要通融和會，幾何不墮坑落塹，喪失性命也？吾輩愼勿草草開此一路，誤天下蒼生。」聞者咸悚。

弟善知人。有世之所翕然共推，而獨抉其隱；有世之所哄然交詆，而獨闡其幽。往往於一言一動、一嚬一笑之間，斷人生平，毫髮不爽。又善論事，有衆之所共喜以爲必成，而獨籌其敗；有衆之所共讁以爲必敗，而獨策其成。初時，聞者且信且疑，甚而且駭。徐而按之，如合符節。錢起莘嘗言：〔一〕「吾黨殊不乏有心人，至推有眼者，須首季時。」以此也。

〔一〕「錢起莘」，底本作「錢起新」，據涇皋藏稿改。

弟好静，好整，好樸。讀書不局章句，惟將本文吟諷，彷彿意象氤氳而止。偶拈一語，蹊徑都絶。有勸其著述者，應曰：「吴康齋先生嘗病宋末箋註之繁，非徒無益，而反有害。章楓山先生亦曰：『儒先之言至矣，删其繁蕪可也。』」予安敢復攘臂於其間？殁後，次第其遺文，僅策一道，疏四道，書七十二紙，[一]劄記八十一則，講義三章，像贊、哀辭五首，詩六十九首，命曰小辨齋偶存。齋爲弟所讀書處。

東林每歲一大會，每月一小會，弟進而講於堂，持論侃侃，遠必稱孔、孟，近必稱周、程。有爲新奇險怪之説者，改容，却之，不少假借。退而與同志聚處，虚恭誠慤。不言而使人意消。予方賴弟左右夾持，四方英豪賴弟密爲聯屬，乃今名失一愛弟，實失一畏友，不知何以收之桑榆也。

弟丙申病大劇。予以間問曰：「弟心中何如？」弟曰：「亦只如常。」「有所欲言乎？」曰：「何言？此時只有凝神定氣，循循默默，以待天機。若攙入他念，便是自暴自棄。」蓋已超然於死生之際矣。至丁未六月二十一日，竟以微疾不起。追念五十餘年間，相勸相規，忘爾忘汝。其怡怡也，既爲道義中天親；其切切偲偲也，又爲天親

[一]「七十二」，涇臯藏稿作「七十三」。

中道義。一旦永别，何能自持？先是十九日之夕，有大星爍爍，墮小辨齋後。居人乘涼，咸見而異之。

有問於予曰：「昔明道、象山兩先生皆得年五十四歲，季時亦與之同壽，其到處可得言乎？」予默然久之，乃曰：「弟庶幾能見大意矣。」記得壬辰二月間，與弟燕坐，予問曰：「日來做何功夫？」弟曰：「上不從玄妙門討入路，下不從方便門討出路，畢竟如何是恰好處？」予曰：「喫緊只在認取自家。」弟曰：「弟默默自忖，半近狂半近狷，如之何？」予曰：「試舉看。」弟曰：「居恒妄，意欲作天下第一等人，不近狂乎？反而按其實，尚未能跳出硜硜窠巢也，不近狷乎？竊恐兩頭不着也。」予曰：「如此，雖欲不爲中行，不可得矣。」弟曰：「此甚難言。凡今世所謂中行，大率孔子所謂鄉愿也，弟何敢效焉？且弟檢點病痛，是一個『粗』字，去中行彌遠。」予曰：「此却是好消息，惟粗定，不走入鄉愿路矣，乃所以與中行近也。粗是真色，煉粗入細，細亦真矣。狂狷原是粗中行，中行只是細狂狷，總不出一個真。若不論真與否，只論粗細，鄉愿且有細於中行處，非特狂狷不如也。」弟曰：「粗之爲害，亦正不小，猶幸自覺得耳。今但去密密磨洗，更無他說。」予曰：「尚有説在。」弟曰：「何？」予曰：「已曾説過了：喫緊只在認取自家。果能分明認取，一切病痛都是村魔野祟，[一]見日自消矣。譬諸身處春秋，只認着孔子作主，五伯如何上前得？身處戰國，只認着孟子作主，七雄如何上前得？」弟曰：「此兄性善之指也，弟實死心蹋地，信以爲決然，及反入身來，尋常無事，儘滔滔自在去。一遇塵紛，向來種種病痛，依舊又發，熟處難忘，如之奈何？」予曰：「這是你的事，與我説無用。」弟曰：「兄於此一一打得過否？」予曰：「我的事，與你説亦無用。」弟擬再問，予莞爾而笑，弟懷疑而去。越日侵晨，遽過予齋頭，予猶在寢，即披衣出見，弟迎謂曰：「原來這事只是如此，别無奇特。昨却多了一疑，攪得一夜不睡至天明。且如人欲適京，水則具舟檝，陸則具車騎，徑向前去，無不到者。其間偶遇艱阻，只須從從容容，耐心料理，若因此便爾着忙，妄生懊惱，甚者且以爲舟檝車騎之罪，這個唤做騎驢怪驢，又唤做騎驢覓驢，展轉不已，直教你東馳西騖，一二三三，被那些葛藤纏弄，到老並無下落，却剩得一雙空手而歸，豈不大誤？」予欣然首肯，曰：「是是是。」弟遂出孔壇四景圖視予，一曰暮春風咏，[二]一曰當暑絺

[一]「野祟」，底本作「野崇」，據涇皋藏稿改。
[二]「暮春」，底本作「暮青」，據涇皋藏稿改。

紿，一曰江漢秋陽，一曰歲寒松栢。因請曰：「這是個鴛鴦譜，乞兄拈示金針。」予曰：「弟明明滿盤托出，何更問人？設令有人還問汝，譜鴛鴦的是誰？其何以對？我且櫛沐，弟且去，待此番再攬得一夜不睡，那時再作商議未晚。」弟大豁然，曰：「是是是。原來這事端的只是如此，端得别無奇特，端的無可疑也，何用白日説夢？自是精神凝一，心境漸平。動静云爲，日覺穩帖，日覺安閒，日覺簡易，乃至死生之際，都無纖毫粘帶，天假之年，尚安能測其所至哉？」

弟名允成，字季時，别號涇凡。萬曆癸酉，補郡諸生。己卯，舉鄉試。癸未，舉會試。丙戌，殿試三甲二百二十三名。是歲，奉旨回籍。戊子，起南康府教授，不赴，尋丁吾母憂。壬辰，再起保定府教授，陞國子監博士。癸巳，陞禮部儀制司主事。是歲三月，謫光州判官。生嘉靖甲寅十月二十九日，卒萬曆丁未六月二十一日，得年五十四歲。

備遺

尚寶著述，自小辨齋偶存外，有詩説、悱言、易圖説億言、衡齊辨，俱初脱稿，間雜入涇陽先生遺書，今録數條如左。

子曰：「知幾，其神乎！」先天之學也。曰：「顔氏之子，其殆庶幾乎！」後天之學也。語「知幾」，則曰：「吉之先見，知其吉先，逆數也。」語「庶幾」，則曰：「有不善未嘗不知，知之未嘗復行，知在有後，順數也。」夫易，聖人之所以極深而研幾也，吉兇未形，悔吝未著，而先以象告，是故易逆數也。易圖説億言。下同。

太極之初，渾然至善而已，一涉於陰陽，便有對待；有對待，即善不善迭出而不齊矣。性純乎理，太極也；心雜乎氣，陰陽也。故庶幾者，知有不善，研之於太極既分之後，攝心以歸性者也；知幾者，先見其吉，反之於兩儀未判之前，定性以御心者也。定性以御心，則心常爲性之用，以逆而成其順也；攝心以歸性，則性復爲心之主，以順而成其逆也。所謂及其成功一也。高存之書其後曰：「聖人復起，不易斯言矣。」

先天之學至矣，以顔子猶然「庶幾」，況其他乎？吾輩且將念頭起處細細校勘，守着「有不善未嘗不知，知之未嘗復行」公案，乃曰：「用第一親切功夫，慎無好語先天，馳心玄妙，而反於現在善惡生死路頭悠悠放過，全不得力。」

周子説個「主静」，先自註曰「無欲」，正恐人認作動静之静。朱子却引「不專一則不能直遂，不翕聚則不能發散」來解，依舊失之。後來會者未免混入異教去。此立言之所以難也。程子曰：「不用『静』字，只用『敬』字。」煞有見。

邵子曰：「無極之前，陰含陽也。」説非是。既無極矣，安有陰陽？緣他看得理粗，所以混着氣説。觀皇極經世書，直以皇帝王伯配春夏秋冬，皆混氣於理之失也。

或曰：「無心則公，有心則私。」陽明以無爲善，正天理之公耳。昔有疑「敬」字欠活者，朱子曰：「莫是『敬』得來不活否？却不干『敬』字事。」夫善，得來有心，亦何干『善』字事耶？悱言。下同。

據陽明説「『無善無惡』四字，乃是最上一義」，緣何自伏羲、堯、舜、禹、湯、文、武、周公、孔子並未之及，直到告子方纔説出，孟子却便攔倒？陽明嘗曰：「顏子没而聖人之學亡。」豈爲孟子闢告子，遂不以聖學與之耶？嗟乎！果如陽明之説，聖學之亡何待顏子之没？自告子未生以前，亦無所謂聖人之學也。

大學「閒居爲不善」，是胆小的小人；中庸「無忌憚」，是胆大的小人。蓋「時中」局面寬，容得假借；「獨知」界限嚴，容不得假借。所以學者急須在暗地裏牢守界限，未可向的然處鋪張局面也。[一] 小辨齋劄記。下同。

「有一妻一妾而處室者」，是個富貴的乞兒；「一簞食，一豆羹，得之則生，弗得則死」，是個貧賤的乞兒。然弗受弗屑，貧賤的却有廉耻；厭足施施，富貴的反没廉耻。乃知志得意滿之鄉，正墮坑落塹之會，好些人向此中斷送，不可不力加猛省。

[一]「局面」，底本作「居面」，據文意改。

朱子嘗曰：「孟子一生費盡心力，只破得『枉尺直尋』四字。今日講學家只成就『枉尺直尋』四字。」愚亦曰：「孟子一生費盡心力，只破得『無善無惡』四字。今日講學家只成就『無善無惡』四字。」然「枉尺直尋」，常人尚以爲耻；「無善無惡」，賢智反以爲高。故明道先生曰：「昔之惑人也，乘其卑暗；今之惑人也，乘其高明。」又曰：「人才愈高，則陷溺愈深。」嗟乎！此孔、孟之所懼也。

與薛以身書曰：「内典不妨一涉，但口滑耳頑，最是個中大病。程子比之淫聲美色，意慮深遠，幸勿好談之。」

又曰：「弟自取其大，要之，兄之督過，亦非小也。知尺不如行寸，此真名言，但不可借。予欲無言公案，將『吾與回言終日』一段意思抹殺耳。習氣深重，吾人通患，自今須知，孤軍遇敵，痛戰一番，不得悠悠也。」

與高存之書曰：「弟生平怕言『中』字，以爲吾輩須從狂狷起脚，然後從中行歇脚。凡近世之好爲中行，而每每墮入鄉愿窠臼者，只因起脚時便要做歇脚事也。蓋起脚即是中行，惟聖人天理渾然毫無私欲則可，自聖人以下，便有許多私欲糾牽，若不悉力斬斷而遽言中行，所謂籍寇兵齎盜糧，未有不敢者也。足下資養純粹，大都是中行體段，當不類近世之爲。但此意切須檢點，庶幾將來不認賊作子耳。」

吴康齋跋石亭族譜稱門下士，高存之曰：「君子與小人有緣，蓋亦先生之不幸。」季時曰：「否，不然也，好事者爲之也。」余曰：「何以知之？」季時曰：「吾以先生知先生耳。先生樂道安貧，曠然自足，如鳳凰翔於千仞之上，下視塵世曾不足過而問焉，區區總戎一薦，何關重輕？乃遂不勝私門桃李之感，而事之以世俗舉，主門生之禮乎？此以知其不然者一也。且總戎之汰行路之人，知其必敗，而況先生？先生所以堅辭諭德之命，若將浼焉，惟恐其去之不速，況肯褰裳而赴，自附匪人之黨乎？此以知其不然者二也。」余聞而躍然起曰：「弟此論可謂具眼，大快人意。忌白沙者謂其潛作十詩獻太監梁芳，得授簡討。委如所言，康齋爲石亭門下士，白沙又是梁芳門下士矣。其何以爲兩先生？」小心齋劄記。

高存之曰：「戊子冬，余計偕北上，季時執余手曰：『世態易陷人，學術易誤人，子其慎之。』余曰：『道與俗相去遠矣，學亦有誤乎？』季時曰：『噫！難言也。』余於是歷舉諸家，季時曰：『姑舍是。』余曰：『子之意何居？』曰：『繹孔、孟微言，守程、朱家法，庶幾少差乎？』余於是始知所向。」

涇皋淵源録卷三

南皋鄒先生

先生名元標，字爾瞻，吉水人。萬曆丁丑進士，觀政刑部。會江陵相奪情，先生上疏指斥其非，謂：「居正才雖可，爲學術則偏，志雖欲爲，自用太甚，進賢未廣，決囚太濫，言路未通，民隱未周。若令在京守制，天下後世謂陛下爲何如主？」方懷疏欲上，時編修吴公中行、簡討趙公用賢同以諫阻奪情，杖闕下，血肉狼籍。先生過其旁，不爲少沮。中官問：「若懷中奏云何？」先生慮以實告，疏不得收，紿之曰：「進士乞假省親本耳。」乃收，上覽章震怒，杖一百，謫戍貴州都匀衛。時先生年二十七，直聲震天下。

在戍所讀書講學，生徒從者數百人。巡方御史至衛操閲，輒號衣持戟，雜軍伍中，御史知之，亟遣人謝罪，先生曰：「此君命也，何謝爲？」

江陵殁，擢吏科給事中。以内廷火，上言忤旨，降南刑部照磨。已久爲權要所嫉，遷兵部職方司主事，改吏部驗封，陞員外郎。假歸，未幾補原官。在道上言吏治十事、民瘼八事，深爲當軸所詆，部擬副文選，命不下。改擬南吏部、兵部，皆不允。

得南刑部郎中，尋乞歸。

侍養家居，建仁文書院，聚徒講學，其中屢推卿貳，不赴。天啓改元，起刑部右侍郎，入朝首言：「今日急務惟在和衷，朝臣一和，天地應之，何論事論人者各有偏見？偏生迷，迷生執，執而爲我，不知有人，其禍且遺於國。」又陳五議：曰拔茅，曰闡幽，曰理財，曰振武，曰甦驛遞。又陳保泰四要：曰簡，曰儉，曰和，曰厚。又請卹忠直諸臣。進都察院左都御史。副院馮公從吾與先生同心，建首善書院，爲朱給事童蒙等所噬。先生言隆慶卯、辰間徐階當國，手書識仁、定性二書，與諸人士商度，未嘗以是少其相業。萬曆酉、戌間，臣等亦集演象所，月有講會，執政諸臣嘗過而問焉。若謂講學惟宜放棄斥遂之臣，以此澆其磊塊，消其抑鬱無聊之氣，則「如切如磋者，道學」一語，端爲濟窮救苦之良方，而非盡性致命之妙理，亦視斯道太輕，視林下諸臣太淺矣。連上四疏，請休致。詔加太子少保。乘傳歸，上老臣去國情深疏，歷陳軍國大計，而以寡欲進規人爲傳誦。四年，卒於家。

明年，張訥請毀天下書院，力詆之，魏璫矯旨削職。崇禎初，贈太子太保，謚忠介。

先生爲人正直忠厚，晚年入朝，朝右望見衣冠，以爲有異，門庭高峻如泰山喬嶽之不可仰，而嚴霜烈日之不可近也。先生顧頽然藹然，威儀易直，語言坦率，無一人不得至其前，絶無分毫矜名負氣、籠罩矯飾之態，嘗自記彭澤艤舟事，曰：「癸巳奉母太安人過彭澤，孤舟野泊，夫役星散，呼尉至，厲詞詰之。須臾，夫集舟行，余旋自慚悔，復呼尉，以好語慰勞之，遺祥刑要覽一册，然余悔不能已。先正云：『惟桑與梓必恭敬。』止彭澤，吾桑梓地，奈何以尉而遂忘恭敬心乎？吾學以理性爲主，今詞暴氣粗，恐不可令知者見也。聖賢處此，必從容以俟，不以一事而戾中和。」蓋自其中年氣節之進，而學問已如此。至於軍國大故，朝廷大議，人才進退，忠邪消長之故，一語及之，意氣坌湧，目光注射，若矢之激弦，星之奔彴，曾不可以禁禦，每有見聞，輒草疏入告。伸紙屬筆，率其意之所欲言，意不假粉飾，文不加點竄，久或并所削稿忘之。先生殁，閩人林銓梓其奏議、詩文若干卷。其論學語見諸集中。

備遺

南皋曰：「于景素論學，以『下學上達，躬行君子』爲宗旨，此真末世津梁。」至於陽明，生長富貴，自不落寒酸，而後學以享用爲本等，閲歷艱辛，少不得委曲，而後學以機智爲妙用。此其流弊，於陽明何與？涇陽曰：「下學而上達，是究竟語，萬賢千賢都不出此，恐非止末世津梁。陽明一代儒豪，不得因其流弊歸咎。」此至公之論也。

南岳商語。

又曰：「『無善無惡心之體』一語，蓋爲戒慎恐懼，謹守禮法之嚴者，教之以直透心體，使知惡本無，而善亦無。『天下雷行，物與無妄』，惟『茂對時教育萬物』耳。若未戒慎恐懼者，恣情放蕩，是墮惡道中，人何足辨耶？此語亦非自陽明始也。『喜怒哀樂之未發謂之中』，試觀未發時，善耶？惡耶？有善惡耶？無善惡耶？人當於中庸理會，不當於陽明言下忖度。」涇陽曰：「『謂之中』，中何物乎？是善非善？然則中與善是一是二？尊號南皋，尊字爾瞻，敢問是一個鄒先生？是兩個鄒先生？」同上。

又書曰：「得老兄寄長安，及致漕撫上太倉書，嘆老兄一代赤衷，爲世道留念至此，宇宙幾人？弟萬不能及。世道無福，使老兄住山也。漕撫久歷方，而居督撫十四年，即以弟與老兄官，此亦當有餘，華屋廣宅，皆彰君之賜也。彰君賜者，是真人真廉；隱君賜者，是假人假廉。廉不是口説的，老兄爲友受忌，足維世風，弟謂吾輩若實有『天下一家，中國一人』之志，即實以『天地萬物一體』爲學，此火候堅凝處也。老兄以後自東林外各會俱不必赴，論心只數人足矣。見諸兄囑其慎言，謹行少出。」涇陽答曰：「來書真切，想見老兄『與人爲善』一念到處充滿，真有天地變化草木蕃氣象，心服心服。弟於人言，實有受益處，不敢造次放過。其『會友』一節，初意只是照常，以爲弟所當簡點處，別自有在，即言者亦未嘗道着，獨默默自知之耳。今得手教，更有會於致曲藏密道理，當敬佩之。」

復南皋書曰：「弟之繹『當下』也，蓋謂舍源頭關頭，未免誤認當下。老兄却謂：『舍當下，何處尋源頭關頭？』更點得直截分明，向來種種葛藤，從此可一切放下矣，又何快也！老兄於弟，見以爲有當，則急加許可，不嫌於同；見以爲無當，則急與提撕，不嫌於異。此之爲賜，何以酬答？」涇皋藏稿。

與曾金簡書曰：「爾瞻近日幾入慧能悟境，丈時時用弘忍法佐之，足見相成。至誼令人感切。」同上。

高存之爲涇陽求墓誌書曰：「顧先生天所篤生，爲吴中開學脈，其一段精神，真無有人我，貫徹古今。至睠睠『無善無惡』之辨，龍初以爲此一言可了，何用多言？及歷世既久，而後知此宗畢竟與孔門差却一綫，上士之明心見性者，可以不煩此語；下士之踰閑喪檢者，往往多中其毒。誠哉不可立教，而深服先生之憂深言切也。或問：『先生之學已徹悟否？』龍謂：『悟者有二：質美者迷輕悟輕，質魯者迷重悟重。有悟而我執未盡者，有我執盡而後化者。先生窮理精到，幾於無我，天假之年，不日而化矣。』於今之世，非先生不知其學。伏惟表章，以俟後世。宇宙茫茫，明知此件事者，所見無幾，先生其首出也。」

儕鶴趙先生

先生名南星，字夢白，高邑人。少以文章名，卓犖負大節。萬曆庚午薦順天房考，夢一大鶴翼蔽天。次日，得其卷，先生因自號儕鶴。

甲戌，舉進士。授汝寧推官，稱廉平，行取爲要人所齕，僅得户部主事。江陵病，舉朝走禱，先生與二三同志戒勿往。江陵殁，移吏部，尋引疾歸。起主事，文選所推擢皆一時人望，調驗封。己丑分闈，得薛敷教、高攀龍、葉茂才諸賢，署文選事。上剖露良心疏，擊數奸，復引疾歸。

再起，署考功。癸巳，當内計，故事，黜陟皆内閣授意，參以諸臺省。至是，太宰孫公鑨主計，先生佐之，權幸請託，一無所徇。文選主事吕胤昌以太宰甥黜，都給事中王三餘以考功姻家黜，太倉、新建各庇其私人，俱不免，而蘭溪相有弟，亦在察中，所去所留，皆主獨斷。諸臺省耻不與聞，乃希内閣指朋謀辱吏部，給事劉道隆疏摘職方郎楊于庭、主事袁黄及稽勳副郎虞淳熙，部議去袁留虞、楊，臺省譁然，激上怒，奉旨：「切責吏部專權結黨。趙公南星降三級，調外任。」在廷諸賢，各疏申救，上愈怒，改批革職，家居閲二十八年。

庚申，[一]起太常少卿，累遷拜左都御史。主癸亥内計，作四凶議以處亓、趙等言：「前者丁巳之察，名士一空，今去此數奸，猶未足泄神人之憤。若以某某較之，共工等未爲凶也。」又言：「時勢危窘，士大夫盡職不暇，不宜以心思用之於無益，議禁四六文。」啓亡何，進吏部尚書，請慎簡司官同心奉公。

又長安交際太煩，士大夫朝氣疲於應酬，旁午入署，已惙惙不支，宜以全力盡職，掌率諸司昧爽視事，在外督撫及守令之賢者，皆當久任。本部四司如文選、考功，遷轉亦毋太驟，以致事多廢弛。又疏再剖良心，并力挽干進之習，言：「方今面皮世界，書帕長安，苟非天骨清挺之士，鮮不剥脂膏以救華膴，小民安得不因窮而作亂？」請嚴禁以杜囑託。時有一運判營陞南兵部主事，一知縣已陞禮部，仍求考選，俱直斥之。推高公攀龍掌都察院，楊公漣、左公光斗佐之。魏公大中長諫垣，袁公化中領台班，調兵部鄒公維漣於吏部。時江右一省，兩銓爲創格，諸臺省方借此以發難端，而楊公二十四罪之疏適上，逆閹怖甚。先是閹知先生爲海内第一流，傾意歸注，介其甥傅應

[一]「庚申」，底本作「庚身」，據文意改。

星委曲通贊，先生麾去之。嘗同坐弘政門，選通參，正色謂曰：「主上沖年，内外臣子各努力爲善。」閹艴然。時相魏廣微先生素以通家子畜之，及附閹同譜致揆席，畜之愈峻，至是爲臺省所糾，積恨且懼，與崔呈秀倉皇訴閹，言：「東林必殺公。」復構黨，王紹徽造東林點將録，以先生爲首，總憲會晉撫缺，推謝公應祥，相嗾私人言謝係吏垣師，故得之，於是謫吏垣。及署選事，夏公嘉遇先生，與總憲各引罪歸。旬日之間，衆正一空。乙丑，以張訥、梁夢環疏削奪追贓，當事者辱先生於訟庭，子清衡、外孫王鍾龐皆被箠楚，見者泣下。獄上，先生戍代州，清衡荘浪，鍾龐永昌，纍纍並發。先生坐短轅，携殘書一篋，自隨至代，僦居一小樓，顔曰「吉祥」。又掃除土室，名「味蘗齋」，讀書不輟。年餘，烈皇帝登極肆赦，撫臣牟志夔，閹黨也，故留滯不聽。歸，踰三月，卒戍所，年七十有八，贈太子太保，謚忠毅。

先生公忠强直，善知人，一見即決其生平。居官居家以名教爲己任。海内清名之士淹久不用者，應和益廣，而群小疾其厲己，争相標目，遂爲部黨之魁。爲文疏通，軒豁質而彌暢；詩近北地，當其意所不合，嬉笑怒駡，有燕、趙悲歌慷慨之風。迨晚而專力與學，其奏牘有曰：「臣年近八十矣，每日與人争執，猶若少年不曉事者。誠謂時危如此，不救何待？年老如此，不做何待？」嗚呼！此可見其生平矣。

所著書多散佚，其閒居擇言有曰：「聖學之要，一『敬』盡之矣。大學、中庸之『慎獨』，『敬』之説也。敬於人之所知，而忽於人之所不知，非敬也。慎獨乃謂之敬，『出門如見大賓，使民如承大祭』，慎獨之説也。」又曰：「聖學無捷徑，無巧法。余初疑『致良知』之説，似巧而捷，爲別立門户。今乃自咎，性愚而心粗也。曾子聞『一貫』而作大學，必知止而後定、静、安，以至於能慮、知、止者，即知至也。學未有不慮，若但知事理之可否而行之，未必當於機宜。此處語默，安能無過處？猶可以藏拙。出必至於僨事，皆不知止、不能慮之故也。余年七十八餘，冒昧出山，狼狽而歸，乃悟生平於學毫無所得，是故同志當以陽明先生爲師。」

備遺

見趙儕鶴，便自覺局處多。小心齋劄記。

啓新錢先生

先生名一本，字國瑞，武進人，萬曆癸未進士，知廬陵。異政冠一時，召入爲福建道御史，巡按廣西。

遇事憤激，彈劾無所避。惡持斧之使，包匭恣入，谿壑無厭，亡以風厲下僚，而反教之貪，則有糾舉江西按臣祝大舟疏；惡秉國成者，實操總攬之權，往往駕明旨以箝衆口，科名竊私子弟，餽謁遍滿長安，則有敬陳論相大義疏；念邊陲孔棘，動需干城，使過之典，明主不廢，則有請釋巡撫李材疏；河西敗衄，當局諸臣茫無成算，而徒與言官争是非，則有參兵部侍郎許守謙疏；墨令狼籍載道，司府大吏容隱爲奸，則有訪問貪官疏。至議孔廟崇祀疏，推文毅、文恭兩羅公，陳布衣真晟、曹學正端，尊獎真儒，紹明聖學，尤先生寄托所在也。而具關係最重者，無如國本一疏，謂：「自古人君未有以天下之本爲戲，如綸如綍，展轉靡定如今日者。一人言及，即曰『此激擾也』，改遲一年；届期而又有一人言及，又曰『此激擾也』，復改遲二三年。必使天下無一人敢言，庶得委曲遷延，以全其昵愛之私語。」揣摩多中，且齒及椒掖，上嗛之，姑寢弗報。踰四月，杖孟給事養浩，以先生疏與給事同指。旨下，并革職。

林居久之，郡守歐陽東鳳建先賢祠，構經正堂，聚士紳講學，推先生與顧涇陽先生主盟，與東林合，而先生亦時時會講東林。萬曆末，群鋒衆鏃，攢集於東林，先生坦然若無事也者。讀書研理愈邃，著述亦愈積。黽，鼃類也，取其黽勉無息之義，則有黽記；尋洙、泗正脈，瀹其流而堤其潰，則有源編、匯編；睠念時局，觸事痗心，竊取考亭之法，備神廟一朝信史，則有邸抄；其於易，自田何而下，無所不披晰，凡河圖、洛書，陰陽造化，方圓分合，以至十二月、三十二宫、六十四卦，皆列圖而繫以説，則有像象管見、像抄、續抄；最後以書九疇數衍爲四千六百八文辭，象、占、驗悉備，則有範衍。説者謂：「圖書象數變通之妙，秦、漢以來鮮知者，邵堯夫聰明蓋世，然得李之才所授，而後能窮其奥。如先生以無師之智，究不傳之秘，其所得略與堯夫等。」

歲丁巳，自營一兆，兆左構數椽，顔曰「寄窩」，自號「寄窩逋客」，作誌納壙中，以掘地得錢，兆在庚戌，刻期八月告竣。賦詩曰：「庚戌年遥月易逢，今年九月便相衝。」又曰：「月朔初逢庚戌令，央行應不再次旦。」至期果卒，年七十有二。天啓二年，贈太僕寺少卿。子春官，户部尚書。

閹禍時，列東林黨籍。先生嘗曰：「既戴天履地而爲人，當參天兩地以有事。」又曰：「心術中有許多淫樂慝禮，聰明中有許多亂色奸聲，身體中有許多惰慢邪僻之氣，且去細細查考。」又曰：「天下事，我做不如人做，一人做不如衆人共做。」論東林諸賢之學者，以涇陽爲大，以先生爲高。涇陽之救世苦，先生之持世嚴，皆確論也。

備遺

昨奉教，具見兄近時得力處。兄精神局料，不啻十倍於弟，既認取把柄，何聖賢之不可爲？弟苦眼高手生，進寸退尺，雖稍稍影窺，要不濟事，願兄痛下錐剉，不容絲毫藏躲，最大快也。小辨齋偶存。

崑溟魏先生

先生名允中，字懋權，直隸南樂人。萬曆庚辰進士，除太常博士，遷吏部稽勳主事，調考功，孜孜職業。假歸，以病卒。

先生方爲諸生，即有籠宇宙、包古今，亭亭獨立之意。王公世貞以兵使行部，贈之詩，許以代興。丙子秋試，王與同官飲使院中，戒閽吏曰：「小録至，非魏生第一，毋伐鼓以傳也。」薄暮鼓發，相與歡笑絶倒，其賞異如此。

兄允貞，弟允孚，皆舉進士，稱「三魏」。

時江陵相威權震世，士大夫莫敢訟言其非者，先生於稠人廣坐中，獨肆口評論曰：「某事不宜興革，徒令天下多事耳。曰某也賢，何以得過？曰某也不肖，何以驟得某官？曰夫夫也，有相才無相量。」聞者縮頸吐舌，稍稍引去。久之，一坐盡空，先生始徐索馬還邸舍。上書座主申吴門，極言：「天下事有常有異，人之情有安有駭。今駭其常而安其異，漸不可長。」同年顧叔時讀之，既喟然嘆曰：「經世之文也。」

祭文

萬曆十有三年七月朔，吴人顧憲成頓首，致書於魏懋權先生曰：

嗟乎懋權足下！何意足下乃遂與我長别哉！悠悠我心，誰復與語？即足下亦誰復與語？吾見世之知足下者不乏耳，要其至與不知等，何則？其知之者末也。計獨吾知之耳，足下上必欲堯、舜其君，下必欲堯、舜其民，故常憂；信心而言，信心而行，一切榮辱毁譽，不以滑其胸中，故常樂。常憂常樂，是吾之所以知懋權也，天下孰從而窺之？

嗟乎！世衰道微，人心離喪，浮破愨，枉蔑貞，淫掩良，争蔽讓，智者相與借詩書以文其奸，愚者謬以爲固然步亦步、趣亦趣而已。當吾爲諸生業，惻然傷之，時時思有以矯其弊，莫能振也。既博一第，從縉紳先生游，時時私求，其人鮮遇者，乃獨足下之指與吾不異耳。徐而察之，非直不異而已，殆有甚焉，中心自以爲不及也。已而從足下得閩中劉國徵耳。居平相謂：「吾三人者，或先之，或後之，或衷之，其有濟哉！即不濟，卷而藏之何恨！求善價而沽，枉尺直尋，非吾質也。」顧造物者，昨年奪吾國徵，今年又奪吾懋權，吾其可如何哉？

嗟乎！天下之務，國家之故，懋權念之熟矣，而未及究也。間嘗歸而治其文辭，不求工，意獨好爲聲詩耳，又非其急也，直土苴畜之耳。吾欲就君家伯氏、叔氏問訊遺笥，揚榷而表章之，不足以昭懋權，是吾之所痛也；吾欲省覽生平之言，勉砥素心，償其未究，又能薄，不足以稱懋權，是吾之所懼也。懋權何以圖之？

嗟乎懋權足下！吾生長蘆菰中，習氣深重，惟足下是賴，足下誠弗我替，一降一陟，在帝左右，吾尚有望也。吾昔者稍修詩書之緒，每遇古之高賢偉士，輒掩卷太息，仰摩俯擬，庶幾想見其爲人。久之，恍然若有遇也，思若有啓也，行若有掖也，何況懋權乎？

蓋嘗聯軫而游，接袂而語，握手促膝，委輸肝膽，揭日月而薄山河者哉！其忘之也，爰奉尺素，薦諸几筵，足下其聽之，且爲我語國徵焉。

又

魏懋權先生卒，其友顧憲成既從其兄光禄君薦之尺一矣。越一年，憲成戎裝而北，[二]顧瞻燕、趙之間，黯黯欲墮，遂迂道而趣南樂，上懋權卮酒，灑淚而告之曰：

憶昔予之謝病而南也，騰書邀足下會於清源之上，至荆門而始成別。當是時，書

[二]「戎裝」，底本作「戒裝」，據文意改。

則聯席，夜則聯衾，促膝抱臂，靡所不竭，何其歡也！今者予再來而足下已矣。天乎！天乎！何其痛也！

當是時，足下謂予曰：「吾儕嘐嘐自負，所覩天下之事，不當於心，一正人退，一佞人進，意氣勃發，輒欲攘臂而起，請尚方之劍而後愉快，是不廣也。於是乃遂入山求深，入林求密，獨寐獨寤，寂然不復問人間馬牛，又無奈其嘐嘐者何？子以爲奚而可？」予笑不答。已，訪孟司馬我疆，[一]論學兩日夜，津津不休。予謂足下曰：「得此入手，何所不可？何取何舍？」足下亦笑不答。蓋其際微矣，不虞足下之遽然以逝也。嗚呼已矣！

今者予且登足下之堂，憑足下之几，弔足下之靈。進而謁於太公，穆穆落落，嗟足下之所以爲子；坐對伯氏，侃侃之氣，隱見眉睫，嗟足下之所以爲弟；問訊季氏，方奉三尺活人河、洛間，嗟足下之所以爲兄；次第見二子戚而莊，敦固而多奇，嗟足下之所以爲父；周行環堵，秋草一庭，嗟足下之所以爲家；出門長叫，徬徨四顧，白雲亂流，落日將半，退而簡其囊，得故上申相國書及論救周别駕遺草，嗟足下之所以爲國。又得贈予一

[一]「我疆」，底本作「我彊」，據小心齋劄記、顧端文公年譜等改，常提及「孟我疆」。

詩，中有曰：「要憐天下顧叔子，不爲人間吏部郎。」倚梧而思之，寸心欲碎，萬象俱失，不復能自持，嗟足下之所以爲友。嗚呼！足下已矣，予亦哭足下而去矣。荊門在此，清源在彼。爾我之言，實共聞之。昔何以南？今何以北？日月不停，往來如昨，其誰能堪？即予敢替懋權，有如兹水。

尚享！

備遺

見魏懋權，便自覺低處多。小心齋劄記。

有語魏懋權曰：「子信可謂直道而行矣。雖然，吾懼其窒也，盍少婉焉？」懋權謝曰：「今天下不缺此一字，何必我？」已述而告予。予曰：「今天下不缺此一字，吾儕却缺此一字。」懋權躍然起曰：「善！」同上。

紉華劉先生

先生名庭蘭，字國徵，福建漳浦人。萬曆丙子解元。庚辰，與兄庭蕙同舉進士。觀政，以憂歸，未及就官而卒。

年友顧叔时稱其所上吴門相書語意婉篤，規諷咸備，恐身後泯没，并魏崑溟稿，俱録入劄記中。先生廬居時，聞侍御魏公允貞以發科場奸弊謫，户曹李公三才疏救，亦謫，深爲扼腕，馳書許相國，責其匡正。復寄語叔時，曰：「言官有人，他曹有人，可令銓衡無人乎？」語未達，而叔時已爲兩公啓事，得請魏從許州判入南吏部，李從東昌理入南禮部，一時道義之合，可謂不介而孚，而其所上許書竟不傳。

祭文

萬曆十有二年四月初七日，劉國徵先生卒於家。越一月，其友顧憲成得其訃於其兄司農君，既爲位而哭之矣。又一月，移書告之曰：「嗟乎！國徵何以死哉？若是其急也，其命也夫！其命也夫！」始，吾來燕中，有意乎天下之士也，見魏子懋權，與之語，大悅，恨相知晚。懋權曰：「若欲知閩中劉國徵乎？」因又知國徵也。國徵恂恂耳，就而叩其衷，憫俗之仁，居身之簡，邁往之勇，藻物之哲，無所不具，於是喟然嘆國徵之不可測也。當是時，天下滔滔，上下一切以耳目從事，士習陵夷，禮義廉耻，頓然欲盡。吾三人每過語及之，輒相對太息，或泣下。客謂：「國徵若奈何與狂生通？」國徵笑不答，相得益歡，蓋國徵之所存遠矣。吾何能忘也？嗚呼！死生一也，無有二也。

國徵何選焉而置取舍於其間？惟是今之天下什一可喜，什九可憂，方諸疇昔，相去不能以寸度。國徵不免於懷也，國徵其悉之乎？南皋鄒氏之烈焉而徙，定宇趙氏之愬焉而違，復庵吴氏之亮焉而誹，勺原丁氏之切焉而詰，芸態董氏之犯焉而挫，對兹黄氏之感焉而投，健齋曾氏之剴焉而播，蓮洙孟氏之挺焉而擯，希宇郭氏之勤焉而揺，鴻泉范氏之詳焉而削。此時事之有形者也，猶可知也。若乃内權漸隆，外權漸替，君子小人如水如火，强而平之，幸須臾無恙耳，何以能日？此時事之無形者也，不可知也。國徵其悉之乎？庸得宴然而已哉？嗚呼！死生一也，無有二也。

吾跡國徵之生，而知其死也未嘗不以天下爲念；又跡國徵之死，而嘆世之肉食者爲徒生而可愧也。不寧惟是，今夫國徵之所自許何如也？業已第進士，未嘗一日在職，居恒撫膺扼腕，欲有所爲，輒不果。其修諸身者，又見其進，未見其止也。由此觀之，國徵之誼，其猶自以爲徒生而可愧也。雖然，國徵往矣，而予及懋權所與國徵左右切磨，相期於聲氣之間者，固耿耿在也。而今而往，即國徵之所未究而懋權究焉，猶之自國徵也；又或懋權之所不究而予究焉，亦猶之自國徵也。夫何愧之與有？獨念材如國徵，立志如國徵，猶僅僅若是，而況予之不敏，將何以謝國徵也？其惟懋權乎？異日者，予當就懋權而裁焉。國徵有知，又將何以牖我二人也？嗚呼！死生一也，無有二也。

惟國徵實深圖之。

備遺

劉國徵曰：「有人於此自負甚偉，及叩以時事是非，又往往鶻突，何也？」余曰：「人須是一個真。是非之心，人皆有之，何緣迷謬？只以不真之故，不真便是夾帶。是非太明，怕有通不去、合不來的時節，所以須要含糊。少間，又於是中求非，非中求是。久之，且以是爲非，以非爲是，無所不至矣。總總只爲自家開個活路。」小心齋劄記。

見劉國徵，便自覺鬆處多。同上。

懋權廣額豐頤，眉目如刻畫，遇事英氣勃發，而居平無疾言遽色，有犯不較。國徵白皙修幹，風神疏朗，[二]稜稜謖謖，不可以一毫非義，干而中實寬，然長者於法皆宜壽。乃懋權僅得年四十二，國徵僅得四十，竟不知何以也。同上。

景逸高先生

先生高攀龍，字存之，初字雲從，無錫人。祖材，孝廉，令黄巖，卒祀名宦。父德

[二]「朗」，底本作「郎」，據小心齋劄記改。

徵，存之生而出繼叔祖較。後自幼言動不苟，長學文於許孝廉，名世卿，東林中所稱静餘先生者也。萬曆壬午，舉鄉試。丙戌，涇陽先生講學於泮宫，往聽之，甚喜。因思聖人之所以爲聖人，必有做處。及見朱子言「入道之要，莫如敬」，曰：「是矣。」遂一意整齊嚴肅。己丑，會試中式。出高邑趙公之門。壬辰，謁選，授行人四川僉事。

張世則疏詆程、朱，欲改易傳註，獻所著大學初義書，求頒行天下。存之不勝憤，上崇正學闢異説疏，得旨，允行。又上今日第一要務疏，留中。

行人署多藏書，皆手自摘録，尤佩服薛文清公，粹言作日省、崇正二編。久之，謂：「讀書意思不進者，尊德性功夫少也。」自後常以半日静坐，即出遊公會，水邊石上，皆嘿嘿會心。一日五鼓起，擁衾思「閑邪存誠」句，覺當下無邪，渾然是誠，因改雲從舊字曰存之。

齎詔金陵，謁鄒南皋；過家，謁錢啓新；至吴門，謁王少湖，並舉所學相質。差回，值部郎楊應宿、鄭材希執政，指擊諸賢横甚，存之疏請「君相同心，惜才遠佞」，語侵内閣，奉旨下廷議，降雜職。

甲午，赴廣東揭陽典史任，在途嚴立課程，只於静中着力。過汀州，手二程書，至「萬變俱在人，其實無一事」，猛省曰：「果無事，忽如百斤擔子落地，電光一閃，透體通明。」然不欲張皇説悟，其詳見困學録。抵官，勤職事，課諸生，佐邑令除一兇人。三月，覓差歸，潮有蕭自麓者，羅文毅公門人也，臨别語曰：「公當潛養數年，不可發落。先輩嘗背地用一番苦功，故得成就。」存之謹受教。

過漳州，謁李公見羅，李專言「止修」，謂：「既知宗，則身心意知各止其所，格致誠正，不過闕漏處照管。」存之謂：「大學『格致』即中庸『明善』工夫，喫緊條目，先後確有次第，不宜儱侗説過。」語不甚合。然他日謂葉參之曰：「見老揭『修身』爲本，於學者甚有益，故遊其門者多，切實可觀。」蓋未嘗不心服也。

戊戌，築水居於湖濱，與崑山歸子慕、嘉善吴志遠閉關静坐，取「大易來復」之義，坐必七日。

甲辰，涇陽先生倡復東林書院，存之贊襄最力。每會多以端居主静爲言，自敘其學。至丙午後，累年方次第信得性善、集義、知本、中庸之旨。

天啓初，起光録寺丞，進少卿，署寺事。綜理周密，中官帖然。上破格用人，及釋群疑，銷隱禍，疏報聞，轉太常少卿。上恭陳務學之要疏，請討鄭養性、方從哲，傳旨重處。福清相力争，得罰俸。尋歷大理少卿，進太僕卿，給事朱童蒙詆鄒、馮兩公講學，而語歸重東林。存之再疏，移疾，並爲福清勉留。已假差歸，舟行註易，到家講書院如故。

無何，以刑部侍郎召還，特旨拜左都御史。甫入台，劾貪污御史崔呈秀，擬戍同。時太宰趙公，存之師也；魏掌科大中，存之門人也。魏彈南樂相甚急，廣微與呈秀俱投入閹幕，借會推晉撫事，一網逐之。

存之歸，屏跡水居，頗以餘閒事吟詠。乙丑，閹黨起大獄，殺副院等十餘人，欲并坐存之贓，賴吴錦衣孟明救，得免。丙寅三月既望，聞緹騎將至，從容謁道南祠，召子若孫看花，笑語如常。夜四鼓，自沉池水以卒，年六十有五。遺表曰：「臣雖削逐，舊係大臣，大臣受辱則辱國，謹北向叩頭，從屈平之遺，則君恩未報，願結來生。」崇禎初，贈太子少保、兵部尚書，謚忠憲，學者稱「景逸先生」。

生平以敬立身，以静窺妙。嘗曰：「本體本無可拈，聖人姑拈一『善』字；功夫極有多方，聖人爲括一『敬』字。」此其言學之大指也。著述甚多，内朱子節要、周易孔義，尤一生精力所注云。

備遺

存之謁選，請教，涇陽先生曰：「足下行矣，何以爲足下贈？涉世之難，非一日矣。譬諸行路者然，東西南北，俄而易面，不自覺也。惟善學者却於不自覺之時常喚醒耳。」涇皋藏稿。下同。

前得來教，甚喜。喜足下之立志彌堅，庶幾於不變塞之强也。頃得行人之報，又甚喜喜。內任之官，惟此得以習四方之故，周練民情，旁閲物變，而進其識也，足下勉之。

足下云：「學問須從枯槁寂寞，經一番死後方得活。」又云：「勿以滯寂爲慮，勉爲發揚。」皆至言也。異時或當有以相證。

啓新、景陽、慎所、如庵自是一時之秀，且相望不出二三百里間，何異一堂卷石？想已赴江右，其尊人安節侍御，意趣甚佳。管東老畢竟有超拔之韻，君子友天下之善士，況於一鄉，願無失之。又如王少湖慥慥篤行，張可庵耿介遠俗，我吴儘多君子，若能聯屬爲一，相牽相引，接天地之善脈於無窮，豈非大勝事哉！

天地之大德曰生。吾人畢竟以生爲本，然形形色色各有本分，何容勉强？八佾歌雍，孔夫子只嘆得一口氣，無能爲也。但當以此自警策，日嚴日密，異時不使人簡点得我，乃實受益處耳。

人心不甚相遠，何以紛紛至是？吾輩得無亦有偏執而不自知否？幸相與再入思慮一番，何如？

此理儘自分明，更何可疑？只在我之所以恭證之者，不可少有遺憾。使異端曲説得乘其間，此學之不講，聖人以爲憂也。願共勉之。

鄒大澤作尚行書院，甚可敬。弟素有此一念，畢竟不免自暴自棄。數年來，因病遂厭，然耿耿時不忘。前欲問勝龍山，以此也，此真大事。當面商。此東林書院所自起也。鄒，名觀光，雲夢人。

東林之舉，亦既如之何矣？若官作，必至煩民，非吾輩所安，兄即偕舍弟謁令公面謝之，并告之。

會規裁定甚當。「拙法」二字便是一篇綱領。此會雖不可濫，畢竟以寬大爲主，不可輕開異同之藩。

乾、坤之後，繼之以屯，混闢之交，必有一番大險阻，然後震動竦烈，猛起精神，交磨互淬，做出無限事業。夏、商以來，凡有國者莫不如此。東林之興，於是正當草昧，借彼無良，爲我師保，未必非天之有意於吾儕也。

答某云：「尊稿中所欲正者，乃是所引『格物』説，『一草一木』二語，仔細磨勘，似説得稍闊。陽明之學與聖門端緒雖殊，要其説之所以得行，亦有其故。程、朱兩先生大本大原，灼然無可疑者，而條理節目間未盡歸一，幸再精研之。」高子遺書。

一草一木之説，善會之，亦自不妨。但六經、語、孟中並未見説着此等功夫，其故安在？「鳶飛魚躍」，「傍花隨柳」，乃是自家一團生機活潑潑地，隨其所見，無非是物，與所謂「一草一木」不可不理會者，根趣自殊，試體之可見。仁者必覺，而覺不可以名仁。然覺非特不可以名仁，亦不可以名智。徒以智與覺字面相近，故説者多以屬之耳，如以覺爲智，則以覺爲性又何疑焉？丈謂仁兼四德，而智不能兼仁，似尚未爲究竟語。仁、義、禮、智，只一般渾言之，只提着一個，便色色都在其中，非特仁兼四德；偏言之，便各有所主，又非特智不能兼仁也。道理須四方八面看始盡，勿執己見，何如？同上。

存之日記曰：「癸巳，余抗疏，奉嚴旨，聞之坦然，會客赴酌如常時。適涇陽先生簡云：『此時宜存待罪意，若一味坦然，亦覺未當。此意會須自得耳。』讀竟竦然，乃閉門謝客。」

鄒南皋與涇陽先生書曰：「高存之，一代伶俐漢，老兄左右無與爲敵。」

劉念臺宗周疏請正學以淑人心，略曰：「今天下人心日下，士習日險，公車之章輒攻東林。東林者，先臣顧憲成倡道處也，從之遊者不乏氣節耿介之士，而從事學問則高攀龍、劉永澄尤爲最賢。高存之先生曰：『吾沉雅不若涇凡，勇勵不若文石，直截緊嚴不若元台、樸齋，其篤信先覺之言，不難以身下人。』」

聞適葉先生

先生葉茂才，字參之，無錫人。先世自吴江同里遷石幢。參之少時即以文行，爲諸生師。萬曆戊子，舉於鄉，聞報不謁客，不赴宴，束身静氣，矢志不入世趨。己丑，成進士，授刑部主事。告改南工部，以便養親。大司空令署六篆事，並治榷税。蕪關例有某字號，備公私某項費，參之盡却之，撤雙港漏税之防，迨賦額完，端坐放關，一無所問，猶餘額外金，疏請餉邊，曰：「往苦旱商旅不通，通而羡，非臣願也，請勿爲例。」上俞之，賜白金松布，旌其廉。歷吏、禮二曹，屢推尚寶司丞少卿、南大理寺丞，多謝病不出，或暂出即歸。壬子，改南太僕少卿，一履任，搜剔利弊焉，政爲肅。適御史湯世濟擊諸言事者，參之抗章曰：「據世濟言，邪議紛紜，動輒曰四明，曰崑宣，皆奸人揑造浮詞，爲一網打盡之計。嗚呼！何其敢於扶小人、抑君子、護奸雄而毒天下也？當日害楚宗，構妖書，揭留私人房考，關節皆無影響，皆揑造浮詞乎？而發奸摘伏，忠言讜論，皆一網打盡之計乎？不過伏此一段議論，出脱小人，以圖翻局耳。决裂清議，陰壞士風，將貽國家無窮之禍。」不報。已，牟志夔、金汝諧等相繼詆斥，參之具疏乞歸，言：「臣前就事論事，明白易曉，乃橫被口實，謂爲奇兵。而又惜臣議論之無奇，臣素奉教於君子，惟是行庸德，謹庸言，於君子小人和同之辨，巧言亂德、利口喪邦之戒，凜凜焉奉。蓍龜焉依乎中庸，遯世不悔，如斯而已，何奇之有？」而過庭訓者，復請禁旁囂以箝諸曹之口，參之作旁囂說謂：「天下事當與天下公之，何正何旁？」又作止囂說，謂：「止豈易言？有患失而止，有避咎而止，有孤立無援卒遇暴客而退縮以止，皆非止之善者也。止囂莫如主靜。主靜者，止於理也。止於理者，定水不波，太虚無翳，蟬噪逾靜，鳥鳴更幽，何囂之有？不然，止於東復起於西，止於前復熾於後，且有決裂潰敗而不可止者，皆以止爲止，非以理爲止也。」

目擊年例考選，不當於心，上鄭太宰書言：「去一真品，則真者畢懼，久亦化而爲僞矣；留一僞品，則僞者畢進，究且遂無一真矣。尚何以年例考選爲哉？」歸後，屏絶户外，獨繫懷君父，不勝惓惓。

天啓甲子秋，揖姚太史希孟於途，寄語都門諸公，以信邸出閣講學爲今日第一義，其持論之切要若此。是年，赴南工部侍郎召，三月請休。題「三案」刻本曰：「事有三尺童子曉然明白，而聰明特達之士反眩瞀而不決者，何也？心無偏主，雖愚必明；心有係累，雖智必昏。其勢然也。此三案者，據事直書足矣，豈可以『人情』二字抹殺天下萬世公論哉？」

參之性篤孝，體父蓉溪翁意，去官而家，去城而鄉。初號玄室，晚而更號閒適，輯家乘爲世德傳，汲汲焉維風植紀，采遺軼，備勸懲。有見聞録、八貞女傳，事關名教，冤弗白者，訟言雪之，而諸賢恐參之誤入黄老，多所匡正，參之皆欣然佩服。

在東林，與薛以身先生尤厚。高存之赴水死，遺孤且被逮，力爲營救，得免。所居室三楹，榜四字曰「三世無訟」。終身布衣蔬食，薄田百畝，供饘粥而已。常言：「吾早歲受貧之益，晚歲更受多病之益。惟貧，故如節用；惟病，故知自養。」

面目清削，骨稜層若出衣表。題小像曰：「人生宇宙間，第以形論，與動植之物均耳。有超乎形者在，乃能參三靈萬，不死不生，與造物相終始。」高存之語余云：「吾黨所講習者，六籍之遺言；所紹明者，錢、顧兩先生之遺緒。」各宜圖形影以俟將來，因倣先賢像圖之。余懼鬚眉徒具，至道罔聞，軀殼如斯，性靈靡著，異日無面目對諸友於東林也，故爲箴以自警。

崇禎己巳卒，年七十有二。葬自營生壙。

備遺

葉蓉溪翁壽序有曰：「參之用意恢恢，居然與古之仁人志士上下，誼不以一介污。獲雋之日，布衣徒步，不減諸生。歸而視其家，環堵蕭然，僅蔽風雨。」涇皋藏稿。下同。

葉氏宗譜序有曰：「參之釋褐二十餘年，什一在官，什九在告。家徒四壁，恬穆自如。其於功名富貴已嗒焉而忘之矣。」

涇凡先生謂薛以身曰：「傾見參之移景逸書，不免墮入玄妙窟裏。世人有志者少，無志者多，幸而得一有志者，豈可又爲魔説奪去？」小辨齋偶存。

先孝廉曰：「歲戊戌，端文公從諸賢請，與管東溟辨論二泉之上。」葉先生欣然入會，仍遜謝曰：「末學喜附門墻，自媿無受教地。」其謙挹乃爾。管貽先生以問辨牘，先生荅之曰：「生平限於稟賦，所讀之書止儒家數種，未嘗旁參内典。乍聞三教合一之旨，一時不能領略，如周、顧諸君子之疑，端亦多有之，然不敢無知强辨。」又何意之嚴而詞之婉也！後高師赴召，以東林講事屬先生，瀕行再拜，先生辭以鄉居，不數數入城市，讓吴素衣。今師行狀直云「以講事屬吴」，狀故出先生手筆。蓋始終謙挹不敢任，視後來妄自稱尊者相去遠矣。師在京，寄先生書曰：「東林藉丈不小，身到即教，此教真無聲臭也。」玩兩賢前後語，真令人有不盡之味。男貞觀識。

本孺劉先生

劉元珍，字伯先，無錫人。少有膽氣，善屬文。萬曆辛卯，舉於鄉。乙未，成進士。授南禮部主事，盡剔僧道教坊司諸弊。尋丁内艱，服滿，補南職方。核將領，杜請託，歲裁金錢二萬有奇。一垣長攝六篆，諸曹莫與抗，累爲伯先所折，恭然曰：「此郎不可與争鋒。」進郎中。

辛丑，以父病告歸。乙巳，入都。時四明相當國，庇其私人錢夢皋，以計處復留，且倡言計典不公。上意爲動，忽奉旨，盡復諸臺省之黜者。察疏中格，人心憤甚，畏諸奸，莫敢發。伯先慷慨上言：「臣聞國家所以常治無亂者，由正氣伸而邪類絀也。端揆大臣，無樹私交，無作好惡，以佐天子，持衡保泰，道於是乎隆。不意今日有偏置私人，朦上箝下，如首輔沈一貫其人者；又不意有奸險異常，頑鈍無耻，如給事中錢夢皋其人者。夫夢皋濫被殊恩，即恣猖狂以圖报，復使政本之地不私一人，則奸慝寧壅於上聞，邪謀亦安能下逞？乃一貫實爲戎首，既借皇上之權以伸其意，復竊皇上之德以固其交，頓令百年鉅典忽焉決裂，而夢皋反誣人爲黨。從古小人亂天下，未有不以朋黨之説先空善類者，危乎！危乎！幸皇上自爲社稷計。」奏下，四明及其黨經營百端，謂：「非予杖，議不可息，幾得而甘心焉。」會雷震郊壇竿木，上懼，反杖旨。部臣與南臺省相繼極論，四明乃罷去。是舉也，伯先雖得削籍，天下快之。

歸，十六年庚申，起光録寺少卿。辛酉，抵任時，遼瀋陷没，舊贊畫劉國縉以招撫南四衛官民爲名，擁衆入内，投牒督餉，侍郎李公長庚請發天津、登萊船南濟，伯先具疏言：「國縉爲李成梁義子傀儡，綫索東西惟命。先時主用遼人，冒費帑金二十餘萬，究竟所稱土兵三萬，曾得其一臂之用否？已而被參解任，踪跡詭秘，不知何以獨脱？然於千鋒萬鏑之中，直待河東盡没，河西累卵，不後不先，突如擁衆數萬，問道登萊、天津，密求竄處内地，或别有指授，亦不可知。呼吸安危，幸勿置巨奸於肘腋。」奏下，該部畏國縉黨，不覆。而兵垣請擢國縉爲東路巡撫，議亦不行。亡何，伯先病卒，年五十有一。

先是甲辰里居，從涇陽先生修復書院，喜曰：「此生得歸宿地矣。」遂築書室於院中。每會陳説經義，尊濂、洛、關、閩之傳，嚴義利邪正之辨。有爲怪誕之説者，正容闢之曰：「無亂吾東林學脈也。」

壬子、癸丑而後，時局詭起，争攻東林。伯先笑曰：「此東林一大鑪鞴。不如是，真者不成其爲真，贗者不别其爲贗，東林不成其爲東林。」

錢啓新先生晚年行同善會於毘陵，東林益暢其義，孝友節義之貧者，鰥寡孤獨之賢者，歲有助。陳志行、葉參之、高存之、安小范及伯先五人主之。嘗言：「吾輩與斯人之徒木然不相關，自身痛癢不自知，可以爲人乎？」與人居，絶無纖芥，一佞者至其前，嗌間輒如物鯁，必吐之而後已。

性方嚴，尤肅於閨門，謂：「家衆造惡，皆由放蕩，必示以不可犯之法，方銷其不應爲之罪。」

十六年林皋，無念不爲國，杜門不與外事；無念不爲民，表善類，鋤兇人，雪冤抑，矻矻然惟力是視。嘗有知交當路，蘇之富民陷大辟者，投暮夜金，叱去之。徐廉其事冤也，密爲雪，不令之知。其不愧獨知如此。

嘗曰：「人品懸殊，止争真僞，信與不信，止争險處過得過不得。凡人素積於隱微衷曲之際，必勃發於危疑震撼之衝。觀人者須從此着眼。平地清談，濟得甚事？」又曰：「世網彌天，豈容躲避？易簡之道，獨有自反，反求寧有盡處？攻我者，進我於百尺竿頭也。人各有本末，各自爲高下，誰人高下得？我號本儒，亦曰湖畔逸農。」著文訣、文衡、依庸絜語、三畏堂素業，藏於家。

備遺

昨聞本孺有疏，不覺喜而欲狂，此正是爲天地贊化育事，而既出於吾邑，又出於吾黨，更不禁私喜耳。涇皋藏稿。

伯先撰東林書院志成，爲之序曰：

東林之有書院也，以明道也。龜山楊先生創起於前，涇陽顧先生繼起於後，胡不介以孚若是，有善脈在耳。夫善，合古今聖凡而一，亦合順逆險夷而一。

一者，何也？善也。茲脈從來遠矣。自羲畫剖訣，厥中傳心，已揭日月行中天。孔子承之曰「明善」，孟子承之曰「性善」，善即脈也，無善，無脈也。有宋諸儒遞衍茲脈，而探河、洛之源，發紫陽之派者，非龜山先生乎？先生之言曰：「知仁則知心，知心則知性。」又曰：「人性上不可添一物，堯、舜亦只是率性。」所謂率性，循天理是也。味先生之言，可見仁外無性，理外無性，即性即心，是爲善脈。晦翁朱夫子得其傳而謹守之，雖以陸氏之學本於孟子，而端緒稍殊，輒危詞針砭，不少假借。誠恐擇善不精，必至茍趨方便；執善不固，必至別出歧塗。惟是因漸思防，汲汲不容緩耳。乃至今日，而無善無惡之説且浸淫於人心。夫象山先生直指當下，未至離性善之宗。朱夫子猶汲汲防之不置，況舉心體而概之以無。憑虛簸弄，何所不至？於是漸決爲山陰，爲盱江，甚而爲姚安，陽明先生豈虞其流弊至此？而今人乃執告子已陳之芻狗，爲先生不磨之律令，名爲尊教，而實以陰濟其私，此涇陽先生所爲惕然懼也。懼而思閑，莫若修其本以勝之。於是反而求之依庸，庸者何？即龜山先生所謂「不可添一物」者。是先生特爲拈出顯示，蕩平正直之規，陰折影響荒唐之見，期與同堂共識本心，精求善脈，以仰窺義畫厥中之秘。此書院所由復，講會所由興也。或曰：「道學之爲世詬也，正爲其有善耳，盍少貶焉以混於無？」噫嘻！我固有之，誰能去之？去乎此，而道義名節爲贅疣；且將入乎彼，而不道不義、不名不節爲託宿矣。人有安於不道不義、不名不節者乎？其所以不安者何也？我固有之也。宋淳熙時有謂誠意正心之論，上所厭聞者，朱夫子曰：「吾平生所學惟此四字。」及入對，首以「存理遏欲」爲言。迨至慶元，黨碑樹矣，貶竄盡矣，僞學之網極於彌天，而柴中行應制，獨白漕司云：「自幼習易，讀程氏易傳，未委是與不是，僞學如以爲僞，不願考較。」蓋前賢寧爲時貶，不肯自貶如此。今當無忌諱之朝，崇理學之日，家濂、洛而人關、閩，庶幾直剪荊蓁，深入堂奧，留此如綫一脈，常存宇宙間，所謂無古無今、無凡無聖、無順逆無險夷。無，在可容出入，可容委棄者。其在斯乎！其在斯乎！

志成，漫爲弁首，以自鞭策，矢毋負涇陽先生「明善同人」之旨。

萬曆甲寅孟秋撰。

涇皋淵源録卷四

景素于先生　節録東林列傳

先生名孔兼，字元時，號景素，金壇人。少孝友，萬曆八年進士，授九江推官，擢禮部主事，再遷儀制司郎中。

疏論都御史吴時來晚節不終，不當謚忠恪，得旨奪謚。既而累疏争三王並封，議竟寢。及疏救考功郎趙南星，語侵閣臣，遂落職，調安吉州判。赴任，即投牒歸。就邑西郊建志矩堂，築八卦亭，偕士友講肄其中。而時過錫山，與東林講席，其論學一本於程、朱，嘗訓其子曰：「士君子能於群譏衆詆時立得脚定，纔見堅貞；能於尊官厚禄時回得頭早，纔見知幾；能於主少國疑時看得命輕，纔見節概；能於從容談笑時解得急難，纔見才識；能於淡泊冷寂時無歆想心，纔見志趣；能於風波震撼時無驚恐念，纔見器度。汝曹識之。」當四明相以妖書加害，沈公鯉極力周旋，得脱於禍，人高其誼，自解官歸。講學之暇，巾車棹舟，[一]追逐雲月，若未嘗有牽連左官之累。優游二十年，以壽終。後逆璫以其曾救南星也，矯旨削籍。崇禎初，後贈光禄寺少卿。

備遺

景素于先生億語序曰：

白沙陳子之詩曰：「朝市山林俱有事，今人忙處古人閑。」旨哉乎其言之也！雖然古人自有忙者在，特其所謂忙，非今人所謂忙耳。今人所謂忙，出則競名，處則競利，爲一身計也；古人所謂忙，出則行道，處則明道，爲天下萬世計也。是故以一身計言，謂今人忙處古人閑，可也；以天下萬世計言，謂今人閑處古人忙，可也。

予觀景素先生，其庶幾焉。先生峨峨華胄，冠冕江東，乃能超然自拔，

[一]「棹舟」，底本作「櫂車」，據文意改。按陶淵明歸去來兮辭有「或命巾車，或棹孤舟」語。

寧靜澹泊，絶無靡麗之好，可謂不知有其家矣；既成進士，敭歷中外，望實鬱起，一旦敝屣棄之，可謂不知有其官矣。然而方爲諸生，發憤下帷，尚友千官，至於忘寢忘餐，不少暇逸。

已，司理江右，惟是洗冤澤物，夙夜孜孜。入郎容曹，恪共厥職，尺寸不假。會目擊時事，有所不可於意，抗疏具言之，至再至三，卒以取忤罷歸。身既隱矣，猶日手一編，不減諸生時也。且誦且繹，久之，胸中之藏，淵涵勃發，不能自遏，乃稍稍筆之書。簡出所著億語示予，其言根極理要，切於日用，如布帛菽粟，寒者可以爲衣，饑者可以爲食。至語及學術邪正之際，輒三致意焉；語及世道人心升降之際，輒又愀然改容，太息而言之，若疾痛之在躬也，絶不減立朝時。

由前，則於一身計，何泄泄也！今人忙處，正先生閑處也。由後，則於天下萬世計，何懇懇也！今人閑處，正先生忙處也。如先生者，不當於古人中求之耶？

予忝附庚辰之籍，雅嚴事先生，不敢以雁行進。賴先生不予棄，左提右挈，俾無隳落。自省於先生閑處，猶能步趨焉；於先生忙處，寥乎其未有當也。

適先生命予序其億語，僭爲論次如此，亦因以自勖云。涇皋藏稿。

繼山沈先生

先生名思孝，字純父，嘉興人。七歲授尚書，端介如老成人。隆慶元年，舉於鄉。明年，成進士，授番禺知縣。以卓異召，授刑部雲南司主事。時閣臣張居正以父喪奪情，先生與同部員外郎艾公穆共疏争之，詔杖八十，謫戍廣東神電衛，瀕死者數矣。後居正死，杖謫者皆復官。同杖謫者翰林吳公中行、趙公用賢，進士鄒公元標及先生與艾穆五人也。晉尚寶丞，陞光禄少卿，與當路不合，調南京太僕寺卿。會御史房寰妄劾都御史海公瑞，再疏争勝。涇凡先生與彭公旦陽、諸公景陽不平，合疏歷數寰欺妄之罪，忤旨削籍。先生疏稱瑞之賢，且救涇凡先生諸人，而極詆寰之貪穢。上以怨望切責之，謝病歸。後累遷右都御史兼兵部侍郎，與吏部尚書孫公丕揚争大計，群吏不合，各乞休歸。居家七年，卒。學者稱繼山先生。

先生晚結主知，及去國，復得温旨，由是忌者益甚，一去不復出矣。然品望素定，一時正人皆推重之。惟大計争丁此吕，忤丕揚爲太過，陸公光祖謂鄒公元標曰：「吾郡清操潔行沈純父、朱汝虞兩人，獨純父疾惡過嚴。汝虞，名廷益，嘉善人。官通政。」陳公有年亦曰：「純父雖剛，然玉也，世奈何以石攻玉？」與涇陽、涇凡兩先生最善。涇陽先生屢致書當事，訟其賢，且辯其誣。涇凡先生卒，先生爲墓誌。與高景逸、鄒南皋諸先生亦善，先生卒，南皋先生爲誌其墓，惜其不大用也。萬曆四十一年，賜祭二壇。天啓中，贈太子少保。

備遺

簡王弘陽少司空曰：「巖穴諸賢，近時見推轂，而獨不及沈繼老，由向來一種異論浸潤，得人深也。此老好善嫉惡太甚，則有之要，其心胸自是青天白日，不知者至詆爲鬼蜮。[一] 即今太宰公，亦似尚有這個在。爲繼老計，進退行藏，無所不可；爲太宰計，却須破得此關，方是古大臣風猷耳。翁以爲何如？」涇皋藏稿。

辛亥九月朔日，送方本庵至毘陵，偕諸君子會經正堂，再會取斯堂，方屬公爲序贈行。二十七日，公念繼山沈公，忽忽心動，草一緘候之。逾月，李元白信至，則作書之日，正其捐館之日也。沈遺命止報公及南皋鄒公二人，其孤士龍、士皋皆公門人，

[一]「鬼蜮」，底本作「鬼域」，據文意改。

極蒙卵翼。端文公年譜。

文石張先生 端文公撰墓誌

予自壬辰冬，因家季涇凡識君於燕邸，一見輒心重之。徐而相與語，見君論理必窮到頭，論事必窮到底，不作皮膚觀，則益心重之，謂家季曰：「是真可與共歲寒者。」乃家季不幸於丁未之夏即世，君爲文，哭之甚哀。越二歲，而君且繼之矣。天乎！何奪吾黨之亟耶？隨往哭君，淚淫淫不能自休。

無何，君之伯子元鼎且具狀，乞予志其墓，屬病甚，乃令其弟元英來。予作而嘆曰：「天乎！君未可以死也！」已而又曰：「君可以未死也！」則又曰：「君不死矣。」

君生而敏，六歲就塾，師授書數過即成誦。八歲通書義，父素行翁教以檃括破題法。值卧懷中，對窗前月令作破，隨應曰：「漏清光於暗室，掛玉兔於當天。」翁大奇之。九歲，能攻長短句。十四，太府龍崗施公拔五邑才子弟校藝其中，應試與選。十六，龍谿王公講學荆溪，往聽之，因悟良知宗旨，信聖人必可師，不欲局守章句。十八，素行翁捐館，居喪，哀毀如禮。服闋，補邑庠生，益自結束，負笈從名師，締納良友，相與考德問業，學日進。戊子，舉應天鄉試第六人。己丑，舉會試第十七人，廷試二甲進士。予告歸，省太夫人於家。辛卯，赴京謁選，分校順天鄉試榜首，沈何山從春秋房落卷中搜拔之，時以爲知人。壬辰，授刑部山東司主事，尋調禮部。癸巳春正月，敕諭禮部，並封三皇子爲王，君偕石帆岳公暨家季謂：「册立重事，宜屬大廷公議。今諭札出元輔王婁江一人手，且一旦創出國朝二百年來未有之禮。」遂合疏爭之。復倡議，與同曹郎詣各曹卿懇疏，百司和之。上意動，移札元輔。元輔亦悔禍出，三愧三誤，疏請勿王三皇子，而啓皇長子出閣讀書。是舉也，時以爲還内降，定國本，有回天力焉，而人人爲君危。適南星趙公主計事，一時壬人以考功令盡罷黜，執政大不悦。時省中有以庶僚掛拾遺章者，部覆皆留，遂調旨切責。考功罷其官，衆正譁然不平，君復抗疏論救。上固怒爭册立事，又犯之，有旨謫救考功者而同事六人皆逐矣。君得鄧州判，尋念太夫人，以假歸。於是朝夕承歡，竭力子職，杜門深研易理，或爲詩歌及古文詞，間則旁及書法、畫法。然不甚喜作，意到則爲之，不則索之不應也。而特孜孜以學問爲事，與海内諸名賢聲應氣求。東溟管公倡道東南，標三教合一之宗，君相與質難數百言，管公心屈。

予兄弟從邑中同志修龜山先生東林之社，君時時造而臨之，諸所闡發，精懇的切，聽者莫不傾動。蓋君素稱敏悟，至其論學，每以端本源、敦行誼爲主，大要衣鉢伊川、晦菴兩夫子，而一切虛談渺論，厭弗屑也。又偕史際明、吴之矩倡立「麗澤大會」，每歲與毘陵、潤州輪舉切劘訂證，務以羽翼聖真聯屬道脈。跡君少年而掇高第，騰英掞藻，人知其爲文章之士而已；及乎立朝，危言危行，敝蓰一官，人知其爲氣節之士而已。乃其用心喫緊如是，天假之年所進，寧可量哉！故曰「未可以死也」。

乃君林居十九年，海内薦剡相屬，不爲色喜；銓曹推轂數十上，不報，不爲色愠。如家祗守遺業，稍有贏入，輒以施貧周乏。居恒不輕謁有司，事關郡縣公是非、大利害，他人囁嚅不欲前者，輒毅然先之，任怨任謗，無少避忌。歲乙巳，郡守歐陽公延請入郡，分修府志。是年，修宜興一邑志成，再修名宦志，微顯闡幽，悉符輿論。先是，宜邑故行五年糧役，大姓坐廢箸者十九。姚江丁公來令宜，改行甲運法，民便之。迨後，漸因圖分有肥澆，户額有多寡，解役有煩簡，當邑侯秦公審編，而五年之役議復紛紛起矣。君爲移書，陳條編之便七，而極言糧役之害，議得寢。又條上荆溪政要，曰：「清賦入，均傜役，謹使令，議倉役，議總税，平解役，平訟獄，禁窩訪，慎交與，重學校，釐奸剔蠹。」鑿鑿見之施行。歲戊申，江南大潦，撫臺周公疏請於朝，得頒蠲賑下諸有司。君請蠲均及於通邑，賑獨施之水鄉。邑侯喻公大然之，人服以爲公。

君天性慈和，督課諸子，必柔聲氣而理諭之，不聞有疾言。御臧獲以恩，即有犯，終不譴訶。人有衡氣，暴怒當前，微言道之，靡不立解。初，君釋褐比部，適當典獄有黠盜越獄逸，實在君代事前一日，例得分咎。君請之大堂孫公曰：「失事在主事，宜獨聽恭，幸勿他及。」孫公壯之，從輕議，而更因是賢君，延譽不已，是則君之所施於人常厚，而其所求於人常薄，即膺多福而薦遐齡，豈不宜哉！故曰「可以未死也」。

及觀君於去來之際，竊有異焉。初，君生三日席燬，彌月復元，父素行翁鬩之，以爲異徵。甫四齡，伯祖置諸懷，書「門」字示之，對曰：「門。」曰：「誰教爾？」曰：「形似，無教者。」於是以「米」「火」等字言其義，輒隨聲應，弗訛，夙慧如此。君宿有痰喘疾，因得内養法，静坐久却。至己酉春三月，偶患瘍，復發，至八月轉劇。適史奉常玉池、湯直指質齋執友萬在菴、萬顧菴、狄滙川、王道修、潘公完、萬奕甫、陳茂實相繼至，時時邀至榻前敘論，惟惓惓以國事及兩郡大會爲念，不一及身後事。廿六日晨刻，漸彌留，索筆書「知死知生，何所畏懼」八字，命付元鼎。時元鼎病，不在側也。少頃，執母徐太孺人手，曰：「娘老矣。」復邀諸友環向坐，諸友因曰：「兄平生學問到此正得力處，須定性。」君點頭，以手書「至定」。尋云：「得正而斃。」徐斂手於胸，作肅恭狀。迄廿七日丑時逝矣。由此言之，君豈生而存，死而亡者哉？故曰「死而不死也」。

嗟乎！未可以死而死，吾惜其局於人；可以未死而死，吾惜其局於天。至於死而不死，則形骸不能域，氣數不能囿，超然游於天人之表矣。此予之所以爲君異也。

君名納陛，字以登，號文石。

備遺

涇凡先生簡玄台先生曰：「文石間以書至，亦殊以足下爲念，此兄明快過人，當不會墮落耳。」小辨齋偶存。

又曰：「文石穎悟絶人，一超直入，的然維道之器，弟與丈須共相切磋，立住脚跟，不可遜也。」同上。

簡高景逸曰：「昨張文石書來，津津論學，其所見直自一刀兩斷，絶不作葛藤態，未易得也。」同上。

涇皋淵源録卷五

史太僕

史孟麟，字際明，江南宜興人。萬曆癸未進士，授庶吉士，改工科給事中，調吏科，歷兵、刑左右吏科都給事中，再任太常寺少卿，降兩浙運判，以南禮部主事召還，累遷至太僕寺卿，未赴，卒。

其在工科，請黜少詹事黄洪憲，以爲詞臣污壞科場者；戒罷左都御史吴時來，以爲大臣沮塞言路者。戒執政庇之，格不行。嗣是，趙公南星、姜公士昌交章劾兩人，并劾副都御史詹仰庇。掌科陳與郊素附執政，嗾同科李春開三疏許、趙、姜妄言，止下春開疏，而留南星、士昌疏不發。時際明已改吏科，再疏糾春開謂：「世道係乎人心，人心關乎國體，年來部寺建言，命曰出位，重者杖，輕者謫矣，猶慮不足以禁之也，於是有堂官約束司官之旨；臺省論及宰執，命曰好名，顯者杖謫，隱者劣轉矣，猶慮不足以遏之也，於是有未奉明旨不許發抄之令。是何世道？是何人心？臣不願與春開等比肩而事皇上。」求罷，不許，引疾歸。

其在刑科，適内閣趙志皋張位請會議會推，並令各衙門類奏取，自上裁用，杜專權。際明駁之曰：「昔太祖罷中書省，分設六部，恐其權之專也，而官各有職，不相侵越，則惟恐其職之不專。蓋以一事而任一官，則專不爲害，即使敗事，亦罪有所歸，此祖宗建官深意也，今令諸臣各書所見類奏，以聽上裁，則始以一部之事分而散之於諸司，究以諸司之權合而收之於禁。密事雖上裁，旨實閣擬，脱有私意奸其間，内託聖意，外諉群言，誰執其咎？臣竊謂政權分之六部，不可以爲專，惟六部不專，則必有專之者，是乃收攬威柄之漸，必不可從也。」趙公亦持此論，内閣疑公疏出趙指，不待主計而思有以中之矣。明年，詔並封三王，際明條奏問答一篇，最爲詳晰，復偕于公孔兼輩詣婁江邸力争之，事竟寢。先是，皇三子生，詔加母鄭皇貴妃，際明具疏欲言，姜公見而擊節，輒署己名以上。群臣咸諍，事亦寢。議者推姜首功，不知其疏之出際明手也。

其掌吏科，杜門上章言：「臣與考功郎南星砥礪有年，南星京察至公，緣忤閣臣，坐以結黨專擅。夫『黨』之一字，非聖世所宜言，南星去，臣義不獨留，若不賜罷斥，或憫臣多病，放歸調理。」得旨回籍。

其貳太常，請上躬祀太廟，言：「二祖列宗神謨，聖政無過『定國本，惜人才，收人心，除民害』數者，願皇上齋心對越，以今日所行之事，質之祖宗在天之靈。」不報。其補太常，提督四彝館，方在差，聞「梃擊之變」，疏請立皇太孫，以絶群小覬覦之望貸，御史劉光復奏上，奉旨切責，降兩浙運判。是舉也，際明與諸賢見異，遂相參差，雖形跡涉嫌，當時已有諒其苦心者。召其補南禮部，在光宗時；由大理丞轉太僕，在熹宗時。

際明少負笈從涇陽先生往來松陵、虞山間，迨後里居，過從尤密，每有講論，極爲先生所賞。劄記中多採其説。東林之建，際明實左右之，復捐先世業，建明道書院，會講其中，學者稱「玉池先生」。

其序明道録曰：「自濂溪令二程尋孔、顔樂處，學者好言之，乃孔子則以修德講學，徙義改過，未能爲憂，而顔子仰鑽瞻忽，欲罷不能，樂耶？憂耶？故知孔、顔之憂，而後知孔、顔之樂。吾鄉二三知己，道義交勉，懼精神之涣而不萃也，顧師於是有東林之會。歐陽太守宜諸祠晉陵先賢，集士大夫論學，錢起新、薛以身約歲舉之，於是有經正之會。戊申秋，東林大會，于景素、吴安節、姜養沖三公謂：『此舉不宜獨煩東林。』立麗澤約，春以爲期，於是有志矩諸會。而某以庚戌季春會明道時，則嘉、湖、蘇、松京口及吾郡同志咸集。嗟夫！東漢尚節義，南宋崇理學，兩者世所矜重，亦世所忌嫉，今宇内以節義理學名者，疇非吾同志也哉？吾鄉兼兩者以名於世，其爲矜重也易，其爲忌嫉也亦易。兹會也，言必關世道，不涉異同；學必正人心，不涉門户。處則憂孔、顔之憂，出則憂禹、稷之憂，斯吾黨相期之初心矣，而他何計焉？」

其説心性有曰：「今之談性者謂：『人性本無善且不可言，而況於惡？』余則謂：『人性本善有且不可言，而況於無？』今之談心者謂：『人心至無，不可着於惡，亦不可着於善。』余則謂：『人心至善，不可着於有，亦不可着於無。』」此尤先生所賞也。

著明道附言、亦爲堂文集。趙公序其奏疏，稱爲「精忠高節」云。

備遺

際明有言：「宋之道學在節義之中，今之道學在節義之外。」誠然。予亦曰：「宋之道學在功名富貴之外，今之道學在功名富貴之中。在節義之外，則其據彌巧；在功名富貴之中，則其就彌下。無惑乎學之爲世詬也。」小心齋劄記。下同。

際明曰：「天下有君子，有小人。君子在位，其不能容小人，宜也。至於并常人而亦不能容焉，彼且退而附於小人，而君子窮矣；小人在位，其不能容君子，宜也，至於并常人而亦不能容焉，彼且進而附於君子，而小人窮矣。」此深識世故之言。

方本菴先生真老成典型，足爲此時砥柱，可見天下未嘗無人也。其所刻心學宗，欲置之公所，足下即移入明道書院中，何如？涇皋藏稿。下同。

時議葛藤，時情荆棘，梅長公致思於江陵，其言可痛，僕則更念五臺、漸菴二老，以爲當此時，應有一番妙用。蓋五臺大，漸菴細也。去歲大會，欲刻會語，尚覺寥寥，際明此來可補之。

玉池問：「周、程、朱諸大儒何如？」予曰：「論道必推元公，論德必推淳公。朱子道不如元公之精，德不如淳公之粹，乃維世之功，直與兩先生鼎立天壤，莫得而軒輊也。」問朱、陸，予曰：「昔聞諸方山先師：『朱子之言，孔子教人之法也；陸子之言，孟子教人之法也。』聖人復起不易矣。」問陽明，予曰：「濂溪有萬世永賴之功，陽明有一匡天下之功。」頃之，論及古今世變，玉池嘆曰：「告子亂性，鄉愿亂世，如之何？」予曰：「如之何如之何，吾未如之何也已矣。」南岳商語。

近世率好言當下矣。所謂當下，何也？即當時也，此是各人日用間坦坦平平一條大路，相應信受。但要知尚有個源頭在，何也？吾性合下具足，所以當下即是。合下，以本體言，通攝見在、過去、未來，最爲圓滿；當下，以對境言，論見在，不論過去、未來，最爲的切。究而言之，所謂本體，原非於對境之外另有一物，而所謂過去、未來，要亦不離於見在也。特具足者委是人人具足，而即是者尚未必一一皆是耳。是故認得合下明白，乃能識得當下；認得當下明白，乃能了得合下。此須細細參求，未可率爾也。予爲是説，適偕史際明過虞山，舟次語及之。際明曰：「然。却又要知尚有個關頭在，須與他勘過。」予曰：「善從源頭上透過，當下纔有着落；從關頭上勘過，當下纔無走漏。所以古來聖賢，亦要歷多少艱阻，費多少辛勤，不敢曰一了百了，漫爲大言，以自欺也。」當下繹。

予正欲質當下繹於際明，適際明赴經正堂之會。說「樊遲問仁」章，發明「當下」之指，極其痛快，不覺心折。蓋世人皆言當下即是，際明却言：「惟是乃爲當下。」此一轉語，直從頂門下針，有起死回生之功。因遂取其說終焉。同上。

丁尚寶

丁元薦，字長孺，長興人。父應詔，官江西參議。長孺幼穎，甚負奇氣，每聽坐客談，輒以其意判某是某非，參議心奇之，故束之急曰：「兒何得雌黄天下人物耶？」及長，治尚書。請涇陽先生之文而慕之，去家五百里，受業門下。而先生置舉業不談，凡所陳引，微言大義，長孺別有領悟。會許莊簡公孚遠主茗中學，歸而亦北面焉。

萬曆乙酉，舉順天。丙戌，聯捷，省父病江右，尋居艱。癸巳，謁選授中書舍人。甫匝月，上封事萬言，極陳時弊可寒心者三，可浩嘆者七，坐視而不可救藥者二，皆關天下大計，諸貴人無不側目。時貞皇帝儲位未定，有三王並封之議，長孺封事中多責備婁江，婁江惡之。己亥京察，以浮躁落級，聞之笑曰：「固知有此。」自是專意力學，每言：「真正處在先立根本。」施於親友，其喫緊尤在遇患不避，見義必爲，勿落鄉愿窠臼。甲辰以後，從先生於東林，識益高，見益定，莊簡數言長孺意氣，至是許以爲剛，蓋誠知其學已大進也。庚戌，補廣東按察司經歷，召爲禮部主客司主事。

辛亥之官，時察事甫竣，富平太宰以强直受侮，舉朝鼎沸。長孺疏諸奸罪狀，并發其邪謀害正，凡數千言。其黨轉而攻長孺，長孺再疏三疏，反覆君子小人，消長治亂之際，而攻者益急，並留中。長孺乃謝病去。在主客三月，四方入貢者皆感悦。其後時事日非，人人以講學爲諱，至以六經亂天下，語入省闈策問，長孺不勝忿，馳奏闕下，争國是。及亂政之叛高皇，邪説之叛孔子者，語多激壯。又草直陳邪正疏，略曰：「今世所指門户曰東林。東林者，顧某就宋儒講學之地而更新之，揭性善正宗，發明救世，其心甚苦。又慮建言禁錮諸臣止矜氣節，故引之於性命；且流爲放曠，故砥之以躬修。何嘗標榜名高哉？其所以取忌於時者有二，談玄説妙者苦其平實，平實則無可躲閃；同流合污者畏其方嚴，方嚴則有所檢押。故遂目之爲門户。臣請歷指攻東林者數十年門户之變，可乎？張居正敗，而攻江陵者且目張四維爲門户。四維去，而黨江陵者又以申時行、王錫爵爲門户。趙志皋衍申、王之衣鉢，以開沈一貫；朱賡守一貫之衣鉢，以啓李廷機。各有徒黨，此其大較也。自乙未争丁此吕之察，始以孫丕揚、沈思孝分南北；癸卯發妖書之難，又以沈鯉、沈一貫分南北。顧天竣陰附一貫，陽結李騰芳，以納款於郭正域、岳和聲，從中簸弄，糾紛雜沓而南北混，是顧、李一門户也；李三才昌言逐一貫發錫爵，密揭而邵輔忠、錢策等之疏出，是攻淮一門户也。王元翰攘臂驅除，而鄭繼芳之疏出；段然意氣過激，而劉時俊之疏出；攻淮與保淮者角，而徐兆魁、王紹徽、劉國縉、喬應甲出。庚戌以前，爲崑宣主使者，借王圖以誤孫丕陽，以攻淮、攻東林；辛亥以後，爲崑宣報仇者，攻王圖以攻孫丕陽，株連東林，是攻秦與附秦一門户也。富平去，浙黨結晉江，晉江又去，轉而之齊、之楚，齊人奉趙世卿爲盟主，倚趙焕爲泰山，楚人憤顧、李之被察，借江夏爲赤幟，而總之爲浙人用，歸一大門户中，奚獨歸咎東林？臣不敢謂東林人盡程、朱，然以視攻者，邪正則有分矣。朝政者，天子與天下匹夫匹婦共之者也。若輩即能箝東林之口，必不能箝匹夫匹婦之口，以箝天下萬世之口，攻之何爲？今誠欲爲調停之説，必先分别君子小人。一人有一人之生平，一事有一事之始末。楚獄之罪案不正，則國憤不雪；科場之會議未結，則名器不重。正此二大罪，浙之簸弄者無所施巧，齊、楚之附和者無所構争，而東林亦得安坐闡程、朱之正脈矣？此其論最平，亦最爲詳晰者也。丁巳京察，長孺以不謹削籍，是役也，道學清流一網盡矣。」刻程朱道命録以見志焉。久之，起刑部檢校，晉尚寶司司丞少卿，不赴。乙丑卒，年六十有六，學者称「慎所先生」。著尊拙堂集，奏疏、日記若干卷。

當在主客，福清當國，且待以少卿，不應。丁巳之錮，或謂稍通款要，人可免亦不應，沈烏程以大拜趨朝邀一會，謝曰：「豈有白首曹郎，艤小舠於相公舟側者乎？」小築北山關，往來梁溪，商訂學術，陶然樂也。而乃心實惓惓君父。晚及光熹授受之際，語即嗚咽，其居鄉居家，無所不從厚，接引後學，多方鼓舞。有敗簡者，雖貴顯榜，其門絕之。名教所關，攘臂立奮，不顧世間一切恩怨。立先達陳潛齋之後，復名臣蔣侍郎之墓，援劉清惠公曾孫女於流落中。

甲子元旦，賊吴野樵等斬關入縣署，賢令石有恒死之。長孺撫屍慟哭，設殊賞召材官等擒賊首，追數人，事始定，焦勞兩月，以長興完。然從此病矣。前後服官不滿一年，其廢興起，必關世道，昌言勁氣，諸君子争視爲前茅，而小人讎之特甚。其論婁江也，則以爲叛師。辛亥之疏，摘及其同鄉，則以爲賣友。身既廢矣，復起而論天下之事，又以爲懟君。三者皆不能無疑於天下，而長孺斷斷有以自信，危言危行，獨立不懼。殁未幾，詔下，奪其官，衆正一時盆死詔獄。人羨長孺先期從先生地下遊，幾若仙去，然老死牖下，非長孺意也。山陰劉宗周表其墓，爲神廟季年清議名臣第一。

備遺

丙戌書曰：「聞公南宫之報，甚慰。近來士風茅靡無論，患得患失，如鄙夫之爲也者，即應報唯諾間以方之，諸生之時大徑庭矣。始而以爲不得不然，既而以爲當然，久而不覺與之俱化，進身之始，不得不爲賢者勘破耳。」涇皋藏稿。下同。

己亥書曰：「足下乃得浮躁名大奇，然海内賢者無不相顧嗟異，此豈聲音笑貌之所能爲？直道不負人，足下可以自信，更努力以圖『動忍增益』之效。程伯子讀『舜發於畎畝』章，曰：『若要熟也，須從這裏過。』此非老頭巾語也。」

東林之會，風色蒸蒸，所發「貧賤富貴」一則尤令聽者悚起。足下之功，於是乎大矣。試播諸副墨，傳爲共賞，不亦善乎？二難商語録往，幸加裁榷。此本宇宙間公共事，無以區區形跡爲嫌。

承示新功，甚善。周子揭「主静」，是得手書；程子「見人静坐，便嘆其善學」，是入手書。李延平教人「静中看喜怒哀樂未發時氣象」，又就中點出一活機。此大儒留下海上單方也。

辱手翰，知足下年來用心之密，喜不可言。此事只有一條路，日用之間，縱千蹊萬徑，亦總歸於一條路。吾輩於此默默體察，切切持循，積累久之，自當有進。過去、未來皆不必計，所謂先事後得也。

孔聖家緒，得荷神留，此是千古事。圖譜二册附去，可并參之。尚有孔子全書，不知曾見否？

聚樂之念，積之数年，聊試爾爾。足下乃肯不遠数百里來集，令我神旺。連日所聞種種，有概於鄙衷。天生豪傑，原爲世教，既爲世教，自不能與時俯仰，裁成輔相，於是乎在，足下何疑焉？行住坐卧，偶有契會，便應揮記。既見真吾，兼可自考，正不必以成篇爲拘，如舉子業然。劄記六册附往，暇中望爲商正。

三家宰行跡附覽。平湖公一段精神尚未曾拈出，足下宜一闡之。孔孟圖譜，領訖來稿，尚俟細閲。乞將周、程、張、朱年譜一查，恐尚有宜添入也。如鵝湖之會，亦是千古大公案，不容忽略耳。商之。

得手書，不勝欣慰，足下之用心如此，何患不日進也？「寡慾」二字極妙，周元公首闡聖學，亦只此二字，是一了百了功夫，更不須疑，願與足下共勉之。亦只密切做去，不須悔前慮後，反成憧憧，令心體上多一事也。

高存之曰：「長孺，聖人之所謂狂也，其氣烈，其行潔，其志一。往而不可折，可以托六尺，寄百里，臨大節，而不可奪者，斯人也。」涇陽先生惡世之人以理學名節，市富貴利達，謂：「不若昏夜乞哀者，猶不弊理學名節也，乃凛凛自持師死而不倍者，惟長孺。」又曰：「長孺質剛骨勁，見大識超，故能歷挫抑，甘厄窮，百折不回。其於世道，可謂鞠躬盡瘁。」

安驗封

安希范，字小范，無錫人，家膠山。祖國席，貲鉅萬，交遊遍海内，世所稱桂坡翁也。父如山，官雲南僉事，配郭宜人，性奇妬。小范，媵吴氏出，生五旬，逐母抱子，居周涇，繼叔氏，後僅而獲全。長奇穎，從邑中筠塘陳公受尚書，筠塘名幼學，東林諸君子之一也。年十九，拜涇陽先生庭下，先生賞其文曰：「子旦夕售矣，然毋以一第自榮。」即令究心性學。

乙酉，舉於鄉，年二十二。明年，成進士，授行人。又明年，奉使歸，始迎母還膠。山人曰：「君歸矣，能恬然於遺箸乎？」小范絶不言。人又曰：「遺箸即不問，能恬然於養廉田乎？」小范亦不言。養廉田者，僉事。成進士時，桂坡翁給腴田，貯以別墅，曰：「吾子孫仕者，與之養廉，毋以贓敗吾家声也。」行人報滿當擢，臺省因年少未及格，或勸稍贏其算。小范曰：「是欺君也。」不入試，就禮部精膳司，念母告南，改南吏部驗封司。時朝事初變，諸賢相繼斥逐。小范上疏言：

古今治亂之關，進賢退不肖，兩端而已。銓臣趙南星、孟化鯉秉公持正，非若劉希孟、謝廷寀諸人也，次第屏黜，天下共惜而疑之；大臣趙用賢、孫鑨、李世達、李禎才品不同，皆正人君子，先後去國，天下又共惜而疑之。共惜者，惜諸臣之不竟其用；共疑者，疑閣臣之使不得竟其用也。近見行人高攀龍疏，惜諸臣之去，破楊應宿、鄭材陰邪之謀，正直和平。而應宿辨疏，借忌諱之名，以激皇上之怒，爲一網之計，以結閣臣之心，公論無不切齒，乃明旨應宿僅從薄謫，攀龍反蒙重譴。至是，而人不能無責備於閣臣矣。夫閣臣之職，輔皇上以進賢退不肖，今賢者以其異己而必斥之，不賢者以其媚己而曲宥之。皇上威福之權，爲閣臣假借，一至於此，臣恐將來國家之禍不可勝言。明旨又謂：「建言者何不講求理財足兵等實政？乃專鬥是非。」夫大學論平天下之道惓惓，辨别於有容媢嫉之臣，以爲子孫黎民利殆之本，而理財之末，深著用小人之禍，至於菑害並至，豈有是非不明，而可用人？用人不當，而可足食足兵者乎？理財足兵，係於閣臣一念公私之間，豈必青苗變法、熙河黷武哉？伏乞皇上將楊應宿削籍，并斥鄭材，復攀龍原職，嚴論閣臣王錫爵等，無挾私心，無植私黨，秉公效忠，斥邪扶正，則聖德光於日月矣。

疏奏，嚴旨逮問。旋得釋免歸，杜門杜口，徜徉林泉，而先業亦次第漸復。會東林書院成，別構一室，講書會友其中。膠山去先生家近，過從最密。先生語人曰：「吾黨中品各不同，若小范可謂不失赤子之心者也。」

里居二十餘年，不輕以一書通長安，一事干郡邑。至聞朝中進一正人，未嘗不躍然喜；地方有一不善事，未嘗不戚然憂。族自高祖而下，老病孤嫠，歲有贍，親友之生無養，死無送者，咸有卹。

小范風格頎秀，性坦適，自號我素。讀書喜理學之有益身心者，經濟之有益政事者，製小舟，顔曰「五湖一舸」。窗間繪張季鷹、米南宮諸名人事跡，遊賞忘倦。慕中山水之勝，買田宅於武康，將終老焉。歸未及旬而卒，爲天啓元年之四月，得年五十有八。著養心日劄、讀書日牋、居恒誦解。

大紳言：「處其心，當在熙春麗日之間，則天下無可怒之人，即此便是仁體。」嘗曰：「士大夫托講學以爲名高，飾聖賢之言，文其奸僞，即終身掩覆，恐人非倖免，天譴難逃。昔賢所以願爲真士夫，不爲假道學也。」深有感於建言廢棄諸公，賜環再起，或前後兩截，以致晚節，令人齒冷，故堅卧不出。高存之曰：「性命微言，他人所不解，爲何語者與小范言？不俟辭之畢也，其胸中實有咀嚼，實有滋味。故猶夷自在，平生無皺眉之事；城府不設，世上無切齒之人。此豈塵寰中人耶？」壬戌，詔贈光禄寺少卿。

備遺

小范祭先生文略曰：

范執業先生之門，前後共若而年。先生之所以誘掖提誨於范者，不嚴而意自切。先生教下，名賢濟濟，無不負當世之望，勵千秋之業。而先生平居衡論謂范「未失赤子之心」，竊自省獨知，所不至大負先生之教者，亦惟有一念之真，不至澌滅，庶幾不倍先生之默鑒耳。今先生雖往，而遺訓炳然，所不率吾真以從事先生之教者，異日何以見先生於地下？先生之神如在，又何敢謂冥冥可欺，而飾言以自文乎？

馮恭定

馮從吾，字仲好，長安人。父友，官保定府同知，嘗手書陽明詩「個個人心有仲尼」，令習字，且學其爲人。仲好時九齡，即知向往。弱冠選貢，遊成均，受知於學使者許公孚遠。萬曆己丑，以進士改庶常。同時入朝者多飯中貴家，仲好獨自携茶餅及理學書一二册自隨。嘗言：「文人何如聖人？」著做人説，於館課不甚留意。除山西道御史，巡視中城，中貴以半剌通，必峻却之。都下饉，官爲設糜，間自取啜，以杜虚冒，多所全活。壬辰大計，司偵邏，苞苴肅清，與相知贈答惟書卷，人目爲秀才御史。司城者結首輔紀綱寅緣爲奸，立疏斥之，再疏斥相門私人掌科胡汝寧。神廟中年倦勤，或飲酣，斃左右給使，仲好齋心草疏言：

皇上郊廟不親，朝講不御，章奏多留中不發。諸臣言之諄諄，皇上聽之藐藐，豈遂無一當聖心耶？試觀戊子以前，四彝效順，海不揚波，天下何等景象也！是勵精之效如此。庚寅以後，南倭北寇，天變人妖疊出，並至天下，又何等景象也！是静攝之患如此。失今不圖，長此安窮，況今朝覲之期，萬方畢集，欲一覩清光而不可得，咸疑皇上困麴櫱而長夜歡飲，耽窈窕而終日倦眠，鼓鐘於宫，聲聞於外，天下人心豈可得而欺哉？願皇上勿以天變爲不足畏，人言爲不足恤，目前之晏安爲可恃，將來之危亂爲未形。

疏入，上怒，欲賜杖。會長秋節，以閣臣救得免。尋請告歸，三年起原官，視長蘆鹽政。按部，先德教，獎諸生及鄉老之堪爲師表者。至貪吏蠹胥，無逭法焉。坐是，與要人左，用他言，官株累，削籍歸。而鍵扉力學，六年不踰户，九年不出門，燕寢三楹，鉛槧之外，都無長物。有問學者，一稺子肅而入坐，久碾來牟，剪葵韭爲供。輩上貴人，無掌大赫，遞相問訊也。病怔忡，以静存調之，静極而通，精思實詣，久之益邃。

光廟改元，累用尚寶太僕，大理卿貳，召俱未及行。地方官建關中書院，請講席。築中天閣，詠四賢詩，以識景仰，關學大振。世稱少墟先生。

熹廟初，與鄒公南皋同出山時，有遼警，官輩下者争遣其孥，仲好獨盡室以從，示不返顧。亡何，廣寧陷，經撫遁入關，仲好率同官上言：「若不逮治，何以警守關將吏？」陞副都御史，而鄒公方爲左都。① 善類倚兩公爲重，兩公倡立首善書院，率同志講學其中。人或迂之，仲好曰：「國家多事，士大夫不知死義，抱頭鼠竄者踵相接，欲倡明忠孝，唤起親上死長之心，非講學不可。」而群小已側目矣。廷議進藥一案，仲好謂：「李可灼以至尊嘗試，而許其引疾去，當國何心？」至梃擊之獄，「與發奸諸臣爲難者，即奸人也」。群小聞之，益切齒。給事中朱童蒙遂借講學發難，仲好言：「我二祖表章六經，頒行天下。天子經筵，皇太子出閣，『講學』二字實爲令申。是本朝原以理學開國，臣等建立書院，祇爲京師首善，非此無以壯帝都，而昭一統之盛。況今外

① 眉批：鄒公，元標也。

寇侵凌，邪教猖獗，正當講學以提醒人心，激發忠義。臣等所以不恤毁譽，不計得失，冒昧爲此。」疏上，報聞，與鄒公後先乞休。又二年，起總留臺，未赴，即家拜工部尚書。亡何，璫禍作，致仕，逾年奪職。同鄉王紹徽者，湯賓尹門人也，時爲吏部尚書，切齒尤甚，推死黨喬應甲撫陝，冀得而甘心焉。喬故狂易有心疾，常力攻東林者，久之詗伺無所得，乃檄毁書院，以相窘辱。仲好吁嗟病榻，趺坐二百日，晝夜不寐，卒。崇禎初，贈太子太保，謚恭定。

仲好初入都，師事涇陽先生，前後立朝，俱不相值，而學脈之同，若合符節。其辨姚江之説曰：「心一耳，自其發動處謂之意，自其靈明處謂之知。既云『知善知惡是良知，便可見有善無惡是心之體。今曰『無善無惡心之體』，亦可曰無良無不良心之體耶？」大指謂吾儒論學，只有一「善」字。又曰：「邪固不能冒正，正亦不能兼邪。吾道本大，何必兼二氏而見其大？」所著疑思、辨學等集二十二卷，元儒考略四卷。

備遺

數年前，敝邑李雨亭視學貴省，曾附尺一，將候未知，得無浮沉否？敬問吾少墟年來何爲？方今宇内事，一切如不繫之舟，未有分付處，此猶人所共見共知。至於吾夫子一大事，亦若無以異，然却多不見不知。竊聞公之潛心於茲久矣，其何以啓我迪我乎？輒從王柱山司馬借郵附此，并以蕪刻請救。繆妄填胸，無逃明眼，願勿爲姑息之愛，孤我萬里惓惓也。涇皋藏稿。下同。

復張舜典曰：「少墟侍御向在都門，曾有一日之雅，[一]不謂別來卓詣如此。」

仲好答楊運長書曰：「近顧先生寄小心齋劄記，辨『無善無惡』之説極其痛快。向來都下曾從先生遊，別近三十年，所見不約而同，可謂甚奇。門下謂千聖相傳道脈不至顛墜，顧先生真其人矣！不佞何敢當？」少墟文集。

內存戒慎恐懼，外守規矩準繩。戒慎恐懼，是性體中真精神；規矩準繩，是性體中真條理。以下皆少墟語。

心三月不違仁，其警人曰：「無所用心難矣哉！」言心便言矩，便言仁，此道心之説也；便言用，此精一之説也。即心即矩，即仁即心，是言仁即所以言心也，又何必數言心哉？

孟子論心之本體，歸之理義；論心之功夫，歸之操存。此正得統於孔子處。

自異端言無，而世儒多争，言無不知堯、舜，使契爲司徒，教以人倫，開萬世教學

[一]「雅」，底本作「稚」，據涇皋藏稿改。

之原，而曰「父子有親，君臣有義，夫婦有別，長幼有序，朋友有信」，此五個「有」字却是天生來自然有的。在易爲太極，在書爲恒性，在詩爲物則。天命之性，命此者也；率性之道，率此者也；修道之教，修此者也。惟其都是天生來自然有的，何假思爲？故曰無思無爲。何假學慮？故曰不學不慮。夫無思無爲，不學不慮，恰似精微奥妙，而有親、有義、有別、有序、有信，又何等平易明顯，此吾儒之所謂有無，非異端之所謂有無也。

士君子不可無者，氣節，却不可認客氣爲氣節；士君子不可無者，事功，却不可認功利爲事功。

井田學校，王政之大端。國朝什一之税，得井田遺意，而庠序學校兼舉而並行之，扁其堂曰「明倫」，故多少真儒皆從此養得出。所謂「有王者與，必來取法，是爲王者師」也。讀孟子書，不可不知孟子之經濟處。

夏安福

夏九鼎，字臺卿，嘉善人。少補邑諸生，貧甚。聞涇陽先生家居授徒，勉裹糧遊涇皋，先生深器之。資其膏火，令專心肄業。臺卿語高存之曰：「吾以經生言求先生耳，先生乃時時以孔、孟精微，時事肯綮，於經生言不屑也，而余是年舉業顧獨進。」又曰：「吾最拙於覽記，呫嗶終日，不能得數行成誦，而心獨好姚江傳習録，玩繹者久之，以其意爲文，汩汩乎出之不難也。乃知人心萬象自備，不假外索，以是信爲學一反求諸心而已。」辛卯，中鄉舉。北行請教先生，語之曰：「吾無以益子，子往，無失見羅李先生。」

當是時，李方被誣繫，臺卿至都，從獄中受「修身爲本」之旨，苦思力踐，晝所爲，夕必書之。即夢寐有非是，大自切責，得毋負李先生。壬辰，會試中式，廷對後，慨然曰：「受其學，不白其冤可乎？」上疏言：「李材能以聖賢爲師，必不忍於欺君，且材未嘗無功，安肯飾詐而自棄其功乎？即使陛下必不赦材，而天下之是非、材之功罪，必不可不明告陛下。」疏入，不省。及有旨，三王並封，臺卿自以觀政辨事儀曹，抗章力争，[二]疏復不省。

謁選，得浮梁令，未抵任，二尊人相繼殁，悲號嘔血，幾不起。既治葬，家四壁

[二]「抗章」，底本作「杭章」，據文意改。

立，[二]不能餬其口，復來涇從先生，先生爲假館於里人孫氏，①攻苦下帷，淳淳以兩先生知本之學開示來者。

既免喪，補新喻令。邑多訟，臺卿廉得訟師數人，籍於官，各給號簿，民有訟者，使據情爲詞，情詞一不當則笞之。先時，民被訟者，吏匿其詞，既訊復匿，其辨案以鈎得民財。臺卿令告者直書詞於牌，牌發該里兩造，備立訊，訊畢，即示以判，民不欲終訟者，竟已之，不必至官府。緦功以上之訟，諭以至情，令即庭中講解，各相悦。已，令告者毁其詞，毋起後釁，人人意得去，不半期而訟簡十之七。邑人多盗，有一家父子祖孫以盗相紹述者，有一村數十百家以盗相糾結者。臺卿廉得之，即令備一境盗，每盗發，即令捕獲，不獲即令償民所失，功則照格叙之，盗立屏息，於是胥吏無從得民錢。至有訓蒙吏舍中，爲販賣於市者，當是時，旁近縣人人願得臺卿爲令，而安福縉紳多顯者，遂調安福。臺卿謂：「可。」疏節闊目，休養而安全之，民以訟來，無輕重輒入，入而兩造，彌月不至，置不問。束失之贖，一無誅焉。第惓惓於勸親睦，訪民間孝

[二]「壁」，底本作「璧」，據文意改。

① 眉批：孫慎所。

悌力田者，旌別以風之。縣民多種靛爭地，往往悍奴得凌其弱主。臺卿爲厲禁，犯者繩以重法。有魁盜，黨連甚衆，行劫吴、楚間，善以邪術自解免，在事者莫能決以法。臺卿曰：「一盜之不忍，而諸無辜忍乎？」立杖殺之。民焚香相慶，然臺卿即雍雍與民，而廉隅頗峻，人莫敢嚯其豪有力者，伏戎於莽矣，又苦病。辛丑計事訖，遂乞教授衢州，就道而病，浸劇，至瓜埠卒，年三十有九。桐棺三寸，委於草野。遺言誡子弟躬耕自食，希賢聖之學，以仕宦爲戒。至今嘉善人數縉紳中之貧者，必曰夏璞齋。璞齋，臺卿自號也。

高存之曰：「臺卿侃侃卓卓，秉禮蹈義，雅自負荷，不失一嚬笑。驟而試之，妖冶艷麗無所動；驟而驚之，鬼怪險巇無所懾。片語出，狡者輸誠，貴倨者降氣，糾紛者立解。蓋自諸生時，已屹然重於其鄉云。」

備遺

展誦手札，有以知賢之用心矣。流俗靡靡，何意及此？真吾道之幸也。「舉業不患妨功，只患奪志」，乃程先生至言。究竟體之，豈惟不患妨功而已，學者須辨得聖賢之心，[一]方能讀得聖賢之書，方能代得聖賢之言。一畫不已而六經，六經不已而四子，四子不已而傳註，而制藝，只是此理，何精何粗？故曰：「灑掃應對，便是精義入神。」又曰：「唐、虞揖讓三杯酒，湯、武征誅一局棋。」良自有旨，久當信其非妄耳。」涇皋藏稿。下同。

簡史際明曰：「璞齋，志士也。無論做秀才時，即已成進士。在涇里讀書且二年，比選爲令，卓然有循良風，不幸中道而夭，人倫共惜。其鄉業儼然俎豆而尸祝之，其人可知矣。所遺一子，四壁蕭然，[二]而能讀父書。今試期在即，吾輩爲之合言於當事，得階寸進，俾人知爲善之有後，亦一勝事也。」

繆文貞

繆昌期，字當時，號西谿，江陰人。爲諸生時，來涇問業，涇陽先生留之家塾，久困場屋，而文名籍盛。萬曆四十一年進士，年五十矣。大學士福清葉公主試，以宿望

[一]「辨」，底本作「辨」，據涇皋藏稿復夏璞齋書改。
[二]「壁」，底本作「璧」，據文意改。

選翰林院庶吉士。是時，常熟令楊公漣以考選候補，與往來密，稱「石交」。方西谿之未入都也，私謂人曰：「東林諸君有意立名，黨錮道學之禁殆將合矣。」既登朝，見群小攻東林甚急，還觀其所爲，皆附時相，走私門，心甚不平，往往盱衡扼腕，形於顔色。朝論遂以東林目之。

張差梃擊事起，御史劉廷元阿後宫，以瘋癲蔽其獄，提牢主事王之寀抉摘主謀，御史劉光復主廷元議，疏攻省垣之右提牢者有無「貪首功，視爲奇貨」等議。西谿憤甚，語朝士曰：「一御史以『瘋癲』二字出脱亂臣賊子，[一]一御史以『奇貨』元功抹殺忠臣義士。」而主瘋癲者切齒，嗾給事中劉文炳論劾，西谿移疾歸。明年京察，群小復思中之，掌院學士劉公一爆力持之而免。

歸里七年，天啓改元，補原官，主湖廣省試，以趙高、仇士良發策語觸忌者。明年，陞左贊善，册封建德王。又二年，陞左諭德。先是，逆閹横殺光廟伴讀王安，逐首輔劉公一爆，而葉公向高召至。西谿於葉公，師生也，又相善，迎謂曰：「内傳不可奉，顧命大臣不可逐。公三朝老臣，當以去就争之，力遏其漸，無令中人手滑。」葉公

[一]「瘋癲」，底本作「風癲」，據上文改。後同。

嘿然。會顧公大章亦爲言之，劉公乃得善去。趙公南星爲冢宰，素重西谿。

時高公攀龍、楊公漣、左公光斗等澄汰流品，辨別邪正。西谿每預其議，朝右皆側目，方楊公二十四罪疏之未上也，西谿謂左公曰：「内無張永，外無楊一清，一不中而國家從之，可僥倖乎？」楊、左二公不聽，僉疑疏稿出於西谿。疏入，外廷尚倚葉公爲助。一日，葉公言於内閣曰：「此豎在君側，小心一旦去之不易。」西谿勃然曰：「誰爲此言以誤公，可斬也。」葉公色變而起，號於人曰：「西谿殺我。」

又廣寧陷，西谿欲有争，於葉公語未合，西谿詫曰：「果爾，公非削國之相，即亡國之相矣。」葉公氣結，幾暈絶。葉公名寬大而不能受，西谿之好盡言，亦過戇矣。自是口語籍籍，流聞大内，與草奏之説相應，而禍不可解矣。既而葉公去，韓公爌爲首輔，亦雅意嚮之，然忠賢銜之切矣。未幾，韓公亦去，正人次第削奪。當楊公出都門，西谿持具往送。會推，掌南翰林院。忠賢遣小璫至閣，厲聲曰：「繆昌期仍留之送客。」西谿知勢不可留，具疏乞假，落職閑住。五年春，以汪文言獄詞連及，削職提問。明年二月，令緹騎逮問。方被逮時，妻子不得訣別，縣令岑之豹促令就道。西谿曰：「早知此矣，與應山同事，宜與應山同禍。」應山，謂楊公漣也。逮至，下鎮撫獄。逆黨許顯純曰：「你係江南第一才子，何爲與楊漣同謀？」西谿曰：「楊漣職司風紀，某係詞臣，平素交好，同謀是實。且某既爲詞臣，是是非非，應得執筆爲皇上謀，爲二祖十宗謀，死無悔也，草疏是實。」顯純厲聲拷掠，慘毒備至。死之夕，狀甚秘，外人莫得知。斂之日，十指墮落，〔一〕捧掬置兩袖中。蓋逆璫以草奏故，屬獄吏加梏拱焉，〔二〕其他苦毒又可知也。卒，年六十五。有遺書二種，自録就逮詩行世。崇禎初，贈詹事兼讀學士，予祭葬。福王時，謚文貞。

備遺

鄒孚如作尚行書院，求爲之記，公簡友人曰：「孚如此舉甚可敬。弟素有此念，數年來一病遂灰，然耿耿時不忘。屢欲問勝龍山，蓋以此也。」記成，示繆當時，訂二泉之會，繆曰：「記中闡能行之即悟，規實力之爲行，最醒最密。龍山勝會，不減鹿洞、鵝湖。小子幸蒙接引，當齋心數日，手一瓣香，跪請尊前耳。」年譜。

〔一〕「墮落」，底本作「隨落」，據中國國家圖書館藏清康熙五十年刻本東林列傳卷四繆昌期李應昇列傳（以下簡稱「東林列傳」）改。

〔二〕「梏拱」，底本作「梏拳」，據東林列傳改。

劉職方

劉永澄，字静之，寶應人。幼有至性，數歲誦文信國正氣歌、衣帶贊，慨然慕其爲人，手製信國位，置篋中，朝夕焚香謁焉。稍長，與師友抗論經義，今古是非，得失之林，嚚嚚自期，或指爲狂。甲午，登賢書，年十九矣。同籍公燕，或以妓佐飲，輒不就。戊戌，下第歸，築土室，攻苦讀書，又多病，且藥且讀，窮日夜不休。辛丑，舉進士。館選，爲有力者所奪。静之無幾微見顔色，因病。

乞改順天教授，以興起人才爲任，倡導激勸，士風蒸蒸，稱「淮南夫子」。益留意國朝典章，及名臣言行、六曹職掌、邊塞形勝、兵農錢穀之數，靡所不究。稍遷國子學正。會震雷，郊壇火，下詔具修省事例。晉江時攝宗伯，①静之以門生奏記，請求直言，晉江得書嘿然。無何，楚宗妖書、京察事相繼起，静之作甲乙雜志、邸中雜記，引古證今，見者側目。惟歸德相雅知之，②常咨以出處，答曰：「君子處小人之道，莫於易之夬。有以君子陽附小人而徐圖其後者，文之若濡是也；有以君子顯斥小人而

① 眉批：晉江，李廷機。

② 眉批：歸德相，沈公鯉。

不避其害者，象之揚庭是也。從前之道，爲曲爲隱，狄仁傑行之於張易之、昌宗；從後之道，爲直爲顯，張九齡行之於李林甫。二者操術不同，其爲君子一也。若徒泥用晦之智，乞微罪之行，天下萬世安能遺其跡而盡諒其心哉？」又曰：「自古豪傑作事，正於觸地絓閡之中見斬釘截鐵之勇，若上下無迕，爲所欲爲，抑何難焉？」於是權貴益怒，秩滿不遷。

以念母乞歸。及丁内艱，苫塊獨處者三年，家徒壁立，而取予一介不苟。書薛西原語於座右云：「雖小事不可爲人囑托，自損廉耻。」至里中有冤抑，則必白其誣。常以疾獨棲焦山。時宰有自南而北者，以輕舸逆之，不赴。

入都經年，不投一刺於要津。蕭然邸中，惟注離騷，見意而已。静之讀書，根極底奥，考覈精密，兩壁粘古今人名姓，一行一言得失，旁加評註，甲之乙之，於國朝名臣尤爲詳審。每觀往事，如身臨其際，反覆精思。故其學如川，至河決未見其止。於海内賢不肖洞晰無遺。即邊徼亭障江海，豪猾寇盜，咸具得其主名與其根株巢窟。雖弱不能勝衣，而言論亹亹，彌日亘時，沉潛英毅，動中機肯。至臨利害，當禍福，自謂賁、獲弗能奪也。今人中慕涇陽先生，傾心向往，戊申以後，於清議多所維持，先生亦極許之。辛亥夏，謁先生於東林，得聞他人所不得聞者，反而驗之身心，融融如也。

所著緒言有云：「假善之人，事事可飾聖賢之跡，只逢着忤時抗俗的事，便不肯做。若非畏禍，便怕損名，此其心總是一團私意。」與先生惡鄉愿之指尤合。

歸卧焦山，病良已。歲晚，覩南中一疏，撫膺扼腕，自是嘔血不止。壬子，職方命下，而静之病亟矣。一夕，汗如雨，遽披衣起坐，襟稍不正，徐整之，曰：「死生之際，可以觀人。」遂瞑，年三十有七。父春宇翁哭之慟，閲月，聞涇臯之訃，曰：「兒從顧先生遊，可無憾矣。」同人弔者，如沈光禄應奎、王司勳士騏輩，咸以師友相隨，九原爲痛也。静之與年友文震孟、劉宗周爲性命之交，常相與誓曰：「余輩若入仕，四三年無稍建立，碌碌猶夫人者，便須割席絶交。」按其平生，蓋真不負所自許矣。静之殁，宗周具揭爲破格請謚，不得，私謚之曰「貞修」，君子以爲允。

備遺

先生召起光禄，静之上書曰：「先生之有新命，社稷之靈，海内之福也。中外引領，何以至今未聞趣駕耶？」説者又謂：「群言雜亂，正君子或躍之時，不知此時非此人不能定國。方今南北，水火起於兩詞林，因而王掌科受池魚之殃，玉石混淆，醉醒互指，將來必有大力奸雄出，而收漁人之利者。紹聖之禍且不旋踵矣。嗟乎！不先國家之急而修私怨，不識時務之大而問米鹽。壞天下者，豈異人任？今欲以争息争，勢必不勝。惟堂之上人可以斷堂下之曲直，則先生一出，所關非小耳。先生不出，亂終不解，固非世俗勸駕之私情也。」

丁長孺簡高存之曰：「枉己者，未有能直人者也，弟不自揣，只堅守舊時面目，生可以見吾兄與劉念臺，死可以見顧先生及劉練江諸相知。」

劉起東宗周告静之文曰：「兄嘗邀余謁涇陽顧子，余以病不果，託兄介紹，行有日矣。而兄與涇陽相繼卒，此一段師友因緣，天若有以限余，而余終自恨鞭策之不前，以爲知己羞，至今清夜而思發憤，不知静之之陶鑄我也。」又曰：「静之是羅一峰、鄒吏目一流人。」有記「東林甲辰九月首會，念臺與講席」者，據此文可訂其譌，且甲辰會在十月初，非九月也。攀援影射，自昔已然，願有志者正之。

涇皋淵源録卷六①

耿常熟

耿橘，字庭懷，獻縣人，籍瀋陽中衛，萬曆辛丑進士。少時輕俠，好擊劍，號「東海

① 此標題底本無。

劍客」；顧於明心見性之説津津有會，更號「鐵笛子」。自爲小傳言：「賦性質直寡言笑，惟論學則終日夜不倦。生平有三昧：爲文不識漢辭，爲詩不識唐韻，日對四子六籍，不解宋章句。有三愆：於人不能虛譽，於己不能虛遜，於世不能虛涉。」依稀童豎，鐵笛悠然，天籟自鳴，六合有何内外？聯以牧吾牛而已。其託意之超曠類此。

登第後，受古大學於涂公宗濬，其言以「至善」爲宗旨，「知止」爲工夫，「修身」爲實地。知止知本知至，一止無餘。若不打破自欺一層，終於至善千里。故「誠意」以下五段尤宜喫緊用力。

辦事部中，議撤富莊、欒城二驛，改設單橋，以甦交河、阜城、獻縣之困。作愛民説。奉差轉餉遼左，除河南尉氏令。勤吏事，謝詩文謂：「急其所親，不得不慢其所疏。」甲辰，調繁常熟。邑故難治，多逋糧。初至三月間，每一令出，吏民譁然。又三月，糧完弊清，輿情漸服。考禹貢，三江之舊，松江、婁江居其二，東江淤廢，謂宜開白茆，補其一，遂興工。濬鹽鐵諸河，築圩以興水利。條議周悉。除盜囮，剔胥蠹，吏治赫然。政暇，詣東林，執贄事涇陽先生。先生却其贄，而以師道自居。屢有商請，皆直舉胸臆如云，只信得過孔、曾，至孟子待更商量。又「新安錮鏴，人心太緊」等語，先生皆直加針砭。橋尋自悔，隨即改削。間取耿天臺、周海門諸説，用相印證，與邑人嚴太守澂、諸生邵濂輩究請死生有往復，必求先生開示。同時問學者，祁長洲承爃爲海門弟子，晏武進文輝爲天台弟子，曠丹陽鳴鑾爲鄒南皋弟子，並侍皋，比而久，而愈勤，未有如橘者也。修虞山書院，葺子游祠，進諸紳士講學。每會請先生主講，先生因與會者，衆恐或不諒，致以供帳，煩地主，故不數赴。但有問，未嘗不答。橘自謂：「生來毛病，見利即興，見弊即革，不能一刻自逸，爲天地間之苦蟲。」大計，仍調簡，遂請終養，堅卧不出。河間志云：「官兵部主事。」

備遺

承示大學，讀喜甚。喜老父母卓絶之識，乃肯如此細心體究，真大勇也。竊意吾輩於此事，或静中有得，或動中有證，隨時拈出，密自參考，未爲不可。如將古人經典枝分節解，恐未免有無事生事處，非所望於門下者也。二千年來訓詁家，只推得朱夫子一人，説者猶嫌其多了些子，況吾輩可效之乎？涇皋藏稿。

庭懷遺予書曰：「頃晤史玉池太常，相與慨斯道之不明、學術之多岐，欲推一人爲正宗，意者其明道乎？」予答之曰：「意者其元公乎？」庭懷不以爲然，復遺書言之。予復答之曰：「明道之推，孰曰不宜？而僕言必稱元公者，以爲畢竟元公是師，明道是弟子也，今亦不必深論。即如元公令明道尋孔、顔樂處，所樂何事？而明道却曰：『自再見周茂叔，吟風弄月以歸，有「吾與點也」之意，等閒轉入曾點樂處矣。尋得孔、顏樂處，其究也可以入聖；尋得曾點樂處，其究也率流而狂，此見明道之未齊於元公也。又如明道少好獵，自謂今無此好。元公曰：『何言之易也，但此心潛隱未發，一日萌動復如前矣。』後十二年，暮歸見獵者不覺有喜心，乃知果未也。明道不知自家胸中事，元公乃知明道胸中事，明道不免失之十二年之後，元公乃能得之十二年之前，非洗心藏密之極，何以及此？此又見明道之未齊於元公也。[一] 舉此二端，元公之所以爲元公，明道之所以爲明道，大略可覩矣。故曰：『畢竟元公是師，明道是弟子也。』來教『尋樂』之説，一似啞謎，明道大段露出頭腦。又謂：『今日佛氏之盛極矣，單言片字，剔透世人心靈。世人以此翕然赴之，奈何吾黨終日株守章句，甘拜下風，如保家者，盡喪其先世明珠寶玉重藏，而徒守其敝廬荒田也？』可謂幹蠱人哉！吾黨誠欲大興吾道於今世，必先有以深服佛氏之心而收之笠；欲服佛氏之心而收之笠，必先有以洞開吾道之門而示之宗；欲開吾道之門而示之宗，[二] 非推尊明道不可，

[一]「未」，底本作「末」，據上文改。
[二]「開」，底本作「門」，據上文改。

言言都是。然而僕非遺明道不推也，推元公即是推明道，推明道而不及元公，猶之推子淵而不及孔子，所以推之者似淺耳。將謂『定性』『識仁』等説有加於無極、通書之上乎？據鄙意，無極、通書真儒家之明珠寶玉，而『定性』『識仁』等説乃明珠寶玉發光處也。於發光處識取明珠寶玉則可，遂認此光爲天下之至妙，至妙没，却明珠寶玉則不可。故元公，三代以下之庖犧也。論道於三代以下，不認得元公，猶子論道於三代以上，不認得庖犧。中庸所謂「半途」，此耳。欲釋氏之服，恐未能也。來教又謂『尊周必明圖，明圖必立教』，將以陰陽五行、男女萬物爲教乎？抑必借上一圈而爲教也。上一圈者，將以太極爲教乎？將并無極、太極而兼言之乎？竊意此等處，圖説儘自曉了，不必作何擬議。若欲進而求其精義之所在，又須以平心體之，深心入之，方能漸次湊泊。有非擬議可得而及者，門下且看這一圈，與庖犧一畫有異同否？此乃悟徹先天，超然有會於象數名言之表，就手描來，全身盡露，上下千古，覺得河之圖、洛之書亦若爲之一新，幾於重開混沌矣。至論聖學，單提『無欲』二字，何等斬截！何等徑浄！何等超脱！向所云孔、顔樂處，意其在此。此無極真脈路也。亦可謂明明指出頭腦，不但啞謎而已，故僕以爲宜推元公。元公而下，前無如明道，後無如紫陽。仔細推敲，定不如元公之圓也。今欲上不溺於空寂，而下不局於株守，舍元公奚宗焉？」小心齋劄記。

庭懷啓曰：「承教不宜作訓詁，真是名言，即爲改正。所論西銘數語，先生駁之甚力，辨之甚憒。至云靠不得勢利，愚又何敢復言？至於佛氏，原出孔氏之後，乃千古未定一大公案，妄意録長棄短，取有教無類法門，彼佞者之曲護其短，闢者之概掩其長，似皆世俗之論也。」又前啓謂：「伏羲原無一畫，此是錯會先生之意，而以紫陽易學啓蒙中一畫當之，泥其辭，則太極是太極，卦畫是卦畫。悟其理，豈有二乎？鄙謬之見，幸先生恕其狂而置之。管東老勇於認過，其駁雜泛濫，雖非一日可醫之病，而平時尊佛，一意泯然，不發於言，不落於筆矣。朋友之益如此，學烏可以不講哉？近念孝經與大學實相表裏，擬彙大戴禮諸書，僭爲之説，請教。」

馬文肅 附錢金華

馬世奇，字君常，無錫人。祖濂，知廣西桂林府。父希，尹太倉州學訓導。清慎世著。君常以天啓辛酉選貢入成均。甲子，舉南畿第二人。崇禎辛未，成進士，以翰林院庶吉士改授編修，累遷左春坊左諭德兼侍講，掌司經局印數。奉命編纂六曹章奏，直召對起居注，誥敕撰文，經筵展書。賫敕山東、湖廣、江西諸王府。丁丑，會試同考。己卯，江西鄉試主考。癸未，武會試主考。甲申，死北都之難，妾朱氏、李氏從死。南都既建，贈嘉議大夫、禮部右侍郎，謚文忠，祀旌忠祠。朱、李贈孺人，祔焉。入本朝，賜謚文肅。

君常少從父受尚書，自童子試補諸生，俱第一，才名籍甚。刊其文，及所評騭制藝，流布遠邇。談經問字，户外屨舆，高軒相錯。以故登第後，别號素修，而海内俱稱馬君常先生。則與其書室澹寧居同以選政得名者也。年未冠，以通家子侍涇陽先生於涇皋。先生命二子，長亭之，次木之，與締交。數晨夕，偕吴峻伯鍾巒、錢其若振先主家塾，爲諸孫授經。期許鄭重，務益長其聲價，而君常亦感激愈奮。又嘗遊景逸高公之門。壬子，哭先生詩有曰：「衣鉢今誰嗣？臨風一黯然。」高公見而默然，久之，曰：「是謂我不克繼顧先生也。」又久之，意解。

先生殁後十餘年，黨禍大作，君常言：「東林多依草附木之人，諸君子復過自標榜，清流之禍固成於小人，然亦有以激之，處世宜以『太丘道廣』爲法。」甫入，即隱然負公輔之望，與文文起、姚孟長諸前輩領袖詞林，①章給諫正宸劾巴縣疏下廷

① 眉批：文公震孟、姚公希孟。

議，①且繫獄，君常力争之，得免。事座主宜興相，②略形跡，效規諷，語不及私。相奉嚴旨，自裁幕中，客鳥獸散，獨冒嫌爲經紀其喪，不稍避。前後在差，却藩府賜金，門生贄幣，不下數千。於時莊烈帝宵衣勤政，每三日一視朝，四鼓御殿，群臣多不時。至闕門，甫闢一燈，熒然相對者，君常與劉文正公理順二人而已。及楚、豫淪没，寇逼畿輔，天子時時召對群臣，諭令盡言，君常對略曰：「用兵以人心爲本，今闖、獻等逆治獻易，治闖難，蓋人心畏獻而附闖，非附闖也。苦兵也，賊知人心所苦，反借勦兵安民爲辭。愚民被惑，望風投降，目前勝着，當從收拾人心始；收拾人心，當從督撫鎮將，約束部伍，兵不虐民，民不苦兵始。」又曰：「國家封疆重，宗支重，陵寢尤重。今諸陵被轢，諸藩罹慘，凡爲臣子，義不共天，乃猶然泄泄詭詭，各持兩可之見，未定一成之謀，寧可斷送江山，不肯破除門户。即今楚寇一事，急宜通盤打算，可再誤乎？」語極痛憤，都城陷日，民間喧傳，駕出齊化門南幸，君常肅衣冠，捧所署司經局印，北向望闕，再拜，令僕問道持上行在。復南向拜母曰：「見今日，不得再侍高堂矣。」因

① 眉批：巴縣，禮科給事中王應熊也。
② 眉批：宜興相，周延儒也。

泣下，乘間闔小室，同朱、李二妾投繯。比諸僕入救，則朱已絶，君常與李復甦，乃折簡約同年成忠毅公德同死，夜作家信，焚圖書袍笏。平旦，朝士數人微服過寓，方有所商，李姬直前泣請就縊，君常命市三棺，以二殯朱、李，留其一自殮。衆慚退，亟揮諸僕出，濡毫書壁端曰：〔一〕「馬某同二妾殉此。」端坐自經，時甲申三月二十日也。

相鏃礪。君常内行修飭，其爲學貫穿經史，雅不欲飾，爲性命之言，與弟孝廉世名以文行相鏃礪。家居，留意民瘼，諸條議事，不恤謗怨，鄉閭後進，多所獎成，受業者以千計。鄉會識拔，並稱得人。乙酉五月，龔舍人廷祥死，南都邑中門人也。未幾，錢其若殉節於吴興。其若少甚貧，先生識之童子中，後鄉會試皆君常同籍，官金華守，以憂歸。金陵陷，避入孝豐山中。大兵至浙江，赴苕水自沉，倉卒就義，世罕知其事者。蓋自涇皋共塾以來，盟心久矣。閲六年，辛卯秋，吴峻伯縱火自焚於昌國衛學。君常取拔諸名士，如龔廷祥外，諸胤錫、蔡鳳、戚勳、蕭琦、王漢、萬發祥、劉渤、劉日杲等皆先後死節，不愧師門云。

備遺

余始從濂源莫子游，識其門人馬涵虚，退而省其私，君子哉！余愛之重之，不獨

〔一〕「壁端」，底本作「璧端」，據文意改。

以其文也，乃今又識涵虚之子君常。君常有妙才，東南之士翕然推之。兩兒奉几硯以從，告余曰：「君常終日楗關下帷，不浪費寸陰；韜光韞采，不浪吐片語。兒爲之悚然自失。」余於是益異君常，愛之重之，亦不獨以其文也已。呼兩兒告曰：「此正君常之所以文也，小子識之。」會客謀行君常文，余書以告君常，俾益求其所以進而上之，有無窮事業在。余病且老矣，君常不余棄也，庶幾相與夾護桑榆，無致頹落，余實厚有賴焉。君常其務自愛自重哉！」涇皋藏稿。

先孝廉曰：「馬師侍端文，稱通家子，因尚幼不敢齒諸明人，而端文期許遽出，老宿右忌者竊竊言師好名，故題辭中勉其自愛自重，以副夾獲桑榆之望也。至云『君常之所以文』，則末後一着，當時似已有定鑒矣。師與先君子爲異姓兄弟，師死忠，先君子死孝，而一顯一晦，表章闕然，俯仰家國，慟何能已。」男貞觀記。

蕭學正 附徐同知

蕭思似，字伯穀，寧國人。父拙齋，由户部郎出知紹興。少嘗從錢緒山、王龍溪聞陽明之説。晚而治一舟，欲遍訪東南同志，以相印正。涇陽先生所稱爲「有道君子」者也。先生庚辰釋褐户部，與拙齋爲同舍郎，伯穀從先生問業邸中。尋舉於鄉。

己丑、庚寅間，以養病居蕪湖，與諸人士爲會，終年論學，自號若拙子，著折肱餘言，斷以「格去物欲，復還知體」。釋格物致知之義，因重訂大學。又言：「至善即中庸未發之中，乃無偏無倚之謂，非無善無惡之謂。對上根言，謂之至善無善可也；對下根言，謂之至善無惡亦可也，但謂之無善無惡不可也。」久之不第，署太倉州學正，在任，葺學宫，清學田，以其身爲多士楷模。

己酉歲，與州人徐鳴皋偕來東林，兩人論學各持所見，反覆辨證，手書面請，去而復來。先生兩存之。鳴皋，字去聞，自謂：「初學斤斤守紫陽家法，而其後稍以圓活濟之。」甫遊師門，即六上書求教先生。在會，令其爲衆説書，舉孟子「盡心」章，激切提醒，坐中至有泣下者，先生亦亟稱之。鳴皋領甲午鄉薦，官臨江府同知。

備遺

伯穀請曰：「看來『先識仁』三字最好。」曰：「先在此，則其餘皆後矣。今之學者有二項：一則謂仁未能遽識，且以防檢窮索爲求識仁之功，宋黄勉齋以下諸人是也，似非程、朱原旨；一則謂我已識仁，却又少誠敬一段功夫，便至放縱無忌，如顔山農以下諸人是也，恐并非姚江原旨矣。此須用一譬喻，師冕是個瞽者，及階及席，並須詔告，此即防檢窮索之説也。若遇明眼人，階席皆贅語矣。然恃其眼明，至於跳浪罵坐亂席，可乎？此則誠敬，又不可少也。然則防檢窮索，何以非求識仁之功？蓋曰階、曰席，非無裨於瞽者，却不是醫瞽的方子。若欲復明，必須金針撥轉瞳人。故竊謂學者未能識仁，須如盲者汲汲求良醫問良方，一旦撥開，自無待一一詔告矣。老師，今之良醫也。敢問其方。」先生曰：「師冕一喻甚佳，伯穀更欲覓金針乎？此是伯穀懷中物，何假於僕？無已，則有一焉。西銘是已。明道極推西銘，以爲這一篇文字言仁已備，不必再添蛇足。『識仁』數語只是點化他若還天自天，地自地，人是人，我自我，與西銘對印不來，這話亦没處安頓。故西銘者，識仁之指南也。」東林商語。下同。

又問：「如原憲所謂『克、伐、怨、欲』不行，亦是防檢窮索之意，夫子何不許其仁，亦何不許其爲求仁之功？」先生曰：「原憲章『吾不知』三字下得最妙，此是夫子要原憲自參自證，若曰所謂『克、伐、怨、欲不行』果冰消凍解，徹底澄浄了，無粘帶乎？謂之仁可也。抑亦僅僅從念慮云，爲間掃除而已乎？則拔本塞源，尚自有在，謂之仁不可也。此是隱微獨覺中事，他人如何知得？只此一語，夫子所以提醒原憲最活最玄，又最深切。而所謂仁者，亦昭昭乎滿盤托出矣。」

明道、橫渠兩先生紹明絶學，共以孔門言仁之指爲第一義。及西銘一出，明道不勝契合，深嘉樂道，津津無已，真如所謂「若己有之」、「不啻若自其口出」者，可見明道、橫渠兩先生分明是一個人也。愚向讀識仁篇，大約只憶到「不須防檢，不須窮索」而止，頃因商及，復取原文讀之。至曰「訂頑意思，乃備言此體，以此意存之，更有何事？必有事焉，而勿正心，勿忘勿取長也，未嘗致纖毫之力，此其存之之道」，不覺躍然喜曰：「原來明道此篇實承西銘而言，爲西銘作結局，予特偶合耳。」可見西銘、識仁分明是一篇文字也。向使橫渠無西銘之作，明道自應有説，定不舍修而專言悟；又使橫渠有西銘之作，明道輒援一説以覆之，則亦不足以爲明道矣。欲識仁，不可不於此着眼也。今伯穀曰：「西銘只『仁者以天地萬物爲一體』一語已道盡。」又曰：「『識仁』豈獨從西銘可入？即如中庸『道，洋洋乎！發育萬物，峻極於天』，此是何物？」若然者，將引而伸之，展轉發明耶？抑亦曰：「是不過古人成説，泛而視之耶？」如其展轉發明，似不應如此下語；如其泛而視之，是豈惟孤負橫渠？亦且孤負明道。是豈惟兩先生一片喫緊爲人之心一筆抹過，無處更開得口？亦且自家於此不免草草混過，孤負了伯穀矣。

「防檢窮索」四字，其義原活，即如書言「檢身」，易言「窮理」，亦何莫非聖功？故愚嘗謂：「『仰之彌高，鑽之彌堅，瞻之在前，忽焉在後』，乃是真窮索；『非禮勿視，非禮勿聽，非禮勿言，非禮勿動』，乃是真防檢。」特程子之意，原未曾説到此，不必强爲附會耳。

伯穀問：「人有恒言：『後儒不免希心於捷徑，借路於葱嶺。』愚謂：『但當論其至不至，不當論其徑之捷不捷也。』譬如京師從水路入者，兩月始至，則爲迂道；從陸路入者，兩旬可到，則爲捷徑，而其至則一也。從水路，則裝載百貨以至京師，易天下之元寶而歸，此所謂自博以至約者也；從陸路，入則輕齎吾之元寶以至京師，而四方百貨皆聚而爲吾有，此所謂『易簡而天下之理得』者也。古今學術不出二途。宋儒有言，今且欲從敵人借路登泰山，夫宋以江漢爲邊，泰山業爲敵有，欲登泰山，安得不借路於敵人乎？然則當聖道榛蕪之後，欲入聖道者，雖借路於葱嶺，亦自不妨近讀朱子『道一』註云：孟子言此以明古今聖愚本同一性，此非真識仁者，不能爲此言。蓋人之於性，猶水之於月。江海此月，行潦亦此月，不得謂江海之月爲大，而行潦之月爲小也；沼沚此月，溷廁亦此月，不得謂沼沚之月爲清，而溷廁之月爲濁也。知月則知性矣，知性則識仁矣。然孟氏不曰『聖人與我同性』，而又曰『聖人與我同類』者，何也？蓋天地萬物同此一性，而其類則萬有不齊。聖人與我同爲一類，同此耳目口鼻，同此四肢百骸，聖人未嘗增，我未嘗減，聖人所可到亦我所可到，故曰：『吾何畏彼哉？有爲者亦若是。』奈何今人輒謂『聖愚各爲一性，古今人不相及』，吾之力量止是，是安可謂之識仁也？敢以是足識仁之説，伏祈裁示。」先生曰：「妙論種種，實啓我心。月喻看得甚圓，既是普天率土，無非此月，果不必持鉢向葱嶺矣。頓漸，就一人身上論亦得，即如孔子『一以貫之』，頓也；『十有五之志，至七十之從心』，漸也。『下學而上達』，則頓漸俱攝其中矣。此不但分不得是非，即所謂齎元寶以聚百物，裝百物以易元寶，亦須活看，分不得頓漸也。同類，『類』字發明警切，直令人雖欲自棄而不得。伯穀之『識仁』蓋如此。勉之哉！勉之哉！」

題婁庠政略曰：「伯穀雅習庭訓，於良知早有悟入。往見其氣象超卓，迥出塵界。[一]今顧能鈐鈐以禮自範，又推之以範士。有以知其向所從入，俱由實地上來，不僅僅玩弄光景而已。余見邇時相率厭修而矜悟，奉程子識仁説爲蓍蔡，猶以『誠敬』爲礙，欲掃而去之。孤行『不須防檢』『窮索』二語，僭不自量，[二]欲挈其所去，收還程子。或不無矯枉之過。會伯穀與去，聞偕來再四往復。務在表章原旨，不令浮狂藉

[一]「迥」，底本作「逈」，據文意改。
[二]「僭」，底本作「間」，據涇皋藏稿題婁庠政略改。

口，起予實多。至日月星一箋尤爲痛快，然後知其所自範與其所以範士，不僅僅裝點格套而已。自今其益加懋焉。予即爲拙齋賀有子，且爲吾道賀有人也！」涇皋藏稿。

張侍郎

張維樞，字子環，晉江人，領萬曆戊子鄉薦。戊戌，魁南宮，授刑部主事，歷陞郎中，出爲湖州知府。過梁溪，問學於涇陽先生。受當下繹，讀之有省，自言：「經一蹶，方可補錯於將來；歷千辛，方成一得於千慮。」偕仕學中實際語也。在湖，政尚嚴肅，謂：「居官者，見有豪横而不問，有冤抑痛楚而不速白，無論。非學問中人，即具鬚眉列衣冠，亦不應繞指。」至此，用是幾爲忌者所中。先生屬苕中，縉紳之賢者丁長孺元薦、朱文寧國楨力護持之，得無恙。未幾，先生殁，子環深自痛其學之未竟也。先是，見羅李公設教漳南，①子環與弟維機，字子慎，往從之遊。李公語高存之曰：「吾門如子環、子慎可稱。」雙穀集中有示二子書曰：②「師友不離群，蓋是學問做手。

---

① 眉批：李公材。
② 眉批：以李公示二子書作備遺亦可。

世只知病釋氏棄君臣背父子，謂有外於倫常，不知其打併師友一家，亦自有特異之胸襟，敻開之眼孔，而不可尋常視也。此其傳所以竟千古也。儒學自是中正，至挈出身子，倒入煉場，與三千七十共一磨煅，則於彼作用亦略有符徵，獨孔子已也。放勳、重華直以帝者之尊忘分下交，都俞吁咈於一堂之上，故俾太和之氣，洋溢海陬，以光昭於萬古。兒女情多，則烟霞志少。雖在仙家，亦病之矣。『薰淘漸染』四個字，豈有一字不從漸入者乎？賢試看先輩，但師與友共處，得久者氣便厚，入便深，此豈有異聞異旨哉？則以浸灌滋潤，培植之功力多也。賢昆仲之於此學條貫旨趣，豈有毫分檢之不盡？然尚不免作解說邊事。予舊不云乎，前儒所論者多是說理，我此所論者却是說學。夫同一述聖賢之言，同一談性命之款，而一爲論學，一爲說理，此何以分焉？弘濟既舊知，而一時同會友氣味胸襟亦多可採，要在實聯束之而已。『士不可以不弘毅』，昆仲勉之。」

時子環尚未第，其後之卒業，涇皋亦李公當日所命也。天啓間，歷守巡兵備道，以卓異加右布政，擢僉都御史，撫陝西，召入爲工部侍郎。

文文肅

文震孟，初名從鼎，字文起，吴郡人。侍詔衡山先生，其曾祖也。萬曆甲午，年二十一，舉應天經明。行修標格整峻，尤嚴竿牘之戒。父喪，營竺塢倚墓，結廬而居，遠近稱真孝廉，海内名流争相結納。已，數上春官不等。涇陽先生時家居，孜孜留意一世人材，多方薦達，而大意尤在搜遺逸，振淹滯於散曹中。首劉静之永澄，鄉貢則文起第一，先生親注其下曰：「可備青宫侍從之選。」今其遺册尚在也。文起感先生深知，挈姊子姚孟長希孟，暨諸同志皈依倡導，卓然爲聲氣總持。迨壬戌，捷南宫，距先生殁十年，希孟成進士亦已三年矣。

在朝諸賢皆欲得震孟爲第一人，廷對，果賜及第。臚傳之日，朝野相慶。會閣臣有被言不與讀卷者，目之爲東林狀元，激群小怒。而震孟亦謝絶權要，務與諸賢侃侃發舒。於時閹禍已萌，方禁講學，興黨議。鄒忠介、馮恭定諸公相次逐。①

震孟言：「皇上昧爽臨朝，政非不勤，而鴻臚引奏，跪拜起立，僅如傀儡之登場，則聰明何由開暢？經筵日講，學非不勤，而史臣進解，鋪敘文辭，僅如蒙師之誦説，則睿智何日周通？及退入内廷，耳目所觸發，德性所薰蒸，自不越於中涓常侍之口頰。自古以來，大君照臨之體度，帝王宏遠之規模，豈若輩所得與知？至於中朝舉動，更

① 眉批：鄒公元標、馮公從吾。

多可異，空人國以營私窟，詈道學以逐名賢，總憲僉院去，而首揆冢宰亦相率求去矣。令去者爲榮，則仕者不貴。頃尚書王紀削籍歸農，策蹇出都，人謂快於馳驛；破帽蒙頭，人謂華於蟒玉。今諸臣被道學之名以去，其貴且甚於三公九卿也。天子所以勵世作人者，惟此爵禄名號，而至使角巾尊於軒冕，豈清平之世所宜有哉？」

忌者摘疏中「傀儡」二字爲藐視聖躬逆璫，傳旨予杖。閣臣與同官力救，改批降調。未幾，竟削籍。時吴中正人以文、姚爲眉目，當顔佩韋等五人擊殺，緹騎告密者，將一網盡之。震孟自分不免，時乘一小舠，急則投水。會當事者心動，得無恙。

崇禎初，起侍讀，充日講官，反覆開陳，務切時事，嘗講君使臣以禮，勸上培養士氣，推心感人，勿徒峻刑法，以啓猜疑。上傾聽久之，罷講，即傳旨釋前司寇喬允升、副院易應昌於獄。累陞少詹事，兼侍讀學士，請更定光廟實録中册立、梃擊、紅丸三案。上是其言，爲御平臺諭，令改正，卒以烏程、巴縣兩相庇奸，①改票不果。故事，經筵説書，置春秋、禮記不講。神廟時，曾命官講禮，至是上謂春秋有關於撥亂反正，

① 眉批：烏程相，温體仁也。巴縣相，王應熊也。

令選專經者進講。震孟素號名家，烏程慮其如前，諷諫佯苦，無以應，而嘉善相首推之。① 一日，講至「宰咺歸賵」，凶禮也，當缺，上令補牘，因進講章言：「咺爲六卿之長，而壞法亂紀，自王朝始焉用彼相。」上頷之，御筆：「宰咺一章，正見當時朝政失宜，所以當講。今後以此類推。」又講「内君子外小人」及「人臣義無私交」，上大悦。超拜禮部左侍郎、東閣大學士。孤忠特拔，不由他途。内應外援，一切俱絶，而比肩者不能一朝容矣。入直僅兩月，與家宰謝陞争許給諫譽卿事，有「言官以革職爲榮」之語，烏程據以入告，激上怒，得嚴旨罷歸。六月而哭希孟，經旬亦卒，蓋崇禎丙子歲也。

文起困公車三十年，通籍十餘年，立朝不滿三載，而海内清議先歸梁谿，後歸吴門，世稱湛持先生。工書鑒古，其餘事也。撰姑蘇名賢小紀，論人以清苦爲主。謂：「不清苦即不能剛勁。」實自寓云：「南渡初，從禮臣顧錫疇。」請謚文肅，姚謚文毅。

---

① 眉批：嘉善相，錢公士升。

王韶州

王永圖，字惟懷，一字新之，宜興人。父彝敘，字道宇，選貢，官馬平令，與涇陽先生爲文章道義之友。

惟懷年十四，家貧，幾廢讀。先生携至涇，親拊而課之，賞其凝重，曰：「此道器也。」長，妻以女，遂家無錫。舉庚子鄉試，日從先生與海内名賢相切劘。獲聞「窮理盡性」之指，默默體認，一以淡静爲宗。不交俗客，[一]不預竿牘，不求田問舍。同邑如史公孟麟、張公納陛、吴公正志，皆馬平公高弟，惟懷一無所干，即屢空晏如也。丙辰，署冀州學正，却贄脯，獎寒畯，捐俸以給諸生之貧有行者，上臺檄，攝縣篆辭。辛酉，遷國子監博士。高邑太宰屬以銓幕，又辭，改南户部司務。太倉告匱，惟懷條長便之政，數十軍興賴之，而創立長單，尤爲良法。丙寅，遷刑部四川司員外郎。時閹孽冒軍功，膺茅土封，六部堂屬皆書額以賀，惟懷例應列名，執不可，曰：「奈何令元佑石工笑人也，果見逼者，吾視此官如屣耳。」一同曹郎，欣然代署。後以黨敗，始服其定力云。因見時事日非，假差歸。明年，進河南司正郎，入署即手定閹黨獄詞。奏

[一]「俗」，底本作「浴」，據文意改。

下之日，遠近争相傳寫，時上英明，於内閣改敕、浙闈關節二案，諭旨嚴切。惟懷念事關國體，秉公會勘，俱極持平。己巳，出守粵東韶州，會屬邑翁源盜起，蔓及英德，一尉一千户死焉，遠近震駭。莅郡日即討平之，先在刑曹理故牘，多所平反，至是益留心聽訟，每鄰郡有疑獄，臺司輒云：「非王韶州不可。」樂户李時者，舒城人，亡命匿嶺南，賄黨張科，殺其仇王少山，復沉科於江以滅口。櫛工潘姓知其謀，因匿呈懷中以劫時，時好言醉以酒，夜殺潘於三峰墖下。尸與盜俱無主名，一發露則時旋以賄脱，獄久不決。臺檄移韶州治之，惟懷至，親自反覆詳驗，探死者懷中呈，閲竟，愀然曰：「得之矣。」立擒時嚴訊之，三冤盡雪。人以爲神。其治他誣枉率類此。地産斷腸草，無賴子多輕生陷人，自是刁風頓息。卒末考最，入覲。屬令張育葵者，自倚同鄉，多所干請，偶不遂，輒構之於南臺省絓拾遺中，應左遷，因衆論不服，改從平調，而歸志久已決矣。南行至臨清，疾作遂殞，年六十有一。宦橐如洗，同行者邑人萬工部象新爲治殮，具得抵家。

惟懷天資近道，於流俗不苟同，而沖然粹然，終身無疾言遽色，未嘗言人之短。後母挾所出幼弟，凌侮百端，悉皆順受。蓋當代望先生門墻，如杏壇闕里，而惟懷以篤孝稱則曾、閔也。東林之建，勉效贊襄，築小齋其中，號儉齋。工書，得二王法，銘座右曰「不欺」，曰「無争」，望而知爲。長者以繼娶所生女歸先生。長孫庸庵，孝廉，有婦德。

備遺

定閹黨獄詞，略曰：

倪文焕，一巡城御史耳，倏而按差，倏而掌道，越數資而躐踞要津，陷一介不取之周順昌，拉百折不回之夏之令，正人君子誅鋤，不遺餘力。倪本田吉，一破甑會舉耳，俄而贊画，俄而職方，不數載而驟登極品。虹、董明舒之啓事，陳壯猷、張經緯之推轂私人，債帥綫索，自負通神。崔應元，鎮撫理刑也，無賴紈袴，何功而叨蟒玉？非慘逾炮烙，與許顯純共煅楊、左諸賢，畢命追贜者乎？孫雲鶴，東廠貼刑也，么麽旗役，何例而加宫保？非酷施鉗網，與孫寰共抄李、郭諸家，株連孥戮者乎？

以上四人，雖寸磔猶難蔽其辜，非駢斬不足定其案。

至吴淳夫，以計處兵郎復官，不一年而侍郎、尚書，迭躋保傅；李夔龍，以被糾銓部典選，甫六月而常少、僉都連出，内批總之。淳夫因崔賊以進身，夔龍又藉淳夫以固寵，倒身附逆，竊弄威權，律以交結之條，難開一面之綱，云云。

涇皋淵源録卷七①

張莊節 附李呈芬

張可大，字觀甫，原籍孝感，世襲南京羽林左衛千户。父如蘭，官參將，素以博雅著稱。觀甫幼警敏，善騎射，通諸家兵法。中萬曆辛丑武進士。以都司守瓜儀，②貢船被劫於帆山，計擒其魁，陞劉河遊擊。以陽電參將從征叛黎，用黑番爲鄉導，平之。以寧紹副總兵駐舟山。倭再入犯，破之於五罩湖、於茶山、於潭頭，築城立界，居民德之。歷南錦衣衛指揮、右府僉書，提督大教場，以都督同知充山東防海總兵官。

時爲崇禎之初年，登萊一鎮，兵則主客雜處，餉則新舊兼支，繁猥無緒。觀甫定經制，汰冗冒，海上立水師，中、左、右三大營爲泛守，内地留馬、步、家丁各一營，并陸

① 此標題底本無。
② 眉批：福清相葉公向高被召，過瓜儀，見觀甫，異之曰：「此不特良將，且良吏也。」

左、陸右二營爲城守，歲省金錢二十萬。自遼土淪喪，議者謂恢復必先四衛，而復四衛必先旅順。或議扼南關嶺，或議築長城島。觀甫以鹽場口居兩山之間，有險可守，外距木羊城二十餘里，内距旅順關十餘里，首尾易顧，決計城之，更設銃城於黄金山頂，以保金州。

二年，妖賊萬餘圍萊陽，奮擊，却之，焚其六砦。率兵七千勤王，解都城圍。當宁嘉嘆，加右都督。

四年，島帥劉興治叛，命裨將陳治學等擊斬之，内移爲南左正。已，得代，聞兵亂，歸登州，爲戰守計，會撫臣主撫，議不合。①

五年正月，城陷，衣冠登城樓，北向拜，解所佩大將虎符，授旗鼓吴振姬間道趨東省上之。手刃二妾，壁端題：「某年月日，登萊總兵官張可大死王難處。」遂投繯。事聞，贈太子少傅，謚莊節。

生平孝友敦重，勤學好古，著駛雪齋集、錦衣衛志。所至雅歌投壺，與海内通人勝流相贈答，世以爲俞、戚再見。初守劉河，地去涇陽先生所居不數十里，喜曰：「此

① 眉批：孔有德反吴橋，登萊巡撫孫元化開明納之，城遂陷。

造物者以及門之緣，嘉惠來學也。」抵任之日，皇皇造謁，執弟子禮甚恭。先生嘗語之曰：「吾所見堪任邊方制府者三人：一魏中丞見泉，巍巍堂堂，磊落丈夫也；次李中丞道甫、李司馬于田。」今見泉已矣，若二李在邊，此子立功萬里時也，因遍爲游揚，不遺餘力。惟時防泛無事，數就，漸摩於「成仁取義」之旨，深有得焉，遂以儒將卒成大節。

同時有李呈芬者，鳳陽人，以武舉立功，棄官講學，其姓名亦入先生夾袋中。

笪副使

笪繼良，字我箴，亦曰我真，句容人。父鳩，徙居京口。我箴始生之夕，父夢楊忠愍公至其家，遂名以繼盛。萬曆辛卯，舉於鄉，父乃曰：「吾願汝爲良臣也。」更今名。早歲與里中華德夫諸君子結社，以文章節義相勉，於良知之學從事者有年。及晚遊涇陽先生門墻，自言一受陶冶，驚汗浹背，若發醯鷄之覆，而偕之大道，其感師恩，逾於骨肉。

庚戌，署寧國教事，作廟祀、禮樂二考，條黌宮六議。馳書先生，欲率其徒施弘猷等四十餘人納贄於東林。會先生殁，聞訃，即日偕諸生爲位，哭極哀。我箴延遷鉛山令，講易鵝湖書院，晉守絳州。絳稱難治，值靈丘宗藩與民爲難，我箴延諸藩，肅以祖訓，遂帖服，無敢譁者。半載左遷，補上林苑良牧署丞。魏閹勢張甚，附者擬立祠苑中，我箴執不可。歷順天府通判工部郎中，治北河底績，總河都御史請加銜，俾久任，閹黨抑不報。魏忠節公大中喪，次張秋，我箴爲文弔於河干。群小偵得其狀，愈怒，矯命以東林黨削職。

崇禎改元，起户部郎中，首上賦役便民之議，監海運、新太倉，核省倉儲溢額二萬。出守汀州。時土寇鍾成旺、鍾凌秀嘯聚汀之石窟巖，我箴甫入境，即倡義勇擊殺一捷於冠朝，再捷於綺岡，賊遁。陞副使，分守河東，執政者以異己排之，遂歸郡守。印司奇於城南鶴林寺建天心書院，設座請講，郡邑博士弟子從者數百人。有語録行世，尤精於易，若鵝湖讀易十二卷，身忤逆璫，罹黨禁，於剥、復、臨、遯之義三致意焉。年八十一，卒，祀汀州名宦。

丁布衣

丁鴻明，字子行，丹陽人。自少即從事於學，事鄉先生束懷玉，名桓奉。立身行己之誨，兢兢以之，既而默坐一室，求通天地，晝夜夢覺死生之道，習静者數年，自謂有得，出而證之，人曰：「未也。」子行茫然，遂棄其家，徧遊三吴、楚、越之間，冀遇名公達人，獲相印正，然落落寡合，久之未有所契，歸依金壇于公孔兼。公特器重之，示以詩曰：「持身只信躬行是，論學單提頓悟非。」乃知教者開講立約，不過引掖吾徒。若近裏工夫自在，自己苦心苦行，及脚踏實地，又苦無着力處。方徘徊岐路，忽聞涇陽先生之教，如夢斯覺，如亡子還家，而得導者爲之指迷也。呈一詩曰：「自讀小心齋劄記，始知今世有宣尼。」留侍東林良久，不忍去。及抵家，一意反求，并東林亦不數至。

家貧，教授生徒，束修所入，悉以養母。歲時集宗人於祠下，身爲告戒，立追遠會，冀以篤本支，厚風俗。自言：「至是，始確然識得孝弟之道乃亘古亘今一條大路，非旁蹊曲徑可比。」志氣日堅，而憂懼亦日增，期於無愧，此心而後即安。蓋悔從前虚談性命之誤，而其所着力者斷在於此。門人周繼文輩亦多嚮學，其示繼文曰：「吾輩既冒賢者之虚名，當求賢者之實行，要在去就取與上斟酌。」示郭邦逵曰：「耳目口體養之，則爲小人教之，則爲君子非禮勿視、聽、言、動，所以教也。」又嘗曰：「吾於諸先達中私竊，高景逸獨覺不凡，恰像有一件不歇手的事做。」先生深喜之，以爲知言。

備遺

子行從余遊有年，懇懇乎孝弟之爲亟也。頃閲其所携追遠會簿，喜曰：「非惟知之，亦允蹈之矣。」子行之志，不獨善一身，而兼欲善一家。余則謂：「不獨善一家，并當兼善天下。」因推其説以進之。涇皋藏稿。

何秀才

何允泓，字季穆，常熟人，淮府長史鈁之子也。年十四五，則已厭簿程文俗爛之習，思爲古學。以自見窮日分夜，發篋中書誦讀之，爲詩歌古文，累數萬言。長史没，流離世故，有飄薄之嘆，始欲以科目自奮，而其學問亦日以成就。蓋自唐、宋以來，經世大典，如杜、鄭焉。丘四氏之書，儒者多不能舉其凡例，而季穆攟摭解剥，窮極指要，久之涵肆貫通，儼然如專門名家。凡古今地理官制，河漕錢穀，與夫立國之强弱，用兵之利害，上下千餘年，年經月緯，如數一二。間有所舉正辨駁，矯尾厲角，若質古人於窗户之間，而與之抗論也。好談三吴水利，訪問三江故道，及夏、周疏濬遺跡，窮鄉沮，泖扁舟，往返嘗遇盜奪襆被，忍凍以歸，家人咸竊笑之。遼亡之後，論失地喪師之故，每拍案呼憤，或靳之曰：「遼東西是君田舍耶？」相與一笑而止。生平落落穆穆，不飾容止，衣垢不澣，履決不紉，其遇人，意有不可不交一言，里人忌而惡之，憂生嘆世。天啓乙丑，病卒，年四十有一。

季穆弱冠居涇陽先生門下，先生勉其深造，謂：「可望南宋甌括諸儒，年力正富，未見其止。」卒，坎『壈』無尺寸豎立，其歿也，友人錢謙益爲墓誌銘，深以賢人志士之抑没而不傳，即傳而未必信，爲可悼也。葉水心序陳同甫集曰：「令同甫晚而不第進士，則終身其一狼疾人而已矣。悲夫！」

錢閣學 附弟士晉 錢龍錫

錢士升，字抑之，嘉善人。少時與弟士晉並負才譽。夏璞齋携至涇，謁涇陽先生，偕問業焉，一見即被奇賞。弱冠，以恩選對大廷，歸而假館先生之門，讀書甚久。

先生殁三載，抑之始舉順天。明年丙辰，賜進士第一人及第，授修撰。甫就館即謝應酬，專治經史，於昭代典章、名臣疏議尤孜孜蒐討不倦。己未，會試同考官，尋請假歸。甲子，進中允，未赴。

及璫難大作，旁觀者莫敢發一言，抑之聞趙公南星在繫，馳書戒其門人真定守蔡官治曰：「自來無不變之局，有不變之理，所貴有識者持其不變以轉其變而已。此老生平負氣，不耐窘辱，猝有非常大非美事，惟門下默默調護，存國家大臣之體，培善類如綫之脈，此時此地正硬竪脊梁之日，若徇其至變，爲局所轉，卒之身名俱敗，何益哉？」

同邑魏公大中被逮，操一舸送之吴門，身後追贓，復力爲營救，見者無不危之，以家居獲免。崇禎初，掌詹事府事。辛未，以南禮部侍郎攝部篆，輯遜國諸臣逸事九卷，爲表忠記，上於朝，請議追卹。

癸酉，[二]拜東閣大學士，謝疏云：「臣但知事理有是非，不知有親疏愛憎；但知人才有臧否，不知有南北東西。必大法而後小廉，必知人而後安民，必足食而後足兵，必内寧而後外攘。」上覽之，色動。時當宁頗務操切政地，票擬恐不得當，往往深文迎合。抑之每事持大體，劑以寬平。初未洞識烏程之奸，及長洲、香山被傾，①密解

[二]「癸酉」，底本作「癸首」，據文意改。

① 眉批：烏程，温體仁。長洲，文震孟也。香山，何吾騶。

不得，每退食，時時扼腕。

丙子，上四箴：「一曰寬以御衆，如天之覆，賢愚并包，功過在宥，大紘毋急，六轡毋驟，不競不絿，世躋仁壽，巍巍蕩蕩，大哉我后！一曰簡以臨下，若網在綱，[一]要領獨挈，條目畢張，無爲守正，垂拱明堂，執要則逸，好詳則荒，程書衡石，徒敝章光。一曰虚以宅心，如鑒斯空，妍媸好醜，[二]畢獻形容，寂然不動，感而遂通，以鏡索照，億逆填胸，鄰鈇市虎，載鬼張弓。一曰平以出政，如衡斯準，輕重無觭，裒益必允，舜貴執中，孔戒已甚，救弊矯偏，參調詳審，畏卒怖始，罔或不凛。」所言皆中時病，上意已不悦。不數日，奸民李璡叩閽，請括江南縉紳富民報名輸官，行首實籍没之法，抑之悚然曰：「此亂本也，擬刑部提問。」上意益不悦，命改票，抑之言：「今天下秦、晉、楚、豫無一寧宇，惟江南數郡未動耳。若此法行，驅天下皆爲盜賊矣。乞屏絶邪説，毋使小人因陳啓新之進，以言利窺朝廷。」奏上，以沽名被詰責，遂引咎歸，亦烏程構之也。御史詹爾選抗疏請留，不得。明末相臣以骨鯁罷者，抑之一人而已。國變後，棄家爲

[一]「綱」，底本作「鋼」，據文意改。
[二]「媸」，底本作「嵦」，據文意改。

浮屠，坐卧茅庵中。辛卯冬，聞閩海覆亡，慟哭不起。壬辰夏，卒。

抑之號御泠，晚號塞菴。和厚恬雅，而所執持甚正，殫精讀易，著周易揆諸書。

按：萬曆季年詞林中，抑之與華亭相龍錫、①會稽相象坤、常熟侍郎謙益並負物望，有「四錢」之目。華亭以父漸菴講學故從先生遊，抑之視華亭通籍較遲，而先生所期望者獨厚。

士晉，癸丑進士，除刑部主事，歷官雲南巡撫，頗著勞績。任餉道時，忤閹，逮治命下，已先卒任所。

備遺

昔之人千里同堂，萬古合席，跡之疏密，曾何足云？近課想見日新之美，仔細簡點，畢竟未免爲才所用。學以變化氣質爲功，惟文亦然。轉移之機，在明者一覺而已。一覺之後，諸相都忘，就中便有向上一着，勉之。涇皋藏稿。下同。

① 眉批：龍錫，字稚文，號机山，萬曆丁未進士。選翰林庶吉士，授編修。崇禎初，拜禮部尚書，兼東閣大學士，加太子太保，改文淵閣。會袁崇焕殺毛文龍，逆黨史𡏖等誣以同謀，繫獄四年。戍定海衛。福王時復官歸，卒。

示夏臺卿曰：「抑之沖年而意甚廣，賢之所與朝夕切磨者，可知得才士易，得志士難。僕誠不勝睠睠，惟賢留意。」

抑之戊申冬上先生書曰：「舟次從虞山集中讀吾師商語，快口當心，披雲覩日，不啻見師於羹墻也。所論『志學』章真足救泰州一派之弊。竊意不思不勉是本體，思勉是功夫。不以不思不勉爲究竟，終落有爲；不以思勉爲入門，祇成凌躐。吾夫子五十以前，以功夫合本體也；五十以後，功夫化爲本體矣。宋儒多離本體説功夫，近儒多離功夫説本體。吾師論出，直令向來學脈歸并一路，蓋确乎非宋儒、近儒之學，而吾師之學亦非吾師之學，而吾仲尼之學也。承教，尚容面請。」

李轉運

李衷純，字玄白，嘉興人。其先江陰人也。數歲居父喪，哀毀如成人。從父諸兄皆奮跡科第，玄白自傷幼孤，早夜呼憤，讀書作文，才名蔚起。歸安茅公坤、太倉王公世貞皆以字呼之，令其子析節事焉。與丁長孺同問學於涇陽先生，以諸生力衛東林，與群小相榰柱。時有造蜚語構高景逸於沈公思孝者，幾爲所惑，玄白矢天日以明之，浙僉人深嫉之，曰：「此操室中之戈，反而内向者也。」萬曆壬子，年近半百，始領順天鄉薦。葉文忠在内閣，語公卿曰：「李玄白得舉矣。」

謁選，得如皋縣令，腴田爲豪右占匿，丈而歸之官，以沉命法捕盜，禽獮無遺。種盜販者堤郭外絶之。一夕而工畢，就行取授南京工部主事，榷蕪關，管鼓鑄，爬搔蠹弊，咸有聲績。以兵部員外郎出守邵武，申明條約，寬猛齊和，杉關有税，歲飽冗役之腹，而守因緣爲市，玄白請充餉，以省加派，不肯名一錢也。擢兩淮都轉運鹽使。淮海鹺利，向以商吏爲囊槖，轉運使務呴嘔，恐失其歡心。玄白至勾稽牟漁，清理支借，一切以威嚴從事，持籌握算，三月解冬課三十餘萬，半載解遼餉六十餘萬，心氣耗潰，得風疾以歸。居頃之，盡典其章服弊帛以供朝夕死，而家無餘貲。

先是，群小攻東林者無可指摘，會淮撫事起，遂借庇貪爲辭，詎知先生歿且久，而其徒如玄白者，雖數處脂膏之地，而皭然不滓如一日也，可以得東林之大凡矣。當福清北上時，玄白送之江干，及抵都，有所規勸，福清答之曰：「諦觀人情，參商難化，考選久滯，起廢杳然。來諭涣小群爲大群，自是宿心不敢忘也。」其憂時忠告若此。如皋考最，將入爲給事御史，逆閹之党群相譏揣，曰：「此楊大洪好友。」故黨魁也，遂入南曹，鞅掌外吏終焉，卒年七十有六。玄白才具通敏，少爲詩名，激楚集多麗句。長而淹經術，負經濟，庶幾通儒，不欲以舒緩養名，爲空疏無用之學。高景逸稱「其爲政精神，徹古今，統巨細，[一]深相敬，服其言，爲足信」云。

吴主客

吴鍾巒，字峻伯，更字巒稚。先世自無錫梅里三遷爲武進人。少刻勵向學，讀王文成傳習録，悦之，既又悦釋氏壇經。嘗目疾，從方士談養生術，又悦之。偕其弟鍾嶅，奉父命以文爲贄，謁涇陽先生，即下帷涇溪。時溪旁構學舍數十楹，以館諸生，後至者村落俱遍。先生時時進而課之於稠人中，所最賞者，峻伯與馬君常世奇，留共二子楗關讀書，終年一氈，文行交砥。諸孫方總角，亦令執經以侍峻伯，視聽專壹，屏嗜慾，絶交遊，潛心濂、洛諸書，屏二氏不談，而陽明之説亦漸得所折衷矣。

歲時，間一歸省，返郡城。先達孫文介、張清惠數公皆忘年訂友，與文、姚諸君子結社於陳烈侯祠。門人李侍御應昇以御史擊逆閹被逮，鋃鐺過郡，親友畏禍，莫敢通。峻伯逆諸途，邀至家，訂兒女婚，然後去。

[一]「巨細」，底本作「臣細」，據文意改。

崇禎辛未，年五十餘，始以貢授光州學正。癸酉、甲戌，從河南鄉舉登第，令浙江之長興。在任，録孫文介困思抄爲守身法。長興去家不三百里，每聽斷，具兩造，操鄉音勸諭，如家人。公暇，手一編咿唔而已。丙子，分較浙闈中，使崔璘以視鹺，至浙，威重埒撫按。峻伯不爲屈中白簡，降紹興照磨，稍遷桂林推官。

甲申冬，南京召爲禮部主客司主事，因清獄，不即行。後自嶺南取道閩中，間關海上，與宋末崖山事絶類。辛卯八月，大兵克寧波，勢甚急。峻伯時在普陀，慨然曰：「昔仲達死閹，吾諸生不得請死。君常死寇，吾遠臣不得從死。吾死此其時矣。然即死，令人疑我爲逋逃，爲變姓名亡匿，終不明白乾浄，何以謝吾友，見先帝於地下？」趣渡海入昌國城，止衛學，設高椅於文廟東廡，以燥薪三面圍之而缺其西。九月朔二日，城陷，從容抱先聖木主升坐，命僕人抱薪塞西而舉火，須臾畢命，年七十有五。學者稱「霞舟先生」。

峻伯生平狷介樸直，其言學皆近裏着己，嘗曰：「人只除了利根，便爲聖賢。小人喻利，只要遂耳目口體之欲，孟子所以説養其小體爲小人。試提起『此天之所以與我者』八個字，直將此身立在千仞岡上，下視養口體一輩人，渺乎小哉！真蠛蠓一世矣。」又曰：「人不明於死生，必不知忠孝，不知忠孝，必無經濟。其虚談者妄耳。」作勤學説。又曰：「吾師涇臯，吾友仲達，可謂端矣。」作端友録。同時被教澤者甚多，多先其師取科第去。著述數種，聞爲鄞人所收。子福之，乙酉入太湖死。明史張肯堂傳云：「吴鍾巒，崇禎七年進士，福王立，遷禮部主事，抵南雄，聞南都失，轉赴福建，痛陳國計。魯王起兵，以鍾巒爲禮部尚書，往來普陀山中，大清兵至寧波，急渡海入昌國衛，自焚死。」

備遺

峻伯於殉義前數日自敘云：少應童子試，於千百人中瞑目枯坐，作空無一人想。弱冠爲諸生，受業涇臯，備承獎掖，名籍籍起。爲文不喜時俗餖飣，飲酒輒醉。與人交樸誠而已，不解世法周旋，亦恂恂無佻薄習氣。嘗從歸季思，徐行緩步，彈琴啜茗，鄙吝都消。一日夜坐，從岳石帆先生登九龍絶頂，憩盤石，皓月中天，萬里澄碧，俯臨震澤，一片空明，盪胸濯魄，頗見大意。及東林成，每會論説，甚啓蓬心。或静坐斗室之中，或優游湖山之際，浩然自適於世間。所謂富貴利達，真浮雲也。

先孝廉曰：「吴師骨最勁，守最嚴，其寄李忠毅書云：『仲達未第時，視長安貴人如天上。今摇筆得之，不過如此而已。』仲達深領此語，故大節卓然，而師亦後先就義。追想當日，熒熒一燈，伸紙命筆光景，宛然在目。而吾師吾友俱已千古，廉頑立，懦正復，何減首陽？」男貞觀謹記。

先大父言：「吴儀部霞舟遊東林時，年甚少，端文、忠憲兩先生亟相引重，而孫少宰栢潭公讀其文，以其甥女劉氏妻之，亦具眼也哉！至吴氏之門多節義，先死璫禍者，爲江陰李侍御仲達；同死海外者，爲浙東錢員外希聲；未仕而守死善道者，爲吾錫顧孝廉所止，固不愧一脈也。」吕高培語。

涇皋源源録卷八

涇皋门人無傳者

吴之龍，武進人，無錫籍，萬曆庚辰進士，官江西参政。顧言，江陰人，官少參。先生初設教之弟子也。

錢應婁同弟應旂，鎮江人。其侄惺宇爲貴溪令，作邑誌，先生爲之序，有曰：「憶昔丁丑、戊寅間，侯兩叔氏讀書涇上，翩翩競爽。頃年玉泝别駕，時過東林，於切磋之誼甚茂，侯之家學，居然可想。」

申用懋，字敬中，與弟用嘉，吴縣人，係瑶泉相國之子，初聘涇凡先生受教京都，後俱從事先生。用懋舉進士，累官兵部職方郎中。神宗時，再遷右僉御史，巡撫順天。崇禎初，歷兵部侍郎，拜尚書，致仕。用嘉，舉人，歷官廣西參政。

曾若蘭，字紹芳，桂陽人，舉進士，爲烏程令。先生在桂陽時所教育也。

葉晝，字陽升，嘉善人，與同鄉李玄白、錢抑之、戞臺卿俱留於涇上者也。陽升以學行稱。

方日新，光山人，來問學，與南昌劉廷炅、新安程由庚、吴江趙璆、金壇周繼文、任光祖、卞洪載、汪萬里並久留東林。

姜汝一，蘄州人，來學，言：「其鄉劉筠橋先生應元，深明易道。」先生遂屬書招之。

華元禔，字本素，一字爾遐，同邑人。萬曆卅二年進士。甫第，日讀律令講習、累朝掌故，曰：「吾異日不能仰刀筆吏辦事也。」授新鄭知縣，調商丘，以江南法區分其地爲一百七十有三，給牛置屯。募荒民，設助墾之法，稽少積散，而賞罰之。商俗好爲掾史以避役，[二]本素第墾田多者乃用之，治最伊、洛間，擢御史，未幾卒。

孫森，字子桑，常熟人，太學生領鄉薦。同兄林，字子喬，俱來問業先生，爲子桑

[二]「商俗好爲掾史以避役」，底本作「商僞好爲掾史以避役」，據清乾隆二年刻本江南通志卷一百四十二人物志宦績四改。

錄虞山商語。

吴志遠，字子往，嘉善人。先生嘗云：「孝廉中如文文起者，可備青宫侍從之選，其次莫如吴志遠。」

劉宗周，字啓東，號念臺，山陰人。未第時，與劉静之、文文起俱以制義就正於先生，先生皆以世道寄之。

沈士龍，字汝訥，舉人。弟士皋，秀水人，俱繼山先生子。先生極卵翼之。

洪範，字禹錫，新安人。重刊先生百二草及鄉會小試論，敦築室之思於三年外者。伯子即平仲氏文衡。

鮑際明，字伯參，號觀如，同邑人。萬曆甲辰進士，歷任邑宰，俱著聲績。自少受業，先生極賞識之。

張雲鸞，字羽吉，同邑人。從先生遊，時温陵李贄之説未盡息於天下，作經正錄以闢之。崇禎時，賫書自獻於朝，有命褒奬。命學臣察其生平行履，以聞詔，準充貢。

錢陛，海鹽人，係給諫贈太常海石先生之孫。

王義如，字御赤，山東即墨人。執弟子禮於先生，視世亂不圖仕進。明亡，杜門養母。母死，即自經，遺書告子曰：「吾身爲親之子，即爲君之臣，天地大經，無貴賤一也。我生不辰，當兹酷亂，貪微生而害義，不可以爲臣。然親不忍遺，故寧蹈不臣之罪以養母。服母喪而殺身，不可以爲子，然君不忍後，故寧蹈不子之罪以殉君。是余之苦心，余之大罪也。」議者聞其義烈而傷之。

孫申卿，同里人，涇凡先生之弟子也。早卒，以遺孤見托，先生極力維護。

趙用賢，字汝師，常熟人。隆慶五年進士，選庶吉士，授檢討，劾張居正奪情，被杖。

吴中行，官編修時同被杖。

黄廣原，名伯英，字冠龍，號日齋。少遊涇陽、涇凡兩先生之門。及長，從事東林。以貢除鎮江學博，擢安遠令。

張蔚然，浙江人，舉人。

安廣居，字無曠，號廓菴，我素長子。崇禎癸酉舉人，癸未會副。甲申春，城陷，慟哭乞死，未幾卒。

吴允執，荆溪安節先生孫也。先生閲其文，必成大器。後謁先生於東林，領鄉薦。

尹嘉賓。

徐日曦，書「曠代儒宗」扁。

荆之琦。

郁庭芝。

賀學仁。

先孝廉傳

錢肅潤撰

先生姓顧，名樞，字所止，别號庸菴，端文公長孫。幼凝重，步趨不苟。迨就塾，父夔州公延馬文肅、吴儀部霞舟、錢太守凝庵輩先後授尚書，以書經名家。已而從高忠憲公講求性命，慨然欲棄帖括，從事最上，特不敢重違父意，俯首操觚。天啓辛酉，舉鄉試，爲書經名魁。後屏居涇皋，深自斂跡，不問生産，不事干謁，亦不入城市，不赴講會，閉户讀書。於五經無不淹洽貫徹，所極深研者，周易一經，反復潛玩，曰：「易之學，格物知至之學也。」晚爲易稿，折衷諸家之説，大約主理不主數。嘗言：「程、朱易至矣，近世若孫文介明洛義、倪鴻寶兒易、黄石齋易象，正皆吾所不解。」又言：「吾祖於易理最精，獨無著述，僅仍舊解，略爲去取而已。後生小子，可妄肆穿鑿乎？」其於易不尚文詞，蓋心體而躬行之矣。先生之爲學原本家庭，以性善爲宗，以無欲爲括，而敦行以復性，踐禮以克欲，則其自主之階津也。」嘗論明儒獨服膺薛文清、胡敬齋二公，而謂白沙、陽明未免一綫之差。又曰：「端文主『無欲』二字，靈丹一粒，點鐵成金。忠憲主『格物』二字，繭絲牛毛，滴水不漏，並直接宋儒。」其議論醇正若此。

備遺

端文公年譜云：「樞、柱初習舉子業，公喜謂：『其可嗣書香也。』取宋大儒諸説，手批口授，并採近人所發語、孟大義，節略示之。多取薛畏齋、徐儆弦之説，集語孟説略，意主超闢，非屑屑爲制藝津梁者。以門人吴鍾巒峻伯品最端，命受業焉。」

余自辛酉以後，稍窺先儒語録，及史傳諸書，因循作輟。忽忽十年，自省功夫無所增益，而本質反有沈汨者。韓退之云：「聰明不逮於前時，道德日負其初心。」朱子云：「三十以後長進不多。」靜思此旨，良可驚懼。倘復冉冉歲月，豈待人耶？因作自考篇，舉一日所爲悉書之，以稽德業云。壬申日記，時年三十有一。[一] 西疇日抄，下同。

爾年則少，爾容則樸，只承親顔，雍雍肅肅。向也庭除聚順，儼一堂之色笑；今也蒿里魂游，痛百身之莫贖。嗚呼！思爾毛裏之所貽者，何以不辱？敢不夙夜臨淵

[一]「壬申日記，時年三十有一」，底本作「時年三十有一，壬申日記」，據清康熙九年錫山顧氏刻本西疇日抄改。

集谷？自題家慶圖小像。

吴霞舟師題余辛酉行卷云：「每斂膝危坐，鼻息深深，宛見先師面目。」蓋先生亦遊端文之門，受國士知者也，相期不淺，此意迄今愧負之。

先端文甲午歸田，至乙未病幾殆。時先君子年十五矣，執手命之曰：「做人只『人倫』二字。」先君子終身識之，亦常以命予小子。或作邵文莊語者誤也，後見薛文清訓子書，亦惟惓惓於倫理。儒者家法如此。

先端文示兒帖云：「丈夫七尺之軀，頂天立地，如何向人開口道個『求』字，孟子『齊人』一章便是公案。」先叔祖尚實公曰：「吕舍人詩云：『逢人即有求，所以百事非。』此十字正孟子疏義也。」後世子孫可不百世念之。

孫宗偉鈔畢。

後記

本書是全國高等院校古籍整理研究工作委員會直接資助項目（編號：2018）的最終成果，是國家社科基金重大項目「東林學派文獻整理與研究」（19ZDA258）阶段性成果，特别感謝項目主持人上海大學尹楚兵教授提供的指導和幫助。

前期文字録入工作主要由廣西師範大學馬克思主義學院科研秘書（曾擔任貴州希望網的網絡編輯）陳妹仔女士以及貴州希望網的網絡編輯鄒昌燕女士、劉薇女士負責，對她們辛勤的付出表示敬意。

在點校過程中，得到了原河海大學理學院副教授顧定安先生的大力支持，顧定安先生爲顧憲成十二世孫，對於整理顧憲成遺著十分熱心，本書所收涇皋淵源録八卷即由顧定安先生聯繫上海圖書館取得，特致謝意。同時，還得到了中山大學楊青華博士、貴州大學王偉博士、貴州師範大學張敬雅博士，以及魏建莊先生、鄭爽媚女士等書法愛好者的友情支持，並致誠摯謝意。

上海古籍出版社查明昊先生、余鳴鴻先生、馬顥先生，以及責任編輯孫一夫先生爲本書的出版事宜提供了熱忱幫助，並致謝意。

王學偉　於廣西師範大學育才校區南院寓舍

二〇二一年二月十六日

圖書在版編目(CIP)數據

顧憲成全集 /（明）顧憲成撰;王學偉編校. —上海：上海古籍出版社，2022.10
ISBN 978-7-5732-0429-5

Ⅰ.①顧… Ⅱ.①顧… ②王… Ⅲ.①顧憲成(1550-1612)—全集 Ⅳ.①Z424.8

中國版本圖書館 CIP 數據核字(2022)第 160092 號

顧憲成全集

（全三册）

［明］顧憲成 撰

王學偉 編校

上海古籍出版社出版發行

（上海市閔行區號景路 159 弄 1-5 號 A 座 5F 郵政編碼 201101）

(1) 網址：www.guji.com.cn

(2) E-mail：guji1@guji.com.cn

(3) 易文網網址：www.ewen.co

上海展强印刷有限公司印刷

開本 850×1168 1/32 印張 67.875 插頁 15 字數 1,200,000

2022 年 10 月第 1 版 2022 年 10 月第 1 次印刷

印數：1—1,300

ISBN 978-7-5732-0429-5

K·3250 定價：358.00 元

如有質量問題,請與承印公司聯繫

電話：021-66366565